普通高等教育交通类专业系列教材

汽车电器与电子控制系统

第 4 版

主编　麻友良
参编　丁礼灯　孟　芳　席　敏　汤富强

机械工业出版社

本书分"汽车电器"和"汽车电子控制系统"两篇。第一篇主要介绍了传统汽车电器与电子设备的工作原理、结构类型及故障检修,第二篇主要介绍汽车电子控制系统的工作原理、结构类型及主要控制系统的故障检修方法。

本书注重系统性和理论上的适当深度,以满足本科学生学习的需要,同时以典型汽车电器和电子控制系统为例,介绍汽车电器与电子控制系统故障检修的实践知识,以满足本科学生学习并掌握实践技能的需要。对汽车类高职学生,本书在适用于学生偏重于实践能力培养的同时,也满足了学生理论上提高的学习需要。本书在不增加太多篇幅的前提下,兼顾了理论性和实践性,使之成为本科"汽车服务工程""车辆工程""交通运输"等专业,以及高职"汽车运用技术""汽车电子技术""汽车维修技术"等专业的通用型教材。同时,本书也适合用作"车辆工程""汽车运用工程"等专业研究生相关课程的教材和学习参考书。

除了用作高等院校学生的教材外,本书也适用于从事汽车使用与维修的工人、技术人员学习参考和实践指导。

图书在版编目(CIP)数据

汽车电器与电子控制系统/麻友良主编. —4版. —北京:机械工业出版社,2018.11(2024.1重印)
普通高等教育交通类专业系列教材
ISBN 978-7-111-61398-5

Ⅰ.①汽… Ⅱ.①麻… Ⅲ.①汽车-电气设备-高等学校-教材②汽车-电子系统-控制系统-高等学校-教材 Ⅳ.①U463.6

中国版本图书馆CIP数据核字(2018)第260991号

机械工业出版社(北京市百万庄大街22号 邮政编码100037)
策划编辑:赵海青 责任编辑:赵海青
责任校对:张晓蓉 封面设计:马精明
责任印制:单爱军
北京虎彩文化传播有限公司印刷
2024年1月第4版第11次印刷
184mm×260mm・27.25印张・665千字
标准书号:ISBN 978-7-111-61398-5
定价:65.00元

电话服务   网络服务
客服电话:010-88361066   机 工 官 网:www.cmpbook.com
         010-88379833   机 工 官 博:weibo.com/cmp1952
         010-68326294   金 书 网:www.golden-book.com
封底无防伪标均为盗版   机工教育服务网:www.cmpedu.com

第4版前言

《汽车电器与电子控制系统》是为"汽车服务工程""车辆工程"等汽车类专业"汽车电器与电子控制技术"类课程教学需要而编写的。2003年1月第1版出版后，在2007年1月和2013年7月先后两次再版。第2版和第3版注重了本书在理论上的系统性和实践的指导作用，使本书内容具有较好的针对性，同时兼顾了不同学历层次的适用性。本书不仅适用于本科院校相关专业，也可用作高职高专"汽车电器与维修"及"汽车电子控制技术"课程教材，同时也可作为车辆工程、汽车服务工程专业硕士研究生的参考用书。本书各版均被全国多所学校所选用，10多年来已累计印刷27次，近8万册。

现代汽车电子技术的应用越来越多，这些电子控制技术在汽车的环保、节能、安全及舒适等方面均发挥了无可替代的作用。为了使本书充分体现新的电子控制技术，第3版对第2版的内容进行了较大的修改。在保留第2版理论上的系统性、突出实践指导作用的前提下，删减了传统点火系统、触点式调节器等内容；补充了旧版教材上介绍不够深入或未涉及的汽车电子控制系统相关内容，例如，增加了氙气前照灯、前照灯随动转向控制技术、汽车辅助制动系统（EBA）、制动力分配控制系统（EBD）、汽车行驶稳定控制（ESP）等电子控制技术。第4版则是对第3版教材又做了新的审定修改，删除了双触点式电压调节器的相关内容，对部分章节的内容进行了必要的删减和补充，以使本书文字表达更加精练流畅，内容更加充实。

第4版的思考题也根据删减的内容做了适当的调整，以便读者能更有针对性地阅读，更好地进行课后复习。

《汽车电器与电子控制系统》第4版为机械工业出版社组织的普通高等教育交通类专业系列教材，由武汉科技大学麻友良教授主编，参加编写的有丁礼灯（第十四章、第十九章、第二十一章）、孟芳（第五章、第六章、第二十二章）、席敏（第二十章）、汤富强（第二十三章），麻友良编写了其余各章，并对全书进行统稿。

本书编写过程中，参阅了大量的书籍资料，给予我们很大的帮助，在此，向相关的作者表示感谢。由于水平所限，第4版还会有不足和错误之处，恳请读者提出宝贵意见，以便在下次修订时纠正。

编者

目 录

第4版前言

第一篇 汽车电器

第一章 车载电源 ········· 2
第一节 概述 ········· 2
 一、汽车电源的组成与要求 ········· 2
 二、汽车电源的现状与发展 ········· 3
第二节 蓄电池 ········· 4
 一、蓄电池的基本原理 ········· 4
 二、蓄电池的构造 ········· 6
 三、蓄电池的工作特性 ········· 8
 四、蓄电池的容量及影响因素 ········· 11
 五、蓄电池常见故障及排除 ········· 13
 六、蓄电池的使用与维护 ········· 14
 七、蓄电池的充电 ········· 16
 八、改进型铅酸蓄电池 ········· 19
第三节 交流发电机及调节器 ········· 21
 一、交流发电机的原理 ········· 21
 二、交流发电机的结构 ········· 23
 三、交流发电机的工作特性 ········· 28
 四、交流发电机调节器的作用与原理 ········· 30
 五、触点式调节器 ········· 31
 六、电子调节器 ········· 33
 七、发电机充电指示灯控制电路 ········· 37
 八、交流发电机及调节器的检修 ········· 39
 九、其他类型的发电机 ········· 42
第四节 电源系统的使用 ········· 46
 一、电源系统使用与维护操作注意事项 ········· 46
 二、充电系统常见故障及故障诊断 ········· 47
思考题 ········· 49

第二章 起动机 ········· 51
第一节 概述 ········· 51
 一、起动系统的基本组成 ········· 51
 二、起动机的类型 ········· 52
第二节 起动机的结构、工作原理及特性 ········· 53
 一、直流电动机 ········· 54
 二、传动机构 ········· 56
 三、电磁开关 ········· 60
 四、起动机的工作特性 ········· 61
 五、起动机的控制电路 ········· 63
 六、其他类型的起动机 ········· 67
第三节 起动机的使用与故障诊断 ········· 70
 一、起动机部件的检修 ········· 70
 二、起动机的试验 ········· 72
 三、起动系统常见故障及诊断 ········· 73
思考题 ········· 75

第三章 点火系统 ········· 76
第一节 概述 ········· 76
 一、对点火系统的要求 ········· 76
 二、点火系统的发展概况 ········· 77
 三、点火系统分类 ········· 78
第二节 传统触点式点火系统 ········· 78
 一、传统触点式点火系统的工作原理 ········· 78
 二、传统触点式点火系统的结构 ········· 80
第三节 电子点火系统 ········· 90
 一、电子点火系统的组成与基本原理 ········· 90
 二、电子点火系统部件的结构与原理 ········· 90

三、电容储能式电子点火系统简介 …… 98
第四节　点火系统的使用与故障诊断 …… 100
  一、点火正时 …………………………… 100
  二、点火系统主要部件的检修方法 …… 100
  三、点火系统的故障诊断 ……………… 105
  思考题 …………………………………… 107

第四章　照明与信号系统 …………… 108
第一节　概述 ……………………………… 108
  一、汽车照明系统的基本组成及
      要求 ……………………………… 108
  二、汽车信号系统的基本组成及
      要求 ……………………………… 108
第二节　前照灯 …………………………… 109
  一、前照灯的结构 ……………………… 109
  二、氙气前照灯 ………………………… 111
  三、前照灯的防眩目 …………………… 112
  四、前照灯的控制电路 ………………… 113
第三节　照明系统电路与故障检修 …… 116
  一、照明系统电路 ……………………… 116
  二、前照灯的检测与调整 ……………… 116
  三、照明系统的故障诊断 ……………… 117
第四节　电喇叭 …………………………… 118
  一、触点式电喇叭 ……………………… 118
  二、无触点电喇叭 ……………………… 119
  三、喇叭继电器 ………………………… 120
第五节　转向信号装置 …………………… 121
  一、电容式闪光器 ……………………… 121
  二、翼片式闪光器 ……………………… 122
  三、电子闪光器 ………………………… 123
第六节　其他信号装置 …………………… 124
  一、危险警告信号装置 ………………… 124
  二、制动信号装置 ……………………… 125
  三、倒车灯与倒车蜂鸣器 ……………… 126
  四、示廓灯 ……………………………… 126
第七节　汽车信号电路与故障诊断 …… 127
  一、汽车信号电路 ……………………… 127
  二、汽车信号电路故障诊断 …………… 127
  思考题 …………………………………… 129

第五章　仪表及指示灯系统 ………… 130
第一节　概述 ……………………………… 130
  一、仪表系统的组成及要求 …………… 130
  二、指示灯系统的组成及要求 ………… 130
第二节　仪表系统 ………………………… 130
  一、电流表 ……………………………… 130
  二、机油压力表 ………………………… 131
  三、发动机冷却液温度表 ……………… 133
  四、燃油表 ……………………………… 134
  五、电热式和电磁式汽车仪表 ………… 136
  六、车速里程表 ………………………… 137
  七、发动机转速表 ……………………… 139
第三节　指示灯系统 ……………………… 140
  一、机油压力过低警告灯 ……………… 140
  二、制动气压不足警告灯 ……………… 140
  三、制动液不足警告灯 ………………… 141
  四、燃油量不足指示灯 ………………… 141
  五、驻车制动未松警告灯 ……………… 142
  六、制动蹄片磨损警告灯 ……………… 142
  七、冷却液温度过高警告灯 …………… 143
  八、制动灯断丝警告灯 ………………… 143
  思考题 …………………………………… 143

第六章　汽车其他电器 ……………… 145
第一节　电动刮水器与风窗玻璃洗涤器、
        除霜装置 ………………………… 145
  一、电动刮水器 ………………………… 145
  二、风窗玻璃洗涤器 …………………… 148
  三、风窗玻璃除霜装置 ………………… 148
第二节　电动辅助装置 …………………… 149
  一、电动车窗 …………………………… 149
  二、电动座椅 …………………………… 151
  三、电动后视镜 ………………………… 151
  四、电动门锁 …………………………… 152
第三节　低温起动加热装置 ……………… 155
  一、柴油机低温起动加热装置 ………… 155
  二、汽油机低温起动加热装置 ………… 157
第四节　电磁干扰与抑制 ………………… 158
  一、电磁干扰的形成与危害 …………… 158
  二、防止电磁干扰的措施 ……………… 158
  思考题 …………………………………… 160

第七章 汽车电路 ………………… 161
第一节 概述 …………………… 161
一、汽车电系特点 ……………… 161
二、现代汽车电系发展方向 …… 161
第二节 汽车电路控制与保护 …… 162
一、汽车电路控制 ……………… 162
二、汽车电路保护 ……………… 166
第三节 汽车电路与线束 ………… 168
一、电路 ………………………… 168
二、线束 ………………………… 170
第四节 汽车电路图 ……………… 171
一、汽车电路原理图 …………… 171
二、汽车电路线路图 …………… 172
三、汽车电路线束图 …………… 174
四、汽车电路分析方法 ………… 177
思考题 ……………………………… 178

第二篇 汽车电子控制系统

第八章 汽车电子控制技术基础 ……… 180
第一节 概述 …………………… 180
一、汽车电子控制技术发展概况 … 180
二、汽车电子控制系统的基本组成 … 181
三、汽车电子控制系统的类型 … 181
第二节 传感器 …………………… 182
一、发动机转速与曲轴位置传感器 … 182
二、空气流量传感器 …………… 186
三、进气压力传感器 …………… 190
四、温度传感器 ………………… 192
五、节气门位置传感器 ………… 194
六、氧传感器 …………………… 195
七、爆燃传感器 ………………… 197
八、车速/车轮转速传感器 ……… 198
九、车身位移传感器 …………… 201
十、转向盘转角传感器 ………… 203
十一、转向盘转矩传感器 ……… 204
十二、减速度传感器 …………… 205
十三、碰撞传感器 ……………… 206
十四、光照度传感器 …………… 208
十五、角速度传感器 …………… 208
第三节 电子控制器 ……………… 210
一、输入电路 …………………… 211
二、微处理器 …………………… 212
三、输出电路 …………………… 213
第四节 执行机构 ………………… 214
一、电动机类执行机构 ………… 214
二、电磁阀类执行机构 ………… 216
思考题 ……………………………… 219

第九章 汽油喷射控制系统 ………… 220
第一节 概述 …………………… 220
一、汽油喷射技术的特点与发展概况 … 220
二、汽油喷射系统分类 ………… 221
第二节 汽油喷射控制系统结构与原理 … 222
一、汽油喷射电子控制系统的控制原理 … 222
二、电子控制汽油喷射系统的结构 …… 226
思考题 ……………………………… 234

第十章 电子点火控制系统 ………… 235
第一节 概述 …………………… 235
一、电子点火控制技术的特点与发展概况 … 235
二、电子点火控制系统分类 …… 237
第二节 电子点火控制系统的结构与原理 … 238
一、电子点火控制原理 ………… 238
二、电子点火控制系统的结构 … 248
思考题 ……………………………… 253

第十一章 发动机怠速控制系统 ……… 254
第一节 概述 …………………… 254
一、怠速控制系统的作用 ……… 254
二、怠速控制系统的分类 ……… 254
第二节 发动机怠速控制系统的结构与原理 … 255

一、怠速控制系统原理 ………… 255
二、怠速控制系统部件的结构 ……… 257
　　思考题 ………………………… 260

第十二章　汽车排放控制系统 ……… 261
第一节　概述 ……………………… 261
一、汽车排放的形成和危害 …… 261
二、汽车排放控制的作用与分类 … 261
第二节　废气再循环控制系统 …… 262
一、废气再循环控制的作用与控制方式 ………………………… 262
二、废气再循环电子控制系统的控制原理 ……………………… 263
三、废气再循环电子控制系统的结构 …………………………… 264
第三节　燃油蒸发排放控制系统 … 266
一、燃油蒸发排放控制系统的作用与控制方式 …………………… 266
二、燃油蒸发排放控制系统的原理 …… 266
三、燃油蒸发排放电子控制系统结构 ……………………………… 268
　　思考题 ………………………… 269

第十三章　发动机集中电子控制系统 ……………………… 270
第一节　概述 ……………………… 270
一、发动机集中电子控制系统概况 …… 270
二、发动机集中控制系统功能的扩展 ……………………………… 271
第二节　发动机集中电子控制系统实例 ………………………… 273
一、日产公司的发动机集中电子控制系统（ECCS） ……………… 273
二、丰田公司的计算机控制系统（TCCS） ………………………… 277
第三节　电子控制系统的故障自诊断 …… 280
一、电子控制系统故障自诊断的组成与原理 ……………………… 280
二、故障自诊断的操作 ………… 282
三、自诊断系统的标准化与汽车故障诊断设备 …………………… 285

第四节　发动机电子控制系统的故障检修 ……………………… 285
一、传感器常见故障与检修 …… 286
二、主要执行器常见故障与检修 … 290
三、控制器常见故障与检修 …… 292
四、发动机电子控制系统故障检修基本原则 ……………………… 293
　　思考题 ………………………… 294

第十四章　电子控制自动变速器系统 ……………………… 295
第一节　概述 ……………………… 295
一、自动变速器的发展概况 …… 295
二、自动变速器的类型 ………… 295
三、电子控制液力传动式自动变速器的基本组成及特点 ………… 296
第二节　电子控制自动变速器的结构与原理 …………………… 297
一、电子控制自动变速器的控制原理 ……………………………… 297
二、电子控制自动变速器部件的结构与原理 …………………… 301
第三节　电子控制自动变速器故障检修 ………………………… 312
一、电子控制自动变速器的检查与试验 …………………………… 312
二、自动变速器电子控制系统部件的故障检修 …………………… 314
　　思考题 ………………………… 315

第十五章　电子控制防抱死制动系统（ABS） ………………… 316
第一节　概述 ……………………… 316
一、防抱死制动控制系统的作用及发展概况 ……………………… 316
二、防抱死制动系统的分类 …… 318
第二节　防抱死制动系统的结构与原理 ………………………… 319
一、防抱死制动系统的控制原理 … 319
二、制动防抱死电子控制系统部件的结构与原理 ………………… 322

第三节 防抱死制动系统的使用与
　　　　检修 …………………………… 332
　　一、防抱死制动系统的使用 ………… 332
　　二、防抱死制动系统的故障检修 …… 332
第四节 汽车其他制动控制系统 ……… 334
　　一、电子制动辅助系统（EBA）…… 334
　　二、电子制动力分配系统（EBD）… 335
　　三、电子驻车制动系统（EPB）…… 336
思考题 ……………………………………… 338

第十六章 电子控制防滑转（ASR）
　　　　系统 ………………………………… 339
第一节 概述 …………………………… 339
　　一、汽车防滑转控制的作用 ………… 339
　　二、车轮防滑转控制的方式 ………… 340
第二节 电子控制防滑转系统的结构与
　　　　原理 …………………………… 340
　　一、电子防滑转控制原理 …………… 340
　　二、ASR 系统部件的结构原理 …… 342
第三节 汽车其他行驶安全控制系统 … 347
　　一、汽车电子稳定系统（ESP）…… 347
　　二、电子差速锁（EDS）…………… 348
思考题 ……………………………………… 349

第十七章 电子控制动力转向系统 ……… 350
第一节 概述 …………………………… 350
　　一、电子控制动力转向系统的作用 … 350
　　二、电子控制动力转向系统的分类 … 350
　　三、电动式动力转向系统的特点与
　　　　发展趋势 …………………… 352
第二节 电子控制动力转向系统的结构
　　　　与原理 ………………………… 353
　　一、液力式电子控制动力转向系统工作
　　　　原理 ………………………… 353
　　二、液力式电子控制动力转向系统的
　　　　组成部件 …………………… 355
　　三、电动式电子控制动力转向系统工作
　　　　原理 ………………………… 356
　　四、电动式电子控制动力转向系统的
　　　　组成部件 …………………… 357
思考题 ……………………………………… 360

第十八章 电子控制悬架系统 …………… 361
第一节 概述 …………………………… 361
　　一、电子控制悬架系统的作用 ……… 361
　　二、电子控制悬架系统的分类 ……… 362
第二节 电子控制悬架的结构与工作
　　　　原理 …………………………… 362
　　一、半主动悬架系统简介 …………… 362
　　二、主动式悬架系统的工作原理 …… 365
　　三、主动式悬架系统的组成部件 …… 368
思考题 ……………………………………… 374

第十九章 汽车巡航控制系统 …………… 375
第一节 概述 …………………………… 375
　　一、汽车巡航控制系统的作用 ……… 375
　　二、汽车巡航控制系统的分类 ……… 376
第二节 巡航控制系统的结构和工作
　　　　原理 …………………………… 377
　　一、巡航控制系统工作原理 ………… 377
　　二、巡航控制系统的组成部件 ……… 378
思考题 ……………………………………… 383

第二十章 汽车空调与空调控制
　　　　系统 ………………………………… 384
第一节 概述 …………………………… 384
　　一、汽车空调的作用与发展概况 …… 384
　　二、汽车空调的分类 ………………… 385
第二节 汽车空调制冷系统 …………… 385
　　一、汽车空调制冷系统的工作原理 … 385
　　二、汽车空调制冷系统的组成部件 … 386
　　三、汽车空调制冷系统控制电路 …… 387
第三节 汽车采暖与通风系统 ………… 390
　　一、采暖装置 ………………………… 390
　　二、通风与空气净化装置 …………… 391
第四节 汽车空调电子控制系统 ……… 392
　　一、汽车空调电子控制系统的控制
　　　　原理 ………………………… 392
　　二、汽车空调电子控制系统的组成
　　　　部件 ………………………… 393
思考题 ……………………………………… 397

第二十一章 安全气囊装置 ……………… 398
第一节 概述 …………………………… 398

一、安全气囊的作用 …………… 398
二、安全气囊的分类 …………… 398
第二节 安全气囊的组成与工作原理 …… 399
一、安全气囊的工作原理 ………… 399
二、安全气囊的组成部件 ………… 400
三、安全气囊使用注意事项 ……… 404
思考题 …………………………… 404

第二十二章 电子仪表与防盗系统 …… 406
第一节 电子仪表 …………………… 406
一、电子仪表概述 ………………… 406
二、电子显示装置 ………………… 407
三、电子仪表板 …………………… 409
第二节 汽车防盗系统 ……………… 410
一、汽车防盗系统概述 …………… 410
二、电子防盗系统的组成与原理 …… 411
思考题 …………………………… 415

第二十三章 汽车网络技术简介 ……… 416
第一节 概述 ………………………… 416
一、汽车网络信息传输系统的应用背景 …………………………… 416
二、汽车网络信息传输系统的特点 …… 416
三、汽车网络信息传输技术发展概况 …………………………… 417
第二节 控制器局域网（CAN）技术在汽车上的应用 …………………… 418
一、CAN总线系统概述 …………… 418
二、CAN总线系统的结构 ………… 419
三、CAN总线的数据传输特点 …… 420
四、CAN总线应用示例 …………… 420
思考题 …………………………… 422

参考文献 ………………………………… 423

第一篇　汽车电器

第一章 车载电源

第一节 概 述

一、汽车电源的组成与要求

1. 汽车电源的组成

汽车电源由蓄电池和发电机两个电源并联而成,如图 1-1 所示。

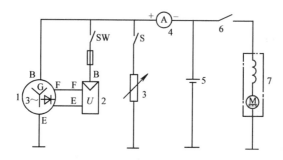

图 1-1 汽车电源的组成
1—发电机 2—调节器 3—用电设备 4—电流表 5—蓄电池 6—起动开关 7—起动机

在发动机工作时,发动机带动发电机发电,向汽车用电设备提供电能,并向储存电能不足的蓄电池充电。在起动发动机时,则由蓄电池向起动机及点火系统(汽油发动机)等提供电能。蓄电池的主要用途是用作起动电源,除此之外,蓄电池还有如下功用。

1) 在发动机怠速运转或停转(发电机电压低或不发电)时,向车载用电设备供电。

2) 当同时启用的车载用电设备功率超过了发电机的额定功率时,协助发电机供电。

3) 当蓄电池存电不足,且发电机负载不多时,可将发电机的电能转换为化学能储存起来。

4) 蓄电池内部的极板构成了一个容量很大的电容器,并联在车载电网中,可以吸收电路中的瞬变电压脉冲,对汽车电路中的电子元件起到了保护作用。

5) 对汽车电子控制系统来说,蓄电池是电子控制器的不间断电源。

2. 对汽车电源的要求

蓄电池是发动机的起动电源,在起动发动机时,需要在短时间内向起动机提供大电流(汽油发动机为 100~600A,大型柴油发动机可达 1000A),因而要求其内阻要小,大电流输出时电压要稳定,以确保有良好的起动性能。除此之外,还要求蓄电池的充电性能良好、使用寿命长、维护方便或少维护,以满足良好的汽车使用性能要求。

发动机工作时的转速变化很大,要求发电机在发动机转速变化范围内都能正常发电且电压稳定,以满足用电设备的用电需求;此外,要求发电机的体积小、重量轻、故障率低、发电效率高、使用寿命长等,以确保汽车良好的使用性能。

二、汽车电源的现状与发展

1. 蓄电池

蓄电池可通过充电恢复其化学能量,因而也被称之为二次电池。目前,世界上已有的二次电池有数十种,根据其电解质的酸碱性可分为酸性蓄电池、碱性蓄电池和中性蓄电池。极板为铅,电解液为硫酸水溶液的铅酸蓄电池具有内阻小、电压稳定的特点,能迅速提供大电流,是较为理想的起动电源。此外,铅酸蓄电池的结构简单、其结构及生产工艺等较为成熟、成本低,因而汽车上普遍采用铅酸蓄电池。

普通的铅酸蓄电池(又称为干封蓄电池)比能量低、维护工作量大、使用寿命短、需经初充电才能使用。多年来,铅酸蓄电池在结构、材质及工艺等方面不断改进,其性能有了较大的提高。目前,汽车上使用的大都是改进型铅酸蓄电池。比如,无需初充电的干荷电、湿荷电蓄电池,可防止电解液非正常损失和极板活性物质脱落的胶体蓄电池,使用寿命长且无需经常维护的免维护蓄电池等。

国内外都致力于研究与开发碱性蓄电池,比如,镍氢蓄电池、锂离子蓄电池、锌空气蓄电池、铁镍蓄电池、铁空气蓄电池等。这些蓄电池的能量密度、使用寿命等方面都要优于铅酸蓄电池,但由于其内阻较大,不适合用作起动电源。目前,碱性蓄电池只是在电动汽车上使用。中性蓄电池到目前为止,在技术上还有待成熟,即使在电动汽车上也应用很少。

铅酸蓄电池的结构、材质、工艺等方面仍有改良和发展的空间,以使其能量密度、功率密度及使用寿命等均有进一步提高,并实现免维护化。

2. 发电机及调节器

汽车上最早使用的是直流发电机,这种同步直流发电机采用铸铁外壳,磁极较大,须用机械换向器整流。由于体积大、比功率小、低速充电性差、高速换向器换向火花大,直流发电机已不能适应现代汽车对车载发电机的要求,早已被采用硅二极管整流的交流发电机取代。在汽车上普遍应用的交流发电机有多种结构形式,根据发电机磁极产生磁场的方式不同分,有普通励磁式(通过电刷引入励磁电流)、无刷励磁式和永磁式等几种,其中普通励磁式使用最为普遍;根据磁极绕组搭铁方式分,交流发电机有内搭铁式和外搭铁式两种,内搭铁式使用居多;按整流二极管的数量又有六管、八管、九管、十一管、十二管等不同形式的交流发电机。

发电机调节器的作用是在发动机转速变化时,使发电机的电压保持稳定。交流发电机最初所配用的是触点式调节器,现已逐渐被电子式调节器所替代。电子调节器有分立元件和集成电路两种类型,现在汽车大都采用集成电路式电子调节器。由于集成电路调节器性能稳定,结构尺寸小,故将其安装在发电机内部。这种调节器内装的交流发电机(被称为整体式交流发电机)在汽车上已有较多的应用。

交流发电机及调节器的发展趋势是,低速充电性能好、工作可靠性好、发电效率更高,以满足汽车电气系统对电源越来越高的要求。

3. 汽车电系的电压

现代汽车电气系统普遍采用12V系统,只有部分大型柴油车的起动系统采用24V系统。随着汽车电子控制设备的应用越来越多,12V系统已显得不适应。未来汽车电源的电压标准将提高到42V,以使发电机能提供更大的极限功率,减少线束和提高信号传送的质量。未来的汽车电源电压可满足更多电器和电子控制装置的用电要求,并使整个汽车电系的工作更加稳定、安全、可靠。

第二节 蓄 电 池

一、蓄电池的基本原理

铅酸蓄电池的核心部分是极板和电解液,蓄电池通过正、负极板上的活性物质与电解液的电化学反应建立电动势,进行放电和充电过程。

1. 蓄电池电动势的建立

蓄电池正极板上的活性物质为二氧化铅(PbO_2),负极板上的活性物质为纯铅(Pb),电解液为硫酸的水溶液($H_2SO_4 + H_2O$)。浸入电解液的极板会有少量的活性物质溶解电离。

正极板处 PbO_2 溶解电离后有四价的铅离子(Pb^{4+})沉附于正极板:

$$PbO_2 + 2H_2O \longrightarrow Pb(OH)_4$$

$$Pb(OH)_4 \longrightarrow Pb^{4+} + 4OH^-$$

负极板处 Pb 溶解后有电子(e)留在负极板:

$$Pb \longrightarrow Pb^{2+} + 2e$$

上述过程是可逆的,对于充足电的蓄电池,当 PbO_2 溶解电离的速率与它的逆过程的速率达到动态平衡时,正极板上就有稳定数量的 Pb^{4+},这使得正极板相对于电解液有 +2.0V 的电位差;负极板上则是有稳定数量的电子,使得负极板相对于电解液有 -0.1V 的电位差。于是,充足电的蓄电池在静止状态下的电动势 E_j 约为 2.1V。

可见,铅酸蓄电池是通过极板上活性物质的溶解电离,使正、负极板产生正(Pb^{4+})、负(e)电荷而建立电动势的。

2. 蓄电池的放电过程

蓄电池接上负载,在电动势的作用下,负极板上的电子(e)经外电路和负载流向正极板,形成放电电流。正极板上的 Pb^{4+} 得到两个电子,变成二价铅离子(Pb^{2+}),并溶于电解液。放电电流使得正、负极板上的 Pb^{4+} 和 e 数量减少,原有的平衡被破坏,于是,正、负极板上的 PbO_2、Pb 继续溶解电离,以补充消耗掉的 Pb^{4+}、e。与此同时,电解液中的 Pb^{2+} 浓度增加并与 SO_4^{2-} 生成硫酸铅($PbSO_4$),分别沉附于正、负极板表面,其放电过程如图 1-2 所示。

放电过程中,正负极板上的活性物质 PbO_2、Pb 逐渐转变为 $PbSO_4$,电解液中的 H_2SO_4 减少,H_2O 增加,电解液的密度下降。

理论上,蓄电池的放电过程可一直进行到极板上所有的活性物质都转变为 $PbSO_4$ 为止。实际上,由于放电生成的 $PbSO_4$ 沉附于极板表面,使电解液不能渗入到极板内层,造成极板内层的活性物质不能利用。

3. 蓄电池的充电过程

蓄电池正、负极板上有少量 $PbSO_4$ 溶于电解液,呈离子状态(Pb^{2+},SO_4^{2-})。当接上充电电源后,电源的电场力使正极板的电子(e)经充电电路流向负极板,形成充电电流。正

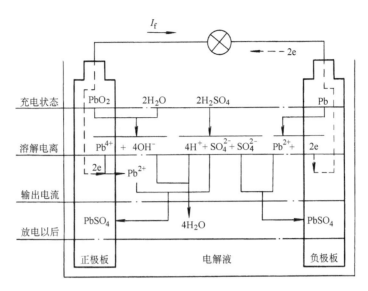

图 1-2 蓄电池放电过程示意图

极板附近的 Pb^{2+} 失去两个电子而变为 Pb^{4+}，并与电解液中水解出来的 OH^- 结合，生成 $Pb(OH)_4$，$Pb(OH)_4$ 又分解为 PbO_2 和 H_2O，PbO_2 沉附于正极板上；负极板附近的 Pb^{2+} 则得到两个电子变为 Pb，沉附于负极板。正负极板附近的 SO_4^{2-} 与电解液中的 H^+ 生成 H_2SO_4。充电电流使电解液中的 Pb^{2+}、SO_4^{2-} 减少，极板上的 $PbSO_4$ 就会继续溶解电离。充电过程如图 1-3 所示。

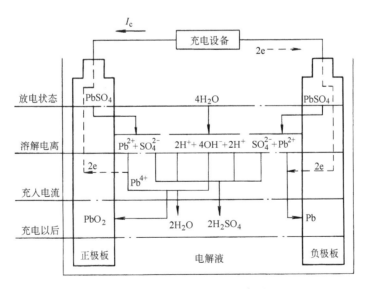

图 1-3 蓄电池充电过程示意图

充电过程中，正负极板上的 $PbSO_4$ 逐渐转化为正极板的 PbO_2 和负极板上的 Pb，电解液中的 H_2O 减少，H_2SO_4 增加，其密度增大。

当充电接近终了时，充电电流会电解水，使 H_2O 变成 O_2、H_2，并从电解液中逸出。水

的电解反应式为

$$2H_2O \xrightarrow{电解} 2H_2\uparrow + O_2\uparrow$$

不考虑蓄电池化学反应中间过程,其充、放电时的总反应式如下:

$$PbO_2 + Pb + 2H_2SO_4 \underset{充电}{\overset{放电}{\rightleftharpoons}} PbSO_4 + PbSO_4 + 2H_2O$$

正极板 负极板 电解液　　正极板 负极板 电解液

二、蓄电池的构造

蓄电池的基本构造如图1-4所示。

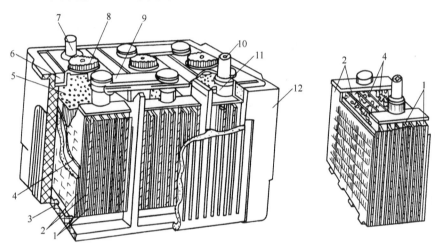

图1-4 蓄电池的基本构造
1—正极板 2—负极板 3—肋条 4—隔板 5—护板 6—封料 7—负极桩 8—加液口盖
9—连接条 10—正极桩 11—极桩衬套 12—蓄电池外壳

1. 极板与单体电池

正负极板上的活性物质PbO_2和Pb由铅膏(铅粉、稀硫酸及少量添加剂的混合物)填充在用铅锑合金铸成的栅架上,经化成工艺处理而成。在充足电状态下,正极板呈深棕色,负极板呈深灰色。

为了增大蓄电池的容量,将多片正极板和负极板各自用横板焊接并联起来,组成正极板组和负极板组。将正负极板相互嵌合,中间用隔板隔开,并置于存有电解液的容器中,就构成了单体电池。单体电池的标称电压为2V,12V的蓄电池由6个单体电池串联而成。

正极板上的活性物质比较疏松,若单面放电,容易造成极板拱曲而使活性物质脱落。因此,每个单体电池的正极板总比负极板少一片,使每片正极板都置于两片负极板之间,这样就可使正极板两面的放电均匀而不容易拱曲。

2. 隔板

为了避免正负极板彼此接触而造成短路,正负极板间用绝缘的隔板隔开。隔板具有多孔性,以便于电解液渗透。此外,隔板材料还应具有良好的耐酸性和抗氧化性。常用的隔板材料有木质、微孔橡胶、微孔塑料(聚氯乙烯、酚醛树脂)、玻璃纤维等,以微孔塑料隔板使用最为普遍。近年来,出现了袋状的微孔塑料隔板,它将正极板紧紧地套在里面,可防止正极板活性物质脱落。

对于有沟槽的隔板,在组装时,隔板的沟槽面应朝向正极板。因为蓄电池在充、放电时,正极板附近的电化学反应比负极板激烈,隔板上的沟槽有利于电解液上下流通,保持其密度均匀。

3. 电解液

电解液可使极板上的活性物质溶解和电离,产生电化学反应。电解液由纯净的硫酸与蒸馏水按一定的比例配制而成。电解液的密度在25℃条件下应保持在$1.27 \sim 1.30 \text{g/cm}^3$。

4. 壳体及其他

蓄电池的壳体用于盛放电解液和极板组,壳内用间壁分成3个或6个互不相通单体,底部有凸棱,用以搁置极板组,而凸棱间的凹槽则可积存从极板上脱落下来的活性物质,以避免沉积的活性物质连接正负极板而造成短路。蓄电池的壳体大都用耐酸、耐热、耐振的硬橡胶制成,如今,工程塑料(聚丙烯)已在韧性、强度、耐酸、耐热等方面的性能达到或优于硬橡胶,且可以制成薄壁透明的壳体,且重量轻,便于观察电解液的液面高度,因此,塑料壳体的蓄电池在汽车上也有应用。

蓄电池壳体上盖有两种形式,一种是分体式,即每一个单格上有一小盖,盖与壳体间的缝隙用沥青封料密封(图1-4);另一种是整体式(图1-5),盖与壳体之间采用热接或胶黏工艺黏合。

单体电池的加液孔盖都有一通气小孔,用于在蓄电池充电时及时排出因电解水而产生的氢气和氧气,以防止气体集聚而使其内部压力升高,造成涨破容器甚至产生爆炸的事故。

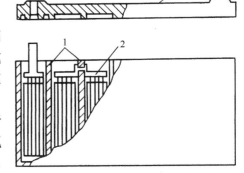

图1-5 整体式蓄电池上盖示意图
1—容器间壁 2—穿壁式连接条 3—蓄电池盖

铅制的连接条用于串联各单体电池。图1-4所示的蓄电池连接条露在蓄电池盖表面,这种传统的连接方式连接条较长,耗材较多,电阻也较大,因此,已逐渐被穿壁式连接方式(图1-5)所取代。

蓄电池各单体电池串联后,两端单体的正负极桩分别穿出蓄电池盖,形成蓄电池极桩。正极桩标"+"号或涂红色,负极桩标"-"号或涂蓝色、绿色等。

5. 蓄电池的型号

按工信部发的《铅蓄电池名称、型号编制与命名办法》(JB/T 2599—2012)蓄电池型号由以下几部分组成:

| 串联单体电池数 |—| 蓄电池类型 | | 蓄电池特征 |—| 额定容量 |

(1)串联的单体数 用阿拉伯数字表示。如:6表示有6个单体,12V的蓄电池。

(2)蓄电池类型 以蓄电池的主要用途划分,用汉语拼音字母表示。如:Q表示用作起动电源的起动型蓄电池;D表示电动车用蓄电池;M表示摩托车用蓄电池;N表示内燃机车用蓄电池;B表示航标用蓄电池。

(3) 蓄电池的特征　为附加说明,在同类用途的产品中具有某种特征需要在型号中加以区别时采用。蓄电池的特征也以汉语拼音字母表示(表1-1)。如果产品同时具有两种特征,原则上按表1-1的顺序将两个代号并列标示。

表1-1　铅酸蓄电池特征代号

序号	1	2	3	4	5	6	7	8	9
产品特征	密封式	免维护	干式荷电	湿式荷电	微型阀控式	排气式	胶体式	卷绕式	阀控式
代号	M	W	A	H	WF	P	J	JR	F

(4) 额定容量　用阿拉伯数字表示,其单位为 A·h。

有的蓄电池在额定容量后用一字母表示其特征性能:G—表示薄型极板,高起动率;S—表示塑料外壳;D—表示低温起动性能好。

三、蓄电池的工作特性

1. 蓄电池静止电动势

静止电动势 E_j 是指蓄电池在静止状态下正负极板之间的电位差。静止电动势的大小取决于极板上活性物质溶解电离达到动态平衡时,在极板单位面积上沉附的 Pb^{4+} 和 e 的数量,而这受电解液的密度和温度的直接影响。在电解液密度为 $1.050 \sim 1.300 \mathrm{g/cm^3}$ 的范围内,静止电动势 E_j 与电解液密度及温度的关系可由如下的经验公式表示:

$$E_j = 0.84 + \rho_{25℃}$$

$$\rho_{25℃} = \rho_t + 0.00075(T - 25)$$

式中　$\rho_{25℃}$——温度为25℃时的电解液密度 ($\mathrm{g/cm^3}$);

ρ_t——实际测得的电解液密度 ($\mathrm{g/cm^3}$);

T——实际测得的电解液温度 (℃)。

2. 蓄电池内阻

蓄电池内阻包括极板电阻、隔板电阻、电解液电阻和联条电阻等。隔板电阻主要取决于隔板的材料、厚度及多孔性,在通常使用的隔板中,微孔塑料隔板的电阻较小。联条的电阻主要与联条的长度有关,穿壁式联条因其短而电阻较小。蓄电池在使用过程中,隔板和联条的电阻不会改变,极板电阻和电解液电阻则会随蓄电池的放电程度、电解液的温度和密度的不同而改变。

极板电阻在充足电状态下最小,随着蓄电池放电程度的增加,覆盖在极板表面的 $PbSO_4$ 相应增多,极板电阻会随之增大。

电解液的电阻与其温度和密度有关。温度低或电解液的密度高,电解液的黏度较大,其渗透能力较低,因而其电阻较大。电解液的密度过高或过低,还会因为 H_2SO_4 的离解度降低而增大电阻。当电解液密度为 $1.208\mathrm{g/cm^3}$ (25℃) 时,电解液的离解度最高,其黏度也不大,其电阻最小。

3. 蓄电池的放电特性

蓄电池的放电特性是指以恒定的电流 I_f 放电时,蓄电池端电压 U_f、电动势 E 和电解液密度 ρ 随放电时间的变化规律。以20h放电率 ($I_f = 0.05C_{20}$) 的恒流放电特性如图1-6所示。

放电时,由于蓄电池内阻 R_0 有电压降,蓄电池端电压 U_f 低于其电动势 E,即

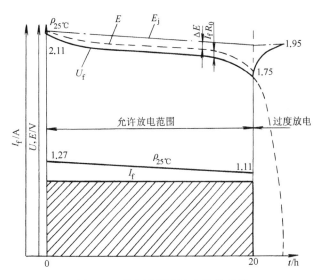

图1-6 蓄电池恒流放电特性曲线

$$U_f = E - I_f R_0$$
$$E = E_j - \Delta E$$

蓄电池放电时的电化学反应是在极板的孔隙内进行的,蓄电池放电时电动势 E 下降 ΔE 的原因是极板孔隙内的密度低于容器中的电解液密度。

从蓄电池的恒流放电特性曲线可知,蓄电池在刚开始放电和放电接近终了时电压迅速下降,而在中间较长的一段时间内 U_f 下降则比较缓慢。

开始放电时 U_f 迅速下降是因为放电之初极板孔隙内电解液的 H_2SO_4 迅速消耗,其密度随之迅速下降(ΔE 迅速上升)。极板孔隙内外的电解液有了 H_2SO_4 浓度差后,极板孔隙外的 H_2SO_4 会向孔隙内渗透,使孔隙内的电解液密度下降与整个容器的电解液密度的下降趋于一致(ΔE 基本稳定),因而 U_f 下降比较缓慢。放电接近终了时,电化学反应深入到了极板的内层,加之放电后生成的 $PbSO_4$ 使孔隙变得越来越小,电解液渗透困难,造成极板孔隙内的电解液密度迅速下降(ΔE 又迅速上升),U_f 随之迅速下降。

1.75V 是 20h 放电率的终止电压,若继续放电则为过度放电,端电压会急剧下降。停止放电后,电解液的渗透使孔隙内外的电解液密度趋于一致,蓄电池单体电池电动势会回升至 1.95V 的静止电动势(ΔE 消失)。

铅酸蓄电池过度放电会导致其极板形成粗晶体硫酸铅,在充电时不易还原成活性物质而使蓄电池容量下降,使用寿命缩短。

在恒电流放电时,每单位时间里 H_2SO_4 转变为 H_2O 的数量是一定的,因此,电解液的密度 ρ 呈直线下降。一般电解液密度每下降 $0.04g/cm^3$,蓄电池放电大约为其额定容量的 25%。

从放电特性曲线可知,蓄电池放电终了可由两个参数判断:
1)单体电池电压下降至放电终止电压。
2)电解液密度下降至最小的许可值。

终止电压与恒流放电电流的大小有关,放电电流越大,放电的时间就越短,允许放电的终止电压也越低。恒流放电电流与终止电压的关系见表1-2。

表1-2 恒流放电电流与终止电压的关系

放电电流/A	$0.05C_{20}$	$0.1C_{20}$	$0.25C_{20}$	$1C_{20}$	$3C_{20}$
连续放电时间	20h	10h	3h	30min	5.5min
单体电池终止电压/V	1.75	1.70	1.65	1.55	1.5

4. 蓄电池的充电特性

蓄电池的充电特性是指以恒定的电流 I_C 充电时,蓄电池充电电压 U_C、电动势 E 及电解液密度 ρ 随充电时间变化的规律。以20h充电率($I_C = 0.05C_{20}$)的恒流充电特性如图1-7所示。

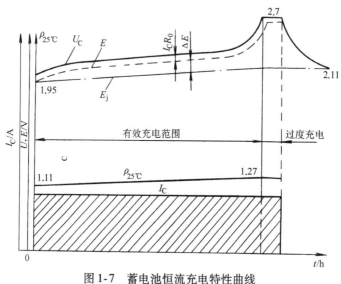

图1-7 蓄电池恒流充电特性曲线

充电电源要克服蓄电池内阻电压降,其充电电压 U_C 需高于蓄电池的电动势 E,即

$$U_C = E + I_C R_0$$

$$E = E_j + \Delta E$$

充电时蓄电池电动势 E 升高 ΔE 的原因:一是蓄电池充电时极板孔隙内电解液密度高于容器中的电解液密度;二是充电终期负极板附近集聚的 H^+ 所引起的附加电位差。

充电开始时,蓄电池的充电电压 U_C 迅速上升是因为孔隙内进行的电化学反应所生成的 H_2SO_4 使孔隙内电解液密度迅速上升(ΔE 迅速上升)。当极板孔隙内外电解液的 H_2SO_4 浓度差产生后,极板孔隙内的 H_2SO_4 将向孔隙外扩散,此时,U_C 随着整个容器内的电解液密度的缓慢增大而逐渐上升(ΔE 基本稳定)。当 U_C 上升至2.4V左右时,电解液开始有气泡冒出,这是极板上的 $PbSO_4$ 基本上已被还原成活性物质,充电电流已开始电解水的标志。继续充电,水的电解速度会不断上升,气泡也逐渐增多,使电解液呈"沸腾"状。由于 H^+ 在极板上得到电子变成 H_2 的速度较水的电解慢,因而在接近充足电时,负极板附近会集聚越来越多的 H^+,使负极板与电解液之间产生一个迅速上升的附加电位差(ΔE 迅速上升),导致 U_C 迅速上升。附加电位差最高大约为0.33V,因此,充电电压上升至2.7V后就不再升高。

理论上 U_C 达到2.7V时应终止充电,否则将造成过充电。但在实际使用中,往往在充电压达到最高电压后,继续充电 2~3h,以确保蓄电池能完全充足。

铅酸蓄电池过充电所产生的大量气体会在极板孔隙内造成压力,这会加速极板活性物质脱落,导致蓄电池容量下降,使用寿命缩短。

由于是恒定电流充电,蓄电池电解液的密度 ρ 呈直线上升。

蓄电池充足电的特征如下:

1) 蓄电池的端电压上升至最大值(单体电池电压为 2.7V),且 2h 内不再变化。
2) 电解液的密度上升至最大值,且 2h 内基本不变。
3) 电解液大量冒气泡,呈现"沸腾"。

四、蓄电池的容量及影响因素

1. 蓄电池的容量

蓄电池的容量是指充足电的蓄电池在允许放电的范围内所输出的电量。可由下式表示:

$$C = \int_0^t i \mathrm{d}t$$

式中　C——蓄电池的容量(A·h);
　　　i——放电电流(A);
　　　t——放电时间(h)。

如果蓄电池是以恒定的电流 I_f 放电,则其容量的表达式为

$$C = I_f t$$

蓄电池的容量表示了蓄电池的供电能力,它与放电电流、温度及电解液的密度等因素有关,因此,标称的蓄电池容量具有一定的标准规范。

(1) 额定容量 C_{20}　根据国标 GB/T 5008.1—2013《起动型蓄电池技术条件》规定,C_{20} 是指完全充足电的蓄电池,在电解液温度为 (25 ± 2)℃时,以 20h 放电率 ($I_f = 0.05 C_{20}$) 连续放电到 12V 蓄电池端电压下降至 (10.50 ± 0.05)V 时所输出的电量。蓄电池的额定容量是检验新蓄电池质量和衡量旧蓄电池能否继续使用的重要指标。新蓄电池达不到额定容量,则为不合格产品,旧蓄电池的实际容量低于其额定容量超过某一限值时则应报废。

(2) 储备容量 $C_{r,n}$　是国际蓄电池协会和美国汽车工程师协会(SAE)规定的一种蓄电池容量表示法。根据我国 GB/T 5008.1—2013《起动型蓄电池技术条件》,$C_{r,n}$ 是指完全充足电的蓄电池,在电解液温度为 25℃时,以 25A 电流连续放电到 12V 蓄电池端电压下降至 (10.50 ± 0.05)V 时,放电所持续的时间,其单位为 min。蓄电池的储备容量表示在汽车充电系失效时蓄电池尚能持续供电的能力。

储备容量与额定容量有如下换算关系:

$$\gamma C_{20} = \zeta(C_{r,n})$$

式中,$\gamma = 0.8455$(富液式蓄电池)或 $\gamma = 0.8928$(阀控式蓄电池);
　　　$\zeta = 1.2429$(富液式蓄电池)或 $\zeta = 0.8939$(阀控式蓄电池);

在 $C_{r,n} < 480$min 和 $C_{20} \leq 200$A·h 时,储备容量与额定容量有如下换算关系:

$$C_{20} = \sqrt{17778 + 208.3 C_{r,n}} - 133.3$$

2. 影响蓄电池容量的因素

蓄电池实际容量的大小取决于在允许放电的范围内,其极板上能参与电化学反应的活性

物质的多少,因此影响蓄电池容量的因素主要有如下四个方面。

(1) 极板的构造 极板的面积大,在允许放电范围内能参与电化学反应的活性物质就多,其容量也就大;普通蓄电池一般只利用了20%~30%的活性物质,因此,采用薄形极板、增加极板的片数及提高活性物质的孔率,均能提高蓄电池的容量。

(2) 放电电流 放电电流越大,单位时间里所消耗的 H_2SO_4 就越多,加之对极板孔隙起阻塞作用的 $PbSO_4$ 产生速率高,造成孔隙内的电解液密度急剧下降,使蓄电池端电压很快下降至终止电压,缩短了允许放电的时间,使得极板孔隙内的一些活性物质未能参加电化学反应,从而导致了蓄电池容量的下降。蓄电池容量与放电电流的关系如图 1-8 所示。

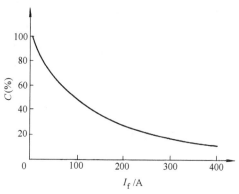

图 1-8 蓄电池容量与放电电流的关系

由于发动机起动时为大电流放电,因此,在起动时应注意,一次起动的时间不应超过5s;连续两次起动应间隔15s以上,使电解液有渗透到极板孔隙内层的时间,以提高极板内层活性物质的利用率和再次起动的端电压,有利于提高蓄电池的容量和起动性能。

(3) 电解液的温度 电解液温度低,其粘度大,渗透能力下降,使极板内层的活性物质不能充分利用而造成容量降低。此外,温度越低,电解液的溶解度和电离度也越低,这又加剧了容量的下降。蓄电池容量与温度的关系如图 1-9 所示。

温度每下降1℃,蓄电池的容量下降约为1%(小电流放电)或2%(大电流放电)。因此,适当地提高蓄电池的温度(但不超过40℃),有利于提高蓄电池容量和起动性能。

(4) 电解液的密度 电解液的密度过低时会因为 H^+、HSO_4^- 离子数量少而导致容量下降;电解液密度过高则又会因为其粘度增大、渗透能力降低、内阻增大、极板容易硫化而导致容量下降。蓄电池容量与电解液密度的关系如图 1-10 所示。

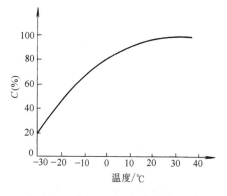

图 1-9 蓄电池容量与温度的关系

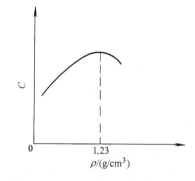

图 1-10 蓄电池容量与电解液密度的关系

实际使用中,电解液的密度一般为 $1.26~1.285g/cm^3$(充足电状态)。模拟起动时的大电流放电试验表明,蓄电池密度偏低时其放电电流大,有效放电时间内输出的容量也大。因此,对于起动型蓄电池,在防止冬季使用时电解液结冰的前提下,尽可能采用偏低密度的电解液,这有利于提高起动性能,并可减小极板硫化和腐蚀,延长蓄电池的使用寿命。

五、蓄电池常见故障及排除

1. 极板硫化

所谓极板硫化是指极板上产生了白色、坚硬不容易溶解的粗晶粒 $PbSO_4$。在正常充电时,这种粗晶粒的 $PbSO_4$ 不易被还原成活性物质,并且对极板的孔隙有阻塞作用,因此,会造成蓄电池容量下降、内阻增大而使起动性能下降。

(1) 故障现象 蓄电池极板硫化后,除了有容量和起动性能明显下降的故障现象外,在充、放电时会有异常现象。比如:放电时蓄电池端电压下降较快;充电时电压上升快,温度升高也快,会过早地出现"沸腾";电解液的密度则上升较慢且达不到规定的值;极板硫化严重时,还可以通过加液孔看到极板上部有白色的霜状物。

(2) 故障原因 造成蓄电池极板硫化的常见原因有如下几种。

1) 蓄电池长时间处于亏电状态,致使极板上的 $PbSO_4$ 未能及时还原为活性物质,由于 $PbSO_4$ 的溶解度随温度而变,当温度降低时,电解液中的 $PbSO_4$ 就会过饱和而析出。$PbSO_4$ 析出时会再结晶,形成粗晶体并沉附在极板的表面,造成极板硫化。

2) 电解液的液面过低,使得极板外露而氧化,汽车行驶颠簸时,会使电解液不时地与极板上部已被氧化了的部分接触而使 $PbSO_4$ 再结晶,形成极板硫化。

3) 小电流下的长时间过放电,使极板深层的活性物质转变为 $PbSO_4$,在汽车运行中,发电机向蓄电池充电不可能使这部分 $PbSO_4$ 复原,久而久之就会变为粗晶体硫酸铅。

此外,电解液密度过高、不纯、环境温度变化很大等,也会使极板容易硫化。

(3) 处理措施 在蓄电池极板硫化还不严重时,可以用去硫化充电法消除硫化,极板硫化严重的蓄电池则只能报废。

2. 自放电

在未接通外电路时,蓄电池电能自行消耗称之为自放电。蓄电池轻微自放电属于正常现象,但如果每昼夜蓄电池自行放电量大于 $2\% C_{20}$,则属于自放电故障。

(1) 故障现象 充足电的蓄电池停放几天或几小时后就呈现存电不足。自放电严重的蓄电池,充电时其端电压和电解液密度上升缓慢,用高率放电计测单体电池电压降时,其端电压会迅速下降。

(2) 故障原因 导致蓄电池自放电故障的原因主要有如下几种。

1) 蓄电池盖表面有油污、尘土、电解液等造成蓄电池正负极桩之间漏电。

2) 壳体底部沉积物过多而造成正负极板之间短路。

3) 隔板破裂,造成正负极板短路。

4) 电解液不纯,含有过多的金属杂质。

(3) 处理措施 根据蓄电池自放电故障的各种不同原因,采取相应的方法排除自放电故障。

1) 若是因蓄电池盖表面脏污造成自放电故障,清洁蓄电池盖表面,并对已亏电的蓄电池进行补充充电即可重新投入使用。

2) 若是因蓄电池容器底部沉积物太多造成的极板短路(充电时电解液往往会呈现褐

色），则应倾出全部电解液，并用蒸馏水将壳体内部冲洗干净后重新加注电解液，再将蓄电池充足电。

3）若蓄电池自放电是电解液不纯造成的，则应先将蓄电池全放电或过度放电后将电解液全部倾出，再用蒸馏水冲洗壳体内部，然后加注合格的电解液并将蓄电池充足电。

3. 活性物质早期脱落

活性物质早期脱落是指因使用不当而造成蓄电池极板上的活性物质有大量的脱落。

（1）故障现象　充电时电解液会成为混浊褐色溶液，充电电压上升过快，电解液过早出现"沸腾"现象，而其密度达不到规定的最大值；放电时电压下降过快，容量明显不足。

（2）故障原因　蓄电池在使用中造成极板活性物质容易脱落的原因有如下几种。

1）充电电流过大或长时间过充电，使大量的水被电解，产生的气体在极板孔隙内产生压力，造成活性物质脱落。大电流充电还易使电解液温度过高，造成极板变形而使活性物质脱落，而过量的充电，还会使栅架过分氧化，造成活性物质与栅架松散剥离。

2）长时间大电流放电，尤其是低温长时间大电流放电，生成的 $PbSO_4$ 容易形成致密层，在充电时，PbO_2 将会以树状的晶体生长，这种树状晶体很容易脱落。

3）过度放电，极板上 $PbSO_4$ 太多而使其体积膨胀，对活性物质产生挤压，造成活性物质脱落。

4）蓄电池极板组安装不良而松旷、蓄电池在车上安装不牢固，使极板组颠簸振动加剧，造成活性物质脱落。

5）冬季蓄电池放电后未及时充电，使电解液密度过低而结冰，对极板产生挤压而导致活性物质脱落。

（3）处理措施　活性物质脱落较少时，可以倾出全部电解液，用蒸馏水冲洗后重新加注电解液，充足电后继续使用。如果活性物质脱落过多，则需更换极板组或报废蓄电池。

4. 其他故障

除了上述常见的故障外，蓄电池还会出现蓄电池外壳破裂、壳体盖封口胶脱裂、联条断裂、极板断裂或松动等故障，应根据实际情况采取适当的修补措施。

六、蓄电池的使用与维护

1. 蓄电池的维护

蓄电池正确地使用与维护可提高蓄电池的容量，并可延长其使用寿命。在日常使用过程中，应注意做好如下维护工作。

（1）定期进行蓄电池的外观检查

1）检查蓄电池安装是否牢固，线夹与极桩的连接是否紧固，并及时清除线夹和极桩上的氧化物。表面涂上凡士林或润滑脂可防止极桩上的线夹氧化。

2）检查蓄电池盖表面是否清洁，应及时清除蓄电池盖表面的灰尘、油污、电解液等脏物。

3）检查加液孔盖通气小孔是否畅通，以防止小孔堵塞而引起蓄电池内部气体集聚而造成压力升高，挤裂壳体甚至产生爆炸事故。

（2）及时检查电解液的液面高度　电解液的液面一般应高出极板 10~15mm，液面过低时应及时补充蒸馏水，不能加注电解液，以免导致电解液密度过高。只有在确认是电解液倾出或渗漏而使电解液不足时，才可加注相同密度的电解液。

（3）定期检查蓄电池的放电程度　用测量电解液密度或单体电池电压降的方法检查蓄电池的放电程度。如果放电程度冬季超过25%，夏季超过50%时，就应对蓄电池进行补充充电。

（4）定期对蓄电池进行补充充电　按时间强制性地对蓄电池进行补充充电，以保证蓄电池始终保持充足电状态，避免极板硫化。定期补充充电一般每月一次，城市公共汽车可短些，而长途运输汽车则可更长一些。

2. 蓄电池技术状况检查方法

（1）电解液液面的检查　普通蓄电池应使用玻璃管检查各单体电池液面高度，如图1-11所示。采用透明耐酸塑料容器的蓄电池可从蓄电池容器侧面观察液面的高度，为观察方便，一些蓄电池容器侧面有液面高度指示线。有少数蓄电池可以从加液孔检查液面高度。

（2）放电程度的检查　用密度计测量电解液的密度得到蓄电池放电程度的估计值，如图1-12所示。一般密度每下降$0.01g/cm^3$，相当于蓄电池放电6%。为确保测量结果准确，测量电解液密度时应注意：刚进行了大电流放电或刚加注了蒸馏水的蓄电池不可立即测量电解液的密度；在测密度时，还应同时测量电解液的温度，并把实测的密度值换算成25℃时的密度。

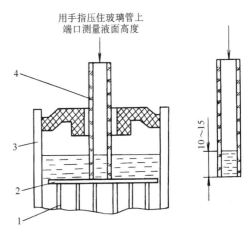

图1-11　蓄电池电解液液面高度的检查
1—极板　2—极板防护片　3—容器壁　4—玻璃管

对于分体式容器盖的蓄电池，由于单体电池的极桩外露，还可以用高率放电计通过测量单体电池电压的方法来检验蓄电池的放电程度，并可检验单体电池是否有故障。高率放电计由一块量程为3V的电压表并接一个定值电阻构成，如图1-13所示。

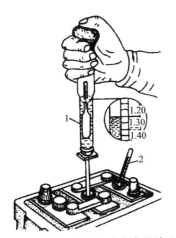

图1-12　蓄电池电解液密度的检查
1—密度计　2—温度计

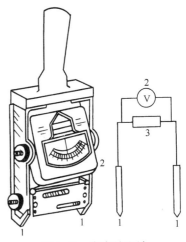

图1-13　高率放电计
1—放电叉　2—电压表　3—放电电阻

高率放电计测量单体电池电压实际上是模拟起动机空载状态的电流负载来检查蓄电池的放电程度，所测得的单体电池电压与放电程度之间的关系见表1-3。测量时，将放电叉紧压在单体电池的极桩上，时间不超过5s。单体电池的电压在1.5V以上，并在5s内保持稳定，说明此单体电池良好；如果某一单体电池在 5s 内电压迅速下降或其电压低于其他单体 0.1V 以上，都说明此单体电池有故障。

表 1-3　高率放电计测得的单体电池电压与放电程度关系

单体电池电压/V	放电程度（%）	单体电池电压/V	放电程度（%）
1.7~1.8	0	1.4~1.5	75
1.6~1.7	25	1.2~1.4	100
1.5~1.6	50		

（3）性能状态的测试　对于整体式盖板的蓄电池，无法测得单体电池电压，通常是用能测端电压的高率放电计测出蓄电池大电流放电时的端电压来判断其性能状态。国际电池协会（BCI）规定，在常温下以 1/2 的额定冷起动电流值进行放电 15s，如果蓄电池的电压在 9.6V 以下则为性能不良，该蓄电池需要更换。这种以放电时的端电压高低来估计蓄电池的容量，进而判断蓄电池的技术状态的测量方法最大的不足是，检测时如果蓄电池处于亏电状态，测得的放电电压就会偏低，这就容易对蓄电池的技术状态造成误判。

新的蓄电池技术状态测量是采用电导法，它是根据铅酸蓄电池的电导值与电池容量之间呈线性关系的特点，用电导仪测得蓄电池的电导值来判断蓄电池的技术状态。蓄电池电导的测量方法是，将已知频率和振幅的交流电压加到电池的两端，然后测量所产生的电流，交流电导值就是与交流电压同相的交流电流分量与交流电压的比值。蓄电池电导值的变化实际上是反映了其内部极板表面活性物质化学反应能力的变化，由此可推断电池容量的变化。目前广泛使用的蓄电池性能测试仪就是用电导仪测得蓄电池电导值，并显示与电池完好时的标准电导值的比值。如果测得的电导值与标准电导值的差异大到一定程度（比值下降大于 20%），就可以判定该电池需要更换了。

3. 冬季使用注意事项

冬季气温低，蓄电池的容量降低、内阻增大且电解液有结冰的危险。电解液如果结冰，蓄电池就不能使用，并将导致极板活性物质脱落和容器破裂。因此，在冬季应注意如下事项。

1）适当调高电解液密度，电解液密度与冰点的关系见表 1-4。进入冬季，应将电解液的密度调整至在该地区不会结冰的密度。

表 1-4　电解液密度与冰点的关系

电解液密度/（g/cm³）	1.10	1.15	1.20	1.25	1.30	1.31
冻结温度/℃	-7	-14	-25	-50	-66	-70

2）使蓄电池经常保持在充足电状态，因为蓄电池放电后其电解液密度降低，增大了结冰的危险。

3）在充电时加注蒸馏水，这样可使水很快与电解液混合，减少电解液结冰的危险性。

4）寒冷地区冬季在发动机冷起动时，应对蓄电池预热，以便提高蓄电池的容量、降低电阻，使起动容易。

七、蓄电池的充电

1. 充电方法

蓄电池有不同的充电方法，在使用中可根据具体情况选择适当的充电方法。

(1) 恒流充电　恒流充电是指充电过程中使充电电流保持不变的充电方法。当单体电池电压上升至 2.4V，电解液开始有气泡冒出时，应将电流减半，直到完全充足为止。

采用恒流充电，不论 6V 或 12V 蓄电池均可串联在一起充电。串联充电的蓄电池如果其容量不一致，应以容量最小的蓄电池选择充电电流（$1/15C_{20} \sim 1/10\ C_{20}$），并且在小容量的蓄电池充足电后，随即将其摘除，其余未充足电的蓄电池则继续充电。

恒流充电具有较大的适应性，容易将蓄电池完全充足，有益于延长蓄电池的寿命。其缺点是为使充电电流保持不变，需经常调节充电电压。此外，其充电时间也较长。

(2) 恒压充电　恒压充电是指充电过程中使充电电压保持不变的充电方法。由于充电电压为定值，故充电电流随蓄电池电动势的升高而逐渐减小。

适当的充电电压可使蓄电池在即将充足时其充电电流趋于 0。充电电压过高会造成充电初期充电电流过大和过充电；充电电压过低则会使蓄电池充电不足。恒压充电一般以每单体电池 2.5V 确定充电电压，即蓄电池的充电电压应为 (14.80 ± 0.05)V（6 个单体电池）或 (7.40 ± 0.05)V（3 单体电池）。恒压充电时，应注意充电初期最大充电电流，若电流超过了 $0.3C_{20}$（A）则应适当调低充电电压，待蓄电池电动势升高后再将充电电压调整到规定的值。

恒压充电的优点是充电时间短，充电过程无需调节电压，较适合于补充充电。缺点是蓄电池不容易完全充足，充电初期的大电流充电对极板会有不利的影响。

(3) 脉冲快速充电　恒流充电和恒压充电均需要很长的时间，为满足使用要求，人们一直在研究快速充电的方法。有实际意义的快速充电不仅要缩短充电时间，并且要避免充电过程中电解液大量析气和温度过高，同时要有较高的充电效率。

1) 快速充电的理论基础。快速充电需要研究和解决的关键问题是蓄电池充电可接受电流和充电极化问题。

① 充电可接受电流与过充电问题。蓄电池的充电接受能力是指其电解液只产生微量析气的前提下所能够接受的最大充电电流。1967 年，美国的麦斯（J. A. Mas）经过大量试验提出了蓄电池充电可接受电流定律：

$$I = I_0 e^{-at}$$

式中　I——在充电过程中某一时刻蓄电池的充电可接受电流；

　　　I_0——开始充电时蓄电池的充电可接受电流；

　　　a——充电可接受电流衰减常数。

从充电可接受电流曲线（图 1-14）可知，蓄电池在充电过程中，其充电可接受电流呈指数规律下降。在充电的任一时间里，只要充电电流大于当时的可接受电流，就会出现"过充电"的现象。缩短充电时间的有效方法是使充电电流尽可能接近可接受电流。

② 充电极化问题。在充电过程中，蓄电池正负极板间电位差会高于其静止电动势(2.1V)，

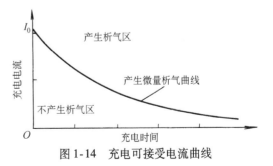

图 1-14　充电可接受电流曲线

这种现象称为极化。蓄电池充电时会有欧姆极化、浓差极化和电化学极化。减小或消除极化，可有效提高充电效率，缩短充电时间。

欧姆极化：充电电流流经蓄电池内阻造成的电压降，停止充电，欧姆极化即消失。

浓差极化：充电时极板孔隙内的电解液密度高于孔隙外的电解液密度，使得正负极板间电位差增大。停止充电，极板孔隙内外的电解液密度趋于一致时，浓差极化消失。

电化学极化：在充电终期水的电解过程中，H^+ 在负极板处集聚所造成的附加电位差。充电终期的充电电流越大，电化学极化就越显著，最大可达 0.33V。

2）脉冲快速充电方法。脉冲快速充电是利用蓄电池充电初期可接受大电流的特点，采用 $(0.8\sim1)C_{20}$ 的大电流对蓄电池进行定流充电，使蓄电池在短时间内达到60%左右的容量；当单体电池电压达2.4V，电解液开始冒气泡时，则通过脉冲充电方法消除极化。脉冲快速充电的电流波形如图1-15所示。脉冲充电阶段控制方法是：先停止充电25ms左右，使欧姆极化消失，浓差极化也由于扩散作用而部分消失；接着再反充电，反充电的脉宽一般为 $150\sim1\,000\mu s$，脉幅为1.5~3倍的充电电流，以消除电化学极化的电荷积累和极板孔隙中形成的气体，并进一步消除浓差极化；接着再停止充电25ms后进行正脉冲充电，周而复始。

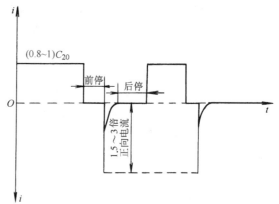

图1-15 脉冲快速充电电流波形

脉冲充电的优点是可以缩短充电时间（初充电不超过5h，补充充电只需0.5~1.5h），空气污染小，省电。在蓄电池集中、充电频繁或应急部门使用脉冲快速充电，更能发挥其效率。脉冲充电的缺点是不能将蓄电池完全充足，且对蓄电池的寿命有不利影响。

2. 充电的种类

蓄电池的充电有多种类型，各种充电通过不同的充电工艺达到不同的充电目的。

（1）初充电　对新蓄电池或修复后的蓄电池使用前的首次充电称为初充电，初充电一般采用定流充电，其充电工艺过程如下。

1）按地区季节配制好适当密度的电解液，并加注到蓄电池容器中。应注意：加注的电解液温度不得超过35℃；加注电解液后，静置3~6h，这期间因电解液渗入极板，液面会有所降低，应补充电解液，使液面高于极板10~15mm。

2）将同时充电的蓄电池串联连接后，接通充电电源，并将电流调整到规定的数值。第一阶段的充电电流为 $C_{20}/15$，充电时间约需25~35h；待电压上升至2.4V，电解液开始有气泡冒出时，将充电电流减半继续充电；当充电至2h内充电电压变化不大于0.05V/h，电解液密度在某一最大值无明显变化，电解液呈现"沸腾"时，充电结束。这一阶段大约需时20~30h。

3）充足电静置2h后，再检测电解液的密度，如密度偏低可添加密度为 $1.4g/cm^3$ 的稀硫酸，如果过高可以添加蒸馏水，将密度调至规定的值。

在充电过程中随时检测电解液的温度，如果温度上升至40℃，应将电流减半。如果温度仍不降低，就应停止充电，待温度降至35℃以下后再继续充电。

（2）补充充电　使用中的蓄电池以恢复其全充电状态所进行的充电称之为补充充电。补充充电可采用定流充电，也可用定压充电。采用定流充电方法其充电过程与初充电的相似，但充电电流可大一些。第一阶段的充电电流为 $C_{20}/10$，充电至单体电池电压达 2.4V 时电流减半，直至充足。如果采用定压充电，其补充充电工艺过程如下。

1）将需同时充电的蓄电池并联连接并接上充电电源。

2）将电压调至规定的值，观察充电电流，如果电流超过 $0.3C_{20}$，应适当降低电压，待蓄电池电动势升高后再将电压调至规定的值。

3）充电终期，当充电电流在连续 2h 内变化不大于 0.1A/h，电解液密度无明显变化时，则认为充电可以结束。

(3) 锻炼循环充电 在汽车上，只要发动机开始工作，发电机就可对蓄电池进行充电，这使蓄电池只有一部分活性物质经常参与电化学反应。为防止那些长时间未能参加充放电化学反应的活性物质收缩，在相隔一段时间（一般为三个月左右）后，对蓄电池进行一次锻炼循环充电。方法是，按正常的充电工艺将蓄电池充足，然后以 20h 放电率将电放完，再将其充足。

(4) 去硫化充电 对极板硫化不严重的蓄电池进行充电，旨在消除极板的硫化，其充电工艺过程如下。

1）倾出蓄电池电解液，并用蒸馏水冲洗两次，然后加注足量的蒸馏水。

2）接通电源，按 $1/30C_{20}$ 的电流进行充电，当密度上升至 1.15g/cm^3 时，倾出电解液，加注蒸馏水，再进行充电，如此反复，直至密度不再增大为止。

3）以 10h 放电率进行放电，当单体电池电压下降到 1.7V 时，停止放电，然后以初充电电流进行充电，接着再放电、再充电，直到容量达到 $80\%C_{20}$ 为止。

4）将电解液密度调整至规定的值。

(5) 预防硫化与均衡充电 预防硫化充电以防止极板产生硫化为目的，均衡充电则主要是为了减少或消除蓄电池单体电池之间容量的差异，其充电方法则均是在蓄电池充足电后，以适当的小电流继续"过充电"一段时间。

3. 充电注意事项

为防止充电时出现意外，在蓄电池充电时，应注意如下事项。

1）在室内充电时，室内应有通风设备，应打开加液孔盖，以使气体顺利排出。

2）充电室严禁用明火取暖。

3）充电时应先接好导线，再开电源开关；停止充电时则应先关断充电电源。

4）导线的连接务必可靠，以防突然断开产生电火花而造成火灾或爆炸事故。

5）充电设备不要与被充电蓄电池放置在同一个房间内，以避免从电解液中冒出的"酸气"腐蚀充电设备。

八、改进型铅酸蓄电池

普通的干封铅酸蓄电池在启用时需要通过初充电才能投入使用。改进型铅酸蓄电池在普通蓄电池的基础上，从结构、工艺和材料等方面进行改进，使蓄电池的使用性能得到了提高。

(1) 干式荷电蓄电池 干式荷电蓄电池可在极板组干燥状态下较长时间保持制造中所得的电荷。制造中主要是对负极板采取了能提高活性物质化学稳定性的工艺措施，从而提高了极板的荷电性。

干式荷电蓄电池的优点是，在不加电解液的状态下，其存放期可长达两年。在存放期内启用，只需要注入规定密度的电解液至适当的高度，静置 20~30min 即可投入使用，无需初充电，因而方便了用户和应急使用。对于存放期超过两年的干式荷电蓄电池，因极板会有部分氧化，使用前应以补充充电电流充电 5~10h。

（2）湿式荷电蓄电池 湿式荷电蓄电池可在极板呈湿润状态下保持其荷电性。湿式荷电蓄电池较之干式荷电蓄电池其工艺过程稍有些不同，存放保持荷电的时间也要短一些。

湿式荷电蓄电池在存放期（约 6 个月）内，加注标准密度的电解液至规定的高度即可使用，首次放电量可达到额定容量的 80%。存放期在一年左右的湿式荷电蓄电池，在加注电解液后立即放电，可放出额定容量的 50%。湿式荷电蓄电池如果在使用前对其进行补充充电，就可以释放出额定的容量。湿式荷电蓄电池适宜于无需长期存放的场合。

（3）胶体式蓄电池 胶体式蓄电池其电解液呈胶体状。胶体式蓄电池是在其电解液中渗入了硅酸溶胶，使得电解液成为胶体状。

胶体式蓄电池的优点是电解液不会溅出，在使用、维护、保管和运输过程中设备和人可免受被腐蚀的危险；使用中只需加蒸馏水，无需调整密度；胶状电解液可使极板活性物质不易脱落，可延长蓄电池的使用寿命约 20%。胶体式蓄电池的缺点是胶体电解质的电阻较大，使蓄电池的内阻增大、容量降低；由于胶体电解质的均匀性相对较差，使极板各部位的电解质有差异而形成电位差，因此，自放电相对较大。

（4）免维护蓄电池 免维护蓄电池在其使用寿命期内无需进行日常维护。免维护蓄电池在结构、工艺和材料等方面均进行了改良，通常的措施如下。

1）加液盖通气孔采用安全通气装置（安全阀），用于阻止水蒸气和硫酸气体排出，以减少电解液的消耗，并可避免气体与外部火花接触而产生爆炸，也减小了极桩的腐蚀。有的免维护蓄电池在通气塞中装有催化剂钯，可帮助水解的氢氧离子结合成水后再回到蓄电池中去，以进一步减少电解液的消耗。

2）采用袋式微孔塑料隔板，将正极板包住，可以免去容器底部的凸肋，从而降低了极板组的高度，使极板上部的容积增大，增加了电解液的储存量。

3）极板栅架采用铅-钙-锡合金或低锑合金，可减少析气量，使电解液中水的消耗降低，并使自放电也大为减少。

免维护蓄电池在汽车使用过程中无需添加蒸馏水，蓄电池自放电小，仅为普通蓄电池的 1/8~1/6，在使用期内一般无需进行补充充电；极桩腐蚀小或无腐蚀，使用寿命长，内阻小，起动性能好。

目前汽车上所使用的免维护蓄电池还未达到完全的无需维护，因此，在使用一段时间后（一般每年或行驶 30 000km）应对蓄电池进行一次检查和维护。检测的内容包括电解液的液面高度和密度、蓄电池的静止电动势等。如果液面过低，应补充蒸馏水；电解液密度过低，需对蓄电池进行补充充电。

对于全封闭式免维护蓄电池，由于无加液孔，不能用常规的方法来检查蓄电池电解液的液面和密度，但这种蓄电池一般在其内部装有一个小密度计，从其顶端的检视孔通过观察其颜色来判断蓄电池的技术状况。检视孔的颜色有如下三种情况。

1）绿色，表示蓄电池状况良好，可继续使用。

2）深绿色或黑色，表示电解液密度偏低，应对蓄电池进行补充充电。

3)浅黄色或无色,则表示电解液液面过低,蓄电池已不能继续使用。

免维护蓄电池从20世纪70年代后期进入国际市场以来,发展迅速,使用日趋普遍。随着免维护蓄电池其制造工艺难题的解决和成本的降低,必将取代普通的铅酸蓄电池。

第三节 交流发电机及调节器

一、交流发电机的原理

现代汽车普遍采用三相同步交流发电机,由硅二极管组成的三相桥式整流电路将发电机定子绕组所感应的交流电变为直流电输出,因此也被称之为硅整流发电机。

1. 电动势的产生

三相同步交流发电机的工作原理如图1-16所示。发电机的转子为磁极,磁极绕组通过电刷和集电环引入直流电而产生磁场;发电机的定子为电枢,用于产生电动势,其三相电枢绕组按一定的规律分布在定子的槽中,使其产生的感应电动势彼此相差120°电角度。

当内部绕组通电的转子旋转时,就会形成一个旋转的磁场,使静止的电枢绕组因切割磁力线而产生感应电动势。由于磁极铁心的特殊设计使磁极磁场近似于正弦规律分布,因此三相电枢绕组产生的感应电动势按正弦规律变化:

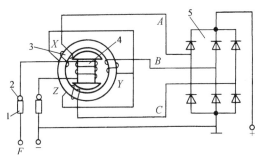

图1-16 三相同步交流发电机的工作原理
1—电刷 2—集电环 3—定子 4—转子 5—整流电路

$$e_A = \sqrt{2}E_\phi \sin \omega t$$

$$e_B = \sqrt{2}E_\phi \sin \left(\omega t - \frac{2\pi}{3}\right)$$

$$e_C = \sqrt{2}E_\phi \sin \left(\omega t - \frac{4\pi}{3}\right)$$

式中　ω——电角速度(s^{-1});

　　　E_ϕ——每相绕组电动势的有效值(V);

　　　t——时间(s)。

分别有如下关系式:

$$\omega = 2\pi f = \frac{\pi pn}{30}$$

$$E_\phi = 4.44 KfN\Phi_m$$

式中　f——交流电动势的频率f(Hz);

　　　p——磁极对数;

　　　n——发电机的转速(r/min);

　　　K——绕组系数,采用整距集中绕组时,$K=1$;

　　　N——每相绕组匝数;

　　　Φ_m——每极磁通的幅值(Wb)。

2. 整流原理

交流发电机通过6只二极管组成的三相桥式整流电路将电枢绕组产生的三相交流电动势转变为直流输出，其工作原理如图1-17所示。

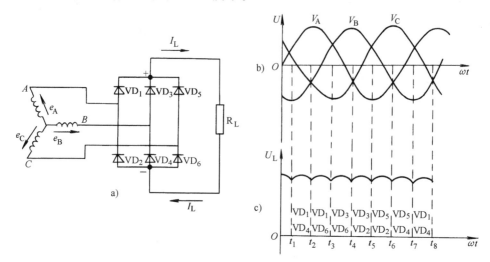

图1-17 三相桥式整流工作原理
a) 整流电路 b) 三相交流电压 c) 整流后电压波形

（1）二极管的整流原理 由于二极管的单向导电性，负极连接在一起的VD_1、VD_3、VD_5在任一瞬时只能是正极电位最高的那只二极管导通，因为该二极管导通后，就使另两只二极管的负极电位高于正极而不能导通；正极连接在一起的VD_2、VD_4、VD_6在任一瞬时则只能是负极电位最低的那只二极管导通，因为该二极管导通后，就使另两只二极管的正极电位低于负极而不能导通。比如，在$t_1 \sim t_2$时间内，A相电压最高，B相电压最低，VD_1、VD_4导通，电流从"+"端流出、"-"端流入；而在$t_2 \sim t_3$时间内，A相电压最高，C相电压最低，VD_1、VD_6导通，电流仍然从"+"端流出、"-"端流入。于是，6只二极管组成的三相桥式整流电路就将电枢绕组的交流电（图1-17b）变成了直流电（图1-17c）。

（2）发电机的端电压 从二极管导通情况可知，在任一瞬时，负载上的电压为某两相电动势之和（线电压），交流发电机输出电压的平均值为：

$U = 1.35U_L = 2.34U_\phi$ （星形联结）

$U = 1.35U_\phi$ （三角形联结）

式中　U_L——三相绕组的线电压有效值；

U_ϕ——三相绕组的相电压有效值。

（3）发电机的中性点电压 一些发电机有一个中性点接线柱（N接柱），用于控制磁场继电器、充电指示灯继电器等。N接柱连接三相绕组的中性点（图1-18），其对地电压称之为发电机的中性点电压，由VD_2、VD_4、VD_6组成的半波整流得到，数值上，发电机的中性点电压是端电压的一半。

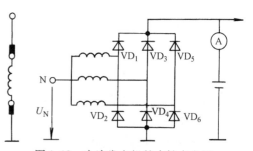

图1-18 交流发电机的中性点电压

3. 励磁方式

发电机与蓄电池并联相接，发电机的磁场绕组通过调节器与发电机电枢接柱连接（图 1-19）。在发电机的电压还低于蓄电池电压时，调节器 B、F 接柱处于通路状态，由蓄电池提供励磁电流（他励）。由于在发电机建立电压之前，发电机磁场绕组就有稳定的励磁电流，磁极的磁场较强，因而可迅速建立电压。当发电机的电压高于蓄电池电压时，由发电机电枢向磁场绕组提供励磁电流（自励）。这时，调节器根据发电机电压的波动自动调节励磁电流，以稳定发电机电压。

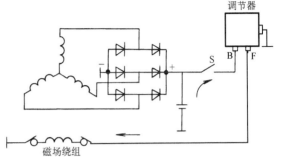

图 1-19　交流发电机的励磁回路

交流发电机的发电原理：转子绕组通过电刷和集电环引入直流电而形成旋转磁场，定子绕组切割磁力线产生三相交流电动势，由整流器将电枢绕组的交流电转为直流电输出。

二、交流发电机的结构

交流发电机的基本组成部件是转子（磁极）、定子（电枢）和整流器，其结构如图 1-20、图 1-21 所示。

1. 转子

交流发电机转子的组成如图 1-22 所示。两块爪极压装在转子轴上，爪极的空腔内装有磁轭并绕有磁场绕组，磁场绕组的两引出线分别焊接在两个与转子轴绝缘的集电环上。磁场绕组通过与集电环接触的两个电刷引入直流电而产生磁场，并将两块爪极磁化，其中一块被磁化为 N 极，另一块为 S 极，使整个转子形成 4~8 对磁极。国产交流发电机多为 6 对磁极。

将转子爪极设计成鸟嘴形是为了使磁场呈正弦分布，以使电枢绕组产生的感应电动势有较好的正弦波形。

2. 定子

交流发电机的定子是发电机的电枢部分，由定子铁心和对称的三相电枢绕组组成。定子铁心由内圆带槽的环状硅钢片叠成，各硅钢片之间互相绝缘。定子槽内置有三相电枢绕组，为保证电枢三相绕组产生大小相等、相位差 120°（电角度）的对称电动势，三相绕组的绕制遵循了以下原则。

1）每相绕组的线圈个数和每个线圈的匝数应完全相等。
2）每个线圈的节距必须相同。
3）三相绕组的起端 A、B、C 在定子槽内的排列必须相隔 120°（电角度）。

定子绕组的绕制一例如图 1-23 所示。图中 A、B、C 是三相绕组的始端，X、Y、Z 是三绕组的末端，三相电枢绕组的连接方式如图 1-24 所示。汽车用交流发电机多为星形联结，但也有少数采用三角形联结方式。

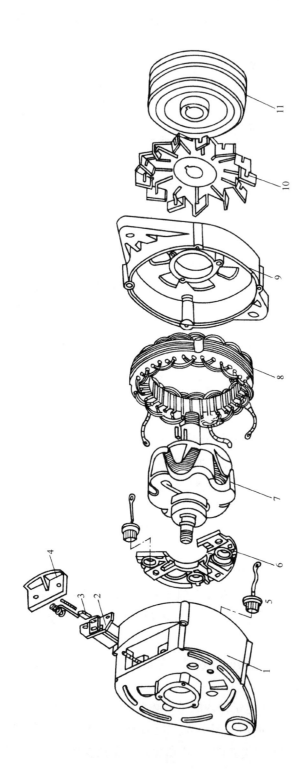

图1-20 JF132型交流发电机的组成部件

1—后端盖 2—电刷架 3—电刷 4—电刷弹簧太坏盖 5—硅二极管 6—元件板(散热板) 7—转子 8—定子总成 9—前端盖 10—风扇 11—带轮

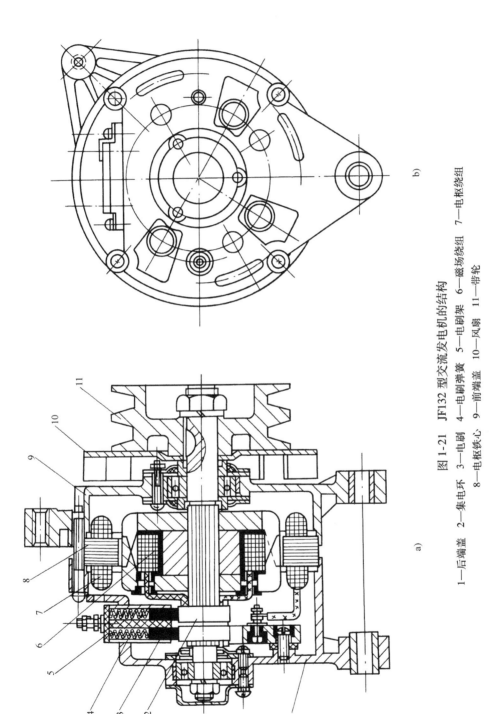

图1-21 JF132型交流发电机的结构

1—后端盖 2—集电环 3—电刷 4—电刷弹簧 5—电刷架 6—磁场绕组 7—电枢绕组
8—电枢铁心 9—前端盖 10—风扇 11—带轮

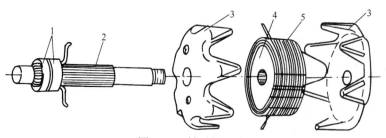

图 1-22 转子的组成

1—集电环 2—转子轴 3—爪极 4—磁轭 5—磁场绕组

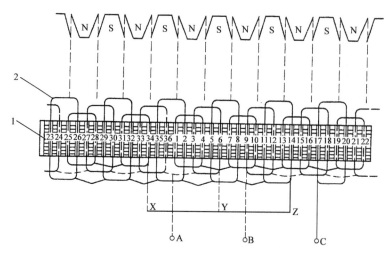

图 1-23 JF 型交流发电机定子绕组展开图

1—定子铁心线槽编号 2—定子绕组

3. 整流器

整流器 6 只硅二极管的安装与连接方式如图 1-25 所示。二极管的引线为二极管的一极,其壳体部分为二极管的另一极。三只壳体为正极的硅二极管压装在后端盖（或与外壳相连接的散热板）上,这三只二极管的引线为二极管的负极,称之为负极管；三只壳体为负极的硅二极管压装在与外壳绝缘的散热板上,这三只硅二极管

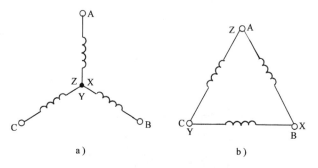

图 1-24 交流发电机三相电枢绕组的连接方式

a) 星形联结方式　b) 三角形联结方式

的引线端为二极管的正极,称之为正极管。三只正极管和三只负极管的引线端通过三个接线柱一一对应连接,并分别连接三相绕组的 A、B、C 端,就组成了三相桥式全波整流电路。

固定在绝缘散热板上的螺栓伸出发电机壳体外部,作为发电机的输出接柱,该接柱为发电机的正极,该接柱（称之为电枢接柱）的标记为"B"或"+""电枢"等。

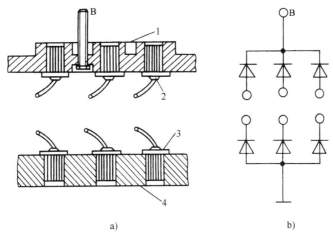

图 1-25 交流发电机整流器
a）整流二极管安装图　b）整流二极管电路图
1—绝缘散热板　2—正极管　3—负极管　4—后端盖（或接地散热板）　B—电枢接柱

4. 端盖及电刷组件

交流发电机的前后端盖由铝合金铸成，铝合金为非导磁材料，可减少漏磁，并具有重量轻、散热性好的优点。

在后端盖内装有电刷组件，电刷组件包括电刷、电刷架和电刷弹簧。电刷架有两种形式，一种是从发电机的外部拆下电刷弹簧盖板即可拆下电刷（图 1-26a），另一种则需拆开发电机后才能拆下电刷（图 1-26b）。电刷通过弹簧与转子轴上的集电环保持接触。

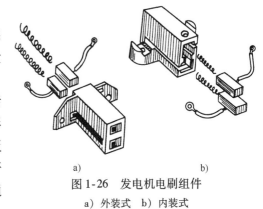

图 1-26　发电机电刷组件
a）外装式　b）内装式

交流发电机有内搭铁和外搭铁之分。内搭铁发电机一个电刷的引线连接于与端盖绝缘的磁场接柱（标"F"或"磁场"）上，另一个电刷的引线与发电机外壳相接；外搭铁发电机的两个电刷通过引线均与绝缘接线柱（标"F+""F-"或"F_1""F_2"）相连，磁场绕组需经"F-"或"F_2"接线柱和外接电路与搭铁相连接。

交流发电机的带轮上有风扇叶片，用于对发电机进行强制通风散热（图 1-27a）。为提高发电机的效率、减小发电机的体积，有的发电机风扇叶片设在其转子上（图 1-27b）。

5. 交流发电机的型号

根据 QC/T 73—1993《汽车电气设备产品型号编制方法》的规定，汽车交流发电机的型号由五部分组成：

第一部分为产品代号，由字母表示，如 JF、JFZ、JFB、JFW 分别表示普通交流发电机、整体式交流发电机、带泵交流发电机和无刷交流发电机。

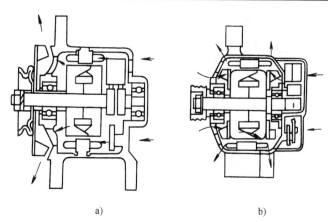

图1-27 交流发电机通风方式
a) 叶片外装式 b) 叶片内装式

第二部分为电压等级代号,用一位阿拉伯数字表示:1—12V、2—24V、6—6V。

第三部分为电流等级代号,用一位阿拉伯数字表示,各代号表示的电流等级见表1-5。

第四部分为设计序号,用一位阿拉伯数字表示产品的顺序。

第五部分为变形代号,用字母表示,交流发电机是以调整臂的位置作为变形代号的。从驱动端看,Y—右边、Z—左边,无字母则表示在中间位置。

表1-5 电流等级代号

电流等级代号	1	2	3	4	5	6	7	8	9
电流范围/A	≤19	20~29	30~39	40~49	50~59	60~69	70~79	80~89	≥90

三、交流发电机的工作特性

汽车用交流发电机工作时的转速变化范围大,其输出电流不稳定。了解交流发电机的相关工作特性,有助于正确地使用与维护发电机。

1. 空载特性

交流发电机的空载特性是指发电机不对外输出电流($I_L=0$)时,发电机端电压与发电机转速之间的关系[$U=f(n)$曲线],如图1-28所示。

从发电机的空载特性曲线的上升速率和达到蓄电池电压的转速高低,可判断发电机的性能是否良好。

2. 外特性

外特性是指发电机转速一定($n=C$)时,发电机端电压与输出电流之间的关系[$U=f(I)$曲线],如图1-29所示。

交流发电机的端电压与电动势及输出电流的关系为

$$U = E - R_z I$$

式中 E——交流发电机等效电动势;

R_z——发电机等效内阻,包括发电机电枢绕组的阻抗和整流二极管的正向导通电阻;

I——发电机的输出电流。

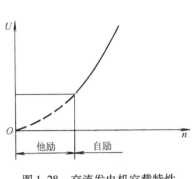

图 1-28 交流发电机空载特性

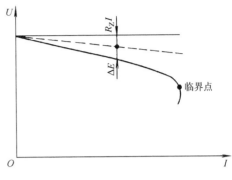

图 1-29 交流发电机外特性

发电机在某一稳定的转速下的 R_Z 为一定值,如果 E 是稳定的,则发电机的端电压 U 将随输出电流增大而直线下降。但实际上当发电机有输出电流后,其 E 也会下降 ΔE,ΔE 随其输出电流 I 的增大而增大。造成发电机电动势 E 下降的原因有二。

一是发电机的电枢反应削弱了磁极磁场。电枢反应是指电枢电流产生的磁场对磁极磁场的影响。当发电机有输出电流时,电枢电流产生的磁场会削弱和扭斜磁极磁场,从而引起电枢绕组电动势下降。随着发电机输出电流的增大,电枢反应的影响也随之增大,发电机电动势下降也越多。

二是励磁电流减小使磁极磁场减弱了。发电机端电压下降后,发电机的励磁电流就会相应减小,磁极产生的磁场减弱。发电机输出电流越大,其端电压越低,磁极磁场就越弱,发电机电动势的下降也就越多。当发电机的端电压下降至临界点后,继续增大发电机负载(减小负载电阻),由于此时励磁电流对磁极磁场的影响较大(已远离磁极饱和区),使得 E(U)下降比负载电阻的减小更快,因此发电机输出电流 I 随负载电阻的减小不升反降。

从交流发电机的外特性可知,随着发电机输出电流的增加,其端电压下降较快。因此,在发电机高速运转时,如果突然失去负载,则会使发电机的电压突然升高而对汽车上的电子元器件造成损害。

3. 输出特性

输出特性是指保持发电机的端电压不变($U=U_e$)时,发电机的输出电流与发电机转速之间的关系 [$I=f(n)$ 曲线],如图 1-30 所示。

发电机的空载转速 n_1 是指 $I=0$、$U=U_e$(额定电压)时的发电机转速;发电机的满载转速 n_2 是指 $U=U_e$、$I=I_e$(额定电流)时的发电机转速。

n_1 和 n_2 是判断发电机性能良好与否的重要参数,被测发电机实际测得的 n_1 和 n_2 如果低于规定值,则说明该发电机的性能良好。

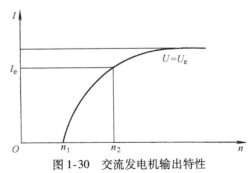

图 1-30 交流发电机输出特性
n_1—发电机的空载转速 n_2—发电机的满载转速

从交流发电机的输出特性可知,当发电机转速达一定值后,发电机的输出电流就不再随转速的增加而上升(具有自动限流作用),其原因有两个方面:一是发电机电枢绕组的感抗作用,当发电机的转速很高时,电动势的交变频率很高,电枢绕组的感抗作用大,增大了发电机的内压降;二是交流发电机电枢反应的影响较大,当发电机的输出电流增大时,电枢反应的增强使发电机的电动势下降。

交流发电机的这种自动限流作用使得发电机具有自我保护能力。

四、交流发电机调节器的作用与原理

1. 交流发电机调节器的作用

从发电机各电枢绕组电动势与发电机的转速和磁极的磁通关系可推出:

$$E = C_e \phi n$$

式中 E——交流发电机的等效电动势;
C_e——交流发电机的结构常数;
ϕ——交流发电机磁极磁通;
n——交流发电机的转速。

忽略发电机内阻电压降,就有

$$U \approx E = C_e \phi n$$

汽车用交流发电机工作时其转速很不稳定且变化范围很大,若对发电机不加以调节,其端电压将随发动机转速的变化而变化,这与汽车用电设备电压需稳定的要求不相适应。因此,发电机必须要有一个自动的电压调节装置。

交流发电机调节器的作用就是当发动机转速变化时,通过对发电机磁极绕组励磁电流的调节来改变磁通量,使发电机的电压保持稳定,以满足汽车用电设备的要求。

2. 调节器的基本原理

(1) 调节器的工作方式　发电机电压调节器串联于发电机的励磁电路中(图1-31a)。当发电机工作在某一转速下,其电压可达到设定的上限值 U_2 时,调节器便会起作用,通过降低或切断磁场绕组的励磁电流 I_f,以迅速减小磁极的磁通量而使发电机电压下降;当发电机电压下降至设定的下限值 U_1 时,调节器又动作,使 I_f 增大,磁通量增大,发电机电压又上升;当发电机的电压上升至 U_2 时又重复上述过程。于是,发电机的电压在设定的范围内波动,得到一个稳定的平均电压 U_e(图1-31b)。

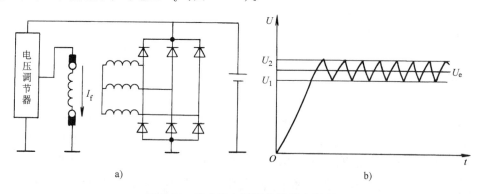

图1-31　发电机电压调节器基本原理
a) 发电机电压调节器原理　b) 发电机电压调节器工作时的电压波形

（2）调节器的稳压原理　发电机转速不同时，磁场加强后发电机电压的上升速率和磁场减弱后的发电机电压的下降速率均不同，不同转速下发电机上升及下降的变化情况如图 1-32 所示。

由图 1-32 可知，发电机的转速升高时，发电机电压的上升速率增大而使发电机电压达到 U_2 的时间 t_b 缩短，发电机电压下降速率减小而使发电机电压降至 U_1 的时间 t_k 延长。于是，随着发电机转速的上升，调节器的动作使励磁电流大的相对时间减少，而使励磁电流小或无的相对时间增加，使得发电机的平均励磁电流随发电机转速的上升而减小，其磁极磁场减弱，从而使发电机的平均电压保持不变（图 1-33）。

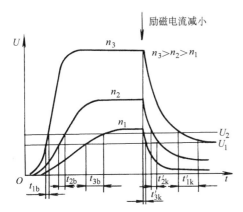

图 1-32　不同转速下发电机电压升降曲线

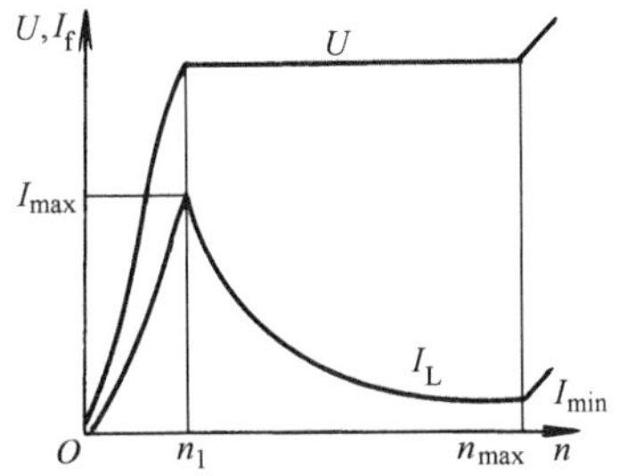

图 1-33　发电机电压调节器的工作特性
n_1—调节器工作的起始转速
n_{max}—调节器开始失效的发电机转速

五、触点式调节器

1. 触点式调节器的基本工作原理

触点式调节器通过电磁线圈控制触点开闭的方式来控制磁场绕组的励磁电流，以实现对发电机电压的调节。因此，这种触点式调节器也被称为电磁振动式调节器。单触点式电压调节器的原理如图 1-34 所示。

调节器触点在其弹簧力的作用下保持闭合，发电机的电压加在调节器的电磁线圈上。当发电机转速在调节器起作用的范围内，且发电机的电压达到上限电压 U_2 时，调节器电磁线圈产生的磁力使触点 K 断开，R_{tj} 串入励磁回路，励磁电流减小，磁极磁通量减小，使发电机的电动势及端电压迅速下

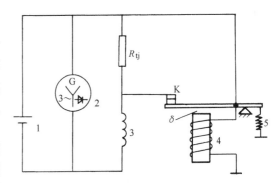

图 1-34　单触点电压调节器原理
1—蓄电池　2—发电机　3—发电机磁极绕组
4—调节器电磁线圈　5—触点弹簧
R_{tj}—调节器调节电阻　K—调节器触点
δ—触点衔铁与铁心间的气隙

降；当发电机电压下降至下限电压 U_1 时，电磁线圈的磁力减弱，触点 K 又在弹簧力的作用下闭合；K 闭合后，R_{tj} 被短路，励磁电流增大，磁极磁通量又增大，发电机电压又随之上升；当发电机电压上升至 U_2 时，触点又被打开。触点如此不断地振动，使发电机电压在 U_1 ~

U_2 范围内波动,得到一个稳定的电压调节值 U_e。

根据力矩平衡原理可以得到调节器调节电压 U_e 的关系式:

$$U_e = C\delta \frac{R_x}{W_x}\sqrt{F}$$

式中　C——调节器结构常数;

　　　δ——触点衔铁与铁心间的气隙(mm);

　　　R_x——电磁线圈的电阻(Ω);

　　　W_x——电磁线圈的匝数(匝);

　　　F——触点弹簧的拉力(N)。

2. 普通单触点调节器的问题

(1) 调节器工作范围与触点火花问题　从图1-33可知,$n_1 \sim n_{max}$ 为调节器的调节范围。n_{max} 时的励磁电流的关系式为

$$I_{min} = \frac{U}{R_f + R_{tj}}$$

式中　R_f——磁场绕组的电阻(Ω)。

从上式可看出,触点式调节器的调节范围与调节电阻 R_{tj} 直接相关。增大 R_{tj},I_{min} 减小,就可使 n_{max} 增大。要使调节器的工作范围能适应交流发电机转速变化的需要,就应增大 R_{tj}。但增大 R_{tj} 后会使触点火花增大,因为触点断开时产生的火花取决于触点断开功率 P_K,而 P_K 与触点断开时的电流 I_K 和 R_{tj} 相关($P_K = I_K^2 R_{tj}$)。I_K、R_{tj} 越大,触点火花也越大。但是通过减小 I_K 或 R_{tj} 来减小触点火花又是不现实的,因为减小 R_{tj} 会使调节器的调节范围达不到要求,而减小 I_K 又必须以增加发电机的磁极尺寸及重量为代价。

到目前为止,触点式电压调节器解决触点火花与调节范围之间矛盾的办法是采用双触点或单触点加灭弧电路。

(2) 触点振动频率过低问题　由于触点部分有机械惯性及电磁线圈的磁滞性,使触点的振动频率过低,导致电压脉动频率过低而影响用电设备的正常使用。解决触点振动频率过低问题从两方面入手。

1) 减小机械惯性,即采用薄而轻的衔铁,并将其一端做成三角形或半圆形,以使重心靠近支点而减小转动惯量。

2) 减小电磁线圈的磁滞性,在电路中增设一加速电阻 R_{js} 以加速退磁(图1-35),使加在电磁线圈上的电压 U_x 成为发电机的端电压减去加速电阻上的电压降($U_x = U - I_{js}R_{js}$)。这样,在触点闭合时,I_{js} 就是通过电磁线圈的电流 I_x,电磁线圈的电阻较大,I_x 很小,因而加速电阻电压降 $I_x R_{js}$ 很小,此时

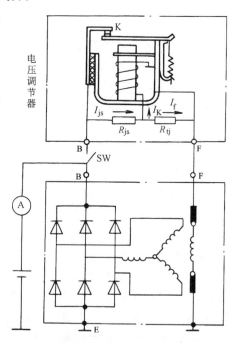

图1-35　加速电阻的作用原理

电磁线圈上的电压近似于发电机端电压（$U_x \approx U$）；而当触点断开时，磁场绕组的励磁电流 I_f 也通过 R_{js}，由于磁场绕组的自感作用而使 I_f 不能突变，在触点断开瞬间的 I_f 比 I_x 要大很多，因而使加速电阻 R_{js} 上的电压降突然增大，加在电磁线圈上的电压迅速下降，使电磁线圈迅速退磁，触点迅速闭合，从而加快了触点的振动频率。

(3) 温度变化对调节电压的影响问题　当温度升高时，电磁线圈的电阻会随之增大，在相同的电压下其磁化电流减小，磁力减弱，因此需要比温度低时更高的电压才能吸动触点，使得调节电压 U_e 会随温度的上升而升高。通常采用温度补偿电阻和利用磁分路的方法解决温度变化对 U_e 的影响（图 1-36）。

1) 采用温度补偿电阻，就是用电阻温度系数仅为铜丝 1/800 的康铜丝构成电磁线圈的一部分或制成电阻 R_t 串接于电磁线圈电路中，以使电磁线圈总电阻受温度的影响减小。

2) 利用磁分路，在铁心与磁轭之间加一磁阻随温度上升而增大的磁分路片，当温度上升时，由于磁分路片磁阻增大，经磁分路的磁通量相对减弱，而使通过气隙 δ 的磁通量相对加强，这样就弥补了电磁线圈电流减小所带来的影响。

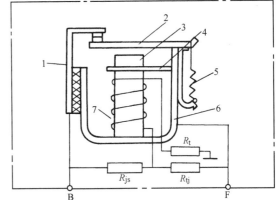

图 1-36　触点式电压调节器的温度补偿
1—固定触点支架　2—衔铁　3—铁心　4—磁分路片
5—触点弹簧　6—磁轭　7—电磁线圈

触点式调节器的基本原理：发电机电压施加于调节器电磁线圈，使其按发电机电压的高低变化产生相应的电磁力，控制触点张开或闭合，以改变发电机的励磁电流，使发电机的电压在设定的范围内波动。

六、电子调节器

触点式调节器工作时会产生触点火花，使得其触点容易烧蚀，因而其故障率高，工作可靠性较差；触点在振动中产生的电火花还会对周围的无线电造成干扰。此外，触点式调节器其结构复杂，触点的振动频率低。电子调节器可避免触点式调节器的不足，因而在现代汽车上已逐渐取代了触点式调节器。

1. 电子调节器的基本原理

(1) 电子调节器的基本电路及工作原理　电子调节器是利用晶体管的开关特性，通过改变晶体管饱和导通和截止相对时间来调节发电机的励磁电流，其电压调节的基本电路如图 1-37 所示。

发电机电压通过 R_1、R_2 组成的分压器，将成一定比例的部分电压加于稳压管 VS；使 VS 由发电机的电压控制其导通或截止；VT_1 为小功率晶体管，起放大作用，VT_1 的导通或截止由 VS 控制；大功率晶体管 VT_2 用于控制励磁电流，VT_2 饱和导通时，发电机磁场绕组励磁回路通路，VT_2 截止时，励磁回路则断路。电路参数的设置使 VT_1、VT_2 均工作在开关状态。

在发电机电压达到调节电压以前，R_1 的分压低于 VS 的导通电压，VS 不导通，VT_1 也不导通；VT_1 截止时，VT_2 的基极电位很低，使 VT_2 有足够高的正向偏压而饱和导通，发电机励

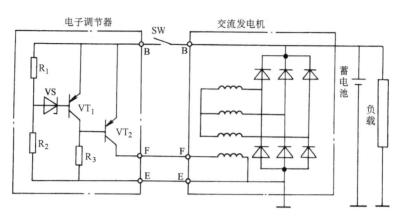

图 1-37 电子电压调节器的基本电路

磁回路通路。当发电机的电压上升至设定的调节电压时，R_1 的分压使 VS 导通，VT_1 同时饱和导通；VT_1 饱和导通后，VT_2 失去正向偏压而截止，发电机励磁回路断路。发电机无励磁电流时，其电动势及端电压迅速下降，当降到 R_1 上的分压不足以维持 VS 导通时，VS 又截止，VT_1 也截止，又使 VT_2 导通，发电机励磁回路又通路。如此反复，使发电机的电压维持在设定的调节电压值。

当发电机的转速上升时，发电机电压上升的速率增大，下降速率减小，使调节器中 VT_2 的截止时间相对增加，发电机的平均励磁电流减小，从而使发电机的电压保持稳定。

相比于触点式调节器，电子调节器用稳压管"感受"发电机的电压，控制晶体管的导通和截止，由晶体管的导通或截止通断发电机的励磁电流，使发电机的电压在设定的范围内波动。

(2) 基本电路的不足及改善措施　基本电路不能满足调节器工作的需要，实际电子调节器还设有其他的电子元件和电路，用以弥补基本电路的不足。实际电子电压调节器电路一例如图 1-38 所示。

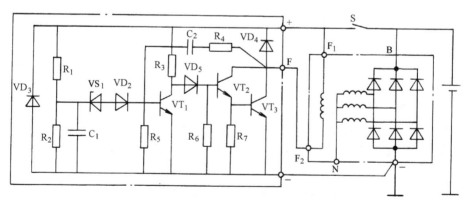

图 1-38　满足实际使用要求的电子电压调节器

1) 晶体管的开关频率过高（图 1-39a），使晶体管处在截止与饱和导通之间的时间较长，晶体管集电极耗散功率（$P_C = I_C U_C$）过大，这会使晶体管容易过热而烧坏。R_2 并联电容 C_1，利用电容的充、放电时间，使稳压管 VS_1 的导通和截止变得迟缓，从而降低了晶体管的开关频率（图 1-39b）；加 R_4C_2 正反馈电路，用以加速晶体管导通和截止的变化过程（图 1-39c）。电容 C_1 和正反馈电路 R_4C_2 减小了晶体管的功率消耗，使晶体管不易过热烧坏。

2）开关晶体管截止时，磁场绕组所产生的自感电动势容易损坏晶体管和稳压管等电子元件。加续流二极管 VD_4，当开关晶体管截止时，磁场绕组产生的自感电动势经 VD_4 形成通路，从而保护了调节器中的电子元件。

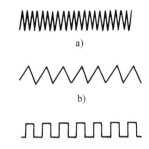

图 1-39 调节器晶体管开关频率和波形的改善
a) 改善前的电压波形 b) 加 C_1 降频后的电压波形
c) 再加 R_4C_2 整形后的波形

3）汽车电源如果产生反向瞬变电压，就很容易造成调节器电子元件损坏。加 VD_3 后，反向瞬变电压通过 VD_3 形成通路，输入的反向电压只是 VD_3 的正向导通电压，从而防止了电源反向瞬变电压对调节器电子元件造成损害。

4）稳压管的导通电压会随着温度的上升而增高，导致发电机的调节电压随之增高。加温度系数为负的 VD_2，用作温度补偿，以使发电机的调节电压不随温度而变。

5）VT_1 饱和导通时，实际的导通电压不为 0 时，就有可能导致 VT_2 不能可靠截止。加 VD_5 后，由于其分压作用，使得 VT_1 饱和导通时 VT_2 能可靠截止。

6）VT_3 需要通过较大的励磁电流，加 VT_2 用于电流放大，以使 VT_3 能控制励磁电流。

2. 晶体管电压调节器

所谓晶体管电压调节器是指由分立电子元件焊接于印制电路板而制成的电子调节器，印制电路板被固定在冲制的铁盒或铝盒内，有的在盒内还加注硅橡胶等，以利于元件的固定和晶体管的散热。晶体管调节器示例如下。

（1）JFT126、JFT246 型晶体管调节器 JFT126、JFT246 型晶体管调节器的电路板固定在钢板冲制的盒内，内部充满了 107 硅橡胶，其电路如图 1-40 所示。

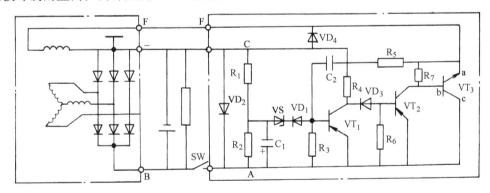

图 1-40 JFT126、JFT246 型晶体管调节器

VT_3 为低频大功率硅管，与 VT_2 组成复合管，其电路原理参见前面的有关叙述。JFT126、JFT246 型及它们的一些变型晶体管调节器的电路结构相同，只是部分元件的参数有所不同，以适用于不同功率、不同型号的内搭铁式交流发电机。

（2）JFT106 型晶体管调节器 JFT106 型晶体管调节器电路板封装于铝合金壳体内，适用于外搭铁型交流发电机，其电路如图1-41所示。

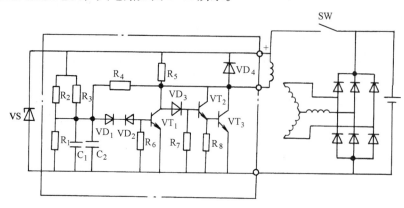

图1-41 JFT106型晶体管调节器

稳压管VS不仅可通过其正向导通特性来吸收电源的反向瞬变电压，还可利用其稳压特性吸收由于负载电流突然减小、蓄电池连接突然断开等原因造成的正向瞬变过电压，以保护调节器的电子元件。电路中与R_2并联的R_3、与C_1并联的C_2用与对电阻、电容参数的设定和调整，其他元件的作用及电路原理如前面所述。

3. 集成电路电压调节器

所谓集成电路电压调节器是指用若干电子元件集成在基片上，用具有发电机电压调节全部或部分功能的芯片所构成的电子调节器。相比于晶体管调节器，集成电路调节器的结构紧凑、体积小、电压调节精度高、故障率低。集成电路电压调节器多装于发电机的内部，这种发电机被称之为整体式发电机。

集成电路电压调节器根据电压信号输入的方式不同，可分为发电机电压检测方式和蓄电池电压检测方式两种类型，如图1-42所示。

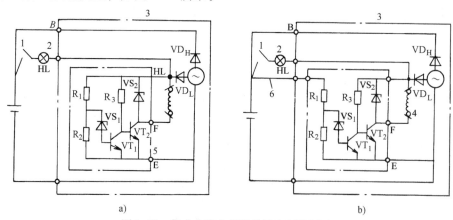

图1-42 集成电路电压调节器电压检测法
a) 发电机电压检测法 b) 蓄电池电压检测法
1—点火开关 2—充电指示灯 3—发电机 4—磁场绕组 5—调节器 6—蓄电池电压采集屏线
VD_H—发电机对外输出整流器 VD_L—发电机提供磁场电流整流器

（1）发电机电压检测方式 发电机电压检测方式的集成电路调节器其发电机电压的采样点是发电机的输出端。这种检测方式电路连接简单，但缺点是当发电机与蓄电池之间的连接电路因接触不良而有较大电压降时,就会引起蓄电池端的电压偏低而导致充电不足。

(2) 蓄电池电压检测方式 蓄电池电压检测方式的集成电路调节器其发电机电压的采样点在蓄电池端。这种检测方式避免了发电机电压检测方式的缺点,但需要多一根连接蓄电池和调节器的导线,而且当此导线连接不良或断路时,会造成发电机电压过高或失控,因此,采用蓄电池电压检测方式的整体式发电机通常在电路中应采取相应的措施以弥补这一缺陷。

图 1-42 中 VD_H 和 VD_L 实际电路如图 1-43 所示。VD_H 是由 $VD_1 \sim VD_6$ 组成的三相桥式整流电路组成的,其输出直流电压 U_B 向用电设备供电和向蓄电池充电。VD_L 是指由 VD_7、VD_8、VD_9 与 VD_2、VD_4、VD_6 组成的三相桥式整流电路,其整流原理及电压与 VD_H 相同,U_D 用于向磁场绕组提供励磁电流。增设 VD_7、VD_8、VD_9 的发电机称之为九管交流发电机。

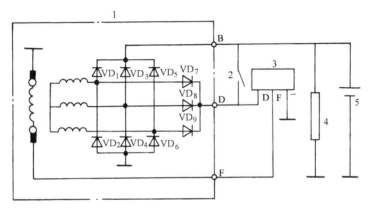

图 1-43 九管交流发电机整流电路
1—发电机 2—点火开关 3—调节器 4—用电设备 5—蓄电池

七、发电机充电指示灯控制电路

现代汽车仪表板上均设有充电指示灯,在接通点火开关时,充电指示灯亮起,指示点火开关处于接通状态;当发动机起动后,发电机正常发电时,充电指示灯则熄灭,指示充电系统工作正常。如果发动机在运转时充电指示灯亮起,则指示充电电路有故障。

根据发电机及所配调节器结构形式的不同,充电指示灯的控制电路有多种形式。现举例说明几种典型的充电指示灯控制电路。

1. 发电机中性点电压继电器控制方式

用发电机中性点电压控制的充电指示灯继电器的充电指示灯控制电路一例如图 1-44 所示。

接通点火开关而未起动时,充电指示灯电路通路(蓄电池正极→电流表→点火开关→充电指示灯→K_2→搭铁),充电指示灯亮。当起动发动机,发电机正常工作时,发电机的中性点电压加在线圈 L_2 上,产生的磁力使 K_2 断开,充电指示灯熄灭。

2. 发电机端电压继电器控制方式

充电指示灯继电器线圈由发电机端电压控制,电路原理如图 1-45 所示。

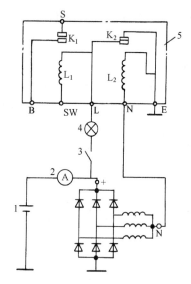
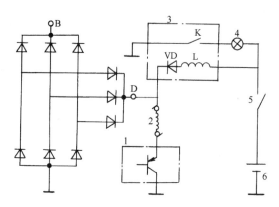

图 1-44　EQ1090 及 CA1091 汽车充电
指示灯控制电路

1—蓄电池　2—电流表　3—点火开关
4—充电指示灯　5—组合继电器　K_1—起动继电器触点
K_2—充电指示灯继电器触点　L_1—起动继电器线圈
L_2—充电指示灯继电器线圈

图 1-45　充电指示灯继电器受发电机端
电压控制电路原理

1—调节器　2—发电机磁场绕组　3—充电指示灯继电器
4—充电指示灯　5—点火开关　6—蓄电池

发电机为九管整流型，充电指示灯继电器触点 K 为常开，继电器线圈受发电机端电压控制。当接通点火开关而未起动时，调节器内的开关晶体管处于导通状态，充电指示灯继电器线圈通路（蓄电池正极→点火开关→L→VD→磁场绕组→调节器→搭铁），L 产生磁力将充电指示灯继电器触点 K 吸合，充电指示灯亮。起动发动机后，发电机正常工作时，D 点的正常的输出电压高于蓄电池电压，使 L 断电，K 断开，充电指示灯熄灭。

3. 发电机端电压直接控制方式

许多汽车的充电电路中，充电指示灯控制电路不用继电器，直接通过发电机的端电压控制充电指示灯。

（1）九管整流控制方式　将充电指示灯连接在发电机的 B、D 两端，其电路原理如图 1-46 所示。

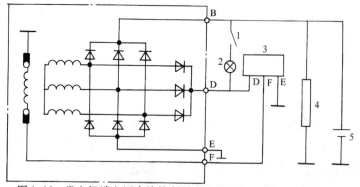

图 1-46　发电机端电压直接控制的充电指示灯电路（九管整流）

1—点火开关　2—充电指示灯　3—调节器　4—用电设备　5—蓄电池

当接通点火开关而未起动时,调节器 B、F 处于通路状态,充电指示灯电路通路(蓄电池正极→点火开关→调节器→磁场绕组→搭铁),充电指示灯亮。当发动机起动后,发电机正常工作时,B、D 两点的电位升高而使充电指示灯两端的电压下降为 0,充电指示灯熄灭。

九管整流发电机端电压控制方式是目前汽车上最为常见的充电指示灯控制方式。对于整体式发电机,由于调节器在发电机内部,故而发电机外部无需连接调节器的线路,发电机上只有电枢接线柱 B 和连接充电指示灯的接线柱 D。

(2)六管整流控制方式　在充电指示灯控制电路中增设了一个二极管 VD,电路原理如图 1-47 所示。

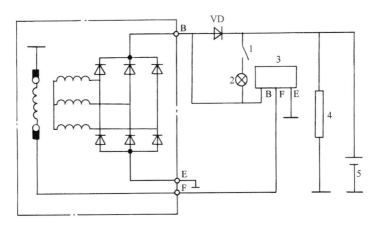

图 1-47　发电机端电压直接控制的充电指示灯电路(六管整流)
1—点火开关　2—充电指示灯　3—调节器　4—用电设备　5—蓄电池

接通点火开关但未起动时,蓄电池电压使 VD 反向截止,由蓄电池提供的励磁电流通过充电指示灯,指示灯亮起。当发电机正常工作时,发电机的端电压高于蓄电池电压,VD 导通,充电指示灯被短路而熄灭。

八、交流发电机及调节器的检修

1. 交流发电机的检修

交流发电机不发电或发电机不良的可能故障原因如下。

1)整流二极管烧坏而使发电机电压过低,造成充电电流过小或不充电。

2)发电机磁场绕组或电枢绕组有短路、断路或搭铁而使发电机发电电压过低或不发电。

3)电刷与集电环接触不良而使磁场绕组励磁电流过小或无励磁电流,造成发电机电压过低或不发电。

(1)交流发电机解体前的检查　在发电机解体前,通过检测发电机各接线柱之间的电阻或检测发电机输出电压波形,以确定发电机是否有故障和故障的大致部位。

1)检测交流发电机各接线柱之间的电阻。根据所测得的电阻值正常与否来判断连接两接线柱之间部件和电路是否有故障。内搭铁发电机(JF132)和外搭铁发电机(JF1522A)检测的接线柱之间的电阻参数及测量不正常时的可能故障见表 1-6。

表 1-6 检测 JF132、JF1522A 型交流发电机各接线柱之间的电阻（$R \times 1\Omega$ 档）

检测端子		"F"—"-"	"F_1"或"F_2"—"-"	"F_1"—"F_2"	"B"—"-" 正向	"B"—"-" 反向
正常情况	JF132	6~8Ω	—	—	40~50Ω	>1000Ω
	JF1522	—	∞	≈4Ω	40~50Ω	>1000Ω
检测可能的异常情况及故障原因		①电阻值为∞，则为磁场绕组或引线连接断路 ②电阻值过小，则为磁场绕组有短路 ③电阻值过大，则为电刷与集电环接触不良 ④电阻值为0，则F接线柱搭铁或集电环之间短路	①电阻值不为∞，则为磁场绕组绝缘不良 ②电阻值为0，则F_1或F_2接线柱搭铁	①电阻值为∞，则为磁场绕组或引线连接断路 ②电阻值过小，则为磁场绕组有短路 ③电阻值过大，则为电刷与集电环接触不良 ④电阻值为0，则集电环之间短路	①正向电阻过小，则有二极管短路 ②正向电阻过大，则有二极管断路 ③正反向电阻均为0，则B端子搭铁或正、负极管至少各有一只短路	

说明：由于二极管的电阻呈非线性，同一万用表的不同电阻档位、不同型号的万用表测量时表内部电源加在二极管上的电压会有所不同，测得的电阻值也会有很大的差别。表 1-6 中"B"—"-"之间的正向电阻是用万用表 $R \times 1\Omega$ 档的测量值。

2) 检测交流发电机输出电压波形。当发电机内部的二极管或电枢绕组有断路或短路时，发电机的输出电压波形就会异常，因此，可根据示波器显示的发电机输出电压波形判断发电机内部是否有故障。各种故障时输出的电压波形如图 1-48 所示。

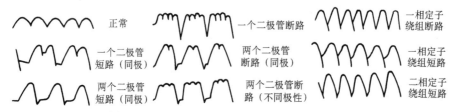

图 1-48 交流发电机各种故障的输出电压波形

3) 交流发电机的试验。在专用试验台上测出发电机的空载转速和满载转速，用以判断发电机性能的好坏，测试电路如图 1-49 所示。

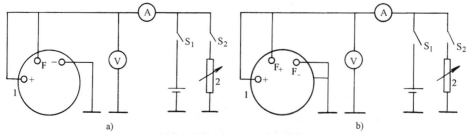

图 1-49 交流发电机测试电路
a) 内搭铁型发电机试验电路 b) 外搭铁型发电机试验电路
1—被测发电机 2—电阻器

① 空载试验。将发电机固定于试验台架并按图1-49接线，然后闭合S_1，开动驱动电动机并慢慢调速，使发电机转速逐渐升高，待发电机的电压开始上升时，断开S_1，并继续慢慢提高发电机的转速。当电压升至额定电压时，发电机的转速即为空载转速。

② 负载试验。测得空载转速后，接通S_2，在逐渐增大负载的同时，提高发电机的转速，以保持电压稳定在额定值。当电流达到额定值时，发电机的转速即为满载转速。

如果测得空载转速和满载转速过高，或在规定空载转速下达不到额定电压、规定满载转速下达不到额定电流，则说明发电机有故障。部分国产交流发电机的额定参数见表1-7。

表1-7 部分国产交流发电机的额定参数

发电机型号	额定功率/W	额定电压/V	额定电流/A	空载转速/(r/min)	满载转速/(r/min)
JF1311	350	14	25	1000	2500
JF1313Z	350	14	25	1000	2500
JF13A	350	14	25	1000	2500
JF1314B	350	14	25	1000	2500
JF1512E	500	14	36	1000	2500
JF1518	500	14	36	1100	2500
JF152D	500	14	36	1150	2500
JF1522	500	14	36	1100	2200
JF173		14	54	1000	2500
JF2311	350	28	12.5	1000	2500
JF2511Z	500	28	18	1000	2500
JF2511ZB	500	28	18	1000	2500
JF2512	500	28	18	1100	2500
JF2712B	700	28	25	1100	2500

(2) 交流发电机解体后的检修 当确认发电机有故障或发电机性能不良时，需要解体发电机，对有关部件进行检修。

1) 整流二极管的检测。拆开电枢绕组与整流二极管的连接后，可用万用表测量每个二极管的正、反向电阻（图1-50）。二极管的正向电阻一般在$8 \sim 10\Omega$之间（$R \times 1\Omega$档），反向电阻则在$10 \sim 50\mathrm{k}\Omega$范围内。如果测量某二极管的电阻值不正常，则需更换该二极管。

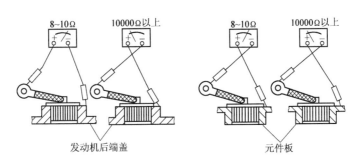

图1-50 整流二极管的检测

2) 磁场绕组的检测。用万用表测量两集电环之间的电阻,如果电阻值与规定的磁场绕组电阻值不相符,则说明磁场绕组有短路(电阻值过小)或断路(电阻无穷大)。用万用表测量集电环与转子铁心(或转子轴)之间的电阻,如果电阻值不为无穷大,则说明磁场绕组绝缘不良或已搭铁。磁场绕组有短路、断路或搭铁,均需重新绕制磁场绕组或更换转子总成。

3) 电枢绕组的检测。用万用表测量电枢绕组三个引线之间的电阻,如果电阻值无穷大,则说明电枢绕组断路;测量电枢绕组引线与铁心之间的电阻,如果电阻不为无穷大,则说明电枢绕组绝缘不良或已搭铁。电枢绕组有断路或搭铁,均需重新绕制磁场绕组或更换定子总成。

4) 电刷与轴承的检修。检查电刷与轴承的磨损情况、电刷弹簧的弹力,若电刷磨损量超过限值、电刷弹簧失效或轴承有明显松旷等,应予以更换。

2. 调节器的检修

(1) 电子调节器的常见故障及影响　交流发电机电子调节器的常见故障及影响见表1-8。

表1-8　调节器的常见故障及影响

故障类别	常见的故障	对发电机及充电系统的影响
断路或不畅通	开关晶体管断路、其他电子元件有断路或短路而使开关晶体管不能导通或不能饱和导通	发电机不发电或发电不良
短路	开关晶体管短路或其他电子元件有断路或短路而使开关晶体管不能截止	发电机电压失控

(2) 电子调节器的检修　电子调节器可通过一个可调的直流电源(输出电压0~30V,输出电流3A)和一个测试灯泡(12V或24V,20W)对其进行检验,检测电路如图1-51所示。检测方法如下。

接通开关S,然后逐渐提高直流电源电压。如果测试灯2亮起并随着电源电压的升高亮度增强,而当电压上升至调节器的调节电压值(14V调节器为13.5~14.5V,28V调节器为27~29V)或略高于调节电压值时,测试灯熄灭,则说明调节器能正常起调节作用;如果测试灯不熄灭,或一直不亮,均说明调节器有故障,应予以更换。

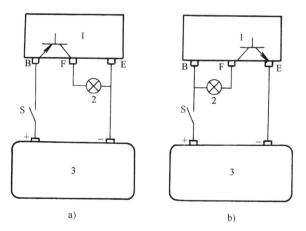

图1-51　电子调节器检测电路
a) 内搭铁型　b) 外搭铁型
1—被测调节器　2—测试灯　3—可调直流电源

九、其他类型的发电机

1. 无刷交流发电机

普通交流发电机需要通过电刷与集电环将励磁电流导入旋转的磁场绕组,工作中如果电刷过度磨损、电刷在电刷架中卡滞、电刷弹簧失效、集电环脏污，都会引起电刷与集电环接触不良而使发电机不发电或发电不良。无刷交流发电机则可避免普通交流发电机的这一缺陷，并在一些汽车上得到了应用。目前，在汽车上使用的无刷交流发电机有爪极式、励磁机式、感应子式、永磁式等不同类型。

（1）爪极式无刷交流发电机　爪极式无刷交流发电机的磁场绕组通过一个磁轭托架固定在后端盖上，两个爪极只有一个直接固定在转子轴上，另一爪极通过非导磁连接环固定在前一爪极上，如图1-52所示。

转子转动时，固定在转子轴上的爪极带动另一爪极一起转动。当固定不动的磁场绕组通入直流电后，产生的磁场使爪极磁化，使一边的爪极为N极，另一边为S极，并经气隙和定子铁心形成闭合磁路。转子的转动使定子内形成交变的磁场，对称布置的三个电枢绕组便产生三相交流电动势，再经三相整流电路整流后输出直流电。

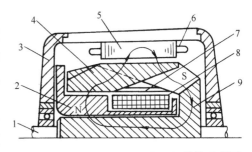

图1-52　爪极式无刷交流发电机结构示意图
1—转子轴　2—磁轭托架　3—端盖　4—爪极
5—定子铁心　6—定子绕组　7—非导磁连接环
8—磁场绕组　9—转子磁轭

爪极式无刷交流发电机的主要缺点是磁轭托架与爪极和转子磁轭之间存在附加间隙，漏磁较多，因此要达到普通交流发电机同等输出功率，必须要增大磁场绕组的励磁能力。

（2）励磁机式无刷交流发电机　励磁机式无刷交流发电机由无刷普通交流发电机和励磁专用发电机所组成，如图1-53所示。励磁专用发电机（简称励磁机）的磁极为定子，电枢为转子。当发电机转动时，励磁机电枢转动，其三相绕组产生电动势，通过内部整流电路整流后，直接供给发电机转子内的磁场绕组励磁发电。

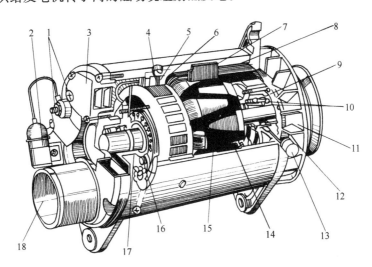

图1-53　德国博世公司的T4型励磁机式无刷交流发电机
1—接线柱　2—抑制电容　3—电子调节器　4—励磁机转子　5—励磁机定子　6—发电机磁场绕组　7—发电机定子铁心
8—发电机电枢绕组　9—驱动端盖　10—油封　11—风扇　12—油道　13—油环　14—发电机转子　15—磁场绕组
16—二极管　17—散热板　18—进风口

由于无附加气隙,励磁机式无刷交流发电机的输出功率较大,缺点是结构较为复杂。

(3) 感应子式无刷交流发电机　感应子式无刷交流发电机的转子由齿轮状钢片叠成,磁场绕组和电枢绕组均安放在定子的槽内,如图1-54所示。当定子槽内的磁场绕组通入直流电后,在定子铁心中产生固定的磁场。由于转子有凸齿和凹槽,当转子转动时,转子与定子凸齿之间的气隙就会不断变化,使定子内的磁场呈脉动变化,电枢绕组便产生交变的感应电动势。

感应子式无刷交流发电机的缺点是比功率较低。

(4) 永磁式无刷交流发电机　永磁式交流发电机的转子采用永久磁铁,常用的永磁材料有铁氧体、铬镍钴、稀土钴、钕铁硼等。采用钕铁硼永磁材料的永磁转子如图1-55所示。具有较高剩磁力和矫顽力的钕铁硼永磁体采用瓦片式结构,用环氧树脂粘在导磁轭上。

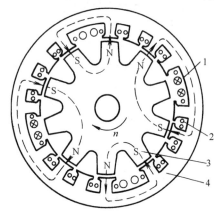

图1-54　感应子式无刷交流发电机
1—磁场绕组　2—电枢绕组　3—转子　4—定子

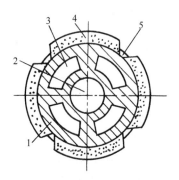

图1-55　钕铁硼永磁转子结构
1—导磁轭　2—转轴　3—通风口
4—永磁体　5—环氧树脂胶

永磁式交流发电机的磁场强度是固定不变的,因此,不可能通过调节磁场绕组励磁电流的方法来稳定电压。永磁式交流发电机电压调节的电路原理如图1-56所示。

三只二极管 VD_1、VD_2、VD_3 与三只晶闸管 VT_1、VT_2、VT_3 组成了三相半控桥式整流电路,而 $VD_1 \sim VD_6$ 组成的三相桥式整流电路则向晶闸管控制极提供触发电压。电压调节器的触点K为常闭触点,其电磁线圈并接于发电机的输出端。电压调节原理如下。

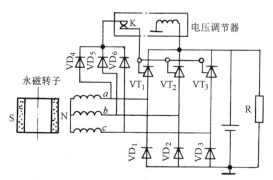

图1-56　永磁式交流发电机电压控制原理

电压调节器触点K闭合时,晶闸管控制极获得正向触发电压而导通,整流器向外输出三相全波整流电压。当发电机的整流电压上升至设定的上限值时,电压调节器电磁线圈的磁力使触点K断开,晶闸管因控制极失去正向触发电压而截止,发电机的电压随之迅速下降;当发电机电压下降至下限值时,电压调节器电磁线圈的磁力减弱,触点重新闭合,晶闸管又获得正向触发电压而导通,发电机端电压迅速上升。如此反复,发电机的输出电压在一定的范围内波动,使其平均电压保持稳定。

永磁式无刷交流发电机具有体积小、重量轻、维护方便、比功率大、低速充电性能好等优点,如果永磁材料的性能有更进一步的提高,永磁式无刷交流发电机将会有快速的发展。

2. 高效型交流发电机

在交流发电机三相绕组的中性点与发电机的输出端及搭铁端连接两只二极管,利用中性点的谐波电压可提高发电机的输出功率。试验表明,加装中性点二极管后,发电机在高速(>2000r/min)时发电机的输出功率可提高10%~15%。相比于普通的六管或九管硅整流发电机,加装两中性点二极管的八管或十一管硅整流发电机则为高效型发电机。通过中性点二极管提高发电机输出功率的原理如下。

星形联结的电枢绕组中性点平均电压是发电机端电压的1/2,实际上,中性点电压包含直流分量与交流分量。交流分量以平均电压为中心交变振荡,其振幅随发电机转速的上升而增大(图1-57)。发电机转速高于2000r/min时,中性点的瞬时峰值电压就可能高于发电机的输出电压。

当连接中性点二极管后(图1-58),中性点瞬时电压高于发电机输出电压U_B时,VD_7导通,电流通路如图1-58a所示;中性点瞬时电压低于搭铁电位时,VD_8导通,电流通路如图1-58b所示。中性点二极管利用了中性点的瞬时峰值电压向外输出电流,从而提高了发电机的输出功率。

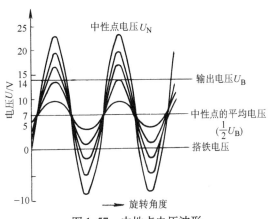

图1-57 中性点电压波形

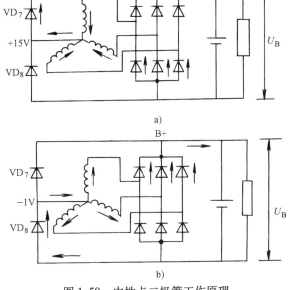

图1-58 中性点二极管工作原理
a) 中性点电压高于U_B时的电流通路 b) 中性点电压低于0V时的电流通路

3. 双整流型交流发电机

双整流型交流发电机是一种新型交流发电机,其电路原理如图 1-59 所示。双整流发电机是在普通交流发电机三相定子绕组基础上,增加绕组匝数并引出接线头,并增设一套三相桥式整流器。低速时由原绕组和增绕组串联输出,而在较高转速时,仅由原三相绕组输出。工作中高、低速供电电路的变换是自动完成的。

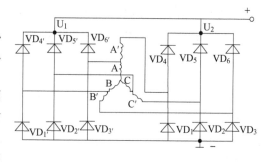

图 1-59 双整流型交流发电机电路原理

在低速范围内,由于发电机转速低,三相绕组的串联输出,提高了发电机的输出电压,使发电机低速充电性能大大提高。在高速范围内,随着发电机转速的升高,串接的三相绕组的感抗增大,内压降增大,再加上电枢反应加强,使输出电压下降。这时原三相绕组 A、B、C 因内压降较小,产生的感应电流相对较大,确保高速下的功率输出。

相比于普通的交流发电机,双整流型交流发电机的最低充电转速可降低 200~300r/min,同时,又保证了高速时的大电流输出,提高了发电机的有效功率。双整流型交流发电机只是在定子槽中增加了绕组匝数,又增加了 6 个整流二极管,因此,结构并不复杂,工作可靠。

第四节　电源系统的使用

一、电源系统使用与维护操作注意事项

蓄电池、交流发电机及调节器若使用与维护时操作不当,不仅本身容易损坏而影响正常使用,还容易殃及汽车上的其他电子设备,甚至造成事故。因此,在日常使用与维修中,应注意避免不当的操作。

1. 蓄电池使用与维护注意事项

1)蓄电池为负极搭铁,千万不能接错,否则,交流发电机整流二极管会被立即烧坏,并且还会对无反接保护的汽车电子设备造成损害。

2)拆卸蓄电池时,应先拆下负极电缆线夹,再拆正极电缆线夹,安装时则相反,以避免拆装过程拆装工具无意碰撞附近车体而产生碰撞火花(电源短路)。

3)注意检查蓄电池电缆线夹连接是否牢固,因为连接不牢容易出现如下问题:

① 极桩与线夹松动而使接触表面氧化、脏污而接触不良,造成发动机不能起动或起动困难、充电电流过小或不充电等。

② 汽车运行中蓄电池线夹松脱,电路中出现的瞬间过电压不能被蓄电池吸收,使电子元件容易损坏。

③ 因蓄电池线夹松动而使电路时通时断本身也会造成瞬间过电压,会对电子元件造成损害,而突然断脱时产生的火花还容易造成火灾事故。

2. 发电机使用与维护注意事项

1)不能用刮火的方法检查发电机是否发电,否则将损坏整流二极管及其他电子元件。

2)在整流二极管与电枢绕组脱开以前,不能用绝缘电阻表(兆欧表)或 220V 的交流

电来检查发电机的绝缘情况。

3) 出现整流二极管短路故障时,应及时予以检修,否则,很容易引起其他二极管和电枢绕组烧坏。

3. 调节器及充电电路使用注意事项

1) 更换调节器时,应使用与发电机配套的调节器,如果用其他的调节器代用,调节器适用的搭铁形式、调节电压等应与发电机相匹配。

2) 在发电机处于中速以上时,不要用短路调节器 B、F 接线柱的方法来检测发电机是否发电,以避免电压过高(发电机无故障时)而损坏发电机整流二极管及其他电子元件。

3) 配用双触点式调节器的充电系统,在调节器与发电机的连接电路断开以前,不许用短路调节器的 B、F 接线柱的方法来检查发电机是否发电,否则,会烧坏调节器的高速触点。

二、充电系统常见故障及故障诊断

充电系统常见的故障是不充电、充电电流过大或过小、充电电流不稳定等。充电系统的电路结构不同,故障现象和涉及的故障原因、故障诊断方法等不尽相同。下面以一普通的充电系统为例(图1-46),介绍充电系统常见故障的诊断方法。

1. 不充电(充电指示灯不熄灭)

(1) 故障现象 发动机在怠速以上转速运转时,充电指示灯不熄灭(装电流表的充电系统,电流表指示放电),并且蓄电池会很快亏电。

(2) 故障原因

1) 充电电路的故障:发电机 D 或 F 接线柱搭铁;发电机 D、F 接线柱至调节器 D、F 接线柱之间电路有搭铁。

2) 发电机的故障:电枢绕组有短路、断路或搭铁;磁场绕组有短路或搭铁;整流二极管有断路或短路等。

3) 调节器的故障:调节器触点接触不良(单触点调节器);高速触点黏结(双触点调节器);调节器弹簧过弱或断脱(触点式调节器);调节器内部电路搭铁(电子调节器)等。

4) 机械故障,发电机安装松动或传动带磨损而打滑。

(3) 故障诊断

1) 检查发电机传动带是否松动打滑。如果是,予以排除;如果不是,则进行下一步。

2) 检查有关电路有无搭铁。直观检查有关电路线束无破损搭铁后,还需用万用表进行检查,拆下发电机 D、F 接线柱与调节器 D、F 接线柱上的接线,测量 D 和 F 导线端子与搭铁之间的电阻,应为∞。如果电阻为 0 或很小,则为电路搭铁或有漏电故障,应予以修理或更换;如果无搭铁,则进行下一步。

3) 检查发电机是否正常发电。拆下调节器 F 接线柱上的导线,并与 D 接线柱相接(短路调节器),然后使发动机在怠速以上的转速下运转,看充电指示灯是否熄灭。如果能熄灭,说明发电机能正常发电,需检查或更换调节器;如果充电指示灯仍不熄灭,则为发电机有故障,应对其进行检修或更换。

说明：有些用继电器控制充电指示灯的充电系统出现充电指示灯不熄灭故障时，并不一定就不充电。比如图 1-44 所示的充电指示灯控制电路，充电指示灯继电器线圈或连接发电机中性点的导线有断路或短路，就会造成充电指示灯不熄灭，但充电系统则正常充电。

2. 不充电（充电指示灯不亮）

（1）故障现象　接通点火开关时，充电指示灯不亮，并且蓄电池会很快亏电。

（2）故障原因

1）充电电路的故障：点火开关至发电机 F 接线柱电路有断路；熔断器熔丝烧断（发电机励磁回路有熔断器保护的充电电路）。

2）发电机的故障：磁场绕组有断路；电刷与集电环严重接触不良。

3）调节器的故障：单触点调节器触点严重接触不良；电子调节器开关晶体管断路或内部电路故障而使开关晶体管不能导通。

4）充电指示灯已烧坏。

（3）故障诊断

1）检查连接发电机励磁回路熔断器的熔丝（若有的话），如果熔丝已烧断则更换熔断器。接通点火开关后，测量调节器 D 接线柱对搭铁电压。若电压为 0V，则应检查调节器 D 接线柱至点火开关的电路有无断路及充电指示灯是否烧坏；若为蓄电池电压，则进行下一步。

2）在接通点火开关时，测量调节器 F 接线柱对搭铁电压。若电压为 0V 或很低，则需检修或更换调节器；若为蓄电池电压，则进行下一步。

3）在接通点火开关时，测量发电机 F 接线柱对搭铁电压。若电压为 0V，则需检修发电机至调节器之间的电路；若为蓄电池电压，则需检修发电机。

说明：有些用继电器控制充电指示灯的充电系统出现充电指示灯不亮故障时，并不一定就不充电。比如图 1-44 所示的充电指示灯控制电路，充电指示灯继电器触点接触不良，也会造成充电指示灯不亮，但充电系统则可正常充电。

3. 充电电流过小

（1）故障现象　充电指示灯不能熄灭或在较高的转速下才能熄灭，充足电的蓄电池很容易出现亏电，夜间前照灯亮度低。装有电流表的充电系统，发动机在中速以上运转，且蓄电池存电不足（比如刚刚起动不久）的情况下，电流表指示的充电电流在 5A 以下，或发动机在中速以上时，开前照灯电流表即指示放电。

（2）故障原因

1）充电电路因连接松动、接触表面脏污而接触电阻过大。

2）发电机有故障：磁场绕组有局部短路；电刷与集电环接触不良；电枢绕组有断路或短路、整流二极管有短路或断路。

3）调节器弹簧过弱而使调节电压过低（触点式调节器）；低速触点接触不良（双触点式调节器）；电子元件性能变化而使调节电压值下降（电子调节器）。

4）发电机传动带打滑。

（3）故障诊断

1）检查发电机传动带的松紧度和充电电路的连接。如果传动带过松，将其调整至适当；如果电路连接处有松动，则将其紧固。

2）检查发电机是否正常发电。拆下调节器 F 接线柱上的导线，并与 D 接线柱相接（短路调节器），然后慢慢提高发动机的转速，并测量发电机 D 或 B 接线柱对搭铁电压。如果电压能随发电机转速的升高而上升，则说明发电机正常，应检修或更换调节器；如果发电机转速升高时，电压变化很小，则为发电机故障，应对其进行检修。

说明：如果检查发电机、调节器及电路等均无故障，但蓄电池很容易出现亏电，则可能是蓄电池极板硫化，应检查或更换蓄电池。

4. 充电电流过大

（1）故障现象　汽车各种灯泡易烧，蓄电池电解液消耗过快（装有电流表的充电系统，电流表始终指示 10A 以上的充电电流）。

（2）故障原因

1）调节器故障：触点式调节器的电磁线圈短路或断路；高速触点接触不良（双触点式调节器）；调节器失调（因弹簧张力过大或气隙不当而使调节电压值过大）；电子调节器开关晶体管短路或其他电子元件故障而使开关晶体管不能截止。

2）电路故障：触点式调节器搭铁不良（搭铁线断脱）；电子调节器接线错误。

（3）故障诊断　检查调节器与发电机的连接电路是否有误或调节器的搭铁是否良好。若电路无问题，则应检修或更换调节器。

5. 充电电流不稳定

（1）故障现象　充电指示灯忽明忽暗变化不定（装有电流表的，电流表指针来回摆动）。

（2）故障原因

1）发电机故障：电刷与集电环接触不良；内部导线连接处松动。

2）调节器故障：触点式调节电阻断路；电子调节器元件松动或搭铁不良。

3）电路故障：充电系统有关电路连接处松动。

4）发电机传动带较松，时而打滑。

（3）故障诊断

1）检查发电机传动带的松紧度及电路连接，必要时予以调节和紧固。

2）拆下调节器 F 接线柱导线，连接于 D 接线柱（将调节器短路），使发动机保持高怠速运转。如果充电指示灯忽明忽暗现象消失，则说明发电机无故障，应检修或更换调节器；如果充电指示灯仍有忽明忽暗变化，则需检修发电机。

思 考 题

1. 铅酸蓄电池的主要组成部件及其功用是什么？
2. 蓄电池的电动势如何建立？充电和放电时蓄电池极板及电解液有何变化？
3. 蓄电池容量是如何定义的？使用中会使蓄电池的容量下降的因素有哪些？
4. 蓄电池放电终了和充电终了的特征是什么？过放电或过充电对蓄电池有何危害？
5. 何谓蓄电池极板硫化？极板硫化对蓄电池有何影响？如何判断蓄电池极板硫化？容易造成极板硫化的因素有哪些？
6. 如何确定蓄电池自放电故障？造成蓄电池自放电故障的原因有哪些？
7. 容易造成蓄电池极板活性物质早期脱落的原因有哪些？

8. 使用中应对蓄电池进行哪些检查？检查和维护中应注意些什么？
9. 蓄电池的充电方法有哪些？各种充电方法的工艺过程要点及特点是什么？
10. 改进型的铅酸蓄电池有哪些？各种蓄电池其结构、工艺及特性等方面有何不同？
11. 如何正确使用与维护蓄电池才能提高其容量及使用寿命。
12. 交流发电机的基本组成有哪些？各起什么作用？
13. 何谓交流发电机的外特性？交流发电机具有如此外特性的原因有哪些？
14. 何谓交流发电机的输出特性？交流发电机为什么具有如此输出特性？
15. 触点式电压调节器是如何工作的？它为什么会被电子调节器所取代？
16. 电子调节器如何对交流发电机进行电压调节？电子调节器中，通常采用了哪些电子元件和电路来解决基本电路中的不足？
17. 发电机充电指示灯有何作用？交流发电机充电指示灯的控制方式有哪些？
18. 为何称八管或十一管交流发电机为高效型交流发电机？
19. 如何检查交流发电机是否有故障？如何通过试验来检验交流发电机的性能好坏？
20. 电子调节器分别有哪些故障会导致发电机电压失控和不发电？
21. 试以图 1-46 所示的充电电路为例，分析出现不充电、充电电流过大时的故障原因，并给出一种故障诊断方法。
22. 汽车电源系统在使用及维护中应注意些什么？

第二章 起 动 机

第一节 概 述

一、起动系统的基本组成

发动机起动系统主要由起动电源（蓄电池）、起动机及起动机控制电路组成，如图 2-1 所示。

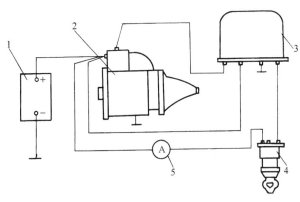

图 2-1 起动系统基本组成
1—蓄电池 2—起动机 3—起动继电器 4—点火开关 5—电流表

1. 起动机

起动机的作用是将蓄电池的电能转变成电磁转矩，驱动发动机，使发动机起动工作。起动机由直流电动机、传动机构和电磁开关三部分组成。

直流电动机：其作用是将蓄电池输入的电能转换为驱动发动机转动的机械动力（电磁转矩）。汽车起动机均采用直流串励式电动机。

传动机构：用于将电动机所产生的电磁转矩传递给发动机飞轮，并在发动机起动后自动断开发动机向起动机的逆向动力传递，以避免发动机带动电动机高速旋转而造成"飞散"事故。

电磁开关：其作用是控制起动机的驱动齿轮轴向移动，使之与发动机飞轮啮合（起动时）与分离（起动后），与此同时，控制电动机电路的通断。

2. 起动机控制电路

起动机控制电路用于控制起动机电磁开关的通断电，主要控制部件是起动开关和起动继电器。

起动开关：为手动开关，用于直接或间接通断起动机电磁开关电路。汽油发动机的起动开关与点火开关安装在一起，形成复合式开关。

起动继电器：起保护（起动开关）和自动控制（发动机起动后使起动机自动停止工作）

作用，在部分汽车上装用。

二、起动机的类型

起动机有多种结构形式，现以不同的分类方式予以概括。

1. 按电动机磁场产生的方式分

（1）励磁式起动机　励磁式起动机的直流电动机其磁极磁场由磁极绕组通入电流产生，目前。汽车上励磁式起动机还占有多数。

（2）永磁式起动机　永磁式起动机所用的直流电动机其磁极用永久磁铁制成，相比于励磁式起动机，磁极无励磁绕组，结构尺寸相对较小。目前，汽车上永磁式起动机大都是一些小功率的起动机。

2. 按起动时起动机的操纵方式分

（1）直接操纵式起动机　起动时，由驾驶人通过脚踏起动踏板或手拉起动拉杆直接操纵拨叉而使起动机驱动齿轮轴向移动，以使驱动齿轮啮入飞轮齿圈，并通过操纵杆上顶压螺钉推动推杆及接触盘接通电动机电路。直接操纵式起动机结构简单，但使发动机的布置受到局限，并且起动操作比较麻烦，因此，早已被淘汰。

（2）电磁操纵式起动机　起动时，由驾驶人通过起动开关使电磁开关通电，电磁开关通电后产生的电磁力控制驱动齿轮啮入飞轮齿圈和接通电动机电路。电磁操纵式起动机可使发动机的布置不受局限，且工作可靠、操纵简单，现已被普遍采用。

3. 按驱动齿轮啮入方式分

（1）惯性啮合式　起动时，依靠驱动齿轮自身旋转的惯性力产生轴向移动，并啮入飞轮齿圈。惯性啮合方式结构简单，但工作可靠性较差，现已很少采用。

（2）电枢移动式　起动时，依靠磁极副励磁绕组通电后产生的电磁力吸引电枢轴向移动，并带动轴向固定于电枢轴的驱动齿轮啮入飞轮齿圈。电枢移动式起动机其结构较为复杂，主要用于欧洲国家生产的柴油车上。

（3）磁极移动式　起动时，依靠磁极绕组通电产生的磁力使其中的活动铁心移动，拨动驱动齿轮啮入飞轮齿圈。磁极移动式起动机的磁极结构较为复杂，采用此种结构形式的起动机较为少见。

（4）齿轮移动式　起动时，依靠电磁开关推动电枢轴孔内的啮合杆而使驱动齿轮轴向移动，使其啮入飞轮齿圈。齿轮移动式其结构也比较复杂，采用此种结构的通常是大功率起动机。

（5）强制啮合式　起动时，依靠人力（现已被淘汰）或电磁力通过拨叉或直接推动驱动齿轮作轴向移动啮入飞轮齿圈。强制啮合式起动机工作可靠、结构也不复杂，因而使用最为广泛。

4. 按传动机构结构分

（1）普通起动机　起动机的电动机与驱动齿轮之间直接通过单向离合器连接，其传动机构比较简单，是汽车起动机传统的结构形式。

（2）减速起动机　在起动电动机与驱动齿轮之间除有单向离合器外，还增设了一组减速齿轮。减速起动机具有结构尺寸小、重量轻、起动可靠等优点，在轿车上有着广泛的应用。

5. 起动机的型号

根据 QC/T 73—1993《汽车电气设备产品型号编制方法》规定，国产起动机的型号表示如下：

| 1 | 2 | 3 | 4 | 5 |

1）产品代号：由汉语拼音字母表示，QD—起动机；QDJ—减速起动机；QDY—永磁起动机。

2）电压等级代号：由阿拉伯数字表示，1—12V；2—24V。

3）功率等级代号：由阿拉伯数字表示，其含义见表2-1。

表2-1 起动机功率等级

功率等级代号	1	2	3	4	5	6	7	8	9
功率/kW	<1	1~2	2~3	3~4	4~5	5~6	6~7	7~8	>8

4）设计序号。

5）变型代号。

第二节 起动机的结构、工作原理及特性

本节介绍目前使用最广的电磁操纵强制啮合式起动机，其结构如图2-2所示。

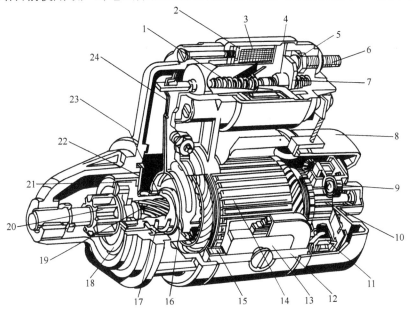

图2-2 强制啮合式起动机的结构

1—回位弹簧 2—保持线圈 3—吸引线圈 4—电磁开关壳体 5—触点 6—接线柱 7—接触盘 8—后端盖 9—电刷弹簧 10—换向器 11—电刷 12—磁极 13—磁极铁心 14—电枢 15—磁场绕组 16—移动衬套 17—缓冲弹簧 18—单向离合器 19—电枢轴花键 20—驱动齿轮 21—罩盖 22—制动盘 23—传动套筒 24—拨叉

一、直流电动机

1. 直流电动机的工作原理

(1) 电磁转矩的产生　直流电动机依靠带电导体在磁场中受磁场力的作用而产生电磁转矩，其工作原理如图2-3所示。

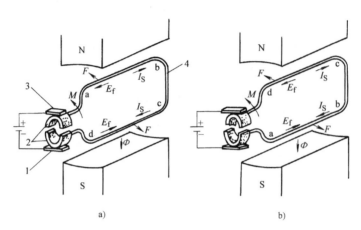

图2-3　直流电动机工作原理
1—负极电刷　2—换向器铜片　3—正极电刷　4—电枢绕组

电源的直流电通过电刷和换向器铜片引入电枢绕组，电枢绕组电流的方向为a→b→c→d，电枢绕组的两匝边便受磁场力 F 的作用而形成电磁转矩 M（图2-3a）。在 M 的作用下，电枢绕组转动，当ab匝边转到下半平面、cd匝边转到上半平面时，a端换向片与d端换向片交换所接触的电刷，使电枢绕组的电流换向（d→c→b→a），电枢绕组两匝边受磁场力 F 作用所形成的电磁转矩 M 的方向保持不变（图2-3b）。在方向不变的电磁转矩 M 作用下，电枢便可持续转动。

可见，直流电动机换向器的作用就是将电源的直流电转换为电枢绕组内的交流电，使电枢电流及时换向，以使电枢产生一个方向不变的电磁转矩。

实际直流电动机为了能产生足够大且稳定的电磁转矩，其电枢采用多匝绕组串联而成，并由多片换向铜片组成换向器。

根据安培定律，可以推导出直流电动机通电后所产生的电磁转矩 M 与磁极的磁通量 Φ 和电枢电流 I_S 之间的关系：

$$M = C_m \Phi I_S$$

C_m 为电动机的结构常数，它与电动机磁极对数 P、电枢绕组导线总根数 Z 及电枢绕组电路的支路对数 a 等有关（$C_m = PZ/2\pi a$）。

(2) 直流电动机的工作过程　通电的直流电动机其电枢在电磁转矩 M 的作用下转动起来时，电枢绕组就因切割磁力线而产生电动势 E_f，此电动势与电枢电流 I_S 的方向相反（图2-3），故称其为反电动势。E_f 与磁极的磁通量 Φ 和电枢的转速 n 成正比：

$$E_f = C_e \Phi n$$

式中的 C_e 为电动机结构常数（$C_e = PZ/60a$）。因此，当直流电动机转动起来之后，其电枢

回路的电压平衡方程为

$$U = E_f + I_S R_S$$

式中，R_S 为电枢回路的电阻，它包括电枢绕组的电阻和电刷与换向器的接触电阻。

在直流电动机刚接通电源的瞬间，电枢转速 n 为 0，E_f 也为 0，电枢绕组通过最大电流（$I_{sm} = U/R_S$），并产生最大的电磁转矩 M_{max}，M_{max} 大于电动机的阻力矩 M_Z，电枢开始转动并加速。随着电枢转速的上升，E_f 增大，电枢电流 I_S 便开始下降，电磁转矩 M 也就随之下降。当 M 下降至与 M_Z 相平衡（$M = M_Z$）时，电枢就在此转速下稳定运转。

如果直流电动机在稳定运转状态下负载增大（$M < M_Z$），就会出现如下的变化：
$n \downarrow \rightarrow E_f \downarrow \rightarrow I_S \uparrow \rightarrow M \uparrow \rightarrow M = M_Z$，于是，电动机在新的转速下稳定运转。

如果直流电动机的工作负载减小（$M > M_Z$），则出现如下的变化：
$n \uparrow \rightarrow E_f \uparrow \rightarrow I_S \downarrow \rightarrow M \downarrow \rightarrow M = M_Z$，电动机又在新的转速下稳定运转。

可见，直流电动机具有自动调节转矩功能，工作时当负载突然变化时，可通过转速、电流和转矩的自动变化来平衡负载的改变，使之能在新的转速下稳定工作。

2. 直流电动机的构造

直流电动机由电枢、磁极、换向器、电刷与电刷架及其他附件组成，如图 2-4 所示。

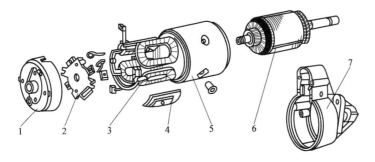

图 2-4 直流电动机的组成部件

1—前端盖 2—电刷与电刷架 3—磁极绕组 4—磁极铁心 5—电动机壳体 6—电枢总成 7—后端盖

（1）电枢总成　电枢总成的作用是通入电流后，在磁极磁场的作用下产生一个方向不变的电磁转矩。电枢总成由电枢轴、铁心、电枢绕组及换向器等组成，如图 2-5 所示。

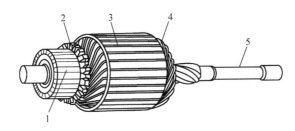

图 2-5 电枢总成

1—换向器铜片 2—电枢绕组焊接端子 3—电枢铁心 4—电枢绕组 5—电枢轴

电枢铁心用多片内外圆均带槽、表面绝缘的硅钢片叠成，通过内圆花键槽固定在电枢轴上，外圆槽内绕有电枢绕组；电枢绕组一般用较粗的扁铜线，采用波绕法绕制，各绕组的端子与换向器铜片焊接,使各电枢绕组形成串联。

换向器由铜片和云母片叠压而成,压装于电枢轴的一端,云母片使铜片间、铜片与轴之间均绝缘。根据电刷材质的不同,换向器铜片之间的云母片有低于铜片和与铜片平齐两种。云母片低于铜片主要是为了避免铜片磨损后云母片外突而造成电刷与换向器接触不良;云母片与铜片平齐则主要是防止电刷粉末落入铜片之间的槽中而造成短路。国产起动机直流电动机的电刷较软,换向器云母片一般不低于铜片,但许多进口汽车起动机的直流电动机其电刷较硬,换向器云母片通常是低于铜片。

(2) 磁极 磁极用于在电动机内形成一个磁场,励磁式电动机的磁极由铁心和磁极绕组构成,用螺钉固定在电动机壳体上。为增大电磁转矩,一般采用四个磁极,有的大功率起动机采用六个磁极。磁极绕组也是用粗扁铜线绕制而成,与电枢绕组采用串联方式,如图 2-6 所示。

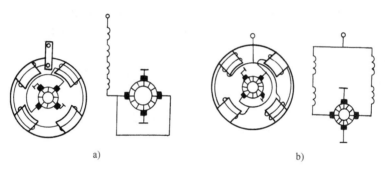

图 2-6　磁极绕组的连接
a) 四磁场绕组串联　b) 磁场绕组两两串联后再并联

(3) 电刷与电刷架 电刷用铜粉和石墨压制而成,石墨中加入铜粉是为了减小电阻和增加耐磨性。电刷架多为柜式,电刷架上的盘形弹簧用于将电刷紧紧地压在换向器铜片上(图 2-7)。在四个电刷架中,其中一对电刷架与机壳直接相通而构成了电动机内部电路搭铁。有的电动机则是通过磁场绕组的一端与机壳连接实现内部电路搭铁,这种电动机的所有电刷架都与机壳绝缘。

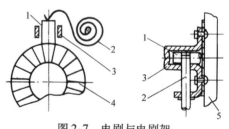

图 2-7　电刷与电刷架
1—电刷　2—盘形弹簧　3—柜式电刷架
4—换向器　5—起动机前端盖

(4) 轴承与端盖 电动机轴承安装于前后端盖上,端盖与机壳用螺栓固定。普通起动机的电动机一般采用青铜石墨滑动轴承或铁基含油滑动轴承;减速起动机由于其电枢的转速很高,电动机轴承一般采用滚柱轴承或滚珠轴承。

二、传动机构

普通起动机传动机构的主要组成部件是单向离合器,减速起动机则增加了一组减速齿轮。

1. 单向离合器

单向离合器的作用是起动时将电动机的电磁转矩传递给发动机飞轮,而在发动机起动后，就立即打滑，以防止发动机飞轮带动电动机高速旋转而造成电动机电枢"飞散"事故。起动机单向离合器常见的有滚柱式、摩擦片式、扭簧式、棘轮式等几种形式。

（1）滚柱式单向离合器　滚柱式单向离合器有十字腔和十字块两种结构形式，如图 2-8 所示。

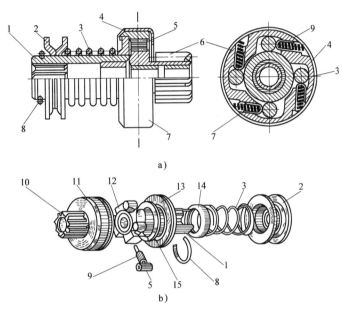

图 2-8　滚柱式单向离合器
a）十字腔形式　b）十字块形式
1—传动套筒　2—移动衬套　3—缓冲弹簧　4—带十字腔座圈　5—滚柱　6—带柄驱动齿轮　7—罩壳　8—卡簧
9—弹簧及活柱　10—驱动齿轮　11—单向离合器外壳　12—十字块　13—护盖　14—弹簧座　15—垫圈

滚柱式单向离合器的两种结构形式其工作原理相似。以十字块式为例（图 2-8b），单向离合器的外壳 11 与驱动齿轮 10 连为一体，外壳和十字块 12 装配后形成四个楔形槽，槽中有四个滚柱，滚柱的直径大于槽窄端又小于槽宽端，弹簧及活柱将滚柱推向槽窄端，使得滚柱与十字块及外壳表面有较小的摩擦力。十字块与传动套筒 1 刚性连接，传动套筒安装在电枢轴花键部位，使单向离合器总成可轴向移动和随轴转动。

起动时，电枢轴通过花键带动传动套筒而使十字块转动，十字块相对于外壳顺时针转动，使滚柱在小摩擦力的作用下滚向槽窄端而被卡紧，外壳随十字块一起转动，电动机的电磁转矩就通过单向离合器传递给了驱动齿轮（图 2-9a）。发动机一旦起动，发动机飞轮带动驱动齿轮旋转，使外壳的转速高于十字块，十字块相对于外壳的逆时针转动使滚柱滚向槽宽端

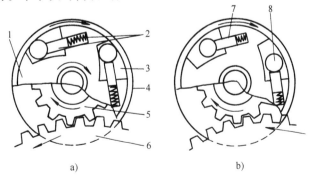

图 2-9　滚柱式单向离合器工作原理
a）起动时传递电磁转矩　b）起动后打滑
1—十字块　2—弹簧及活柱　3—楔形槽　4—单向离合器外壳
5—驱动齿轮　6—飞轮　7—活柱　8—滚柱

而打滑（图2-9b），从而避免了发动机飞轮带动起动机电枢高速旋转而造成"飞散"事故的危险。

滚柱式单向离合器结构简单紧凑，在中小功率的起动机上被广泛采用，但在传递较大转矩时，滚柱容易变形而卡死。因此，滚柱式单向离合器不适用于较大功率的起动机。

（2）摩擦片式单向离合器 摩擦片式单向离合器也有两种结构形式，如图2-10所示。

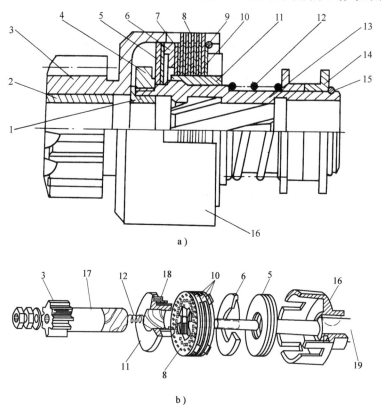

图2-10 摩擦片式单向离合器
a）外接合鼓驱动式 b）齿轮柄驱动式
1—限位套 2—衬套 3—驱动齿轮 4—限位螺母 5—弹性垫圈 6—压环 7—调整垫圈 8—从动摩擦片 9、15—卡环 10—主动摩擦片 11—内接合鼓 12—缓冲弹簧 13—传动套筒 14—移动衬套 16—外接合鼓 17—驱动齿轮柄 18—小弹簧 19—电枢轴

以外接合鼓驱动式为例（图2-10a），传动套筒13安装在电枢轴右螺旋花键部位，其外圆则通过三线螺旋花键与内接合鼓11连接，当内接合鼓与传动套筒之间有相对转动时，内接合鼓就会产生轴向移动；内接合鼓外圆上有凹槽，与主动摩擦片10的内突齿相配合；从动摩擦片有外突齿，插入外接合鼓16的槽中，外接合鼓与驱动齿轮3连为一体；传动套筒自左向右还装有弹性垫圈5、压环6和调整垫圈7，端部用限位螺母4轴向固定。

起动时，起动机电枢带动传动套筒转动，内接合鼓的惯性作用使其与传动套筒之间产生相对的转动，内接合鼓轴向左移，将主、从动摩擦片压紧。这时，电动机的电磁转矩就通过单向离合器传递给驱动齿轮。发动机一旦起动，发动机飞轮带动驱动齿轮高速转动，使内接合鼓的转速高于传动套筒的转速，内接合鼓与传动套筒之间产生了与起动时相反的相对转动,使内接合鼓轴向右移,这时,主、从动摩擦片间的压力消失而打滑,从而避免了起动机电枢被发动机带动而超速旋转的危险。

在起动时,如果因发动机起动阻力矩过大而使驱动齿轮未能带动发动机飞轮转动时,就会因内接合鼓与传动套筒之间仍存在的相对转动而使内接合鼓继续左移,使摩擦片的压紧力继续增大,导致弹性垫圈在压环凸缘的压迫下弯曲;当弹性垫圈弯曲到一定程度时,内接合鼓的左端顶到了弹性垫圈上而不能再左移,使主、从动摩擦片的压力不再增加,传递的转矩也就不再增大,从而避免了电动机因负载过大而被烧坏的危险。

摩擦片式单向离合器可以传递较大的转矩,用于功率较大的起动机。摩擦片式单向离合器所传递的最大转矩会因摩擦片的磨损(使弹性垫圈的最大变形量减小)而降低,因此,在使用中需要经常进行检修和调整,其结构也比较复杂。

(3) 扭簧式单向离合器 扭簧式单向离合器的结构如图 2-11 所示。

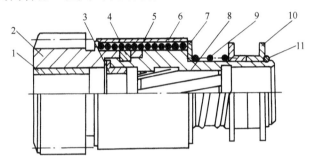

图 2-11 扭簧式单向离合器结构
1—衬套 2—驱动齿轮 3—挡圈 4—月形圈 5—扭力弹簧 6—护套 7—垫圈 8—传动套筒
9—缓冲弹簧 10—移动衬套 11—卡簧

传动套筒 8 与起动机电枢以螺旋花键连接,驱动齿轮柄松套在传动套筒上,月形圈 4 限制了驱动齿轮和传动套筒之间的轴向相对移动,但不妨碍其相对转动。扭力弹簧包在驱动齿轮柄和传动套筒的外圆表面,弹簧的两端各有 1/4 圈内径较小,分别箍紧在驱动齿轮柄和传动套筒上。

起动时,扭力弹簧在其两端摩擦力的作用下被扭紧,整个弹簧紧箍在驱动齿轮柄和传动套筒上而传递转矩。发动机起动后,由于驱动齿轮转速高于电枢的转速,扭力弹簧放松,使驱动齿轮在传动套筒上滑转。

扭簧式单向离合器结构简单,使用寿命长,但由于扭力弹簧的轴向尺寸较大,故不宜在小型起动机上装用。

2. 减速机构

减速起动机在电枢和驱动齿轮之间设有减速机构,速比一般为 2~4。起动机增设了减速机构后,可采用小型高速低转矩的电动机,电动机电流也可减小。因此,减速起动机的体积小、重量轻而便于安装;起动性能提高,减小了蓄电池的负担。

减速起动机减速机构有外啮合式、内啮合式和行星齿轮啮合式,如图 2-12 所示。

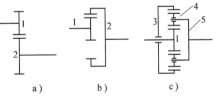

图 2-12 减速起动机减速机构的类型
a) 外啮合式 b) 内啮合式 c) 行星齿轮啮合式
1—主动齿轮 2—从动齿轮
3—齿圈 4—行星轮 5—行星架

（1）外啮合式减速机构　外啮合式减速机构传动中心距较大，受起动机结构的限制，其减速比不能太大，因此，一般只在小功率的起动机上应用。外啮合式减速机构的从动齿轮的轮齿通常是制在单向离合器的壳体上。一些外啮合式减速机构的主、从动齿轮之间还用一个惰轮进行过渡传动，以使电磁开关铁心与驱动齿轮同轴心，电磁开关铁心的移动可直接推动驱动齿轮轴向移动而与飞轮啮合，无需拨叉，这种起动机的外形与普通起动机会有较大的差别。

（2）内啮合式减速机构　内啮合式减速机构传动中心距小，可以有较大的减速比，故可适用于较大功率的起动机。内啮合式减速起动机的驱动齿轮轴向移动需用拨叉拨动，因此，内啮合式减速起动机的外形与普通起动机相似。

（3）行星齿轮啮合式减速机构　行星齿轮传动具有结构紧凑、传动比大、效率高的特点。行星齿轮啮合式起动机由于输出轴与电枢轴同心、同旋向，电枢轴无径向载荷，可使整机尺寸减小；除了增加行星齿轮减速机构的差别，行星齿轮式减速起动机其他轴向位置上的结构与普通起动机相同，因此，这些配件是可以通用的。

三、电磁开关

1. 电磁开关的结构

电磁开关主要由吸引线圈、保持线圈、活动铁心、接触盘、触点等组成，典型的电磁开关结构如图2-13所示。

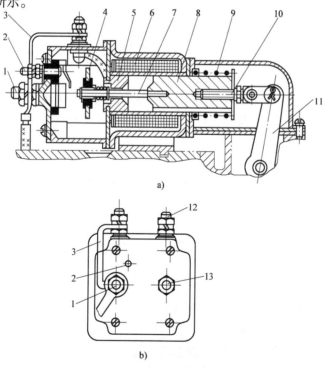

图2-13　电磁开关的结构
a）内部结构　b）外观

1、13—主接线柱　2—附加电阻短路接线柱　3—导电片　4—接触盘　5—磁轭　6—吸引线圈及保持线圈　7—接触盘推杆　8—活动铁心　9—回位弹簧　10—调节螺钉　11—拨叉　12—电磁开关接线柱

电磁开关两主接线柱 1、13 分别连接蓄电池和电动机,两主接线柱的另一端(电磁开关内部)是相应的触点,由接触盘 4 将其接通;电磁开关接线柱内部连接着吸引线圈和保持线圈,外部通过电路连接起动开关或起动继电器;柴油发动机、电子点火式(点火线圈无附加电阻)汽油发动机的起动机,其电磁开关无附加电阻短路接线柱 2 和导电片 3。电磁开关活动铁心 8 右端通过螺钉连接拨叉 11,左端连接接触盘的推杆(或与推杆保持一定的间隙)。当活动铁心被电磁开关线圈吸动左移时,就会带动拨叉和接触盘。

2. 电磁开关的工作原理

电磁开关内的吸引线圈与电动机串联,保持线圈与电动机并联,其工作原理如图 2-14 所示。

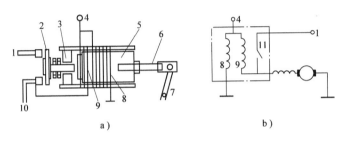

图 2-14 电磁开关的工作原理
a)结构简图 b)电路原理图
1—电源接线柱 2—接触盘 3—磁轭 4—电磁开关接线柱 5—活动铁心 6—拉杆 7—拨叉
8—保持线圈 9—吸引线圈 10—接电动机 11—电磁开关触点

电磁开关接线柱接通电源(接通起动开关)时,吸引线圈和保持线圈同时通电,两线圈产生的磁力使活动铁心克服回位弹簧弹力而左移,带动拨叉和接触盘动作,将驱动齿轮拨向飞轮齿圈,当驱动齿轮与发动机飞轮啮合时,接触盘接通电动机电路。

电动机通电工作时,吸引线圈已被接触盘短路,但保持线圈仍然通电,所产生的磁力使铁心保持在移动的位置。

断开起动开关瞬间,接触盘还未回位,电源通过接触盘使电磁开关两线圈仍然通电,但此时吸引线圈是反向电流,所产生的磁力与保持线圈的磁力互相抵消,活动铁心便在回位弹簧弹力的作用下退回,使驱动齿轮和接触盘退回原处,电动机断电,起动机停止工作。

四、起动机的工作特性

1. 转矩特性

起动机的转矩特性是指其电动机所产生的电磁转矩 M 与其电枢电流 I_S 的关系:$M = f(I_S)$。从直流电动机的工作原理中,我们已知电动机产生的电磁转矩与电枢电流和磁极磁通量成正比($M = C_m I_S \Phi$)。对于串励式电动机,磁场绕组的励磁电流 $I_j = I_S$,而磁极磁通量 Φ 在磁极未饱和时与励磁电流成正比($\Phi = C I_j$),于是就有

$$M = C_m I_S C I_j = C'' I_S^2$$

直流串励式电动机的转矩特性曲线如图 2-15 所示。在磁极未饱和的情况下,串励式直流电动机的电磁转矩 M 与电枢电流 I_S 平方成正比,在磁极饱和时,M 才与电枢电流 I_S 成正比。与并励式直流电动机相比,在相同 I_S 的情况下,直流串励式电动机可以产生较大的电

磁转矩，这是起动机采用串励式直流电动机的原因之一。

2. 机械特性

起动机的机械特性是指其电动机的转速随电磁转矩变化的规律：$n=f(M)$。根据电枢绕组反电动势的关系式 $E_f = C_e \Phi n$ 和电动机电路电压电流平衡关系式 $U = E_f + I_S(R_S + R_j)$，可得到直流串励式电动机的转速 n 与 I_S 关系如下：

$$n = \frac{U - I_S(R_S + R_j)}{C_e \Phi}$$

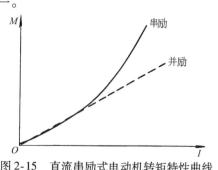

图 2-15 直流串励式电动机转矩特性曲线

串励式电动机在磁极未饱时，Φ 将随 I_S 的增大而增大，同时 $I_S(R_S + R_j)$ 也增大，因此，电枢转速 n 随 $I_S(M)$ 增大下降较快。根据 n 与 I_S 的关系得到机械特性曲线如图 2-16 所示。

从机械特性看出，直流串励式电动机具有轻载转速高、重载转速低的特点。重载转速低，可以保证电动机在起动（重载）时不会超出允许的功率而烧毁，使起动安全可靠。这是起动机采用串励式直流电动机的主要原因。串励式直流电动机在轻载或空载时转速很高，容易造成"飞散"事故，因此，对于功率较大的串励式直流电动机，不允许在轻载或空载下运行。

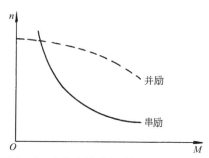

图 2-16 直流串励式电动机机械特性曲线

3. 起动机的功率及其影响因素

（1）起动机的功率　起动机的功率 P 可由下式确定：

$$P = \frac{M_S n_S}{9550}$$

式中　M_S——起动机输出转矩（N·m）；

n_S——起动机的转速（r/min）；

P——起动机的功率（kW）。

由上式和串励式直流电动机的转矩特性及机械特性，可得其特性曲线如图 2-17 所示。

起动机在全制动（$n_S = 0$）和空载（$M_S = 0$）时，其功率均为 0，而在 I_S 接近全制动电流一半时其输出功率最大。起动机工作时间短暂，允许在最大的功率状态下工作，因此，起动机起动时的输出功率一般也就是电动机的最大功率或接近于最大功率。

（2）影响起动机功率的因素　起动机的工作电流很大，起动机电源内阻及起动电路电阻对电动机的输入功率会有很大的影响。

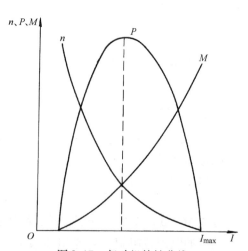

图 2-17 起动机特性曲线

1）接触电阻和导线电阻。接触电阻包括起动电路导线与蓄电池极桩、起动机接线柱以及电动机内电刷与换向器等的接触电阻。接触电阻大、导线截面积小或过长，都会造成较大的电压降而使起动机功率下降。

2）蓄电池容量。蓄电池的容量小，其内阻较大，起动时，加在电动机上的端电压就低，故会使起动机的功率下降。

3）环境温度。温度低时，蓄电池的容量下降，内阻增大，故也会使起动机的功率下降。

4. 起动机基本参数的确定

（1）起动机功率的选择 起动机的功率根据发动机起动所需功率选取，它取决于发动机的起动阻转矩 M_Q 和最低起动转速 n_Q，并可由下式计算：

$$P \geqslant \frac{M_Q n_Q}{9550}$$

发动机的起动阻转矩是指在最低起动转速时的发动机阻转矩，主要包括气缸气体压缩阻转矩、运动件的摩擦阻转矩和惯性转矩。

发动机的最低起动转速是指起动时，能保证进入气缸内的混合气在压缩终了时具有一定的温度和良好的雾化，使发动机能可靠点火工作所需的最低转速。汽油发动机的最低起动转速为 50~70r/min，而柴油发动机的起动转速不低于 100~200r/min。

温度为 0℃ 时发动机起动所需功率可由如下的经验公式推算：

汽油发动机：$P = (0.18 \sim 0.22)L$

柴油发动机：$P = (0.74 \sim 1.1)L$

式中　L——发动机的工作容积（L）；
　　　P——起动机功率（kW）。

（2）传动比选择 起动机与发动机之间的最佳传动比应能保证发动机可靠起动，同时能使起动机达到最大功率。在实际选择中，由于受飞轮齿圈和驱动齿轮的结构限制，传动比往往稍小于最佳值。这种选择结果，使起动机在工作时并没有达到最大功率，但起动机的转矩增大，对起动是有利的。起动机与发动机的传动比一般在如下范围内选择：

汽油发动机：13~17

柴油发动机：8~10

（3）蓄电池容量的选择 起动机的功率确定以后，可以按如下经验公式确定蓄电池的容量：

$$C = (610 \sim 810)\frac{P}{U}$$

式中　U——起动机额定电压（V）；
　　　P——起动机额定功率（kW）；
　　　C——蓄电池额定容量（A·h）。

对于大功率起动机（7.0~10kW），蓄电池的容量可以选择比计算值小一些。

五、起动机的控制电路

起动机的控制电路大致分为起动开关直接控制、起动继电器控制和具有驱动保护功能的继电器控制等三种形式。

1. 起动开关直接控制的起动机控制电路

由起动开关直接通断电磁开关电路的起动机控制电路原理如图 2-18 所示。

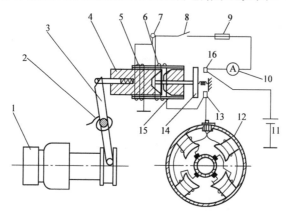

图 2-18　ST614 型起动机控制电路原理

1—驱动齿轮　2—回位弹簧　3—拨叉　4—活动铁心　5—保持线圈　6—吸引线圈　7—电磁开关接线柱　8—起动开关　9—熔断器　10—电流表　11—蓄电池　12—电动机　13、16—触点及接线柱　14—接触盘　15—磁轭

接通起动开关，电磁开关通电，电流通路：蓄电池正极→接线柱 16→电流表→熔断器→起动开关→接线柱 7→吸引线圈→接线柱 13→电动机磁场和电枢绕组→搭铁→蓄电池负极。
　　　　　　　　　→保持线圈————————————————————————↑

此时吸引线圈和保持线圈产生的磁力方向相同，在两线圈磁力的共同作用下，使活动铁心克服弹簧力右移，带动拨叉将驱动齿轮推向飞轮。与此同时，活动铁心将接触盘顶向触点。当驱动齿轮与飞轮啮合时，接触盘将电磁开关触点 13、16 接通，使电动机通电，其电枢产生正常电磁转矩，并通过传动装置带动发动机转动。这时，吸引线圈被接触盘短路，活动铁心靠保持线圈的磁力保持在移动的位置。

发动机起动后，在断开起动开关瞬间，接触盘仍在接触位置，此时电磁开关线圈电流：蓄电池正极→接线柱 16→接触盘→接线柱 13→吸引线圈→保持线圈→搭铁→蓄电池负极。此时吸引线圈与保持线圈磁力互相抵消，活动铁心便在弹簧力作用下回位，使驱动齿轮退出；与此同时，接触盘也回位，切断起动机电路，起动机停止工作。

在起动机驱动齿轮啮入飞轮齿圈过程中，由于吸引线圈的电流流经电动机，电枢产生较小的电磁转矩，可使驱动齿轮在缓慢转动中与飞轮啮合，避免了顶齿和冲击。

2. 增设起动继电器的起动机控制电路

由于电磁开关通电电流较大（达 35~45A），起动开关直接控制会使开关触点容易烧蚀。为此，一些汽车的起动电路中增设了起动继电器，用以保护起动开关。起动继电器控制的起动机电路一例如图 2-19 所示。

起动继电器触点常开，串联在起动机电磁开关电源电路中；起动继电器线圈电路由点火开关（起动档）控制其通断。

起动时，点火开关拨至起动档，起动继电器线圈通电，其电流通路：蓄电池正极→电动机接线柱 9→电流表→点火开关（起动触点）→起动继电器线圈→搭铁→蓄电池负极。起动

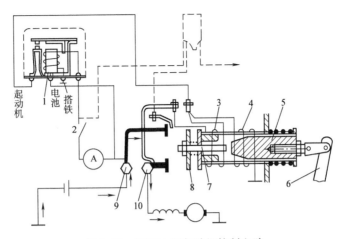

图 2-19　QD124 型起动机控制电路

1—起动继电器　2—点火开关　3—吸引线圈　4—保持线圈　5—活动铁心　6—拨叉　7—接触盘推杆
8—接触盘　9—电动机接线柱　10—蓄电池接线柱

继电器线圈通电产生电磁力将触点吸合，接通起动机电磁开关电路，起动机便开始工作。

由于点火开关的起动触点只是控制流经起动继电器线圈的较小的电流，开关触点就不容易烧蚀，延长了点火开关的使用寿命。

3. 具有驱动保护功能的起动机控制电路

一些起动机控制电路具有驱动保护功能，其作用是使起动机在发动机起动后立刻自动停止工作，以避免起动机较长时间空转而消耗电能，且增加起动机的磨损；使起动机在发动机工作时，即使误接通起动开关也不会通电工作，以免打坏驱动齿轮和飞轮齿圈。

(1) 增设安全继电器的起动机驱动保护电路　日本日产汽车起动机控制电路增设一个安全继电器，用以实现起动机驱动保护功能，其电路原理如图 2-20 所示。

安全继电器为常闭触点，串联在起动继电器的线圈电路中，用于控制起动继电器线圈电流。安全继电器触点 K_1 未打开时的电流通路：蓄电池正极→S_1→S_2→接线柱 S→K_1→起动继电器线圈 3→搭铁→蓄电池负极。安全继电器的两个线圈同时通电时，才能将其触点 K_1 打开。安全继电器线圈 1 由起动开关控制，在接通起动开关时通电，其电流通路：蓄电池正极→S_1→S_2→接线柱 S→线圈 1→R_2→搭铁→蓄电池负极。安全继电器线圈 2 由发电机中性点电压控制，在发动机起动后，发电机的中性点电压使磁场与充电指示灯继电器触点 K_4 闭合，安全继电器线圈 2 通电，其电流通路：发电机正极→K_4→接线柱 L→线圈 2→R_1→搭铁→发电机负极。

起动时，电源开关 S_1 和起动开关 S_2 接通，此时，安全继电器只有线圈 1 通电，因而 K_1 保持闭合，于是起动继电器线圈 3 通电而使其触点 K_2 闭合，接通起动机电磁开关电路，起动机开始工作。发动机起动后，发电机便正常发电，发电机中性点电压使磁场与充电指示灯继电器触点 K_4 闭合，安全继电器线圈 2 也通电，如果此时起动开关还未断开，安全继电器触点 K_1 就会在线圈 1 和线圈 2 磁力的共同作用下被吸开，使起动继电器线圈 3 断电，触点 K_2 张开，切断了起动机电磁开关电路，起动机便自动停止工作。

在发动机工作时，如果误接通起动开关，安全继电器两线圈同时通电，使其触点 K_1 断开，起动继电器线圈不能通电，因此起动机不会工作。

(2) 用充电指示灯继电器控制的起动机驱动保护电路　一些汽车直接用充电指示灯继

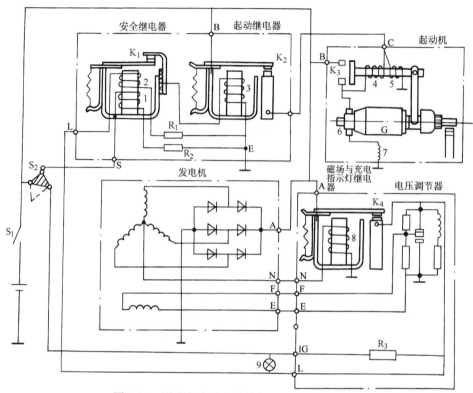

图 2-20 增设安全继电器的起动机驱动保护电路

1、2—安全继电器线圈 3—起动继电器线圈 4—起动机电磁开关吸引线圈 5—起动机电磁开关保持线圈 6—起动机电枢 7—起动机磁场绕组 8—充电指示灯继电器线圈 9—充电指示灯 S_1—电源开关 S_2—起动开关 K_1—安全继电器触点 K_2—起动继电器触点 K_3—起动机电磁开关触点 K_4—充电指示灯继电器触点

电器控制起动继电器线圈电路,实现驱动保护控制功能。图 2-21 所示的是在解放 CA1091 汽车上所用的起动机控制电路。

组合继电器中安装有充电指示灯继电器和起动继电器,充电指示灯和起动继电器线圈 L_1 均通过充电指示灯继电器常闭触点 K_2 搭铁,使充电指示灯继电器不仅可控制充电指示灯,同时也可控制起动继电器线圈 L_1 的通断电,使之具有驱动保护作用。

起动时,点火开关拨至 II 档(起动档),点火开关的 1 号与 4 号接线柱接通,使组合继电器中的起动继电器线圈 L_1 通电,其电流通路:蓄电池正极→起动机电源接线柱→30A 熔丝→电流表→点火开关→组合继电器 SW 接线柱→L_1→K_2→组合继电器 E 接线柱(搭铁)→蓄电池负极。起动继电器线圈 L_1 通电后产生磁力吸合触点 K_1,接通了起动机电磁开关电路,使起动机通电工作。

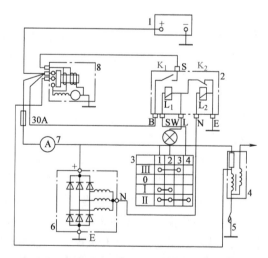

图 2-21 解放 CA1091 汽车起动机控制电路

1—蓄电池 2—组合继电器 3—点火开关 4—点火线圈 5—断电器触点 6—发电机 7—电流表 8—起动机

发动机起动后,发电机的中性点电压使充电指示灯继电器线圈 L_2 通电产生电磁力吸开 K_2,这时,除了充电指示灯因断电而熄灭外,起动继电器线圈 L_1 也因 K_2 断开而断电,其触点 K_1 断开,使起动机电磁开关断电,起动机自动停止工作。

在发动机工作时,发电机中性点电压使充电指示灯继电器触点 K_2 保持在断开状态,因此,即使点火开关误拨至起动档,起动机也不会通电工作。

六、其他类型的起动机

1. 电枢移动式起动机

(1) 结构特点 电枢移动式起动机的电枢可轴向移动,起动机不工作时在回位弹簧弹力作用下,电枢与磁极错开一定的距离。驱动齿轮固定在电枢轴上,其轴向移动靠电枢的移动实现。磁极除有主磁场绕组外,还有两个导线较细但匝数较多、电阻较大的副磁场绕组。两副绕组一个与电动机并联,起吸引电枢轴向移动和保持电枢在移动位置的作用;另一个与电动机的电枢绕组串联,主要用于吸引电枢轴向移动。

(2) 工作原理 电枢移动式起动机的工作原理如图 2-22 所示。

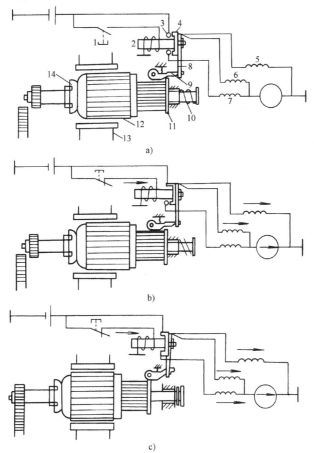

图 2-22 电枢移动式起动机工作原理
a) 起动机未工作时 b) 起动机进入工作过程 c) 起动机工作时
1—起动开关 2—电磁线圈 3—触点 4—接触桥 5—并联副磁场绕组 6—串联副磁场绕组 7—主磁场绕组 8—挡片
9—扣爪 10—电枢回位弹簧 11—换向器端面凸缘 12—电枢 13—磁极 14—摩擦片式单向离合器

起动时，接通起动开关1，电磁线圈2通电后产生的磁力吸引接触桥4左移，但由于扣爪9顶住了挡片8，使得接触桥只是单边接触，接通副磁场绕组（图2-22b）。

两个副磁场绕组通电后，使磁极产生的电磁力吸引电枢向左轴向移动。由于这时电枢已有较小的电流通过而开始低速转动，使得驱动齿轮在慢慢转动中与飞轮齿圈啮合，从而避免了顶齿和冲击。当电枢移动至使驱动齿轮与飞轮完全啮合时，换向器端面凸缘11将扣爪顶起，使挡片8脱扣，接触桥下边也接触，于是起动机的主电路接通（图2-22c），电动机产生正常的电磁转矩驱动发动机。此时，串联的副磁场绕组6被短路（主磁场绕组7的电阻很小，可以忽略），由并联副磁场绕组及主磁场绕组的电磁力保持电枢在移动后的位置。

发动机起动后，摩擦片式单向离合器打滑，电动机空载运行，电枢转速上升，电枢绕组产生的反电动势增大，使电枢及主磁场绕组电流减小，磁极磁力减弱。当磁力减弱至小于电枢回位弹簧的作用力时，电枢就右移回位，驱动齿轮与飞轮齿圈脱离，而扣爪也回到锁止位置。关闭起动开关后，起动机便停止转动。

电枢移动式起动机的结构较为复杂，不宜在倾斜度较大的场合下工作。

2. 磁极移动式起动机

（1）结构特点　美国摩托克拉夫（Motocraft）公司生产的磁极移动式起动机如图2-23所示。其中一个磁极铁心是活动的，铁心上除了一组磁场绕组外，还有一个保持线圈5，通电时用来吸动活动铁心并保持活动铁心的位置。活动磁极铁心移动时可使磁场绕组中的一个常闭触点1打开，以改变磁场绕组的连接方式；同时，通过与之连接的拨叉推动驱动齿轮轴向移动。

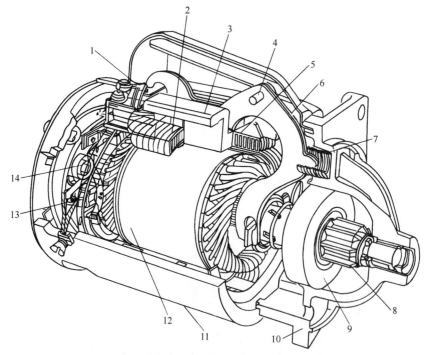

图2-23　磁极移动式起动机

1—触点　2—磁场绕组　3—磁极活动铁心　4—拨叉销轴　5—保持线圈　6—拨叉　7—复位弹簧　8—驱动齿轮　9—单向离合器　10—端盖　11—起动机壳体　12—电枢总成　13—电刷　14—电刷弹簧

(2) 工作原理 磁极移动式起动机电路原理如图2-24所示。

起动时，接通起动开关，起动继电器触点闭合，使起动机内部通电。磁场绕组10和保持线圈7产生的磁力使活动铁心移动，通过拨叉将驱动齿轮推向飞轮齿圈。在驱动齿轮完全啮合前，触点6处于闭合状态，电动机内部电路如图2-25a所示，构成一复励式电动机。串接的磁场绕组11、12的电流较小，而并接的磁场绕组10电流较大，因此转速较低，加之磁场绕组13产生相反方向的磁场，使电枢转动受到一个阻力，更进一步降低了电枢的转速，从而保证驱动齿轮在慢慢转动中啮入飞轮齿圈，使啮合容易且较为柔和。

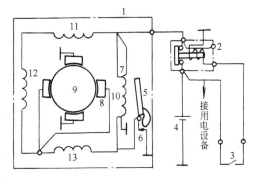

图2-24 磁极移动式起动机电路原理
1—起动机 2—起动继电器 3—起动开关
4—蓄电池 5—磁极活动铁心 6—触点 7—保持线圈
8—电刷 9—电枢 10、11、12、13—磁场绕组

当驱动齿轮完全啮入后，触点6被断开，这时，构成了串励式电动机，电路如图2-25b所示。这时，电枢便产生正常的电磁转矩驱动发动机。起动过程中，保持线圈7的磁力保持活动铁心的位置，使驱动齿轮保持啮合、触点6保持断开，使起动机保持在正常工作状态。

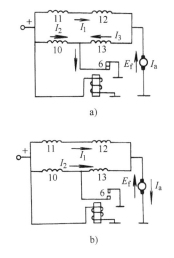

图2-25 磁极移动式起动机磁场绕组连接方式
a) 触点打开前 b) 触点打开后
(图注同图2-24)

发动机起动后，断开起动开关，起动继电器断电，起动机也断电，活动铁心在回位弹簧弹力的作用下复位，带动单向离合器和驱动齿轮回位，触点6又闭合，起动机停止工作。

3. 永磁式起动机

(1) 结构特点 永磁式起动机的磁极采用了铁氧体或钕铁硼永磁材料，由于无需励磁绕组，简化了起动机的结构，起动机的体积相对较小、重量也可相应减轻。

(2) 永磁式起动机实例 德国博世公司生产的DW1.4型永磁行星齿轮啮合式减速起动

机其磁极采用了永久磁铁，起动机的结构如图 2-26 所示。

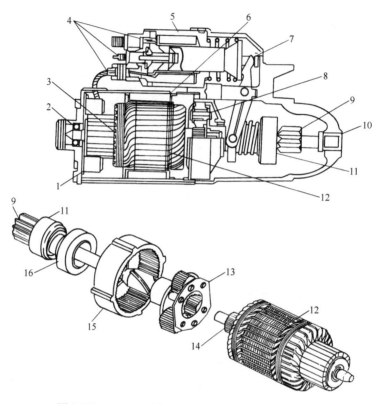

图 2-26　DW1.4 型永磁行星齿轮啮合式减速起动机
1—电刷　2—球轴承　3—换向器　4—导线插头　5—电磁开关　6—永久磁铁磁极　7—拨叉　8—行星齿轮减速器　9—驱动齿轮　10—轴承　11—单向离合器　12—电枢总成　13—行星轮　14—主动齿轮（太阳轮）　15—齿圈　16—拨叉环

起动机的磁极由六块永磁铁组成，通过弹性保持片将永久磁铁固定在机壳内，六块永磁铁 N、S 极交错排列，形成三对磁极。起动机的工作原理与励磁式起动机相同。

第三节　起动机的使用与故障诊断

一、起动机部件的检修

1. 磁场绕组的检修

磁场绕组的常见故障是接头脱焊、绝缘破损，造成磁场绕组匝间短路或搭铁，检修方法如下。

1）将起动机解体后，直观检查磁场绕组接头是否松脱、有无破损。

2）用万用表的电阻档测量绕组端子与外壳之间的电阻，检查磁场绕组有无搭铁故障。应为不通，否则，说明磁场绕组有搭铁故障。

3）用电枢检验仪检查磁场绕组有无匝间短路，如图 2-27 所示，通电 5min 后若绕组发热,则说明绕组有匝间短路。

2. 电枢总成的检修

电枢总成的常见故障是电枢绕组绝缘破损而使匝间短路或搭铁、绕组接头与换向器铜片脱焊、换向器铜片烧蚀或磨损、电枢轴弯曲等,检修方法如下。

1)用万用表电阻档检测换向器铜片和电枢轴之间的电阻,检查绕组是否搭铁。应为不通,否则说明电枢绕组有搭铁故障。

2)用电枢检验仪检查电枢绕组有无匝间短路,如图2-28所示。如果钢片在槽上跳动,就说明电枢绕组有短路。

3)直观检查换向器表面是否烧蚀、云母片有无突出等。

4)检查电枢轴是否弯曲,如图2-29所示。电枢轴的径向圆跳动应不大于0.15mm。

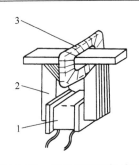

图2-27 用电枢检验仪检查磁场绕组有无短路
1—感应线圈 2—U形铁心
3—被检磁场绕组

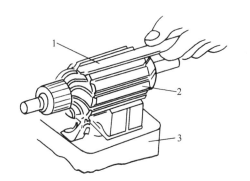

图2-28 用电枢检验仪检查电枢绕组有无短路
1—钢片 2—被检电枢 3—电枢检验仪

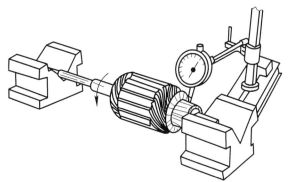

图2-29 检测电枢轴和换向器径向圆跳动公差

电枢绕组若有绝缘不良故障,需重新绕制,并浸漆、烘干;换向器铜片轻微烧蚀可用"00"号砂纸打磨修复,若严重烧蚀、失圆(径向圆跳动>0.05mm)、云母片高于铜片时应精车加工,但加工后换向器铜片厚度不得少于2mm;电枢轴弯曲需用冷校直。

注意: 云母片是否割低要看具体的起动机,一般进口小汽车用起动机云母片需低于铜片,检修时,若换向器铜片间槽的深度小于0.2mm,就需用锯片将云母片割低至规定的深度。

3. 电刷与电刷架的检修

电刷的常见故障是过度磨损和卡滞,检修方法如下。

1)检查电刷的高度,一般不应低于标准的2/3,电刷的接触面积不少于75%,电刷在电刷架内无卡滞现象,否则需进行修磨或更换。

2)用万用表电阻档或试灯检查绝缘电刷架绝缘性。用弹簧秤测电刷弹簧的弹力,若不符合要求应予以更换。

4. 单向离合器的检修

单向离合器常见的故障是打滑。可以用扭力扳手检测单向离合器的转矩,若转矩小于规定值,说明单向离合器打滑,应予以更换。对于摩擦片式单向离合器,如果转矩偏小,可以通过调整压环前的垫圈厚度使其达到要求。

5. 轴承的检修

轴承的常见故障是因过度磨损而造成松旷。检查各轴承有无松旷，若有则需更换轴套。轴套压好后再铰削轴套内孔，使之与轴颈的配合符合要求。

6. 电磁开关的检修

电磁开关的常见故障有吸引线圈和保持线圈断路、短路和搭铁，接触盘及触点表面烧蚀等，检修方法如下。

1）用万用表电阻档检查线圈有否断路、搭铁。

2）解体后直观检查接触盘及触点表面烧蚀情况、回位弹簧是否失效等。

电磁开关线圈有故障需重绕或更换电磁开关；电磁开关触点或接触盘轻微烧蚀可以用锉刀或砂布修整；回位弹簧弹力过弱应予以更换。

二、起动机的试验

修复后的起动机在装车前通常需要经起动机的空载试验和全制动试验来检验其性能是否良好。

1. 空载试验

用夹具将起动机夹紧，接上电源，测量起动机空载时的转速和电流（图 2-30）。起动机应运转均匀、电刷无较强火花，其电流、电压和转速应符合表 2-2 规定的值。如果电流大而转速低，则可能是起动机装配过紧，电枢绕组、磁场绕组有短路或搭铁故障；如果电流和转速都低，则说明起动机内部电路有接触不良之处。

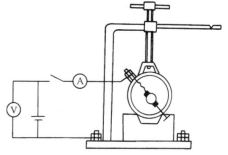

图 2-30 起动机的空载试验

注意：每次空载试验不要超过 1min，以免起动机过热。

2. 全制动试验

全制动试验在空载试验后进行，通过测量起动机完全制动时的电流和转矩来检验起动机的性能良好与否，试验方法如图 2-31 所示。通电后，迅速记下电流表、弹簧秤和电压表的示值，其全制动电流和制动转矩应符合表 2-2 规定的值。如果电流大而转矩小，则表明磁场

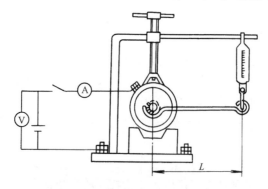

图 2-31 起动机的全制动试验

绕组或电枢绕组有短路或搭铁不良故障；如果转矩和电流都小，则表明起动机内接触电阻过大；如果试验过程中电枢轴转动，则说明单向离合器打滑。

表 2-2 部分起动机的性能参数

型号	规格 额定电压/V	规格 额定功率/kW	空载特性 电流/A ≤	空载特性 转速/(r/min) ≥	全制动特性 电压/V	全制动特性 电流/A ≤	全制动特性 转矩/N·m ≥	电刷 弹簧压力/N	驱动齿轮 齿数	驱动齿轮 齿轮行程/mm	适用车型
QD124A	12	1.85	95	5 000	8	600	24		9	20	解放 CA1091
QD124H	12	1.47	90	5 000	8	650	29.4	2~15			解放 CA1091
QD124F	12	1.47	90	5 000	8	650	29.4	8~13	11		东风 EQ1090
QD1211	12	1.8	90	5 000	7.5	750	34	12~15	11		东风 EQ1090
321	12	1.1	100	5 000	6	525	15.7	12~15	9	20	北京 2020N
QD1225	12	0.96	45	6 000	7	480	13		9		上海桑塔纳
QD142A	12	3	90	5 000	7	650	25	12~15	9		南京依维柯
DW1.4	12	1.4	67	2 900	9.6	160	13		9		北京切诺基
D6RA37	12	0.57	220	1 000		350	85		9		神龙富康
QD25	24	3.5	90	6 000	9	900	34.3		9		跃进 NJ1061
QD27E	24	8.08	120	6 000	12	1700	142		11		五十铃 TD50AD

注意：全制动试验要动作迅速，一次试验时间不要超过 5s，以免烧坏电动机和对蓄电池使用寿命造成不利影响。

三、起动系统常见故障及诊断

1. 起动机不转

（1）故障现象 驾驶人在接通起动开关时，起动机不转动，起动机无动作迹象。

（2）故障原因（以有起动继电器起动系统为例）

1）电源故障：蓄电池严重亏电或极板硫化、短路等，蓄电池极桩与线夹接触不良，起动电路导线连接处松动而接触不良等。

2）起动机故障：换向器与电刷接触不良，磁场绕组或电枢绕组有断路或短路，绝缘电刷搭铁，电磁开关线圈断路、短路、搭铁或其触点烧蚀而接触不良等。

3）起动继电器故障：起动继电器线圈断路、短路、搭铁或其触点接触不良。

4）点火开关故障：点火开关接线松动或内部接触不良。

5）起动系统控制电路故障：电路有断路，导线接触不良或松脱，熔断器熔丝烧断等。

（3）故障诊断方法

1）按喇叭或开前照灯，如果喇叭声音小、嘶哑或不响，灯光比平时暗淡，说明电源有问题，应先检查蓄电池极桩与线夹、起动电路导线接头处是否有松动，触摸导线连接处是否发热。若某连接处松动或发热则说明该处接触不良；若电路连接无问题，则应对蓄电池进行检查。

2）如果判断电源无问题，用螺钉旋具将电磁开关接线柱与起动机电源接线柱相连，看起动机是否转动。如果起动机仍不转动，则说明起动机有故障，应拆检起动机；如果起动机运转正常，则说明故障在起动继电器或有关的电路，进行下一步故障诊断。

3）用螺钉旋具将起动继电器上连接蓄电池的 B 接线柱与连接起动机的 S 接线柱直接相连，看起动机是否转动。如果起动机不转，则应检查连接这两个接线柱的导线；如果起动机能正常运转，则再进行下一步检查。

4）将起动继电器上连接蓄电池的 B 接线柱与连接点火开关的 SW 接线柱直接相连，看起动机是否转动。如果起动机不转，则说明起动继电器不良，应予以拆修或更换；如果起动机能正常运转，则故障在起动继电器至点火开关的导线或点火开关，应对其进行检修。

2. 起动机运转无力

（1）故障现象　起动时，驱动齿轮能啮入飞轮齿圈，但起动机转速明显偏低甚至停转。

（2）故障原因

1）电源的故障：蓄电池亏电或极板硫化短路，起动电源导线连接处接触不良等。

2）起动机故障：换向器与电刷接触不良，电磁开关接触盘和触点接触不良，电动机磁场绕组或电枢绕组有局部短路等。

（3）故障诊断方法　起动机运转无力首先通过按喇叭、开前照灯等方法检查起动电源是否正常，如果起动电源无问题，则应拆检起动机。

3. 起动机空转

（1）故障现象　起动时，可以听到起动机驱动齿轮与发动机飞轮啮合的声音，且起动机高速旋转，但发动机不转。

（2）故障原因

1）单向离合器打滑。

2）飞轮齿圈的某一部分严重缺损。

（3）故障诊断方法　将发动机飞轮转一个角度，如果故障会随之消失（但以后还会再现），则为飞轮齿圈有缺损，应焊修或更换飞轮齿圈；如果转动飞轮后起动机仍然空转，则需检修单向离合器。

4. 驱动齿轮与飞轮齿圈撞击

（1）故障现象　起动时，可听到驱动齿轮与飞轮齿圈的金属碰击声，驱动齿轮不能啮入。

（2）故障原因

1）电磁开关触点接通的时间过早，在驱动齿轮啮入以前就已高速旋转起来。

2）飞轮齿圈环齿磨损严重或驱动齿轮磨损严重。

（3）故障诊断方法　先适当调晚电磁开关触点的接通时间，若打齿现象不能消失，则应拆检起动机驱动齿轮和飞轮齿圈。

5. 电磁开关吸合不牢

（1）故障现象　起动时发动机不转，只听到驱动齿轮轴向来回窜动的"咔嗒、咔嗒"声响。

（2）故障原因

1）蓄电池亏电或起动机电源电路有接触不良之处。

2）起动继电器的断开电压过高。

3) 电磁开关保持线圈断路、短路或搭铁。

（3）故障诊断方法　先检查起动电源电路连接是否良好，若无问题，可将起动继电器"蓄电池"接线柱和"起动机"接线柱短接，如果起动机能正常转动，则为起动继电器断开电压过高，应予以调整；如果故障仍然出现，则应对蓄电池进行补充充电。如果蓄电池充足电后故障仍不能消除，则应拆检起动机电磁开关。

思 考 题

1. 起动机由哪几部分组成？各部分的功用是什么？
2. 直流电动机的基本组成部件有哪些？直流电动机的工作过程是怎样的？
3. 在负载变化时直流电动机是如何自动调节转矩的？
4. 起动机单向离合器有哪几种类型？各种类型的单向离合器是如何实现单向动力传递的？
5. 影响起动机功率的因素有哪些？
6. 电磁操纵强制啮合式起动机是如何工作的？
7. 电枢移动式起动机结构上有什么特点？是如何工作的？
8. 起动机驱动保护电路的作用是什么？典型的起动机驱动保护电路是如何工作的？
9. 减速起动机的结构特点是什么？不同类型的减速起动机各有什么特点？
10. 如何检验起动机的性能？
11. 起动机运行中的常见故障有哪些？如何诊断故障？

第三章 点火系统

第一节 概　　述

一、对点火系统的要求

汽油发动机点火系统的作用是适时地产生电火花，点燃压缩终了的混合气，以使发动机工作。为确保发动机稳定可靠地工作，对点火系统有如下三个基本要求。

1. 能产生足够高的次级电压

点火系统用于点燃混合气的火花塞电极伸入发动机气缸燃烧室内，通过电极之间气体的电离作用产生电弧放电（跳火）。要使电极之间具有很高压力的气体电离而产生电火花，就必须有足够高的电压。使火花塞电极跳火所需的电压称之为击穿电压 U_j（或称点火电压），U_j 的高低与发动机工况及火花塞的状况有关。

（1）发动机工况　气缸内的混合气压力高、温度低时，气体的密度相对较大，气体电离所需的电场力就大，所需的击穿电压也就高。发动机在不同工况下其压缩终了的混合气压力和温度是不同的，因此，当发动机的转速和负荷改变时，火花塞的击穿电压也随之而变。

（2）火花塞电极的温度和极性　当火花塞电极的温度超过混合气温度时，击穿电压可降低 30%～50%。这是因为在电极温度高时，包围在电极周围的气体密度相对较小的缘故。火花塞中心电极的温度相对较高，因此，火花塞的中心电极为负时，火花塞电极的击穿电压可降低 20% 左右。

（3）火花塞的间隙和形状　火花塞电极的间隙增大，在同样的电压下的电场就减弱，使电极间隙间的气体电离所需的电压就得增大。火花塞电极较细或电极表面有沟棱时，在同样的电压下其电场的最强处要大于较粗、表面平的电极，因此，所需的击穿电压可降低。

此外，火花塞电极上积油、积炭时，其击穿电压会相应升高。

点火系统所能产生的电压称为最高次级电压（U_{m2}）。要使发动机在任何工况、状态下火花塞都能可靠跳火，就必须满足 $U_{m2} > U_j$。为此，通常要求点火系统所能产生的最高次级电压 U_{m2} 在 20kV 以上。

2. 要有足够的点火能量

火花塞跳火后能确保可燃混合气迅速燃烧，还必须要有足够的点火能量。发动机正常工作时，由于混合气压缩终了的温度已接近自燃温度，所需的火花能量很小，但是发动机在起动、急速及急加速工况时，由于混合气的温度较低或混合气过浓、过稀等原因，需要有较高的点火能量才能保证混合气可靠燃烧。

点火能量不足时，会使发动机起动困难、点燃率下降，发动机的动力性下降、油耗和排污增加，并可能导致发动机不能起动。

3. 点火时间要适当

为使发动机气缸内的燃烧最高压力出现在压缩终了上止点后 10°～15°，使混合气的燃烧功率达到最大，就必须在压缩终了前的某个适当时刻点火。某缸火花塞开始跳火到活塞运行至压缩终了上止点的曲轴转角称之为点火提前角。点火提前角过大，压缩行程活塞上行的阻力增大，导致发动机功率下降、油耗增加，且发动机容易产生爆燃；点火提前角过小，混合气燃烧产生的最高压力和温度下降，也导致发动机功率下降、油耗增加，且容易引起发动机过热、排气管放炮等故障。

发动机在不同的转速和负荷下，其点火提前角应是不同的。点火系统应能根据发动机的转速和负荷变化情况，及时调整点火时间，以确保混合气的燃烧及时、完全。

二、点火系统的发展概况

一百多年来，伴随着汽车的发展，汽油发动机的点火技术也逐渐提高。1886年，第一辆以四冲程内燃机为动力的汽车使用的是磁电机点火系统。1907年，美国人首先在汽车上使用蓄电池点火装置，这种用蓄电池和发电机来提供电能的点火系统采用了点火线圈，通过断电器触点来控制点火线圈初级电流的通断，使次级产生高压（图3-1a）。最初的蓄电池点火系统无点火提前角自动调节装置，一直到了1931年，美国人才首先使用了能根据发动机负荷和转速自动调节点火提前角的真空、离心点火提前调节装置。此后，这种触点式点火装置逐步得到完善，在汽车上得到了广泛的应用，并被称之为"传统点火系统"。

随着人们对汽车发动机动力性、经济性及排放控制要求的日益提高，传统点火系统因其触点本身所固有的缺陷也越来越显现出来。20世纪60年代初期，出现了一种晶体管辅助点火系统，这种点火系统增加了一个电子放大器（图3-1b），使得点火性能得到了较大的提高。由于晶体管辅助点火系统还保留了触点，不能完全消除由触点本身所造成的一些缺点，因而，很快就被无触点的电子点火系统所取代（图3-1c）。无触点电子点火系统在20世纪60年代末期开始推广应用之后，在汽车上得到了广泛的应用。现在，传统点火系统已被淘汰。

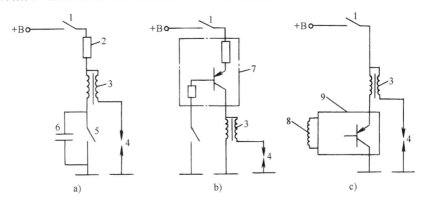

图3-1 各种点火系统基本组成示意图
a) 传统触点式点火系统 b) 晶体管辅助点火系统 c) 无触点电子点火系统
1—点火开关 2—点火线圈附加电阻 3—点火线圈 4—火花塞 5—断电器触点 6—电容器
7—晶体管放大器 8—点火信号发生器 9—电子点火器

1976年，美国通用公司首次将微处理器应用于点火时刻控制，此后，采用微处理器控制的电子点火系统的应用日渐增多，并与汽油喷射、急速等发动机其他电子控制系统一起，实现了发动机的集中电子控制。随着汽油发动机电控化的普及，这种微处理器控制的电子点火系统在汽车上得到了普遍的应用。

三、点火系统分类

以不同的分类方式，将各种点火系统的特点及目前使用情况加以概括。

1. 按点火系统的电源不同分

（1）磁电机点火系统　这种点火系统由磁电机本身产生点火所需的电能，由于结构的原因，磁电机点火系统仅适用于单缸或双缸的汽油发动机。磁电机点火系统在汽车上早已不使用，目前在某些摩托车上还有少量的应用。

（2）蓄电池点火系统　这种点火系统的电源是蓄电池和发电机，适用于多缸发动机，目前汽车上使用的都属于此类点火系统。

2. 按点火系统储存点火能量的方式不同分

（1）电感储能式　点火系统在产生高压点火前，从电源获取的能量以电感线圈建立磁场能量的方式储存点火能量（图3-2a）。电感线圈储存初级点火能量 W_L 的大小与线圈的电感量 L 和线圈所形成的电流 I 的二次方成正比

$$W_L = \frac{1}{2}LI^2$$

（2）电容储能式　点火系统从电源获取的电能以电容器建立电场能量的方式储存（图3-2b）。能量的大小与电容器的电容量 C 和电压 U 的二次方成正比

$$W_C = \frac{1}{2}CU^2$$

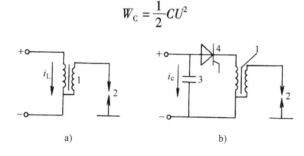

图3-2　点火系统能量储存方式示例
a）电感储能式　b）电容储能式
1—电感线圈　2—火花塞　3—储能电容　4—晶闸管

目前汽车上使用的大都是电感储能式点火系统。

第二节　传统触点式点火系统

一、传统触点式点火系统的工作原理

1. 基本工作原理

传统触点式点火系统的工作原理如图3-3所示。点火线圈5实际上是一个带有附加电阻的自耦变压器，其初级绕组通过断电器7的触点搭铁。由发动机凸轮轴驱动的分电器轴转动时，带动断电器凸轮一起旋转，使断电器触点不断地闭合和张开。

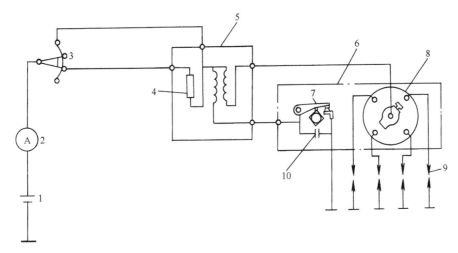

图 3-3 传统触点式点火系统的工作原理
1—蓄电池 2—电流表 3—点火开关 4—点火线圈附加电阻 5—点火线圈 6—分电器
7—断电器 8—配电器 9—火花塞 10—电容器

触点闭合时，点火线圈初级绕组通路，其初级电流从蓄电池正极→电流表（有的汽车上没有电流表）→点火开关→点火线圈附加电阻→点火线圈初级绕组→断电器触点→搭铁回到蓄电池负极。在触点闭合瞬间，点火线圈初级绕组产生一个阻碍初级电流增长的自感电动势，使得初级电流按图3-4a所示缓慢增长，点火线圈铁心中磁通量的变化速率也较低，因此，次级绕组产生的互感电动势也不大，约1500V左右（图3-4b），此电动势不能用于点火，但点火线圈的磁场能量则随初级电流的上升而逐渐增加，因此，触点闭合的这段时间实际上是点火系统的储能过程。

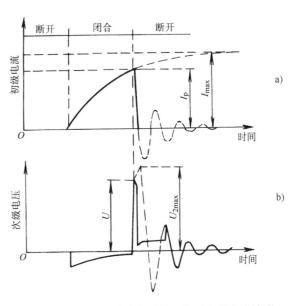

图 3-4 传统触点式点火系统工作时电压电流波形
a）初级电流波形 b）次级电压波形

触点张开时，点火线圈初级回路断路，点火线圈初级电流突然减小，引起点火线圈铁心中的磁通量的迅速减小，点火线圈次级绕组产生一个很高的互感电动势。此时，与断电器凸轮同步旋转的分火头正好转到对着分电器盖某一旁电极，使次级绕组与需要点火缸的火花塞电极接通，使火花塞电极两端电压迅速升高。当火花塞电极电压升至击穿电压时，火花塞电极就产生电弧放电，点燃混合气。点火线圈次级的电流通路：次级+→点火线圈附加电阻→点火开关→电流表→蓄电池→搭铁→火花塞电极→高压分线→分电器盖旁电极→分火头→中央高压线→次级-。

触点式点火系统的工作原理：分电器轴转，断电器触点适时地通断点火线圈初级回路，使点火线圈次级绕组产生高压，并由配电器将高压电按点火顺序送入各缸火花塞。

2. 几点说明

（1）电容器的作用　触点断开瞬间，初级绕组产生的自感电动势约为300V，此电动势很容易击穿刚刚张开的触点气隙而产生较强的触点火花。触点间的火花放电使初级电流继续保持通路，会导致铁心中磁通量的下降速率减小，使次级绕组的互感电动势降低。触点间较强火花还会使触点很快烧蚀，导致点火系统不能工作。触点间并联一个电容，利用电容两端的电压不能突变的特性，在触点断开瞬间吸收初级绕组的自感电动势，可避免触点间产生强的火花放电，提高初级电流的下降速率，提高次级电压。

可见，触点式点火系统触点并联一个电容器，就是用来减小触点火花，提高次级电压。

（2）放电情况　如果火花塞电极不被击穿，次级电压就会形成如图3-4b虚线所示的LRC衰减振荡，但实际上当火花塞电极间的电压在达到最大次级电压前，火花塞电极间气隙就被击穿而产生电弧放电，此时火花塞电极上集聚的电荷迅速放电，形成很大的放电电流，电压随之迅速下降，这一阶段为电容放电，其主要作用是使火花塞电极间气体电离，形成一个火焰核心。之后，点火线圈次级绕组电感尚余的能量继续维持火花放电，此时火花塞电极间的电压约在600V左右，放电电流也很小，但放电的时间较长，这一电感放电过程可加热混合气，使其迅速燃烧。当火花不能维持而消失时，电感线圈剩余的能量则形成LCR衰减振荡（图3-4b）。

（3）附加电阻的作用　发动机的转速变化范围很大，在发动机低速时，触点的闭合时间相对较长，初级电流可上升至最大值或接近最大值，使通过点火线圈初级绕组的平均电流过大而温度过高，并会使触点的火花加大而容易烧蚀；在发动机高速时，触点的闭合时间很短，在初级电流还很小时触点就已断开，使点火线圈不能产生足够高的次级电压，导致发动机容易断火。

点火线圈初级回路串入一个正温度系数比较大的附加电阻后，在发动机低速时，较大的初级电流流经附加电阻，附加电阻会因温度升高而使其电阻值显著增大，使初级电流的增长受到限制；在发动机高速时，流经附加电阻的初级电流较小，附加电阻的温度随之降低，其电阻值也相应减小，初级电流随发动机转速的上升而下降的幅度可减小。点火线圈初级回路串联附加电阻对点火特性的改善如图3-5所示。

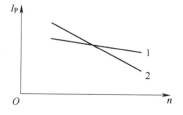

图3-5　附加电阻对点火特性的改善
1—加附加电阻后的点火特性
2—无附加电阻时的点火特性
I_P—初级通路阶段点火线圈所形成的初级电流

可见，点火线圈附加电阻的作用就是在发动机转速变化时，自动调节初级电流，改善点火特性。

发动机起动时，通过起动机电磁开关的附加电阻短路触点（或直接用点火开关的起动档）将附加电阻短路，这是为了在起动中蓄电池端电压下降很多的情况下，仍保证点火线圈初级绕组能形成足够大的初级电流，以使起动容易。

二、传统触点式点火系统的结构

传统触点式点火系统的组成部件如图3-6所示。

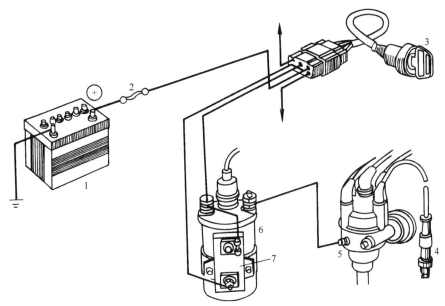

图 3-6 传统触点式点火系统的组成

1—蓄电池 2—易熔线 3—点火开关 4—火花塞 5—分电器 6—点火线圈 7—点火线圈附加电阻

1. 点火线圈

点火线圈的作用是将电源的低压转变为高压,以使火花塞电极产生点燃混合气的电火花。点火线圈按磁路的结构形式不同,分为开磁路和闭磁路两种。传统触点式点火系统基本上都使用开磁路的点火线圈,闭磁路点火线圈多应用于电子点火系统。

(1) 开磁路点火线圈 开磁路点火线圈的结构简图如图 3-7 所示。由硅钢片叠成的铁

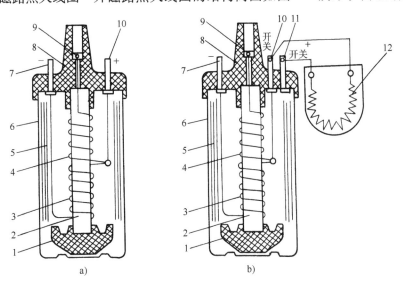

图 3-7 开磁路点火线圈结构简图
a) 二低压接线柱式 b) 三低压接线柱式

1—绝缘座 2—铁心 3—初级绕组 4—次级绕组 5—钢套 6—外壳 7—低压接线柱"-" 8—胶木盖
9—高压接线柱 10—低压接线柱"+" 11—低压接线柱(接起动开关) 12—附加电阻

心外套有绝缘套管，套管上分层绕有次级绕组和初级绕组。初级绕组通过的电流大，产生的热量多，将其绕在次级绕组的外面有利于散热。在绕组与外壳之间，装有导磁用钢套，当初级绕组通电时，铁心被磁化，形成如图 3-8 所示磁路。由于其磁路上、下部分是经过空气，磁阻较大，漏磁损失较多，因此，这种点火线圈初、次级能量转换效率不高（约为 60%）。为加强绝缘、防止潮气侵入和有利于散热，点火线圈外壳内一般都充满沥青或变压器油，因此，这种开磁路点火线圈也称为湿式点火线圈。

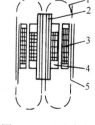

图 3-8 开磁路点火线圈的磁路
1—磁力线 2—铁心
3—初级绕组
4—次级绕组 5—导磁钢套

二低压接线柱和三低压接线柱点火线圈的内部结构相同。三低压接线柱式点火线圈的三个低压接线柱中，有两个低压接线柱之间跨接了一个附加电阻。附加电阻被安放在点火线圈外壳的瓷板中。二低压接线柱式点火线圈则本身不带附加电阻。

（2）闭磁路点火线圈　闭磁路点火线圈也称干式点火线圈，采用日字形铁心的闭磁路点火线圈如图 3-9 所示。这种点火线圈的磁路均由磁导率极高的铁心构成，因而漏磁少，点火线圈的能量转换效率高。铁心中留一小空隙是为了减少铁心的磁滞现象。

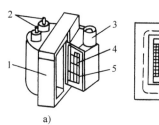 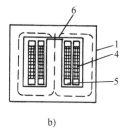

图 3-9 闭磁路点火线圈
a）闭磁路点火线圈　b）闭磁路点火线圈的磁路
1—日字形铁心 2—低压接线柱 3—高压接线柱
4—初级绕组 5—次级绕组 6—空气隙

（3）点火线圈的型号　根据 QC/T 73—1993《汽车电气设备产品型号编制方法》的规定，点火线圈的型号由如下 5 部分组成。

1）产品代号：由汉语拼音字母 DQ 表示，而"DQG""DQD"则分别表示干式点火线圈和无触点电子点火系统用点火线圈。

2）电压等级代号：用一位阿拉伯数字表示，1—12V；2—24V；6—6V。

3）用途代号：用一位阿拉伯数字表示，各代号的含义见表 3-1。

表 3-1　点火线圈用途代号

代　号	用　　途	代　号	用　　途
1	单、双缸发动机	6	八缸以上发动机
2	四、六缸发动机	7	无触点分电器
3	四、六缸发动机（带附加电阻）	8	高能
4	六、八缸发动机（带附加电阻）	9	其他
5	六、八缸发动机		

4）设计序号：用阿拉伯数字表示产品设计的先后次序。

5）变形代号：以大写的汉语拼音字母 A、B、C……顺序表示（不用 O、I）。

2. 分电器总成

分电器总成包括断电器、配电器、点火提前调节器以及电容器等，如图 3-10 所示。

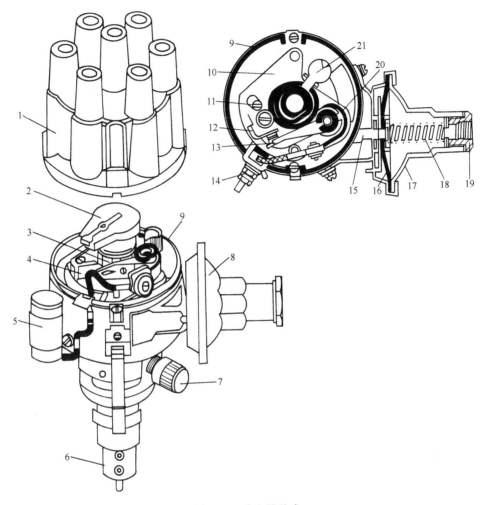

图 3-10 分电器总成

1—分电器盖 2—分火头 3—凸轮 4—触点及断电器底板总成 5—电容器 6—联轴器 7—油杯
8—真空点火提前调节器 9—分电器壳体 10—活动底板 11—偏心螺钉 12—固定触点及支架 13—活动触点臂
14—低压接线柱 15—真空点火提前调节器拉杆 16—膜片 17—真空点火提前调节器壳体
18—弹簧 19—接头螺母 20—触点臂弹簧 21—油毡及油毡夹

分电器壳体一般由铸铁制成，下部压有石墨青铜衬套，分电器轴在衬套内旋转，靠油杯中的润滑油润滑。分电器各部的结构原理分述如下。

（1）断电器 断电器用于周期性地通断点火线圈初级回路，它由触点和凸轮组成。触点安装在能相对分电器外壳转动的活动底板上，其中固定触点搭铁，固定触点支架用紧固螺钉固定在活动底板上。活动触点与壳体之间是绝缘的，它通过触点臂经触点弹簧片与分电器低压接线柱相通。活动触点臂有孔端松套在活动底板的销轴上，通过触点臂弹簧片的弹力使其靠向断电器凸轮的轴心，在断电器凸轮转动时，可使触点周期性地开闭。

需要调整触点的间隙时，可松开固定触点支架上的紧固螺钉，旋动偏心螺钉即可改变固定触点的位置，使触点间隙改变。

（2）配电器 配电器的作用是将点火线圈次级产生的高压按点火顺序送至各缸火花塞，

它由套在断电器凸轮上的分火头和分电器盖组成。分电器盖的中央插孔内有一弹簧和一个接触电刷（小炭柱），接触电刷靠小弹簧将其压在分火头的导电片上。分电器盖中央插孔的周围均布有与气缸数相同的旁插孔，通过插入高压分线与各缸火花塞相连。旁插孔内连接着旁电极，工作时，分火头和断电器凸轮一起旋转，当断电器触点刚刚张开时，点火线圈次级产生的高压电经分火头导电片跳至与其相对的旁电极，再经高压分线送至火花塞电极。

（3）点火提前调节装置　点火提前调节装置包括离心点火提前调节器和真空点火提前调节器，用于在发动机工况改变时，自动调整点火提前角。

1）离心点火提前调节器。离心点火提前调节器在断电器触点底板的下面。其结构如图 3-11 所示。

离心点火提前装置的托板 7 固定在分电器轴 4 上，两个重块 5 分别套在托板的重块销轴 9 上，离心重块可绕销轴转动，其另一端由弹簧拉向分电器轴心。与断电器凸轮 2 为一体的拨板松套在分电器轴上，拨板的槽插在重块的销钉上。分电器轴转动时，通过托板和销轴带动重块转动，并通过插入拨板槽内的重块销钉带动拨板及断电器凸轮转动。

当发动机的转速上升时，重块的弹簧端在离心力的作用下克服弹簧的拉力向外甩开，重块上的销钉则带动拨板及断电器凸轮沿着原旋转方向相对于分电器轴转动一个角度，使凸轮顶开触点提前点火，即增大了点火提前角。当发动机转速降低时，重块的离心力相应减小，弹簧将重块拉回一些，使点火提前角自动减小。

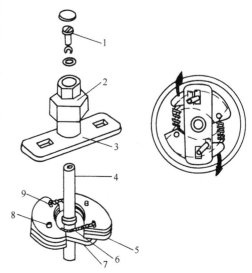

图 3-11　离心点火提前调节器
1—断电器凸轮固定螺钉　2—断电器凸轮
3—拨板　4—分电器轴　5—重块
6—弹簧　7—托板　8—销钉　9—重块销轴

可见，离心点火提前调节器在发动机转速变化时起作用，使点火提前角随发动机转速的上升而增大。

在发动机高速范围，转速变化对混合气的燃烧速度影响较大，这时，随着发动机转速的提高，点火提前角增量应小一些。为此，一些分电器中离心点火提前装置的每个重块设有一粗一细两个弹簧。细弹簧只要重块一开始甩开就起作用，而粗弹簧的两端钩环呈椭圆形，只有在转速达到一定值，重块外甩的角度较大时才能起作用。这样，发动机在高速范围内，重块有两个弹簧的作用，相应的点火提前角的增量减小。

2）真空点火提前调节器。真空点火提前调节器装在分电器壳体的外侧，其内部结构参见图 3-10。

真空点火提前调节器的工作原理如图 3-12 所示，其内膜片的左侧通大气，右侧通过真空管与化油器下体上位于节气门上方的小孔相通。当发动机的负荷增大时，由于节气门的开度增大，节气门小孔处的真空度减小，真空点火提前调节器内的膜片在弹簧力的作用下向左拱，通过拉杆的作用使活动底板顺着分电器轴旋转方向转动一个角度，断电器凸轮顶开触点的时间推迟，从而使点火提前角适当减小。当发动机负荷减小时，节气门开度减小，节气门处的真空度增大，其真空吸力使膜片克服弹簧力向右拱，膜片带动拉杆移动，使活动底板逆着分电器轴旋转方向转动一个角度，从而使点火提前角增大。

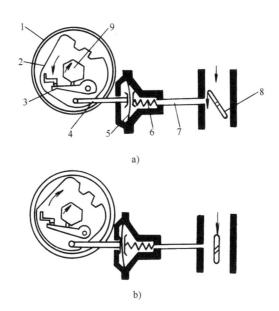

图 3-12 真空点火提前调节器工作原理
a) 小负荷时 b) 大负荷时
1—分电器壳 2—活动底板 3—断电器触点 4—拉杆 5—膜片 6—弹簧 7—真空管 8—节气门 9—断电器凸轮

发动机怠速时，节气门关闭，节气门上方小孔处真空度接近0，弹簧力将膜片推至左拱的极限位置，使点火提前角处于最小状态，以满足怠速工况点火提前角小或不提前的要求。

由上所述，真空点火提前调节器在发动机负荷改变时起作用，它使点火提前角随发动机的负荷增大适当减小。

（4）电容器 电容器装在分电器的外壳上，它的两个电极由两条铝箔或锡箔组成，在两箔带之间夹有绝缘蜡纸，然后卷成筒状，抽去层间的空气，再经浸蜡处理后装在金属外壳中。电容器中的一条箔带与金属外壳相接触，装在分电器外壳上后，通过分电器的壳体搭铁，另一条箔带则通过与金属外壳绝缘的导电片由导线引出，接在分电器低压接线柱上，使电容器与断电器并联相接。

（5）分电器的型号 根据 QC/T 73—1993《汽车电气设备产品型号编制方法》的规定，分电器的型号由如下 5 部分组成：

| 1 | 2 | 3 | 4 | 5 |

1）产品代号：由汉语拼音字母"FD"表示，"FDW"则表示无触点分电器。
2）气缸数代号：以发动机气缸数表示，分别以 2、4、6、8、9 数字代表 2 缸、4 缸、6 缸、8 缸及 8 缸以上。
3）结构代号：以阿拉伯数字表示，各结构代号见表3-2。

表 3-2 分电器结构代号

代　　号	1	2	3	4	5	6	7
结构形式	无离心调节	无真空调节	拉偏心	拉同心	拉外壳	无触点	特殊结构

4）设计序号：与点火线圈的相同。

5）变形代号：与点火线圈的相同。

3. 火花塞

（1）火花塞的结构　火花塞的作用是将高压引入气缸燃烧室，并产生电火花，点燃混合气。火花塞主要由中心电极、旁电极、壳体、瓷绝缘体等组成，如图3-13所示。

火花塞的钢质壳体内部固定有高氧化铝陶瓷绝缘体，绝缘体的中心孔装有金属杆和中心电极，金属杆和中心电极之间用导体玻璃密封。铜制内垫圈起密封和导热作用，壳体的下端是弯曲的旁电极，火花塞通过壳体上的螺纹装在气缸盖上。

触点式点火系统火花塞的电极间隙一般为 0.6～0.7mm，间隙过大，所需的击穿电压就高，火花塞跳火的可靠性就较差，特别是在发动机高转速时，由于点火系统最高次级电压较低，易发生断火现象；过高的击穿电压还会使点火系统高压电路的工作负担加大而容易出现故障。间隙过小时，火花塞电极放电时的火焰核小，火花与周围混合气的接触面积小，传给混合气的有效热能相对较少，而电极吸热相对较多。电极吸收的热量通过气缸盖和高压导线散失，是一种热传导损失。因此，火花塞电极间隙小，虽跳火相对容易，但电极的热传导损失增加，有效的点火能量相对减少了，这会使火花塞点燃混合气的可靠性降低。

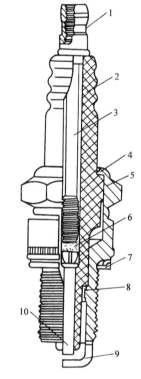

图 3-13　火花塞的结构
1—插线螺母　2—瓷绝缘体　3—金属杆
4、8—内垫圈　5—壳体　6—导体玻璃
7—密封垫圈　9—旁电极　10—中心电极

可见，火花塞电极间隙过大，增大了点火系统高压电路的工作负担，且发动机高速时容易断火；火花塞电极间隙过小，则使电火花的有效点火能量减小，也会降低点火性能。

（2）火花塞的类型　火花塞的结构形式有多种，在汽车上较为常见的几种火花塞如图3-14所示。

1）标准型：绝缘体裙部略缩入壳体下端面，这种形式的火花塞最为常见。

2）绝缘体突出型：绝缘体裙部突出壳体端面，其特点是抗污能力较强，又不容易引起炽热点火，因此，这种火花塞的热适应能力强。

3）细电极型：电极较细，可降低跳火电压，同样的跳火电压则可增大电极的间隙，这种火花塞的突出特点是火花较强，有较强的点火能力。

4）锥座型：壳体及旋入螺纹部分成锥形，因而不用加垫圈就可保持良好的密封性，可

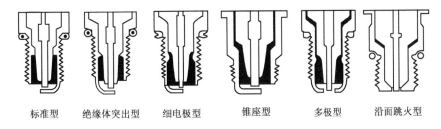

标准型　　绝缘体突出型　　细电极型　　锥座型　　多极型　　沿面跳火型

图 3-14　常见的火花塞结构形式

减小火花塞的安装体积。

5）多极型：旁电极有两个或两个以上，其特点是点火较为可靠，间隙不用经常调整。

6）沿面跳火型：与中心电极组成一对电极的是壳体下端内侧的圆突面，这种火花塞通常与电容储能式点火系统配合使用，其优点是可完全避免炽热点火、抗污能力强，其缺点是稀混合气下的点燃率低、中心电极容易烧蚀。

为抑制点火系统对无线电的干扰，现代汽车上出现了电阻型和屏蔽型火花塞。电阻型火花塞是在火花塞内串联了 $5\sim10\mathrm{k}\Omega$ 的电阻，屏蔽型火花塞则是利用金属壳体将整个火花塞屏蔽密封起来。屏蔽型火花塞还适用于需防水、防爆的场合。

(3) 火花塞的热特性　火花塞绝缘体裙部（图 3-13 中内垫圈 8 以下部分）的温度对火花塞的工作良好与否有很大的影响。发动机工作时，如果火花塞绝缘体裙部的温度过低，粘上去的汽油滴或润滑油不能自行烧掉，就容易在绝缘体表面形成积炭；绝缘体温度如果过高，则容易引起炽热点火。实践证明，火花塞绝缘体上的温度保持在 500~700℃ 时，落在绝缘体上的油滴能自行烧掉而又不会引起炽热点火，这个温度称之为火花塞的自洁温度。

火花塞绝缘体的温度取决于它的受热情况和散热条件。火花塞的绝缘体裙部长，受热面积就大，吸热容易，而传热距离相对较长，散热困难。因此，绝缘体裙部长的火花塞其裙部温度容易升高，此类火花塞称之为"热型"火花塞（图 3-15a）。火花塞绝缘体裙部短的，其受热面积小，吸热少，而其传热距离相对较短，散热容易。因此，这类火花塞其裙部的温度不易升高。温度不易升高的火花塞称为"冷型"火花塞（图 3-15b）。介于热型和冷型之间的为"中型"火花塞。

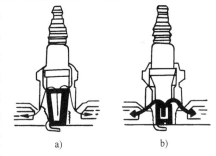

图 3-15　热特性不同的火花塞
a)"热型"火花塞　b)"冷型"火花塞

热型火花塞适用于压缩比小、转速低、功率小的发动机，因为这些发动机的燃烧室温度较低；冷型火花塞则适用于高压缩比、高转速、大功率的发动机。不同类型的发动机应该配用热特性相适应的火花塞，否则发动机就不能正常工作。比如，燃烧室温度较低的发动机，错用了偏冷型的，火花塞就很容易积炭；燃烧室温度高的发动机如装用了偏热型的火花塞，则容易引起炽热点火，发动机易产生爆燃。

可见，火花塞的热特性是指其绝缘体裙部的温度对点火性能的影响，不同类型的发动机，必须配置热特性与之相符的火花塞，以确保发动机工作时，火花塞绝缘体裙部为自洁温度。

我国火花塞热特性是以绝缘体裙部长度来标定的，并分别用热值（3~9 的自然数）表示，见表 3-3。

表 3-3　火花塞裙部长度与热值

裙部长度/mm	16.5	13.5	11.5	9.5	7.5	5.5	3.5
热值	3	4	5	6	7	8	9
热特性	热 →						→ 冷

注意： 热值大的是冷型火花塞，其绝缘体裙部短，温度不容易上升！

（4）火花塞型号　根据 QC/T 430—2005《道路车辆　火花塞产品型号编制方法》的规定，火花塞型号由三部分组成。

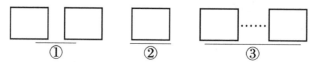

① 为单个或两个汉语拼音字母，表示火花塞的结构类型及主要形式尺寸，各字母的含义见表 3-4。

表 3-4　火花塞结构类型代号

代　号	螺 纹 规 格	安装座形式	螺纹旋合长度/mm	壳体六角对边/mm
I	M8×1	平座	19	16
W	M9×1	平座	19	16
A	M10×1	平座	12.7	16
B	M10×1	平座	19	16
CZ	M12×1.25	锥座	11.2	16
DZ	M12×1.25	锥座	17.5	16
C	M12×1.25	平座	12.7	17.5
D	M12×1.25	平座	19	17.5
CH	M12×1.25	平座	26.5	17.5
DE	M12×1.25	平座	12.7	16
DF	M12×1.25	平座	19	16
DK				
DH	M12×1.25	平座	26.5	16
VH	M12×1.25	平座	26.5	14
E	M14×1.25	平座	12.7	20.8
F	M14×1.25	平座	19	20.8
FH	M14×1.25	平座	26.5	20.8
H	M14×1.25	平座	11	20.8
KE	M14×1.25	平座	12.7	16
K	M14×1.25	平座	19	16
KH	M14×1.25	平座	26.5	16
G	M14×1.25	平座	9.5	20.8
GL	M14×1.25	矮型平座	9.5	20.8
L	M14×1.25	矮型平座	9.5	19

(续)

代　号	螺纹规格	安装座形式	螺纹旋合长度/mm	壳体六角对边/mm
Z	M14×1.25	平座	11	19
M	M14×1.25	矮型平座	11	19
N	M14×1.25	矮型平座	7.8	19
P	M14×1.25	锥座	11.2	16
Q	M14×1.25	锥座	17.5	16
QH	M14×1.25	锥座	25	16
R	M18×1.5	平座	12	26
RF	M18×1.5	平座	19	26
RH	M18×1.5	平座	26.5	26
SE	M18×1.5	平座	12.7	20.8
S	M18×1.5	平座	19	20.8
SH	M18×1.5	平座	26.5	20.8
T	M18×1.5	锥座	10.9	20.8
TF	M18×1.5	锥座	17.5	20.8
TH	M18×1.5	锥座	25	20.8

② 为阿拉伯数字，表示火花塞的热值。

③ 为汉语拼音字母，表示火花塞的派生产品、结构特征、材料特性及特殊技术要求。在同一产品型号中，需用两个以上字母来表示时，按表3-5所列顺序排列。代表电极材料的字母两个连用，前者表示中心电极，后者表示旁电极。对用户有特殊要求的产品允许在末位加小写字母或小写字母和阿拉伯数字连用的下标作为标记。

表3-5　火花塞特征代号及字母排列顺序

特征代号	结构特征	特征代号	结构特征
R	电阻型火花塞	N	钛金电极火花塞
B	半导体型火花塞	S	银电极火花塞
H	环状电极火花塞	V	V形槽中心电极火花塞
Y	沿面跳火型火花塞	U	U形槽侧电极火花塞
F	半螺纹	X	电极间隙1.1mm及以上
E	绝缘体突出型点火位置3mm	0	加强的中心电极
L	绝缘体突出型点火位置4mm	1	细电极
K	绝缘体突出型点火位置5mm	2	快热结构
Z	绝缘体突出型点火位置7mm	3	瓷绝缘体涂硅胶
T	绝缘体突出型点火位置3mm以下	4	整体接线螺杆
D	双旁电极火花塞	5	—
J	三旁电极火花塞	6	—
Q	四旁电极火花塞	7	—
C	镍铜复合电极火花塞	8	—
P	铂金电极火花塞	9	—
G	钇金电极火花塞	—	—

例:"F5TC"型火花塞,表示螺纹规格为 M14×1.25、旋入长度为 19mm、壳体六角对边为 20.8mm 的突出型平座火花塞,火花塞的电极为镍铜复合材料。

又例:"DF7REC2"型火花塞,表示螺纹规格为 M12×1.25、旋合长度为 19mm、壳体六角对边为 16mm 的带电阻、镍铜复合电极、快热结构、绝缘体突出型点火位置为 3mm 平座火花塞。

第三节 电子点火系统

传统点火系统依靠断电器触点通断点火线圈初级电流,触点工作时的触点火花问题使得这种点火装置不可避免地存在着工作可靠性差、最高次级电压不稳定、点火能量低、对火花塞积炭敏感、对无线电干扰大等缺陷。因此,传统触点式点火系统已不能适应现代汽车发展的要求。

无触点的电子点火系统用晶体管的导通和截止来控制点火线圈初级电流的通断,从而彻底解决了触点火花问题,避免了传统点火系统的种种缺陷。

一、电子点火系统的组成与基本原理

1. 电子点火系统的基本组成

电子点火系统的基本组成如图 3-16 所示。点火线圈初级电流的通断由电子点火器中的晶体管控制,该晶体管工作在开关状态,其导通与截止则是由点火信号发生器产生的电信号控制的。

2. 电子点火系统的基本工作原理

当分电器轴转动时,安装在分电器内的点火信号发生器就会产生与发动机曲轴位置相对应的脉冲电压信号,此脉冲电压信号经电子点火器大功率晶体管前置电路处理后,控制大功率开关晶体管的导通或截止,使点火线圈初级电流适时地通断。

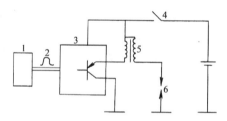

图 3-16 电子点火系统的基本组成
1—点火信号发生器 2—点火信号
3—电子点火器
4—点火开关 5—点火线圈 6—火花塞

当输入的电子点火器的点火脉冲信号电压使大功率开关晶体管导通时,点火线圈初级通路,储存点火能量;当输入电子点火器的点火信号脉冲使开关晶体管截止时,点火线圈初级断路,次级便产生高压,通过配电器及高压导线等将高压送至点火缸火花塞。

相比于触点式点火系统,电子点火系统由点火信号发生器和大功率开关晶体管替代断电器的凸轮和触点,由晶体管的导通和截止通断点火线圈初级电流,其点火性能和工作的可靠性有了很大的提高。

二、电子点火系统部件的结构与原理

1. 无触点分电器总成

无触点分电器总成由点火信号发生器、配电器、点火提前调节器等组成(图 3-17),其中配电器、点火提前调节器的结构与触点式分电器相同。

点火信号发生器的作用是产生与气缸数及曲轴位置相对应的电压信号，用以触发电子点火器工作，及时通断点火线圈初级回路，使次级产生高压。点火信号发生器由信号触发转子和产生信号的定子组成，按信号产生的原理不同分类，有磁感应式、光电式和霍尔效应式等几种。

（1）磁感应式点火信号发生器　磁感应式点火信号发生器的主要组成部件如图 3-18 所示。永久磁铁、导磁铁心及导磁板、感应线圈等组成定子总成，通常固定在活动底板上，可由真空点火提前装置改变其与分电器轴的相对位置。导磁转子有与发动机气缸数相对应的叶片，它与分电器轴的连接方式则与断电器凸轮相似，工作时，可由离心点火提前装置改变其与分电器轴的相对位置。

永久磁铁经导磁铁心、空气间隙和导磁转子构成磁路（图 3-18b）。分电器轴转动时，通过离心点火提前调节器带动导磁转子转动，使导磁转子与铁心之间的气隙发生变化，磁路的磁阻随之改变，使通过感应线圈的磁通量发生变化，产生与发动机曲轴位置相对应的感应电压信号（图 3-18c）。

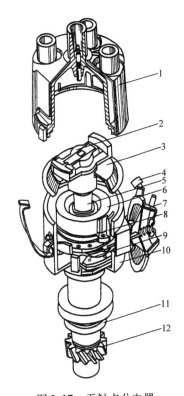

图 3-17　无触点分电器
1—分电器盖　2—分火头　3—防尘罩
4—分电器盖弹簧夹　5—分电器轴
6—点火信号触发转子
7—真空点火提前调节器
8—点火信号发生器定子及托架
9—离心点火提前调节器
10—分电器外壳
11—密封圈　12—驱动斜齿轮

磁感应式电子点火信号发生器结构简单、工作可靠，使用较为广泛。电磁感应的电压大小会随发动机转速变化而改变，因此，磁感应式点火信号发生器的结构参数和电子点火器电路设计，需要充分考虑在发动机低速时能有足够强的信号电压的同时，还要注意在发动机高速时不至于因信号电压过高而损坏电子点火器中的电子元件。

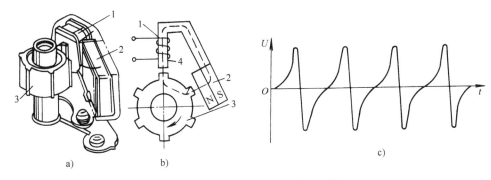

图 3-18　磁感应式点火信号发生器
a）结构简图　b）工作原理　c）点火信号波形
1—感应线圈　2—永久磁铁　3—导磁转子　4—导磁铁心

呈对称分布的磁感应式点火信号发生器如图 3-19 所示，盘状永久磁铁的一面为 N 极，一面为 S 极，安装在磁铁上端的软铁有六个向上弯曲的极爪，构成定子磁极；导磁转子的六个极爪则向下弯曲，磁感应线圈安装在转子与定子之间，并与转子同心。导磁转子转动时，转子与定子爪极之间的气隙就发生周期性的变化，使通过感应线圈的磁通量也呈周期变化，感应线圈产生与发动机曲轴位置相对应的交变电动势。

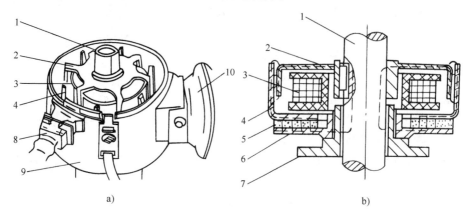

图 3-19　CA1092 型汽车用磁感应式点火信号发生器
a）外形结构　b）内部结构
1—转子轴　2—导磁转子　3—感应线圈　4—定子　5—永久磁铁　6—活动底板　7—固定底板
8—插接器　9—外壳　10—真空点火提前装置

（2）光电式点火信号发生器　光电式点火信号发生器的主要组成部分是发光元件、光敏元件和遮光转子，如图 3-20 所示。发光元件通入电流后产生光源，光敏元件受光后产生电压，遮光转子有与气缸数相对应的缺口，光源照射到光敏元件的光线受转动的遮光转子控制。

分电器轴转动时，通过离心点火提前装置驱动遮光转子转动，遮光转子缺口周期性地通过光线，使光敏元件周期性受光，光敏元件便产生了与曲轴位置相对应的电压脉冲。

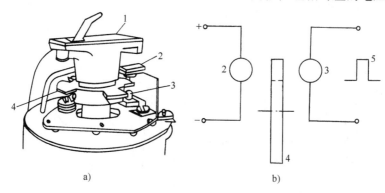

图 3-20　光电式点火信号发生器
a）结构简图　b）原理简图
1—分火头　2—发光元件　3—光敏元件　4—遮光转子　5—信号波形

光电式点火信号发生器结构简单，信号电压不受转速影响，工作时需要有直流电源。其最大的缺点是抗污能力较差，发光元件和光敏元件上沾灰或油污就会影响正常的信号电压的产生。为保证其工作可靠性，光电式点火信号发生器的分电器需要有较高的密封性。

（3）霍尔效应式点火信号发生器 霍尔效应式点火信号发生器用霍尔效应产生电压信号，霍尔效应原理如图3-21所示。

将霍尔元件（半导体基片）置于磁场中，并通入一电流，电流的方向与磁场的方向互相垂直，在垂直于电流和磁场的霍尔元件的横向两侧会产生一个与电流和磁感应强度成正比的电压。这种现象称为霍尔效应，这个电压称为霍尔电压，其大小可用下式表示。

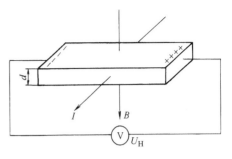

图3-21 霍尔效应原理
I—通过霍尔元件的电流 B—磁感应强度
U_H—霍尔电压 d—霍尔元件基片厚度

$$U_H = \frac{R_H}{d}IB$$

式中 R_H——霍尔系数；
d——半导体基片的厚度（m）；
I——通过霍尔元件的电流（A）；
B——磁感应强度（T）。

霍尔效应式点火信号发生器流过霍尔元件的电流 I 固定不变，使磁感应强度 B 周期性变化来产生脉动电压。霍尔效应式点火信号发生器的组成与原理如图3-22所示。

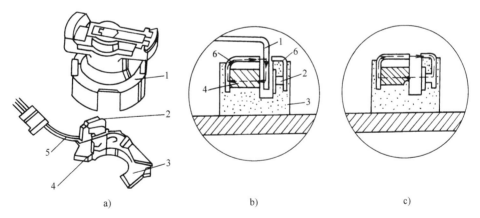

图3-22 霍尔效应式点火信号发生器的组成和原理
a）结构 b）转子叶片插入时 c）转子叶片离开时
1—导磁转子 2—霍尔集成块 3—信号触发开关 4—永久磁铁 5—导线 6—导磁板

信号触发开关由霍尔集成块2和带导磁板的永久磁铁4组成。霍尔集成块除外层的霍尔元件外，同一基层的其他部分为集成电路（图3-23），用于对霍尔元件产生的微弱电压信号进行放大、整形及温度修正等。导磁转子有与气缸数相同的叶片，与分火头为一体，套装在分电器轴上部。

分电器轴转动时，导磁转子由离心点火提前装置带动而随分电器轴一起转动。当导磁转子的叶片插入信号触发开关的缝隙时，导磁叶片将磁路短路（图3-22b），此时霍尔元件上

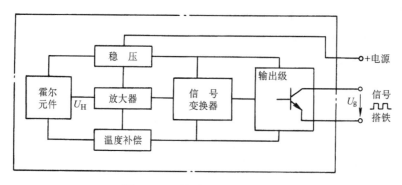

图 3-23 霍尔集成块电路框图

无磁通量而不产生霍尔电压;当导磁转子的缺口通过时,磁路经空气间隙、导磁板、霍尔元件形成闭合回路(图3-22c),霍尔元件上的磁通量加强而产生霍尔电压。分电器轴转一圈,霍尔元件产生与气缸数相同的霍尔电压脉冲,再经集成电路的整形、放大后输出与霍尔电压脉冲反相的方波电压脉冲。

霍尔效应式点火信号发生器精度高、耐久性好、信号电压较为稳定,已有较多的应用。

2. 电子点火器

电子点火器的基本功能是在输入点火信号的触发下工作,及时通断点火线圈初级电流,使点火线圈次级适时地产生高压。为进一步提高点火系统点火性能及工作的安全可靠性,一些电子点火系统的电子点火器增加了闭合角可控功能电路、初级回路电阻控制电路、停车断电保护电路、过压断电保护电路、低速推迟点火功能电路等。

不同汽车上使用的电子点火器其功能不完全一致,结构形式也多种多样,下面以典型的实例说明电子点火器的作用与原理。

(1) 分立元件的电子点火器 典型的电子点火器一例如图3-24所示。该电子点火器还具有闭合角可控、发动机停机自动断电、初级电流稳定控制等功能电路。

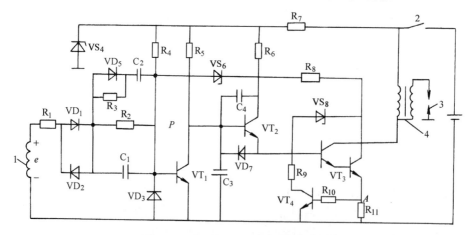

图 3-24 典型的电子点火器电路原理
1—点火信号感应线圈 2—点火开关 3—火花塞 4—点火线圈

1) 点火控制工作过程。本例点火信号发生器为磁感应式,VT_1为触发管,VT_2起放大作用,复合管 VT_3 为大功率开关晶体管,用于通断初级电流。电子点火器根据输入的点火信号脉冲控制点火的原理如下。

当点火信号负脉冲输入时,信号电流流经 VD_3、R_2、VD_2、R_1、VD_3 的正向导通电压降使 VT_1 处于反向偏压而截止。VT_1 截止时,其 P 点的电位升高,使 VT_2 导通,给 VT_3 提供了正向偏压,使 VT_3 导通。这时,点火线圈初级通路,初级电流增长,此为点火线圈的储能过程。

当点火信号正脉冲输入时,VT_1 获得正向偏压而导通,信号电流经 R_1、VD_1、R_2、VT_1 发射结形成通路。VT_1 导通后使 P 点电位下降,并使 VT_2 失去正向偏压而截止,VT_3 也随之无正向偏压而截止,使点火线圈初级断流,次级产生高压。

2)闭合角可控电路原理。在电子点火系统中,闭合角是指点火线圈初级通路的相对时间(初级通路时间/初级通断周期)。闭合角可控是要使点火线圈初级通路的相对时间随发动机转速的升高而增大,以保证发动机在高速时点火线圈初级仍有时间形成足够大的初级电流。

闭合角可控电路由 VD_5、C_2、R_3 组成。在点火信号正脉冲时,信号电流同时对电容 C_2 充电,充电电路为:$e+ \to R_1 \to VD_1 \to VD_5 \to C_2 \to VT_1$ 发射结 $\to e-$。而当信号正脉冲消失时,C_2 放电。放电电路:$C_2+ \to R_3 \to VD_2 \to R_1 \to$ 点火信号发生器感应线圈 $\to VD_3 \to C_2-$。在 C_2 放电时,使 VT_1 反向偏压而保持截止、VT_2 和 VT_3 保持导通、初级线圈保持通路。发动机转速升高时,信号正脉冲电压随之升高,C_2 的充电电压也随之升高,正信号脉冲消失后 C_2 的放电时间延长,VT_1 的截止时间也就相对增加了,也即增加了点火线圈初级通路的相对时间。

3)发动机停转断电保护。当发动机熄火时,如果点火开关仍然接通,这时电源通过 R_4 向 VT_1 提供正向偏压而使 VT_1 导通,VT_2、VT_3 截止,于是,点火线圈初级处于断路状态,避免了蓄电池向点火线圈持续放电而白白消耗电能和烧坏点火线圈及晶体管的可能。

4)初级电流稳定控制。在工作中,蓄电池的电压波动很大。初级回路的电阻、电感参数设计必须保证在蓄电池电压较低时能有足够大的初级电流,这会造成蓄电池电压较高时的初级电流过大,导致点火线圈的温度过高。

R_8、VS_6 组成的反馈电路起电源电压波动时的初级稳定电流控制作用。当电源电压上升时,VT_3 在截止状态下的集电极电位也随之升高,通过 R_8、VS_6 的反馈作用,增加了 VT_1 的饱和导通深度,在信号负脉冲时 VT_1 由导通转向截止变得迟缓,这样就减少了 VT_1 相对的截止时间,也即减少了 VT_3 的相对导通时间,以使点火线圈初级电流不随电源电压的上升而增大。

5)初级回路电阻可变控制。初级回路的等效电阻可变控制也是用来实现初级电流的稳定控制,它与闭合角可控电路结合,可实现初级电流恒定控制。

初级回路等效电阻可变控制电路由 VT_4、R_8、R_9 组成。当点火线圈初级电流增大到某一限定值时,A 点的电位上升至使 VT_4 导通,VT_4 导通后使 VT_3 的基极电位下降,其基极电流减小,集电极电流(即点火线圈初级电流)就受到了一定的限制。初级电流越大,A 点的电位就越高,VT_4 的导通深度就增加,使 VT_3 的基极电流下降得就更多,对初级电流的限制作用也就更大。

通过电流反馈的形式来实现初级回路等效电阻的控制,因此,不仅可使初级电流不因电源电压的上升而过大,还可以在发动机转速变化时起稳定初级电流的作用。

（2）集成电路电子点火器　集成电路电子点火器是将大功率晶体管以外的电子电路用集成块代替，配以所需的外围电路组成电子点火器。这种专用的点火集成模块一般功能较全，性能良好，工作可靠性好，且体积小，价格较低，在汽车上使用已较为普遍。现以典型的L497点火集成模块所组成的电子点火器为例，介绍集成电路电子点火器的结构形式与工作原理。

L497集成块的内部电路及引出脚的排列如图3-25所示，国产桑塔纳轿车电子点火系统用L497集成块组成的电子点火电路如图3-26所示。

1）基本点火控制。霍尔效应式点火信号发生器产生的点火触发脉冲从电子点火器的⑥、③端子输入。当点火信号发生器输出正脉冲（信号转子叶片插入缝隙）时，集成电路的5脚为高电位，经内部电路的处理后，使14脚输出高电平，大功率开关晶体管VT导通，接通点火线圈初级回路。当点火信号发生器输出负脉冲（信号转子叶片离开缝隙）时，集成电路5脚为低电位，内部电路使14输出低电位，VT截止，点火线圈初级回路断路，次级绕组产生高压。

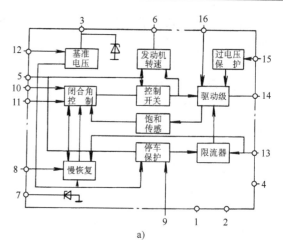

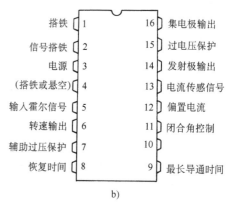

图3-25　L497点火集成模块
a）内部电路框图　b）引出脚排列

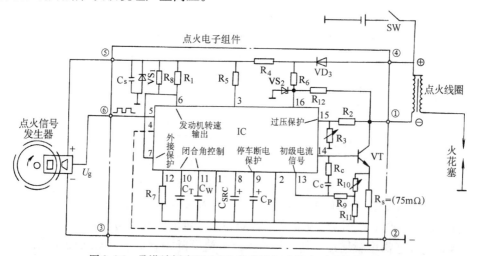

图3-26　桑塔纳轿车用L497集成块组成的电子点火器电路

2）闭合角控制电路

① 闭合角控制电路的组成与作用：闭合角控制电路由两部分组成，第一部分由L497集

成块与10脚电容C_T、12脚偏流电阻R_7组成一闭合角基准定时电路。当霍尔电压信号为高电平时,C_T以一恒定的电流I_T充电,其电压U_T上升(图3-27b),调节偏流电阻R_7可调整I_T值。第二部分由L497集成块与11脚电容C_W、12脚电阻R_7组成一闭合角控制和调整电路。当霍尔信号电压为低电平时,C_W以恒定的电流I_W放电,其电压U_W下降(图3-27b),而当初级电流达到限定值时,C_W则开始充电。当C_T、C_W的充、放电达到$U_T = U_W$(图3-27b两曲线相交)时,内部控制开关使驱动级立即工作,VT立即导通,接通初级电路。可见,点火线圈初级通路的起始点由C_T、C_W的充、放电电压达到一致的时间控制。C_W的电压取决于发动机的转速和集成块的工作电压,于是,该电路可在发动机转速变化和电源电压波动时,起初级电流稳定的作用。

② 转速变化初级电流稳定控制原理:当发动机转速上升时,初级电流达到限定值后的限流时间t_2缩短,C_W的充电电压降低,C_W放电时达到$U_T = U_W$点提前(U_W曲线下移),使初级通路提前(闭合角增大);当发动机转速下降时,则有相反的变化。因此,闭合角控制电路根据发动机转速的变化自动调整下一周期的初级通路起始点,从而使初级通路时间t_b基本上保持稳定不变。

③ 电源电压变化初级电流稳定控制原理:当电源电压升高时,C_W的充电电压也会升高,C_W放电时达到$U_T = U_W$点推迟(U_W曲线上移),使初级通路推迟(闭合角减小);当电源电压下降时,则作出相反的调整。因此,当电源电压变化、初级电流的上升速率变化时,闭合角控制电路通过自动调整闭合角,使初级电流基本保持稳定。

3)电流上升率控制。电流上升率控制电路由L497集成块与8脚电容器C_{SRC}、偏值电阻R_7组成,该电路可调整点火线圈初级电流由0上升到峰值的速率。当电路检测到初级电流小于额定值的94%时,控制电路会在输入信号正脉冲消失前将初级电流的上升速率加大,以增大初级电流。

4)发动机停转断电保护。发动机停转但点火开关未关断时,如霍尔点火信号发生器输出高电平(信号转子叶片插入缝隙),就会使点火线圈持续通路而对点火线圈、蓄电池及电子点火器等不利。为此,设置了发动机停转断电保护电路。该电路由L497集成块、9脚的C_P及R_7等元件组成,基准导通时间(ms)为$t_P = 16C_P R_7$。工作时,保护电路

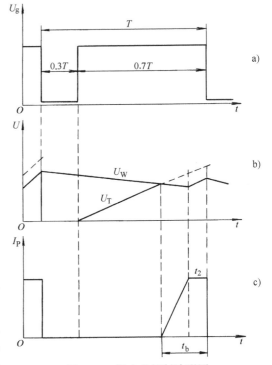

图3-27 闭合角控制波形图
a) 霍尔信号发生器输出电压波形
b) C_T、C_W充放电电压波形 c) 初级电流波形
t_2—初级电流达限定值的持续时间
t_b—初级通路的时间

不停地检测输入的点火信号电压,信号脉冲高电平时对C_P充电,信号脉冲低电平时C_P放电。

如果在发动机停转时霍尔电压为高电平，C_P 充电持续时间超过了 t_P 时，C_P 上的电压就会达到限流回路模块的阈值工作电压，控制回路就会使点火线圈初级电流逐步下降为 0。

5）初级电流限制。该电路由 L497 和 R_S、R_{10}、R_{11} 等组成。R_S 为点火线圈初级电流的采样电阻，通过 R_S 的电流除初级电流外，还有 VT 的基极电流（14 脚的电流），当初级电流上升至限定值（桑塔纳轿车为 7.5A），R_S 上的电压降达到 L497 内部限流电路的比较电压时，控制回路就使 VT 的基级电流减小，使之从饱和导通状态进入放大导通状态，从而限制了初级电流。调整 R_{10}、R_{11} 的比值，可改变初级电流的限流值。

3. 点火线圈

与传统的触点式点火系统相比，电子点火系统所用的点火线圈主要不同点如下。

（1）点火线圈无附加电阻　电子点火系统在电子点火器中通常设有闭合角可控、初级回路电阻可变等控制功能，在发动机转速变化时，这些控制电路可使点火线圈的初级电流保持相对稳定，用以改善点火特性。因此，电子点火系统的点火线圈其初级回路无需串联附加电阻。

（2）点火线圈初级绕组电阻较小　电子点火系统的点火线圈初级绕组的电阻相对较小，其初级通路时初级电流的上升速率高，形成的初级电流也就相对较大，可有效提高点火线圈的初级点火能量。传统的触点式点火系统在触点断开时如果初级电流大，其触点火花也大，因而其点火线圈初级绕组的电阻相对较大。由于电子点火系统是通过开关晶体管的导通与截止来通断点火线圈初级电流，初级电流无触点火花的限制，可通过增大初级电流的方式来提高点火线圈的初级点火能量。

4. 火花塞

电子点火系统所用的火花塞其结构形式与传统触点式点火系统没有不同，但其电极的间隙较大，达 0.8~1.2mm，有的电子点火系统其火花塞的电极间隙达 1.5mm。增大火花塞电极间隙的作用是增加火花强度（火花塞电极跳火时的有效点火能量），以提高点火性能。

电子点火系统能通过增大火花塞电极间隙来提高有效的点火能量，是因为电子点火系统其最高次级电压较高且较为稳定。增大火花塞电极间隙的不利影响是点火电压提高了，高压回路的故障率也相对提高了。

三、电容储能式电子点火系统简介

1. 电容储能式电子点火系统的组成

电容储能式电子点火系统的基本组成如图 3-28 所示。

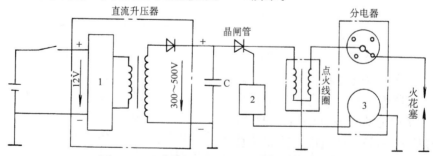

图 3-28　电容储能式电子点火系统的基本组成
1—振荡器　2—晶闸管触发电路　3—点火信号发生器　C—储能电容

（1）直流升压器　直流升压器由振荡器、变压器、整流器三部分组成，用于将电源的低压直流电转变成 400V 左右的直流电。其中，振荡器用于将电源 12V 的直流电转变成交流电；变压器则将振荡器产生的低压交流电升压为 300～500V 左右的交流电；整流器将变压器输出的交流电变为 400V 左右的直流电，并向储能电容充电。

（2）储能电容　储能电容用于储存点火能量，并在需要点火时向点火线圈初级绕组放电，使点火线圈次级产生高压。

（3）晶闸管　晶闸管的作用是在非点火时间里，隔断储能电容与点火线圈的连接，以使直流升压器能迅速将电容充足电；在点火触发信号输入时，则迅速导通，让储能电容及时向点火线圈初级绕组放电，使点火线圈次级产生高压。

（4）晶闸管触发电路　晶闸管触发电路的作用是根据点火信号发生器的点火信号产生触发脉冲，使晶闸管能迅速导通，而在非点火时间，则保持晶闸管的控制极为零电位或负电位。

2. 电容储能式电子点火系统的基本工作原理

（1）点火线圈储能过程　接通点火开关，振荡器便开始工作，将电源的低压直流电转变为变压器初级的低压交流电，经变压器升压，变压器的次级输出 400V 左右的交流电，再经整流器整流后，成为 400V 左右的直流电，并向储能电容充电，这就是电容储能式点火系统的储能过程。电容储能式点火系统在点火开关接通后，储能过程便不停地进行着，不受点火信号的控制。

（2）点火线圈次级产生高压过程　当点火信号输入时，触发电路便产生一个触发脉冲，使晶闸管迅速导通，储能电容便向点火线圈初级绕组放电。在点火线圈初级电路，初级电流迅速增长的瞬间，点火线圈次级绕组产生很高的互感电动势，并使火花塞电极两端的电压迅速升高直到跳火。

由上可知，与电感储能式点火系统不同的是，电容储能式电子点火系统在点火开关接通时，就随时进行着储能过程；在点火线圈初级绕组通电的瞬间，次级产生高压。

3. 电容储能式电子点火系统的特点

相比于电感储能式点火系统，电容储能式点火系统具有如下特点。

（1）最高次级电压稳定　储能电容的充电电压高，充足电的时间极短，晶闸管的导通速率又极高，因此，次级电压几乎不受发动机转速的影响。这一特性使得电容储能式点火系统特别适用于高速发动机。

（2）对火花塞积炭不敏感　次级电压上升速率高，一般在 3～20μs，因此，次级回路有漏电对最高次级电压影响很小。也就是说，电容储能式点火系统对火花塞积炭不敏感，在火花塞有积炭、高压回路有漏电（不很严重）的情况下，仍能保持良好的点火性能。

（3）点火线圈的工作温度低　由于电容储能方式只是在点火的瞬间有较大的电流通过点火线圈初级绕组，而在其他的时间里点火线圈初级绕组不通电流，因此，点火线圈初级绕组的平均电流小，其工作温度低，使用寿命长。

（4）低速时点火系统能耗低　电容储能方式其电能的消耗随发动机转速的增加而增加，而在发动机怠速时电能消耗最少。这一特点对蓄电池极为有利，因为在发动机怠速时，往往需要蓄电池提供电能。

（5）能量损失小　整个储能过程能量损失小，点火线圈的能量转换效率高。

(6) 火花的持续时间短 电容储能式电子点火系统的火花持续时间一般为 1~50μs（电感储能式为 1~2ms）。太短的点火时间会造成在发动机起动和低速时电火花难以点燃混合气，使发动机不能正常工作，甚至于熄火。这一缺点正是电容储能式点火系统在普通发动机上使用很少的原因所在。

第四节　点火系统的使用与故障诊断

一、点火正时

点火正时就是让分电器轴的位置与发动机活塞的位置相匹配，使点火系统能有正确的初始点火提前角。发动机在工作时，真空、离心点火提前调节器是在初始点火提前角的基础上，根据发动机当前的实际工况对点火提前角进行调节，因此，点火正时的准确与否对发动机的点火是否适当起到了至关重要的作用。点火正时的具体安装与调整方法因不同的车型而略有差别，但基本步骤相似。电子点火系统点火正时基本步骤如下。

（1）找到第一缸压缩终了上止点 简单实用的找第一缸压缩终了上止点方法：先拆下第一缸的火花塞，用干净的棉纱堵住火花塞螺孔，摇转曲轴，当棉纱被冲出时，即为第一缸压缩行程，再慢慢转动曲轴，使飞轮上的第一缸上止点记号与飞轮壳上的标记对齐。有的汽车上止点记号是曲轴前端带轮上的标记与正时齿轮盖上的指示箭头对齐。

（2）安装分电器 转动分电器轴或分电器外壳，使分电器上的分火头指向分电器壳体上的标记或分电器壳体上的标记与缸体上的标记对准，装入分电器，并旋紧固定螺钉。

（3）连接高压导线 将连接第一缸火花塞的高压导线插入分电器盖上的1缸插孔后，顺着分电器轴旋转方向按点火顺序依次插好其他缸高压导线。

（4）检查点火正时 起动发动机，并使发动机达到正常工作温度，然后在发动机怠速状态下突然加速，看发动机的工作情况。如果发动机转速上升滞后，感到沉闷或排气管有突突的声响，说明点火过迟，应逆分电器轴旋转方向转动分电器外壳，适当调大初始点火提前角；如果在急加速时发动机出现了爆燃（尖锐的金属敲击声），说明点火时间过早，应顺分电器轴旋转方向转动分电器外壳，使点火提前角适当减小。

除了通过突然加大节气门开度观察发动机的工作情况是否良好来检验点火正时是否得当外，还可用发动机点火提前角检测仪检测其规定转速时的点火提前角，通过测得的点火提前角与标准的点火正时参数比较，可准确地判断点火正时正确与否。

（5）路试中进一步检验点火正时 在平直路面汽车以 20km/h 行驶时挂直接档突然加速（将加速踏板踩到底），如果汽车加速过程中有轻微的爆燃，但随车速的升高爆燃很快消失，则点火时间适当；如果加速时发动机爆燃较为严重，或虽无爆燃发生，但加速感到沉闷，则说明点火时间过早或过迟，应对其再进行调整，直至适当为止。

二、点火系统主要部件的检修方法

1. 分电器总成的检修

（1）磁感应式点火信号发生器的常见故障与检修

1）磁感应式点火信号发生器的常见故障。磁感应式点火信号发生器的常见故障是信号感应线圈短路或断路、导磁转子轴磨损偏摆或定子（感应线圈与导磁铁心组件）移动而使转子与铁心之间的气隙不当，造成信号过弱或无信号输出而不能触发电子点火器工作。

2）磁感应式点火信号发生器的检修方法

① 检查导磁转子与铁心之间的气隙。用塞尺检查导磁转子与铁心之间的气隙，一般车型的气隙为 0.2~0.4mm。气隙过大或过小时，可用与调整触点间隙类似的方法来调整。有些分电器此气隙不可调，若气隙不合适则只能更换总成。

② 检查感应线圈的电阻。用万用表的电阻档测量分电器信号输出端（感应线圈）的电阻，若与规定的不符，则需更换点火信号发生器总成。部分车型点火信号发生器感应线圈的电阻值见表3-6。

表3-6 部分车型磁感应式点火信号发生器感应线圈电阻参数

汽车厂牌/型号	线圈电阻/Ω	汽车厂牌/型号	线圈电阻/Ω	汽车厂牌/型号	线圈电阻/Ω
丰田	140~180	本田	600~800	切诺基	400~800
日产	140~180	克莱斯勒	920~1120	CA1091	600~800
三菱	500~700	富康	385	JFD667 分电器	500~600

（2）光电式点火信号发生器的常见故障与检修

1）光电式点火信号发生器的常见故障。光电式点火信号发生器的常见故障是发光元件或光敏元件沾污或损坏、内部电路断路或接触不良，这些故障使点火信号发生器信号过弱或无信号产生。

2）光电式点火信号发生器的检修方法。

① 外观检查。打开分电器盖，检查发光、光敏元件表面有否脏污，电路连接是否良好。

② 检测信号电压。在检查点火信号发生器电源良好的前提下，可将分电器电路插接器的电源端子之间加12V电压，然后慢慢转动分电器轴，用万用表的直流电压档测插接器的信号输出端子的电压。如果电压在 0~1V 之间摆动（不同的车型，电压摆动幅度可能不同），说明信号发生器良好，否则，需更换分电器。

（3）霍尔效应式点火信号发生器的常见故障与检修

1）霍尔效应式点火信号发生器的常见故障。霍尔效应式点火信号发生器的常见故障是内部集成块烧坏，电路断脱或接触不良等而使点火信号发生器信号过弱或无信号输出。

2）霍尔效应式点火信号发生器的检修方法。将分电器插接器电源端子接上电源，然后转动分电器轴，测其信号输出端的直流电压。电压应在某一范围摆动。比如桑塔纳轿车的点火信号发生器当转子叶片插入缝隙时电压为9V，而在叶片离开时则为0.4V左右。

各种点火信号发生器就车检测时，还可以用起动机转动发动机，通过测其信号输出端的交流电压和波形来检判其是否正常。

（4）配电器的常见故障与检修

1）配电器的常见故障

① 分电器盖脏污、破损漏电，造成火花减弱或不点火、窜缸等。

② 分电器中央插孔内接触电刷弹簧失效或电刷卡住，使接触电刷不能与分火头导电片接触，此处增加的间隙，会造成点火电压升高和点火能量的损失，使点火的可靠性下降。

③ 分火头绝缘部分有裂纹、积污而漏电，使点火线圈的点火能量通过其漏电而损失或点火线圈的高压不能送入各缸火花塞，造成火花减弱或不点火。

2) 配电器的检修方法

① 分电器盖的外观检查。查看分电器盖内外表面是否脏污、有无裂纹，如果分电器盖能看到裂纹，则需更换分电器盖。

② 检查分电器盖绝缘性能。用万用表测量分电器盖各插孔之间的电阻（图3-29），以检验分电器盖的绝缘性能，其电阻应在50MΩ以上。

③ 检查接触电刷。检查分电器中央插孔内的接触电刷有无弹性、电刷是否卡住或太短。

④ 检查分火头。直观检查分火头有无裂纹、导电片头有无烧损、分火头套在凸轮上端是否松旷等；用万用表通过测量其绝缘电阻来进一步检查分火头有无漏电，也可用高压跳火的方法来检查其漏电与否：将分火头插在发动机的螺栓上或反过来（导电片朝下）平放在发动机机体的某个平面上，拔出分电器盖上的中央高压线，使高压线端离分火头导电片（或分火头插孔底面）3~5mm（图3-30），打开点火开关，转动发动机使点火系统产生高压。如果可以看到高压线端跳火，则说明分火头已漏电，需要更换。

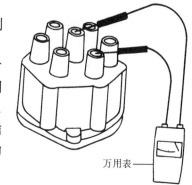

图3-29 检查分电器盖绝缘性能

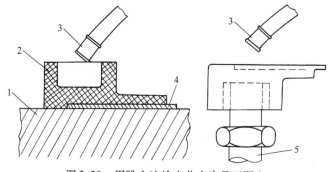

图3-30 用跳火法检查分火头是否漏电
1—缸体（搭铁） 2—分火头 3—高压导线 4—分火头导电片 5—螺栓（搭铁）

(5) 真空点火提前调节器的常见故障与检修

1) 真空点火提前调节器的常见故障

① 弹簧失效，使点火提前角调节过大，发动机易产生爆燃。

② 内部膜片破裂漏气，使点火提前角调节过小或真空点火提前调节器不起作用。

③ 分电器内的活动底板发卡，使点火提前调节过小或真空点火提前调节器不起作用。

2) 真空点火提前调节器的检修方法

① 检查真空点火提前调节器弹簧。使真空点火提前调节器壳体不动，用手拨动点火信号发生器触发开关部分，应感到有阻力，手放松后，应能迅速回位，否则，说明真空点火提前调节器弹簧失效，需更换总成。

② 检查真空点火提前调节器膜片。在真空点火提前调节器的真空管接口处吹气或吸气检查真空点火提前调节器内部膜片有无漏气，若有漏气则需更换总成。

③ 检查真空点火提前调节器性能。需用专用试验台，在真空泵对真空点火提前调节器施以不同的真空吸力时，测量点火提前角的改变量，并与标准值比较。如果测得点火提前角

度变化过大或过小，可通过适当增减真空点火提前调节器真空管接头处的垫片来调整膜片弹簧的弹力。若调整后仍达不到规定值或是真空点火提前调节器的弹簧力不可调的分电器，则需更换总成。

（6）离心点火提前调节器的常见故障与检修

1）离心点火提前调节器的常见故障

① 弹簧失效，导致离心点火提前调节过大。

② 拨板槽与重块上销钉磨损而松旷，使点火提前角变化偏小。

③ 拨板与销钉卡死而使离心点火提前调节器不起作用。

2）离心点火提前调节器的检修方法

① 直观检查。使分电器轴不动，用手转动分火头，应感到有阻力，手放松后分火头应迅速回位。手转动时感觉很松或很紧都为不正常。

② 拆开检查。如果用手转动分火头感到不太正常，则应打开查看离心点火提前调节器有无锈死，弹簧有无断脱。若有，予以修理或更换。

③ 检查弹簧拉力。用弹簧秤测量弹簧的拉力，将弹簧拉长至一定的长度，看其张力是否符合规定的值。如果不符，需予以更换。

④ 检查离心点火提前调节器性能。需用专用的试验台，测量分电器在不同的转速下，其点火提前角的改变量，并与标准值比较。如果测得规定转速下的点火提前角不符合要求，有的分电器可通过扳动重块弹簧支架，改变弹簧的拉力来调整。

2. 点火线圈的检修

1）点火线圈的常见故障

① 初级绕组或次级绕组断路、短路、搭铁，造成最高次级电压下降或不产生次级电压。

② 绝缘盖破裂漏电而使最高次级电压下降或不产生次级电压。

③ 附加电阻烧断（三低压接线柱型），造成点火线圈初级电路断路。

2）点火线圈的检修方法

① 直观检查。检查点火线圈的绝缘盖有无脏污破裂，接线柱是否松动锈蚀。若有脏污锈蚀可予以清洁后做进一步检查；若绝缘盖有破损则应更换点火线圈。

② 检查点火线圈初、次级绕组。用万用表的电阻档测量点火线圈初级绕组、次级绕组的电阻，将其值与标准值比较，以此来判断点火线圈绕组是否有短路和断路。

③ 检查点火线圈绕组的绝缘性。用万用表的电阻档测量点火线圈任一接柱与外壳之间的电阻，其值应不小于$50M\Omega$，否则说明点火线圈绝缘不良，应更换点火线圈。

④ 点火线圈的性能检验。点火线圈性能好坏的检查也需专用的电器试验台，它是将点火线圈的高压接于一个可调间隙的三针放电器，测定跳过规定间隙时的分电器转速是否达到要求。跳过规定间隙时的最高转速低或在规定的转速下能够不间断跳火的间隙小，都说明点火线圈性能不良，应更换点火线圈。

3. 火花塞的检修

1）火花塞的常见故障

① 火花塞烧损，如火花塞绝缘体起皱、破裂，电极烧蚀、熔化等，使火花塞击穿电压升高，从而导致发动机缺火或不能工作。

② 火花塞有沉积物，火花塞的沉积物有积炭、积油、积灰等，使火花塞漏电或击穿电

压升高，从而导致发动机缺火或不能工作。

③ 火花塞间隙过大或过小，使点火性能下降。

2）火花塞的检修方法

① 直观检查。查看火花塞的电极和绝缘体外观，正常工作的火花塞绝缘体裙部呈浅棕色到灰白色。轻微的积炭和电极烧蚀仍属正常现象，必要时，清洁、锉平已烧蚀的表面并检查与调整好间隙后可继续使用。几种常见的火花塞异常情况如图 3-31 所示，表 3-7 则列出了火花塞各种异常状态的原因及故障处理措施。

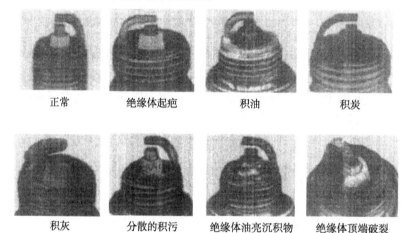

图 3-31 正常及各种故障状态下的火花塞外貌特征

表 3-7 火花塞常见故障原因及处理措施

火花塞故障状态	可能的故障原因	故障处理措施
绝缘体呈白色，电极熔化	燃烧室积炭过多、排气不畅、冷却系统不良等引起燃烧室的温度过高，火花塞未拧紧而导致火花塞电极散热困难	更换火花塞，并检查与排除引起火花塞电极温度过高的原因
绝缘体顶端起皱疤，电极烧损	火花塞的热值过低而引起早燃，点火时间过早、冷却系统不良而引起早燃	更换火花塞，并检查冷却系统、点火提前角
绝缘体顶端破裂	因点火时间过早、燃烧室温度过高、混合气过稀而导致发动机爆燃燃烧	更换火花塞，并检查和排除可能导致发动机爆燃燃烧的原因
积炭	火花塞的热值过大、混合气过浓、气缸壁间隙过大、空气滤清器堵塞、点火系统性能不良、点火时间过迟等	积炭不严重时，清除积炭后可继续使用；积炭严重的则更换火花塞，并检查与排除容易积炭的原因
积油	气缸壁间隙过大或气门导管处间隙过大而窜机油、曲轴箱通风堵塞或机油过多而窜机油	清除机油后可继续使用，但若积油情况依旧，则需检修发动机
积灰	汽油中含有添加剂	清除积灰、检查并调整电极间隙后可继续使用
绝缘体油亮沉积物	混合气燃烧产生的沉渣来不及排除，熔化在高温的火花塞绝缘体表面	更换火花塞，若故障依旧，应更换热值低一些的火花塞

② 检查、调整火花塞电极间隙。用塞尺检查火花塞电极间隙，其值应符合规定，电子点火系统火花塞的电极间隙为 0.8～1.2mm。测量时，用规定厚度的塞尺插入火花塞电极间隙稍有阻力即为适当，否则需用专用工具通过弯曲火花塞旁电极来调整间隙。

4. 电子点火器的检修

1）电子点火器的常见故障。电子点火器内部电子元器件的损坏可能造成如下故障。

① 大功率晶体管断路或不能导通，使点火线圈初级绕组不能通路而不点火。

② 大功率晶体管短路或不能截止，使点火线圈初级绕组不能断路而不点火。

③ 大功率晶体管不能工作在开关状态（不能饱和导通和完全截止），使点火线圈初级电流减小或断流不彻底，造成火花减弱或不能点火。

2）电子点火器的检修方法

① 模拟点火信号法检查。对磁感应式点火系统，可用一节 1.5V 的干电池分别正接和反接于电子点火器的信号输入端来模拟点火信号，同时测点火线圈"–"接线柱对搭铁电压（图3-32），根据两次测得的电压值来判断其好坏。检测结果有如下几种情况。

a. 如果两次测得的电压分别为 0（或 <2V）和 12V 左右，则说明电子点火器性能良好。

b. 如果两次测得的电压均高（12V 左右），则说明电子点火器有不能导通的故障。

c. 如果两次测得的电压均低，则说明电子点火器有不能截止的故障。

d. 如果两次测得的结果都是在 2V 和 12V 之间，则说明电子点火器有不能饱和导通和完全截止的故障。

② 高压试火法。如果已确定点火信号发生器良好，可以直接用高压试火的方法来检验点火器是否良好。有如下几种高压试火的方法。

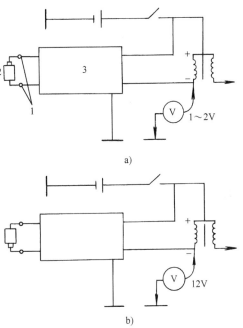

图3-32　模拟点火信号法检查电子点火器
a）正接（使初级绕组通路）检查情况
b）反接（使初级绕组断路）检查情况
1—输入端　2—1.5V 干电池　3—电子点火器

a. 将分电器中央高压线拔出，使高压线端距离发动机缸体 5mm 左右，或将高压线端插入放电器（或备用火花塞）并使其搭铁，用起动机带动发动机转动，看是否跳火。如果跳火且火花强，则说明电子点火器良好，否则，说明电子点火器有故障。

b. 如果是磁感应式点火信号发生器，可打开分电器盖，用螺钉旋具将导磁转子与铁心间作瞬间短路，看高压线端（或放电器）是否跳火。如果跳火，说明电子点火器良好。

c. 如为光电式或霍尔效应式点火信号发生器，则可在拆下分电器（保持其低压电路连接）后，用手转动分电器轴时看高压线端的跳火情况来判断点火器是否良好。

三、点火系统的故障诊断

1. 故障分析

点火系统出现故障会造成发动机不工作或工作不良，点火系统常见的故障是断火、火花弱、点火时间不当、缺火、错火等，这些故障对发动机工作的影响和点火系统可能的故障部位见表3-8。

表3-8 发动机常见的故障现象与点火系统可能的故障部位

点火系统可能的故障部位	发动机故障现象	发动机不能起动	起动后立即熄火	发动机怠速不稳	发动机加速不良	发动机化油器回火	发动机排气管放炮	发动机爆燃
配电器	分火头烧损、漏电						○	
配电器	分电器盖脏污、破损而漏电	○		○			○	
点火提前调节器	真空点火提前装置不良						○	
点火提前调节器	离心点火提前装置不良				○		○	○
高压导线	高压导线破损漏电、松脱或断裂	○		○				
高压导线	高压导线插错	○		○		○	○	
点火线圈	初、次级绕组有断路、短路	○		○	○			
点火线圈	点火线圈附加电阻断路		○					
火花塞	火花塞积炭			○	○			
火花塞	火花塞电极烧损或间隙过大	○		○	○			
点火信号发生器	点火信号发生器有故障	○						
点火信号发生器	信号发生器连接电路接触不良	○						
电子点火器	电子点火器内部电路或元件有故障	○					○	
电子点火器	电子点火器搭铁不良	○						
开关与电路	点火开关不良	○	○					
开关与电路	点火线圈初级电路有断路、短路	○						
点火正时	基本点火提前角过小						○	
点火正时	基本点火提前角过大	○		○	○			○

2. 故障诊断方法举例

了解故障可能的原因及可能的故障部位，就可以用适当的诊断方法确定故障的部位，现举两例。

（1）发动机不能起动 起动发动机时无着火迹象，或发动机突然熄火后，再不能起动。点火系统不点火或火花太弱均会造成发动机不能起动，可能的故障部位参见表3-8。故障诊断方法如下。

1) 外观检查。首先察看点火线圈和分电器上的高压导线、低压电路有无松脱。

2) 中央高压线试火。拔出分电器上中央高压线，使高压线端距发动机机体5～8mm，然后接通点火开关，转动发动机，看高压线端与机体间是否跳火。有三种可能的情况：火花很强（火花线较粗、呈蓝白色，且可听到较清晰的"叭、叭"声）、火花很弱（火花线很细，呈暗红色）或不跳火。

① 火花很强，说明点火系统低压电路和点火线圈等基本正常，需检查高压回路或火花塞，可按3) 作进一步的诊断。

② 火花很弱，可能的故障部件有点火线圈和电子点火器（电子点火系统），可按步骤4) 做进一步的诊断。

③ 完全无火花，点火线圈低压电路、点火线圈、点火信号发生器、电子点火器等有故障。可按步骤5) 做进一步故障诊断。

3) 插回中央高压线，拔出火花塞上的高压分线试火。如果此时不跳火或火花很弱，则说明是分电器盖、分火头或高压分线漏电或断路，需对这些部件进行检修；如果火花仍然很强，则需拆下火花塞进行检查。

4）接通点火开关，并用导线将点火线圈"－"接线柱作瞬间搭铁，看中央高压线端跳火是否变强。如果火花变强，需检查或更换电子点火器；如果火花仍然弱，则需检查或更换点火线圈。

5）接通点火开关，并用导线将点火线圈"－"接线柱作瞬间搭铁，看中央高压线端是否跳火。如果跳火，需检查点火信号发生器、电子点火器等。如果仍不跳火，注意瞬间搭铁刮碰时有无火花，若刮碰时无火花，则应检查点火系统低压回路、点火线圈初级绕组是否有断路；若刮碰时有火花，则检查点火线圈次级绕组是否有断路或短路故障、中央高压线有无断路。

（2）发动机怠速不稳　发动机怠速不稳定甚至于熄火，排气管有"突、突"声，动力下降。发动机个别缸未工作、窜缸、点火时间不正常等均可能造成发动机怠速不稳，可能的故障部位参见表3-8。故障诊断方法如下。

1）寻找不工作缸。在发动机怠速运转情况下，逐缸短路高压分线使其断火，观察发动机的反应。如果发动机转速没什么变化，则说明该缸不工作或工作不良，按步骤3）作进一步诊断；如果发动机转速明显下降，说明该缸工作基本正常。依次检查其他各缸，若各缸断火时发动机转速均有下降，则按步骤2）作进一步诊断。

2）高压分线试火。拔出高压分线进行跳火试验，看火花是否强。如果火花强，则需检查和调整点火正时，若点火正时正确或调整点火正时后发动机怠速仍不稳，则需检查或调整油路；如果火花弱，则应检查点火线圈、分火头等。

3）高压分线试火。拔出该缸高压分线进行跳火试验，看是否跳火。如果不跳火，则需检查分电器盖、高压分线；如果跳火，则需检查火花塞，视情予以检修或更换。

思 考 题

1. 汽油发动机对点火系统的基本要求是什么？影响点火电压的因素有哪些？
2. 传统点火系统是如何工作的？其基本组成部件有哪些？
3. 传统点火系统为什么会被淘汰？其关键的问题是什么？
4. 开磁路和闭磁路点火线圈结构上各有何特点？
5. 分电器真空点火提前调节器起何作用？在工作中是如何自动调整点火提前角的？
6. 分电器离心点火提前调节器起何作用？在工作中是如何自动调整点火提前角的？
7. 火花塞的电极间隙大小对点火性能有何影响？
8. 何谓火花塞的自洁温度？国产火花塞如何表示火花塞的热特性？火花塞的热特性对发动机工作有何影响？
9. 电子点火系统的基本组成部件有哪些？各组成部件的作用是什么？
10. 电子点火系统是如何进行工作的？
11. 电子点火系统其点火信号的产生方式有哪些？各有什么特点？
12. 何谓闭合角可控，闭合角可控的作用是什么？试举例说明闭合角可控电路的原理。
13. 除了闭合角可控电子电路外，在电子点火器中还有哪些用来控制点火线圈初级电流的电路？
14. 与电感储能式点火系统相比，电容储能式电子点火系统工作方式有什么不同？这种点火系统具有哪些特点？
15. 点火系统各部件的常见故障有哪些？如何检查？
16. 点火系统可能会出现的故障有哪些？如何诊断点火系统的故障？

第四章 照明与信号系统

第一节 概 述

一、汽车照明系统的基本组成及要求

为保证汽车在夜间及能见度低的情况下安全行驶,对照明设备有如下的要求。

1)汽车行进时的道路照明。汽车夜间安全行车的必备条件,现代汽车车速高,要求照明设备能提供车前100m以上明亮均匀的道路照明,并且不对迎面来车驾驶人造成眩目。

2)汽车倒车时的照明。让驾驶人在夜间倒车时能看清车后的情况,以顺利完成倒车。

3)牌照照明。能让其他行驶车辆驾驶人和行人看清车辆的牌号,以便于安全管理。

4)雾天行车的特殊照明。用以确保雾天行车的安全。

5)车内照明。给驾驶人观察仪表、操纵车辆和乘员上下车等提供照明,这也是现代汽车夜间行车不可缺少的。

根据对汽车照明的要求,汽车上通常配有如下照明灯具。

前照灯,俗称大灯或头灯,用于夜间行车的道路照明。有两灯制和四灯制两种配置。

倒车灯,作夜晚倒车时车后的照明和倒车信号之用,通常采用发光强度为32cd左右的照明灯泡。

牌照灯,用以照明车牌号码,采用发白色光的小型灯泡。

雾灯,用于雾天、下雪天、暴雨或尘埃弥漫时行车的道路照明和提供信号。灯泡为单丝,发出黄色光。

此外还有仪表灯、顶灯、车厢灯、开关灯、踏步灯等,分别用于夜间行车的仪表、驾驶室、车厢、操纵及车厢乘员的上下车照明;有的汽车上还装有工作灯及工作灯插座,用于夜间车辆维修或其他工作的照明。

各种安装在所需照明位置照明灯具配以相应的控制开关、电路及熔断器等就组成了汽车照明系统。

二、汽车信号系统的基本组成及要求

汽车信号系统的作用是产生特定的声响和灯光信号,向其他车辆的驾驶人和行人发出警告,以引起注意,确保汽车的行驶安全。

1. 声响信号装置

声响信号装置有气喇叭、电喇叭和倒车蜂鸣器等。气喇叭是利用气流使金属膜片振动发声,在一些装备气压制动的汽车上装用。气喇叭的音量高,在城市市区内禁止使用。所有汽车都必须装有电喇叭。要求汽车电喇叭的声音清脆悦耳,其音量不得超过105dB。

2. 灯光信号装置

灯光信号包括转向信号、制动信号、危险警告信号及示廓信号等。

1) 转向信号。由左侧或右侧转向灯的闪烁表示。为使转向信号醒目可靠，要求转向灯的颜色为红色或橙色，橙色居多；在灯轴线右偏5°至左偏5°的视角范围内，无论是白天黑夜，能见距离不小于35m，在右偏30°至左偏30°的视角范围内，能见距离不小于10m；转向灯的闪光频率应在50～110次/min范围内，一般取60～95次/min。

2) 制动信号。由制动灯的亮起表示。制动灯要求采用红色，两个制动灯的安装位置应与汽车纵轴线对称，并在同一高度；制动灯的红色灯光应保证夜间100m以外能够看清；其光束角度在水平面内应为灯轴线左右各45°，在铅垂面内应为灯轴线上下各15°范围。

3) 危险警告信号。由左右转向灯同时闪烁表示，与转向信号有相同的要求。

4) 示廓信号。由装在汽车前后、左右的示廓灯亮起表示。示廓灯透光面边缘距车身不得大于400mm，示廓灯灯光在前方100m以外应能看得清楚，在汽车的其他各个方向，能看清示廓灯灯光的距离不应小于30m。

第二节 前 照 灯

前照灯的照明效果对汽车夜间行车安全影响很大，因此，对前照灯有较高的光学要求，相对于其他照明灯具，前照灯的光学组件及结构也比较复杂。

一、前照灯的结构

1. 前照灯的光学组件

前照灯的光学组件有灯泡、反射镜和配光镜三部分。

(1) 灯泡　灯泡是前照灯的光源，常见的前照灯灯泡有充气灯泡和卤钨灯泡，如图4-1所示。

1) 充气灯泡。充气灯泡用钨丝作灯丝，灯泡内充以氩和氮的混合惰性气体。在灯泡工作时惰性气体受热膨胀而产生较大的压力，可减少灯丝钨的蒸发、提高灯丝的温度、增加发光效率、延长灯泡的使用寿命。

2) 卤钨灯泡。卤钨灯泡的灯丝仍为钨丝，但充入的气体中掺有某种卤族元素（如碘、溴、氯、氟等）。卤钨灯泡工作时，内部形成卤钨再生循环反应，使从灯丝上蒸发的钨又回到灯丝上，以避免从灯丝上蒸发的钨沉积在泡壳上而使灯泡发黑，延长灯泡的使用寿命。

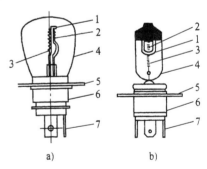

图4-1　充气灯泡和卤钨灯泡
1—配光屏　2—近光灯丝　3—远光灯丝
4—泡壳　5—定焦盘　6—灯头　7—插片

前照灯灯泡的额定电压有6V、12V和24V三种，功率一般为40～60W。

灯丝直接焊在反射镜底座上的全封闭式前照灯，只有灯丝，没有泡壳。

(2) 反射镜　它使灯泡的光线聚合，并导向前方（图4-2），可将前照灯的光亮度增强至几百倍甚至上千倍。无反射镜的灯泡，其光度只能照清周围6m左右的距离，而配备反射镜后，其照距可增至150m以上。反射镜有少量的散射光线，其中朝上的完全无用，朝下的散射光线则有助于近距离路面和路缘的照明。

(3) 配光镜　配光镜也叫做散光玻璃，由透明玻璃压制而成。配光镜的外表面平滑，内侧则是凸透镜和棱镜的组合体。加散光玻璃的作用是将反射镜反射出的光束进行折射，以扩大光照的范围（图4-3），使前照灯100m以内的路面和路缘有均匀的照明。

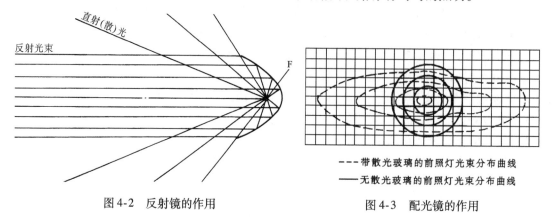

图4-2　反射镜的作用　　　　　　　图4-3　配光镜的作用

2. 前照灯的结构形式

前照灯主要由光学组件和灯壳等组成，其结构形式有可拆式、半封闭式和全封闭式等几种。

（1）可拆式前照灯　可拆式前照灯的组件均可解体，因此，其密封性差，反射镜容易受湿气、灰尘的污染而影响反射能力，故已被淘汰。

（2）半封闭式前照灯　半封闭式前照灯的配光镜靠卷曲在反射镜边缘上的牙齿紧固在反射镜上，用橡胶圈密封，再用螺钉固定，如图4-4所示。灯泡从反射镜的后面装入，所以更换损坏的灯泡时不必拆开配光镜。目前，半封闭式前照灯在汽车上还有使用。

（3）全封闭式前照灯　全封闭式前照灯配光镜与反光镜为一整体，灯丝直接焊在反射镜底座上，如图4-5所示。全封闭结构形式可避免反射镜被污染，其反光效率高、使用寿命长，因此，使用日渐广泛。全封闭式前照灯的缺点是当灯丝烧坏时，需更换前照灯整个光学总成。

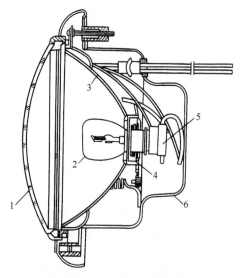
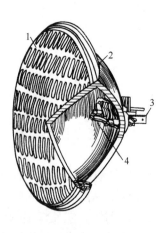

图4-4　半封闭式前照灯
1—配光镜　2—灯泡　3—反射镜
4—插座　5—接线盒　6—灯壳

图4-5　全封闭式前照灯
1—配光镜　2—反射镜
3—插片　4—灯丝

二、氙气前照灯

1. 氙气前照灯

(1) 氙气前照灯的结构　氙气前照灯的全称是 HID（High Intensity Discharge Lamp）气体放电灯，是近些年在汽车上出现的新型前照灯。氙气前照灯的光源部分主要由灯头、电子镇流器（也称稳压器）及线组等辅件组成，如图 4-6 所示。

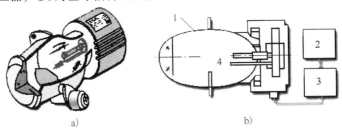

图 4-6　氙气前照灯
a) 氙气前照灯灯泡外形　b) 氙气前照灯原理
1—泡壳　2—电子控制电路　3—功率放大电路　4—电极

氙气前照灯在其石英泡壳内充有高压惰性气体——氙气（Xenon），氙气前照灯的灯头是两个电极，没有灯丝，依靠电极间的电弧放电发光。在两电极上涂有水银和碳素化合物，给电极施以高压，电极间的氙气电离，通过电弧放电发光。

电子镇流器由电子控制电路和功率放大电路组成，其作用是将蓄电池或发电机的直流电压进行升压及功率放大，以提供电极发光所需的电源电压。

(2) 氙气前照灯的工作原理　接通前照灯开关后，前照灯通电工作，电子控制电路对直流电源输入的电流进行转换、控制、保护、升压、变频等处理，产生一个瞬间 23kV 左右的高压电，使灯头电极之间的气体电离而产生电弧放电，此后，电子镇流器输出 35V 左右的交流电压，以维持灯头电极的电弧放电，使灯头持续发光。

(3) 氙气前照灯的特点　与普通的卤钨灯泡相比，氙气灯泡具有如下特点。

1) 氙气灯泡是通过电极的电弧放电发出超强的电弧光的，亮度是传统卤钨灯泡的三倍，对提升夜间及雾中驾驶视线清晰度有明显的效果。

2) 氙气前照灯工作时所需的电流量仅为 3.5A，电能转化为光能的效率也比卤钨灯泡提高 70% 以上，电能消耗只是卤钨灯泡三分之二。

3) 氙气灯泡发出的光色温从 3000K 到 12000K，其中 6000K 的色温与太阳光相似，但含较多的绿色和蓝色成分，因此呈现蓝白色光。这种蓝白色光大幅提高了道路标志和指示牌的亮度。

4) 由于氙气灯泡没有灯丝，不存在灯丝烧断而报废的问题，使用寿命比卤钨灯泡长得多，氙气灯泡的使用寿命比传统卤钨灯泡长 10 倍。

2. LED 前照灯

(1) LED 前照灯的组成原理　LED（Light Emitting Diode）即发光二极管，是一种固态的半导体器件，它可以直接把电转化为光。LED 前照灯是由多个 LED 组装在一起形成前照灯光源，LED 灯泡和 LED 前照灯的外形如图 4-7 所示。

 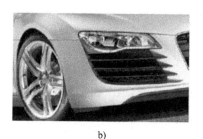

图 4-7 LED 前照灯
a) LED 灯泡　b) LED 前照灯外形

（2）LED 前照灯的特点　LED 是冷光源，与白炽灯、荧光灯相比，节电效率可以达到 90% 以上。在同样亮度下，耗电量仅为普通白炽灯的 1/10，荧光灯管的 1/2。

三、前照灯的防眩目

所谓眩目是指人眼睛被强光照射，由于视觉神经受刺激而失去对眼睛的控制，本能地闭上眼睛或看不清暗处物体的生理现象。夜间行车时，如果前照灯光线照射到对方汽车驾驶人的眼睛，就会造成驾驶人眩目而看不清前方道路情况，这时极易引发交通事故。

为防止眩目，确保夜间汽车行驶安全，汽车上采用远光灯和近光灯。在无迎面来车时采用远光灯，使前照灯照射距离较远，以满足高速行驶的道路照明需要；在会车时则由驾驶人切换为近光灯，使前照灯光线水平向下照射，虽照射距离较近，但可避免光线直射对方驾驶人眼睛。汽车前照灯通常采用具有远光灯丝和近光灯丝的双丝灯泡。

1. 普通双丝灯泡

普通双丝灯泡中的远光灯丝位于反光镜旋转抛物面的焦点，并与光轴平行；近光灯丝位于焦点的上方（图 4-8）。远光灯丝通电时，灯泡光线由反射镜反射后与光轴平行射向远方，可获得较远的照射距离和较小的散射光束；近光灯丝通电时，灯泡光线经反射镜反射的主光束倾向于路面，因而对迎面来车驾驶人的眩目作用大为减弱。

2. 具有配光屏的双丝灯泡

普通双丝灯泡还有一部分光线偏上照射，降低了防眩目的效果。将近光灯丝置于焦点前上方的位置，并在下方装一配光屏（图 4-9），挡住近光灯丝射向反射镜下半部的光线，就可消除向上的反射光线，使防眩目效果更好。

3. 非对称型配光的双丝灯泡

为使近光灯既有良好的防眩目效果，又有较远的照明距离，将配光屏单边倾斜 15°，近光灯丝发出的光线经反射镜和配光镜后就得到了形似"L"的非对称近光光形（图 4-10b）。这种配光符合联合国经济委员会制定的 ECE 标准，被称之为 ECE 形配光，我国已采用这种配光形式。近年来，又出现了另一种被称之为 Z 形配光的非

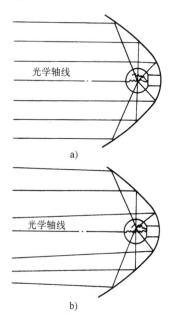

图 4-8 普通双丝灯泡工作情况
a) 远光灯光束　b) 近光灯光束

对称型配光（图4-10c），它不仅可以避免迎面汽车驾驶人眩目，还可以防止车辆右边的行人和非机动车辆使用人员眩目。

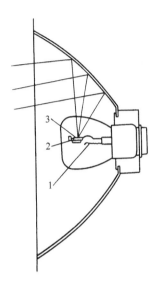

图4-9 具有配光屏的双丝灯泡

1—远光灯丝 2—配光屏 3—近光灯丝

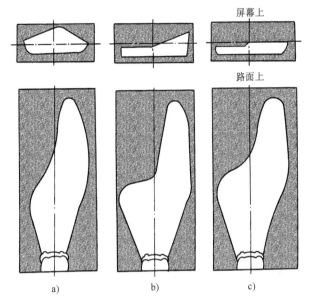

图4-10 近光灯光形

a）对称光形 b）L形非对称光形 c）Z形非对称光形

四、前照灯的控制电路

前照灯由驾驶人通过灯光开关及变光开关控制，在一些汽车上还设置了前照灯自动控制电路，以实现某种自动控制功能。比如，前照灯的延时控制、自动变光控制、灯开关未关警告等。

1. 前照灯延时控制电路

前照灯延时控制电路可使已关闭了点火开关及灯开关的前照灯继续亮一段时间后自动熄灭，以便给驾驶人离开黑暗的停车场所提供照明。以图4-11所示的典型电路为例，说明前照灯延时控制电路的作用原理。

当需要前照灯延时关灯时，驾驶人在离车前按一下仪表板上的前照灯延时按钮，电源就开始对电容C充电（机油压力开关在发动机熄火后已处于闭合状态）。其充电电路：蓄电池＋→延时按钮开关→C→机油压力开关→搭铁→蓄电池－。电容C充电后，使晶体管VT的基极有较高的电位而导通，前照灯延时继电器线圈通电，

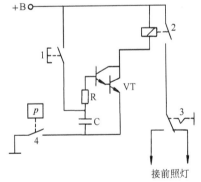

图4-11 前照灯延时控制电路

1—前照灯延时按钮 2—延时控制继电器
3—变光开关 4—机油压力开关

其触点闭合，接通了前照灯电路。松开前照灯延时开关按钮后，电容C开始放电，C的放电电流经过电阻R和晶体管VT的发射结，使VT保持导通，前照灯通电提供照明，一直到C电压下降至不能维持VT导通时，VT截止，继电器线圈断电，其触点断开，前照灯随之熄灭。

前照灯延时关闭的时间取决于电容C的放电时间，调整延时电路中的C、R参数，就可

改变前照灯延时关闭的时间。

具有自动亮灭控制功能的前照灯通常不设前照灯延时按钮，延时关灯由前照灯开关自动档触点来控制。前照灯开关在自动档时，点火开关在接通的状态下，由光照度传感器产生的电信号控制前照灯自动地亮起或熄灭；当点火开关断开时，前照灯延时控制电路就进入工作状态，控制前照灯延时关灯。

2. 前照灯自动变光器

前照灯自动变光控制电路的作用是使汽车在夜间行车会车时能自动进行远、近光切换，以提高会车时的行车安全。前照灯自动变光控制电路具体的电路结构有多种形式，但基本原理均相似。前照灯自动变光控制电路一例如图 4-12 所示。

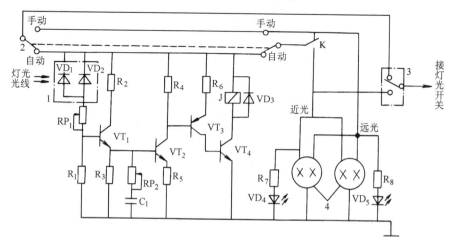

图 4-12　前照灯自动变光控制电路
1—灯光传感器　2—手动与自动变光转换开关　3—变光开关　4—前照灯　J—继电器

该自动变光器主要由感光器（VD_1、VD_2）、放大电路（VT_1、VT_2、VT_3、VT_4 等）和变光继电器组成。在夜间行车无迎面来车灯光照射时，灯光传感器（VD_1、VD_2）内阻较大，使得 VT_1 基极没有导通所需的正向电压而截止，于是 VT_2、VT_3、VT_4 的基极也都因无正向导通电压而截止，继电器 J 不通电，常闭触点接通远光灯。

当有迎面来车或道路有较好的照明度时，VD_1、VD_2 因受较强光线照射而使其电阻下降，使 VT_1 基极电位升高而导通，VT_2、VT_3、VT_4 的基极也随之有正向偏置而导通，于是，继电器线圈便通电，使其常闭触点打开，常开触点闭合，前照灯由远光自动切换为近光。

会车结束后，VD_1、VD_2 因无强光照射而电阻增大，使 VT_1 又截止。此时，由于 C 的放电，使 VT_2、VT_3、VT_4 仍保持导通，约 1~5s 后，待 C 放电至 VT_2 不能维持导通状态时，继电器才断电，前照灯恢复远光照明。延时恢复远光可避免会车过程中由于光照突变而引起的频繁变光，以提高近光会车的可靠性。延时的时间可通过电位器 RP_2 进行调整。

该变光控制电路可使前照灯在 150~200m 处有迎面来车时，自动从远光转变为近光，待会车结束后，又自动恢复前照灯远光照明；在市区保持前照灯近光照明。自动/手动转换开关可以让驾驶人选择自动或手动变光，在自动变光器失效的情况下，通过此开关仍可以实现人工操纵变光。

3. 灯开关未关警告电路

白天行车因过隧道或其他原因开灯后容易忘记关灯，关灯警告装置是用于提醒驾驶人在停车时及时关闭车灯开关。图4-13所示的灯开关未关警告电路可控制蜂鸣器鸣响报警。

当驾驶人关闭点火开关时，如果灯开关未关，晶体管VT的基极就有正向导通电压而使VT导通，接通了蜂鸣器电路，蜂鸣器发声，以提醒驾驶人关掉灯开关。在行车时开灯，由于点火开关在接通状态，VT的基极电位高而保持截止，因此，蜂鸣器不会通电发声。

4. 前照灯其他控制电路

在一些汽车上，还设置了更多的前照灯自动控制功能，并被称之为自适应前照灯（Adaptive Frontlighting System——简称AFS），用以满足汽车夜间行车道路照明更高的要求。现代汽车设置的前照灯自动控制功能电路有以下几种。

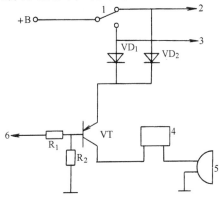

图4-13　灯开关未关警告电路
1—灯开关　2—接前照灯　3—接其他照明灯
4—蜂鸣器控制器　5—蜂鸣器　6—接点火开关

1) 光照度变化前照灯自动亮灭控制电路。该功能电路可根据光照亮度自动控制前照灯的亮起和熄灭，既可使驾驶人在光线较暗的情况下能及时得到照明，又可避免光线变强时因忘记及时关闭前照灯而白白浪费电能。

2) 车辆转弯前照灯随动转向控制电路。该功能电路可使前照灯随转向盘的转动而转向，使驾驶人在夜间行车过程中，克服转弯时的照明盲区，确保行车安全。

3) 汽车载质量变化前照灯垂直照射角度控制电路。该功能电路可根据汽车载质量的变化及时调整前照灯垂直照射角度，其作用是防止车辆重载时前照灯光线偏上照射而对迎面来车驾驶人造成眩目，避免轻载时前照灯照明距离缩短（光线向下偏射）而影响车辆的行驶速度和行车安全。

4) 前照灯高速公路照明模式控制电路。当车辆在夜间行驶于高速公路上时，该功能电路可根据汽车的行驶速度，自动控制前照灯的照射高度和前雾灯，以扩大照明距离，确保汽车高速行驶时驾驶人能看清安全制动距离之内的障碍物。

5) 前照灯城市照明模式控制电路。该控制电路在车辆行驶速度不高、车外照明度较差的情况下起作用，可以自动控制两边的角灯亮起，以扩大光照范围，能有效地避免岔路中突然出现的行人或车辆而引发交通事故。

6) 前照灯乡村道路照明模式控制电路。当车辆夜间行驶在路面凹凸不平、起伏不定的乡村道路上时，该功能电路起作用，使前照灯立刻进入乡村道路照明模式。控制电路根据前轴和后轴高度差的变化量来自动调整前照灯的投射俯仰角度，既能达到良好的照明效果，又不会对迎面来车的驾驶人造成眩目。

7) 阴雨天照明模式控制电路。夜间行车遇阴雨天气时，该控制电路起作用，使前照灯进入阴雨天照明模式，根据雨量大小适当降低前照灯的高度，对汽车前面距离为5～25m的路面（有积水）范围内的照度进行限制，从而避免反射眩光对车辆前方60m范围内的驾驶人造成眩目，确保雨天夜间行车的安全。

第三节 照明系统电路与故障检修

一、照明系统电路

照明电路中各照明灯由复合型的灯光开关控制,灯光开关置于Ⅰ档时接通示廓灯、尾灯、仪表照明灯等,置于Ⅱ档时则同时接通前照灯。典型的汽车照明系统如图4-14所示。该照明电路中设前照灯继电器是为了避免较大的前照灯电流直接通过车灯开关触点而使触点容易烧蚀,以保护车灯开关。前照灯的远、近变光由机械式变光开关控制。推拉式的灯光开关在不拉出位置时旋转拉钮,可接通顶灯。

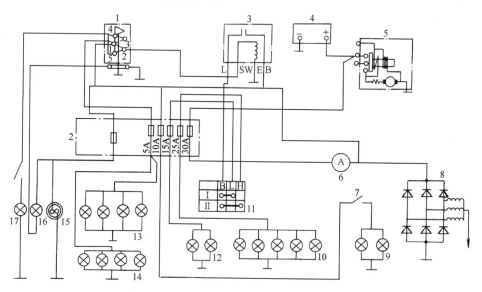

图4-14 解放CA1091汽车照明系统电路
1—车灯开关 2—熔断器盒 3—前照灯继电器 4—蓄电池 5—起动机 6—电流表 7—雾灯开关 8—发电机 9—雾灯 10—前照灯远光灯 11—前照灯变光开关 12—前照灯近光灯 13—示廓灯 14—仪表照明灯 15—工作灯插座 16—顶灯 17—工作灯(发动机舱盖下灯)

不同档次和使用要求的汽车其照明系统的配置会有所不同。比如,车外照明灯具的配备,有的汽车不光有前雾灯,还配有后雾灯;有的汽车配备了转弯照明灯或前侧灯,用以增强转向时的前照灯照明。车内照明灯具的配备也有较大差别,一些轿车和高档大客车上的各种照明灯具要比普通汽车多。照明灯控制开关除手控开关外,在一些汽车上还配备了门控制开关、声控开关、遥控开关等。为使照明灯光控制安全可靠,许多汽车上都配备了数量不等的灯光控制继电器。

二、前照灯的检测与调整

1. 前照灯的检测

前照灯明亮均匀的照明和良好的防眩目是夜间行车安全的重要保障,因此,前照灯的检测是汽车安全检查的必检项目之一。前照灯的检查内容包括前照灯的安装高度、光轴中心偏移量及照明度等，常用的前照灯检测仪有集光式、屏幕式、投影式及自动追踪光轴式等几种。

2. 前照灯的调整

前照灯的调整主要是针对光束的偏斜，现代汽车前照灯一般都可进行上下、左右光束调整，但具体的结构形式不尽相同。当检测得出光束有偏斜时，可通过前照灯的光束调整螺钉（螺栓）将光束的偏移量消除。

一些高档轿车上设有汽车行进中的光束调整装置，用于克服车辆因载荷分布变化对前照灯光束的影响。这种电控的光轴调整装置一般由调整旋钮、伺服电动机及电子控制装置等组成。前照灯的反射镜可由电动机驱动，在上、下方向偏转。比如，当汽车后部载荷大而使前照灯光轴向上偏斜时，驾驶人可旋转调整旋钮，发出光轴调整电压信号。电子控制器通过分析比较后输出控制信号，控制伺服电动机转动，使前照灯反光镜向下偏转适当的角度。

三、照明系统的故障诊断

以图4-14所示的解放CA1091汽车照明系统电路为例，分析照明系统常见故障的可能原因，介绍故障诊断的基本方法。

1. 前照灯远光、近光灯均不亮

车灯开关在Ⅰ档时，示廓灯及仪表灯均能亮。但将车灯开关拉至Ⅱ档位置时，前照灯不亮，操纵变光开关，前照灯仍然不亮。

（1）故障原因

1）车灯开关内部Ⅱ档触点接触不良。

2）变光开关触点接触不良。

3）前照灯继电器线圈有短路或断路、触点烧蚀、继电器搭铁不良等。

4）前照灯电路有连接不良或远光灯及近光灯熔断器熔丝均烧断。

5）所有前照灯泡已烧坏。

（2）故障诊断方法

1）打开熔断器盒，检查前照灯熔断器熔丝（15A、25A）是否已烧断。如果熔丝已烧断，更换熔断器，并检查前照灯及连接电路有无搭铁故障；如果前照灯熔丝正常，则进行下一步故障诊断。

2）将车灯开关拉至Ⅱ档，检测前照灯继电器L接柱的对搭铁电压。如果为蓄电池电压，则说明灯开关、继电器、相关的连接电路均良好，故障在继电器L接柱后的变光开关、前照灯及其连接电路，需按步骤4）作进一步诊断；如果无电压，则进行下一步诊断。

3）保持车灯开关在Ⅱ档位置，检测前照灯继电器SW、B接线柱的对搭铁电压。如果均有蓄电池电压，则说明前照灯继电器有故障，需拆修或更换前照灯继电器；如果只是B接线柱无电压，则检查B接线柱的连接导线；如果只是SW接线柱无电压，则说明车灯开关不良或灯开关与前照灯继电器之间的电路有断路，需检查电路或更换车灯开关。

4）车灯开关在Ⅱ档时检测变光开关三个接柱的对搭铁电压。如果B接线柱无电压，则需检修变光开关至前照灯继电器之间的连接电路；如果B接线柱有蓄电池电压，而L、H接线柱均无电压，则需更换变光开关；如果L、H接线柱有蓄电池电压（无电压时，踏一次变光开关就有电压），则需检修远光灯和近光灯相关连接电路、检查或更换前照灯。

2. 前照灯只有远光或只有近光

接通前照灯开关时,只有远光灯或只有近光灯能亮。

(1) 故障原因

1) 变光开关至近光灯或远光灯的连接电路有断路。
2) 近光灯或远光灯的熔断器熔丝烧断。
3) 变光开关连接近光灯或远光灯的触点接触不良。
4) 近光灯或远光灯灯泡已烧坏。

(2) 故障诊断方法

1) 检查近光灯或远光灯熔断器熔丝。如果熔断器熔丝烧断,则更换熔断器,并检查熔断器所连接电路有无短路;如果熔断器正常,则进行下一步诊断。

2) 车灯开关在Ⅱ档时,检测变光开关 L 接线柱或 H 接线柱的对搭铁电压。如果变光开关在近光灯或远光灯位置时,L 接线柱或 H 接线柱无电压,则说明变光开关有故障,需予以更换;如果变光开关在近光灯或远光灯位置时,L 接线柱或 H 接线柱有蓄电池电压,则需检修变光开关与前照灯之间电路,若电路正常,则需更换近光灯或远光灯灯泡。

3. 示廓灯及仪表灯均不亮

汽车电源正常(喇叭能响),但将车灯开关拉至 I 档时,示廓灯和仪表灯均不亮。

(1) 故障原因

1) 灯开关内部接触不良。
2) 相关连接电路有断路。
3) 示廓灯和仪表灯电路熔断器熔丝烧断。

(2) 故障诊断方法

1) 检查示廓灯和仪表灯的熔断器熔丝有无烧断。如果熔断器熔丝已被烧断,则更换熔断器,并检查其连接电路有无短路;如果熔断器熔丝正常,则进行下一步诊断。

2) 将灯开关拉至 I 档,检测示廓灯和仪表灯熔断器的对搭铁电压。如果有蓄电池电压,则检修熔断器至示廓灯和仪表灯的电路;如果无电压,需检查熔断器至灯开关之间的电路,若电路正常,则需检查或更换灯开关。

第四节 电 喇 叭

一、触点式电喇叭

汽车使用的触点式电喇叭有筒形、螺旋形和盆形等不同的结构形式,其主要组成部件和工作原理基本相同。盆形电喇叭具有结构尺寸小、指向性好等特点,在汽车上应用较多。

1. 触点式电喇叭的结构

盆形电喇叭的结构如图 4-15 所示。

盆型触点式电喇叭的膜片 4、共鸣板 5、衔铁 6 与活动的上铁心 3 固定在一起,绕在管式铁心 9 上的电磁线圈 2 通过触点 7 与外电路相通,触点在触点臂弹力作用下保持闭合。电磁线圈通电时所产生的磁力可将上铁心吸下,衔铁随上铁心下移,在带动膜片下拱的同时,其凸缘则会将触点顶开。

触点式电喇叭的结构特点：触点靠自身的弹力保持闭合，线圈通过触点形成通路，线圈通电产生的磁力吸下衔铁而顶开触点。

2. 触点式电喇叭的工作原理

按下喇叭按钮，电喇叭内部通电。通电电路：蓄电池正极→电磁线圈2→触点7→喇叭按钮10→搭铁→蓄电池负极。线圈通电后产生磁力，吸动上铁心及衔铁下移，使膜片下拱。衔铁下移中将触点顶开，线圈电路被切断，其磁力消失，上铁心、衔铁及膜片又在触点臂和膜片自身弹力的作用下复位，触点又闭合。触点闭合后，线圈又通电产生磁力吸下上铁心和衔铁。如此循环，使膜片振动，产生较低频的基频振动，并促使共鸣板产生一个比基本频振强、分布较集中的谐振。基音和谐音混合成音量适中、和谐悦耳的声音。

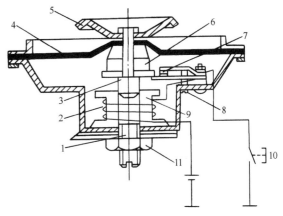

图4-15　盆形电喇叭
1—下铁心　2—电磁线圈　3—上铁心　4—膜片　5—共鸣板
6—衔铁　7—触点　8—调整螺钉
9—管式铁心　10—喇叭按钮　11—锁紧螺母

3. 触点式电喇叭的调整

（1）音调的调整　电喇叭音调的高低取决于其膜片的振动频率。盆形电喇叭通过改变上、下铁心之间的间隙就可改变膜片的振动频率。需要调整音调时，松开锁紧螺母11，旋入下铁心时，上、下铁心之间的间隙减小，音调升高；旋出下铁心则使音调降低。调至合适的音调后，旋紧锁紧螺母即可。

（2）音量的调整　电喇叭的线圈电流大，膜片的振幅也大，喇叭发出的音量也就大。线圈电流可以通过改变喇叭触点的接触压力来调整。盆形电喇叭用调整螺钉8来调整触点的接触压力。调整螺钉旋出，触点接触压力增大，电喇叭音量增大；调整螺钉旋入则会抵消部分动触点臂自身的弹性，使电喇叭音量减小。

二、无触点电喇叭

触点式电喇叭的触点在工作中会产生触点火花，使触点容易烧蚀而影响其工作的可靠性。电子式电喇叭也称无触点电喇叭，用振荡电路来产生脉动电流，使电喇叭发声。

1. 无触点电喇叭的结构

无触点电喇叭由电子电路和扬声器组成，典型的电子式电喇叭电路原理如图4-16所示。

电喇叭的电子电路由振荡电路和功率放大电路两部分组成。晶体管VT_1、VT_2、VT_3和电容C_1、C_2及电阻$R_1 \sim R_9$组成多谐振荡电路，VT_3、VT_4、VT_5组成功率放大电路。

2. 无触点电喇叭的工作原理

VT_1、VT_2的静态工作点设置在放大区。按下喇叭按钮后，电子电路通电。VT_1和VT_2电路对称布置，但由于VT_1和VT_2的参数存在微小的差别，使得它们的导通程度不可能完全一致。假设在电路接通的瞬间VT_1先导通，VT_1的集电极电位u_{c1}首先下降，于是，多谐振荡电路通过C_1、C_2正反馈电路有如下的正反馈过程：

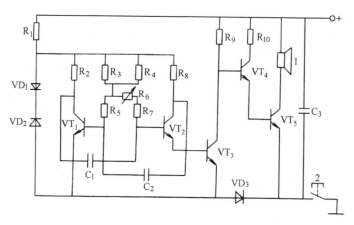

图 4-16 无触点电喇叭电路原理
1—喇叭 2—喇叭按钮

$$\longrightarrow u_{c1}\downarrow \to u_{b2}\downarrow \to i_{b2}\downarrow \to i_{c2}\downarrow \to u_{c2}\uparrow \to u_{b1}\uparrow \to i_{b1}\uparrow \to i_{c1}\uparrow \longrightarrow$$

这一反馈过程使 VT_1 迅速饱和导通而 VT_2 则迅速截止，VT_3 也截止，电路进入暂稳态。暂稳态期间，C_1 充电使 u_{b2} 升高，当 u_{b2} 达到 VT_2 的导通电压时，VT_2 开始导通，VT_3 也随之导通。这时，又产生如下正反馈过程：

$$\longrightarrow u_{b2}\uparrow \to i_{b2}\uparrow \to i_{c2}\uparrow \to u_{c2}\downarrow \to u_{b1}\downarrow \to i_{b1}\downarrow \to i_{c1}\downarrow \to u_{c1}\uparrow \longrightarrow$$

这一反馈过程又使 VT_2 迅速饱和导通而 VT_1 则迅速截止，电路进入新的暂稳态。这时，C_2 的充电又使 u_{b1} 升高，当 u_{b1} 上升至 VT_1 的导通电压时，VT_1 又导通，电路又产生前一个正反馈过程，又使 VT_1 迅速饱和导通而 VT_2、VT_3 则迅速截止。如此周而复始，形成振荡电流。此振荡电流经 VT_4、VT_5 的直流放大，控制喇叭线圈电流的通断，从而使电喇叭发出声音。

电路中，电容 C_3 对喇叭电源滤波，以防止其他电路瞬变电压的干扰。VD_2、R_1 为多谐振荡器的稳压电路，其作用是使振荡频率稳定。VD_1 用作温度补偿，VD_3 起电源反接保护作用。R_6 可用于调节喇叭的音量。

可将电子式喇叭分为振荡器、功率放大器和喇叭三大部分，振荡器通电后产生振荡脉冲，该振荡脉冲经功率放大器进行功率放大后，驱动喇叭振荡发声。

三、喇叭继电器

1. 喇叭继电器的作用原理

为使电喇叭声音更加悦耳，有的汽车上设置了双音（高、低音两只）喇叭或三音（高、中、低音三只）喇叭，因此，通过喇叭按钮的电流较大。喇叭继电器的作用是减小通过喇叭按钮触点的工作电流，降低按钮触点被烧蚀的故障率，延长其使用寿命。配用喇叭继电器的电喇叭电路如图 4-17 所示。

当按下喇叭按钮时，喇叭继电器线圈 2 通电，产生的电磁力使触点 5 闭合，接通喇叭电路而使电喇叭通电工作。

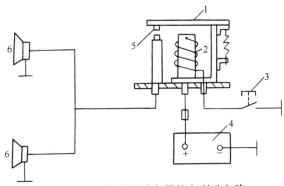

图 4-17 配用喇叭继电器的电喇叭电路
1—触点臂 2—线圈 3—喇叭按钮 4—蓄电池 5—触点 6—电喇叭

2. 电喇叭和喇叭继电器的型号

（1）电喇叭的型号 电喇叭的型号由五部分组成：

| 1 | 2 | 3 | 4 | 5 |

1）产品代号：DL—触点式电喇叭；DLD—无触点的电子式电喇叭。
2）电压等级代号：1—12V；2—24V。
3）结构代号：各结构代号所表示的电喇叭结构形式见表4-1。

表 4-1 电喇叭的结构代号

代 号	1	2	3	4	5	6	7	8	9
结构形式	筒形单音	盆形单音	螺旋形单音	筒形双音	盆形双音	螺旋形双音	筒形三音	盆形三音	螺旋形三音

4）设计序号：按产品的先后顺序，用阿拉伯数字表示。
5）变型代号（音色标记）：G—高音；D—低音。
（2）电喇叭继电器的型号 电喇叭继电器的型号也是由五部分组成：

| 1 | 2 | 3 | 4 | 5 |

1）产品代号：JD—继电器。
2）电压等级代号：1—12V；2—24V；6—6V。
3）用途代号：1—喇叭。
4）设计序号。
5）变型代号。

第五节 转向信号装置

转向信号装置主要由转向灯、闪光器、转向灯开关等组成。转向灯的闪烁由闪光器控制。目前，在汽车上常见的闪光器有电容式、翼片式及电子式等几种形式。

一、电容式闪光器

1. 电容式闪光器的结构

电容式闪光器由电磁式继电器连接一个电容器所构成，其结构与内部电路有不同的形式,但原理基本相同,都是通过电容的充放电延时特性,控制继电器触点按某一频率开闭而使转向灯闪烁。一种典型的电容式闪光器的结构简图如图 4-18 所示。

触点 K 通过弹簧片 1 使其保持常闭;串联于转向灯电路的线圈 L_1 其电阻较小;线圈 L_2 的电阻较大,L_2 的一端通过继电器铁心 5 和磁轭 2 与活动触点相连,另一端串接电容 C 后与固定触点连接,L_2、C 电路与触点并联。

电容式闪光器的结构特点:L_1 和 L_2 两线圈同绕向,触点 K 断开时电源向 C 充电,两线圈的磁力同向;触点闭合时,C 通过 L_2 和 K 放电,两线圈磁力反向。

2. 电容式闪光器的工作原理

接通转向灯开关后,闪光器中的线圈 L_1 通电。电流通路:蓄电池 + →L_1→触点 K→转向灯开关→转向灯及转向指示灯→搭铁→蓄电池 -。此时,L_2 和 C 电路被触点短路,而通过的 L_1 的电流较大,其产生的电磁力使触点张开,因此,转向灯只是一闪亮后立即变暗。

触点断开后,电源向电容 C 充电。充电电流通路:蓄电池 + →L_1→磁轭及铁心→L_2→C→转向灯开关→转向灯及转向指示灯→搭铁→蓄电池 -。由于 L_2 的电阻较大,流过转向灯的充电电流较小,故转向灯是暗的。C 的充电电流虽小,但流经 L_1、L_2 两线圈后产生相同方向的磁力足以克服弹簧片 1 的弹力而使触点保持张开,使转向灯保持在暗的状态。

C 在充电过程中,其端电压逐渐升高,充电电流随之减小。当充电电流减小至两线圈的磁力不足以克服弹簧片的弹力时,触点又闭合。这时,通过

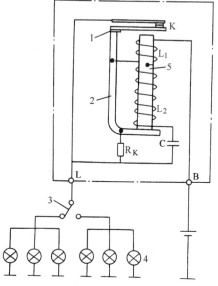

图 4-18 电容式闪光器
1—弹簧片 2—磁轭 3—转向灯开关
4—转向灯及转向指示灯 5—铁心

转向灯的电流增大,灯变亮。与此同时,电容通过触点放电,其放电电流通路:C + →L_2→铁心 5 及磁轭 2→K→C -。由于 C 的放电电流使 L_2 产生的磁场与 L_1 相反,削弱了 L_1 的磁力,因而触点不能被吸开,使转向灯保持亮的状态。

C 放电过程中,其放电电流逐渐减小,L_2 产生的磁场逐渐减弱。当 L_2 产生的磁场减弱至削弱 L_1 的磁场作用基本消失时,L_1 的磁力又使触点张开,灯光又变暗。接着又是 C 充电,如此反复,C 不断地充电放电,使触点定时地开和闭,从而使转向灯按一定的频率闪光。

电容充放电回路中的 R、C 参数决定了转向灯的闪光频率,使用中,R、C 参数变化不大,因此,电容式闪光器控制的转向灯闪光频率比较稳定。电阻 R_K 与触点并联,起减小触点火花的作用。

二、翼片式闪光器

翼片式闪光器主要由通断电时会热胀冷缩的热胀条和带触点的翼片等组成,分直热式和旁热式两种。

1. 直热翼片式闪光器

直热翼片式闪光器主要由翼片(弹性钢片)、热胀条(热胀系数较大的合金钢带)和触

点组成,如图4-19所示。

直热翼片式闪光器的结构特点：热胀条在冷却状态时,将翼片绷紧成弓形,使触点处于闭合状态；直接通过热胀条的工作电流在触点闭合时通过；热胀条通电受热伸长时,翼片会绷直而使触点断开。

接通转向灯开关时,一侧的转向灯通电,通电电路：蓄电池+→接线柱B→翼片2→热胀条3→触点→接线柱L→转向灯开关→转向灯和转向指示灯→搭铁→蓄电池-,转向灯亮。热胀条通电而受热伸长,当伸长至一定长度时,翼片在其自身弹力作用下突然绷直,使触点断开,转向灯电流被切断,于是转向灯熄灭。触点断开后,热胀条因断电而冷却收缩,最终又使翼片弯曲成弓形,触点又闭合。触点闭合时,又接通了转向灯电路,转向灯又亮起。如此交替变化,使转向灯闪烁。

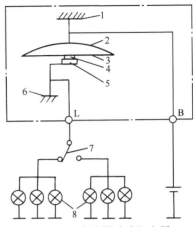

图4-19 直热翼片式闪光器
1、6—支架 2—翼片 3—热胀条
4—动触点 5—静触点 7—转向灯开关
8—转向灯及转向指示灯

2. 旁热翼片式闪光器

旁热翼片式闪光器如图4-20所示,热胀条由绕在其上的电热丝通电后产生的热量加热,故称旁热翼片式。电热丝的一端焊在热胀条上,另一端则与静触点相连。在翼片绷紧时,触点是断开的。

接通转向灯开关后,电流由蓄电池正极经接线柱B→热胀条1→电热丝2→接线柱L→转向灯开关→转向灯→搭铁流回蓄电池负极。这时,由于转向灯的电流通过电阻较大的电热丝,其电流很小,故灯是暗的。电热丝通电产生的热量使热胀条受热伸长至一定长度时,翼片便在自身弹性力的作用下伸直而使触点闭合。这时,电流由蓄电池正极→接线柱B→翼片5→触点→接线柱L→转向灯开关→转向灯→搭铁流回蓄电池负极,电热丝被触点短路,转向灯电流增大,转向灯变亮。被短路后的电热丝不产生热量,热胀条便开始冷却收缩,逐渐拉紧翼片,翼片弯曲后又使触点断开,灯又变暗。如此循环,使转向灯闪烁。

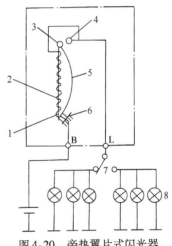

图4-20 旁热翼片式闪光器
1—热胀条 2—电热丝 3—动触点
4—静触点 5—翼片 6—支架
7—转向灯开关 8—转向灯及转向指示灯

翼片式闪光器闪光频率较为稳定,其结构简单、体积小,翼片工作时突然伸直和弯曲所发出的弹跳声,还可以从声音上给驾驶人以"转向灯开着"的提示。

三、电子闪光器

电子闪光器的电路结构形式多种多样,大体可分为有触点和无触点两大类。

1. 电子闪光器的结构

有触点电子闪光器仍以继电器触点来通断转向灯电路,由电子电路来控制继电器线圈电流,使继电器工作；无触点电子闪光器由电子电路控制晶体管的导通和截止来通断转向灯电路。

无触点电子闪光器典型实例如图 4-21 所示,转向灯电路由晶体管 VT_3 的导通和截止控制, VT_3 的导通和截止则是由 VT_1、VT_2、R_1、R_2、C 所组成的电子电路控制。

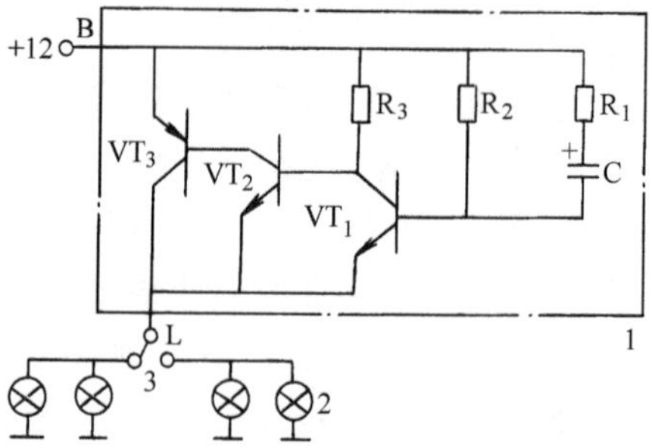

2. 电子闪光器的工作原理

接通转向灯开关后,电源通过 R_2 和 R_1、C 向 VT_1 提供正向偏压而使 VT_1 饱和导通,VT_1 导通后,VT_2 基极无足够的导通电压而截止,VT_3 随之截止。VT_1 的导通电流经转向灯形成回路,但由于 VT_1 的集电极电流很小,在 VT_1 饱和导通时转向灯不亮。

图 4-21 国产 SG141 型无触点闪光器
1—闪光器　2—转向灯　3—转向灯开关

电源通过 R_1 对 C 充电,使 C 的电压逐渐增大,VT_1 的基极电位则逐渐下降。当 VT_1 基极电位降至其导通电压以下时,VT_1 截止。VT_1 截止后,VT_2 通过 R_3 得到正向偏压而饱和导通,VT_3 也随之饱和导通,转向灯变亮。

VT_1 截止后,C 经 R_1、R_2 放电,使 VT_1 的截止保持一段时间,转向灯也保持在亮的状态。但随着 C 放电电流的逐渐减小,VT_1 基极电位又开始升高,并最终又使 VT_1 导通,VT_2、VT_3 又截止,转向灯又变暗。如此循环,使转向灯闪烁。

电子闪光器具有性能稳定和工作可靠的特点,已被现代汽车广泛使用。

闪光器的型号表示如下:

1)产品代号:SG—闪光器;SGD—电子闪光器。
2)电压等级代号:1—12V;2—24V。
3)结构代号:见表 4-2。

表 4-2　闪光器结构代号

	1	2	3	4	5	6	7	8	9
闪光器	电容式	热丝式	翼片式						
电子闪光器				无触点式	有触点式	无触点复合式	有触点复合式	带蜂鸣无触点复合式	带蜂鸣有触点复合式

4)设计序号。
5)变型代号。

第六节　其他信号装置

一、危险警告信号装置

危险警告信号由危险警告信号开关操纵,用于向其他车辆和行人发出警告。危险警告信号装置通常与转向信号装置共用一个闪光器,也有个别汽车另设专门的危险警告用闪光器。与转向信号装置共用闪光器的危险警告信号电路如图 4-22 所示。

当驾驶人按下危险信号开关时,两边的转向灯电路同时接通,在闪光器的控制下,两侧的转向灯同时闪烁,发出危险警告信号。

危险警告开关除了两个连接转向灯电路的触点外,还有一个与点火开关并联的触点(转向灯电路不经点火开关控制的无此触点),用于将闪光器直接与蓄电池连接,以使危险警告信号在点火开关关闭(停车)时也可使用。

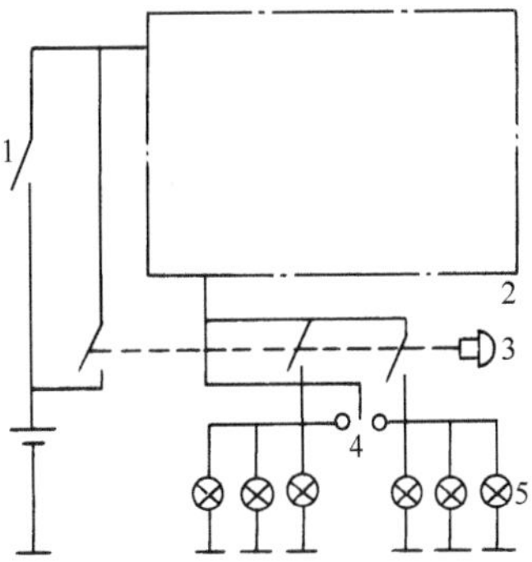

二、制动信号装置

制动信号装置由制动信号灯、制动灯开关及连接电路组成。除了在车尾灯处的制动灯外,有的汽车还装有高位制动灯,以使制动信号更加醒目。控制制动信号灯的制动灯开关有液压式、气压式及机械式等不同的形式。

1. 液压式制动灯开关

液压式制动灯开关如图4-23所示,通常安装在液压制动主缸的前端。当踩下制动踏板时,制动管路中的液压上升,液压推动膜片2向上拱曲,使接触桥3接通接线柱6和接线柱7下面的触点,制动信号灯通电发亮。松开制动踏板时,制动管路液压降低,接触桥在回位弹簧4的作用下复位,触点断开,制动信号灯断电熄灭。

2. 气压式制动灯开关

气压式制动灯开关(图4-24)在采用气压制动的汽车上使用,安装在制动系输气管路上。制动时,制动压缩空气推动橡皮膜片上拱,使触点闭合,接通制动灯电路。松开制动踏板时,制动系气压降低,膜片在回位弹簧7的作用下复位,触点断开,制动信号灯断电熄灭。

图4-22 危险警告信号电路
1—点火开关 2—闪光器
3—危险警告开关 4—转向开关
5—转向灯及转向指示灯

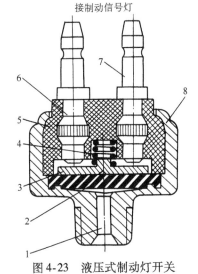

图4-23 液压式制动灯开关
1—通制动液压管路 2—膜片 3—接触桥 4—弹簧
5—胶木底座 6、7—接线柱 8—壳体

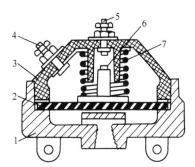

图4-24 气压式制动灯开关
1—壳体 2—膜片 3—胶木盖
4、5—接线柱 6—触点 7—回位弹簧

3. 机械式制动信号灯开关

一些汽车装用推杆式制动灯开关,制动时,直接由制动踏板推动制动灯开关的推杆,使开关触点闭合,接通制动信号灯电路。松开制动踏板时,推杆在回位弹簧力的作用下复位,触点断开,制动信号灯断电熄灭。

三、倒车灯与倒车蜂鸣器

1. 倒车信号电路

倒车灯由倒车灯开关控制，倒车灯除了在夜间倒车时用作车后场地照明外，还起倒车警告信号的作用。为加强倒车警告的作用，有的汽车还同时装有倒车蜂鸣器。

同时装有倒车蜂鸣器的倒车警告信号电路一例如图 4-25 所示。倒车时，装在变速器上的倒车灯开关触点接通倒车信号灯电路，倒车信号灯亮。与此同时，倒车蜂鸣器间歇发声，以警告行人和其他车辆的驾驶人注意。倒车蜂鸣器间歇发声控制器的结构原理与电容式闪光器相似。

图 4-26 所示的是在解放 CA1091 汽车上使用的电子式倒车间歇发声控制器，控制蜂鸣器间歇发声的是一个多谐振荡器。在一些汽车上使用了音乐和语音倒车警告信号装置，集成电路语音片输出的语音信号经功放电路放大后，推动扬声器发出"嘟、嘟，倒车请注意！"的警告声。音乐和语音倒车警告声音悦耳，更易引起人的注意。

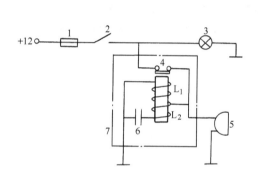

图 4-25　倒车警告信号电路
1—熔丝　2—倒车灯开关　3—倒车灯　4—继电器触点
5—蜂鸣器　6—电容器　7—倒车信号间歇发声控制器

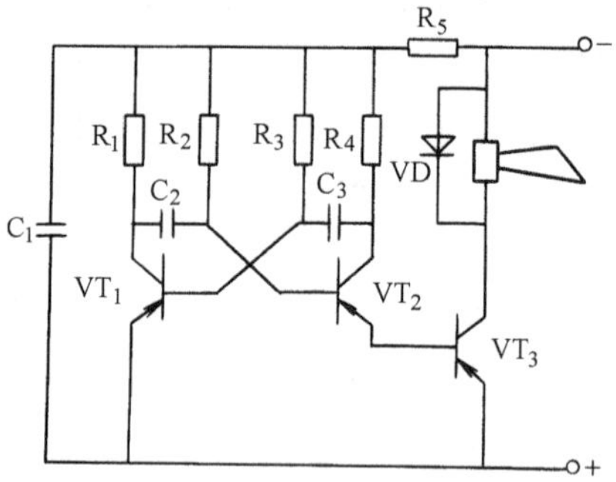

图 4-26　多谐振荡式倒车蜂鸣器

2. 倒车信号开关

倒车信号开关安装在变速器壳体上，其结构如图 4-27 所示。平时钢球被顶起，当变速器挂入倒档时，钢球被放松，在弹簧 4 的作用下，触点 5 闭合，接通倒车信号电路。

四、示廓灯

示廓灯用于汽车夜间行车时标志汽车的宽度和高度，因此也相应地被称为"示宽灯"和"示高灯"。示廓灯采用单丝的小型灯泡，但有的汽车上其示廓灯则与转向灯和制动灯共用一个灯泡。

汽车在行驶时，示廓灯由车灯开关控制，在车灯开关的 I 档和 II 档位置，汽车前、后、左、右的示廓灯均点亮，用以标示汽车的轮廓。

在一些汽车上，示廓灯还被用作停车灯，由停车灯开

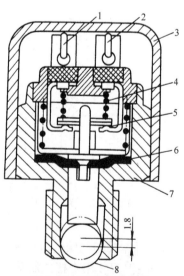

图 4-27　倒车信号开关
1、2—导线　3—外壳　4—弹簧
5—触点　6—膜片　7—底座　8—钢球

关控制。例如桑塔纳轿车的照明电路,当点火开关处在关断位置时,停车灯开关与电源接通,此时可用停车开关接通一侧(左前、左后或右前、右后)的示廓灯,以示此处停有车辆。

第七节 汽车信号电路与故障诊断

一、汽车信号电路

汽车信号电路中的各种信号装置互相独立工作,分别由各自的控制开关控制。典型汽车信号系统电路一例如图4-28所示。

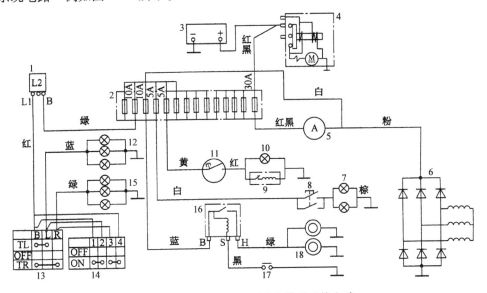

图4-28 解放CA1091型汽车信号系统电路

1—闪光器 2—熔断器盒 3—蓄电池 4—起动机 5—电流表 6—发电机 7—制动灯 8—制动灯开关 9—倒车蜂鸣器 10—倒车灯 11—倒车灯开关 12—左转向灯及转向指示灯 13—转向灯开关 14—危险警告灯开关 15—右转向灯及转向指示灯 16—喇叭继电器 17—喇叭按钮 18—电喇叭

该汽车信号电路设有喇叭继电器,因为该车型信号系统采用了双音喇叭,所需的电流较大,若直接由喇叭按钮控制,按钮触点容易烧蚀。

危险警告开关的1、4端子连接闪光器,2、3端子分别连接左转向灯和右转向灯。当按下危险警告开关时,开关内部触点将1、2端子和3、4端子接通,使左右转向灯均闪光。

二、汽车信号电路故障诊断

以图4-28所示的信号电路为例,说明信号电路故障的诊断方法。

1. 喇叭不响

发动机能起动(电源正常),但按喇叭按钮时喇叭不响。

(1)故障原因

1)电喇叭电路中的熔断器熔丝(10A)烧断,电路连接处有断脱。

2）喇叭按钮触点接触不良或搭铁不良。

3）喇叭继电器触点接触不良、线圈烧坏。

4）电喇叭内部触点接触不良或触点间短路、线圈烧坏、电喇叭搭铁不良。

（2）故障诊断方法

1）检查熔断器盒中连接电喇叭电路的熔断器熔丝（10A）是否烧断。如果熔断器熔丝已烧断，更换新的熔断器，并检查电喇叭电路有无搭铁故障；如果熔断器正常，则进行下一步故障诊断。

2）将喇叭继电器的电源接线柱 B 与连接电喇叭的接线柱 H 搭接，听喇叭是否响。如果喇叭不响，需检查继电器与熔断器盒、电喇叭之间的连接电路，若电路良好，则需拆修或更换电喇叭；如果喇叭响，则进行下一步诊断。

3）将喇叭继电器连接喇叭按钮的 S 接线柱直接搭铁，听喇叭是否响。如果喇叭不响，则需检修或更换喇叭继电器；如果喇叭响，需检查继电器与喇叭按钮之间的连接电路，若电路良好，则需检修喇叭按钮。

2. 喇叭声音低哑

汽车电源正常，但喇叭发出的声音低哑。

（1）故障原因

1）电喇叭触点接触不良、线圈有局部短路、喇叭膜片有破裂等。

2）喇叭继电器触点接触不良（烧蚀、接触压力过低）。

3）电喇叭电路连接有松动接触不良之处。

4）电喇叭安装松动而使其搭铁不良。

（2）故障诊断方法　将喇叭继电器的电源接线柱 B 与连接电喇叭的接线柱 H 直接短接，听喇叭响声是否正常。如果仍不正常，需检查电喇叭电路连接及电喇叭的安装，若均正常，先将电喇叭触点的接触压力适当调大，响声仍不能正常则需拆修或更换电喇叭；如果喇叭响声正常，则需检修或更换喇叭继电器。

3. 转向灯不亮

接通转向灯开关（左或右）时，所有转向灯均不亮

（1）故障原因

1）转向灯电路的熔断器熔丝（10A）烧断。

2）转向灯开关、闪光器、熔断器盒处电路连接不良或之间的电路有断路或搭铁。

3）闪光器有故障。

4）转向开关内部接触不良。

5）所有转向灯均烧坏。

（2）故障诊断方法

1）检查熔断器盒中连接转向灯电路的熔断器（10A）熔丝是否烧断。如果熔断器熔丝已烧断，更换新的熔断器，并检查转向灯电路有无搭铁故障；如果熔断器正常，则进行下一步故障诊断。

2）检测闪光器电源接线端子 B 对搭铁电压。如果无电压，则需检修闪光器至熔断器之间、熔断器之前的电源电路；如果有蓄电池电压，则进行下一步诊断。

3）将闪光器的接线端子 B 与转向灯接线端子 L 直接相连，并接通转向开关，看转向灯

是否亮。如果转向灯亮，则说明闪光器有断路故障，需拆修或更换；如果转向灯不亮，则进行下一步诊断。

4）将转向灯开关的电源接线端子 B 分别与左、右转向灯接线端子 L、R 直接连接，看转向灯是否闪亮。如果闪亮，则说明转向开关有故障，需拆修或更换；如果不闪亮，则需检修转向开关至转向灯、闪光器之间的电路及转向灯。

4. 转向灯不闪亮

接通转向灯开关后，转向灯常亮不闪烁。

（1）故障原因

1）闪光器故障。

2）转向灯开关前的连接电路有短路之处。

（2）故障诊断方法　断开闪光器的连接导线，检测 L 端子（导线侧）对搭铁电压，正常应为 0V。如果有蓄电池电压，则需检修电路；如果无蓄电池电压，则需更换闪光器。

5. 闪光频率不当

接通某侧转向灯开关时，转向灯的闪光频率明显过高或过低。

（1）故障原因

1）闪光器不良。

2）转向灯电路连接导线或转向灯接触不良。

3）两侧的转向灯功率不一致或有灯泡烧坏。

（2）故障检修方法　检查灯泡有无烧坏、左右侧转向灯灯泡的功率是否相同。如果有灯泡烧坏、灯泡的功率不符或两边的灯泡不相同，则需更换灯泡；如果灯泡检查无问题，则需检查转向灯电路的电路连接，看是否有接触不良之处，若电路连接良好，则需更换闪光器。

思　考　题

1. 现代汽车对照明、信号有哪些要求？
2. 前照灯主要组成部件及功用是什么？
3. 前照灯的结构形式有哪几种？各种结构形式有什么特点？
4. 前照灯有哪些防眩目的光学措施？
5. 在汽车上常见的前照灯控制有哪些？这些前照灯控制电路是如何工作的？
6. 现代汽车前照灯还设有哪些自动控制功能？这些控制功能有何作用？
7. 照明电路可能会出现哪些故障？如何诊断故障？
8. 触点式电喇叭的结构特点是什么？触点式电喇叭是如何工作的？
9. 如何调整盆形电喇叭的音量和声调？
10. 无触点电子喇叭的基本组成有哪些？电子喇叭是如何工作的？
11. 电容式闪光器的结构特点是什么？电容式闪光器是如何工作的？
12. 直热翼片式闪光器的结构特点是什么？直热翼片式闪光器是如何工作的？
13. 旁热翼片式闪光器与直热翼片式闪光器相比，其结构与工作方式有何不同？
14. 电子闪光器是如何工作的？
15. 喇叭电路常见的故障有哪些？如何进行故障诊断？
16. 转向信号系统常见的故障有哪些？如何进行故障诊断？

第五章 仪表及指示灯系统

第一节 概 述

一、仪表系统的组成及要求

汽车仪表可使驾驶人随时了解汽车的行驶情况和发动机的工作状况，以便于正确使用汽车，提高行车安全，及时发现和排除可能出现的故障。传统的仪表系统由电流表、机油压力表、冷却液温度表、燃油表及车速里程表等组成，在一些采用气压制动的汽车上，还装有气压表。一些汽车上则无电流表，而是装用电压表，现代汽车大都装有发动机转速表。

汽车仪表按其结构形式的不同，可分为独立式和组合式两种。独立式仪表是各种仪表都有各自的壳体，单独安装在仪表板上；组合式仪表则是将各仪表封装在一个壳体内。由于组合式仪表具有结构紧凑、美观、便于观察等特点，因而已被现代汽车广泛采用。

仪表系统是驾驶人了解汽车工作状况的"眼睛"，对确保汽车行车安全、及时排除故障和避免发动机出现严重故障起着重要的作用。因此，要求汽车上各个仪表其结构简单，工作可靠，显示数据清晰、准确，指示值受电源的电压波动和环境温度影响小，除此之外，仪表的抗振、耐冲击性能也要好。

二、指示灯系统的组成及要求

指示灯主要用于指示汽车某些参数的极限情况和某些非正常情况的报警。汽车指示灯系统通常设有冷却液温度过高指示灯、机油压力过低指示灯、气压过低警告灯、充电指示灯、燃油液面过低指示灯、制动液位过低指示灯、驻车制动器未松警告灯等。在一些汽车上还装有制动蹄片磨损警告灯、空气滤清器堵塞警告灯等。使用了电子控制装置的汽车上还装有各种电控装置工作指示灯或故障警告灯。

由于指示灯系统用来指示汽车某系统或部件的极限情况或异常情况报警，要求指示系统的灯光必须醒目，以便容易引起驾驶人的注意。指示灯系统的灯光一般为红色，少数指示灯则采用黄色。为提高警示作用，有的指示灯还同时配有蜂鸣器协助工作。

第二节 仪表系统

一、电流表

1. 电流表的作用与类型

电流表用于指示蓄电池充电或放电时的电流值，驾驶人可通过电流表的示值情况判断充电系统工作是否正常。电流表串接在发电机充电电路中，刻度盘上中间的示值为"0"，两侧分别标有"+""-"标记,电流表指针在"+"侧表示对蓄电池充电,在"-"侧表示蓄电池放电。考虑到电流表的量程和指示的稳定性,对工作电流较大、短时间或断续工作的用电设备,其放电电流均不通过电流表。比如,起动机电磁开关、转向灯、电喇叭等的放电电流都不经过电流表。

汽车上所使用的电流表主要有电磁式和动磁式两种,其工作原理基本相同,使用电磁式电流表的居多。

2. 电磁式电流表工作原理

电磁式电流表的组成及工作原理如图 5-1 所示。

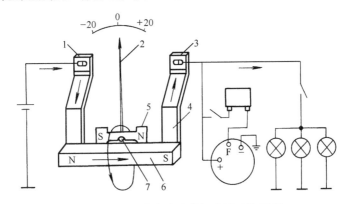

图 5-1 电磁式电流表的组成及工作原理
1、3—接线柱 2—指针 4—黄铜板条 5—软钢转子 6—永久磁铁 7—转轴

固定在绝缘底板上的 U 形黄铜板条 4 通过其两端的接线柱 1 和 3,分别与蓄电池、发电机及用电设备连接,黄铜板条的下端固定有条形永久磁铁 6,在其内侧的转轴 7 上还装有带指针 2 的软钢转子 5。软钢转子 5 在永久磁铁 6 的作用下被磁化,由于其磁场的方向与永久磁铁的相反,在无电流通过电流表时,指针 2 保持在中间位置,示值为零。

当从蓄电池流向用电设备的放电电流通过电流表时,流经黄铜板的电流将产生一个垂直于永久磁铁磁场的环形磁场,形成向逆时针方向偏转的合成磁场,使软钢转子也向逆时针方向偏转一个角度,指针指向"-"侧。放电电流越大,合成磁场越强,转子偏转角度越大,指针指示值也就越大。当发电机向蓄电池充电时,流经电流表的电流方向相反,合成磁场偏转的方向相反,使指针向"+"侧偏转。

二、机油压力表

1. 机油压力表的作用与类型

机油压力表用于指示发动机润滑系统主油道内机油压力的大小,驾驶人可根据机油压力表的示值情况判断发动机润滑系统工作是否正常。

机油压力表由装在发动机主油道的机油压力传感器和仪表板上的油压指示表两部分组成,按指示表和传感器的结构原理可分为双金属片式(也称电热式)、电磁式和动磁式几种,传统的汽车发动机机油压力表以双金属片式的居多。

2. 双金属片式机油压力表工作原理

指示表和传感器均为双金属片式的机油压力表组成与原理如图 5-2 所示。

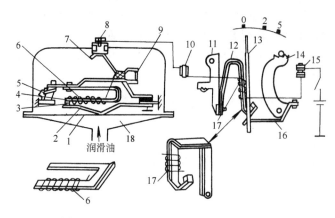

图 5-2 双金属片式机油压力表组成与原理
1—膜片 2—带触点弹簧片 3—触点 4、12—双金属片 5、11、14—调节齿轮 6、17—加热线圈
7—接触片 8、10、15—接线柱 9—校正电阻 13—指针 16—弹簧片 18—机油压力腔

机油压力表传感器内部膜片 1 的机油压力腔 18 与发动机主油道相通，机油压力通过膜片 1、弹簧片 2 作用到触点 3 上。传感器内双金属片 4 上的加热线圈 6 经触点与搭铁相连。加热线圈不通电时，双金属片处在伸直的位置，触点处于闭合状态。加热线圈通电时，产生的热量加热双金属片，双金属片温度升高时会产生向上弯曲而使触点张开。触点张开时，加热线圈的搭铁通路就被断开。

机油压力指示表中的双金属片也绕有加热线圈，其加热线圈通电产生的热量会使双金属片弯曲，并带动指针偏摆。

接通点火开关（或电源开关）时，机油压力表电路通路，其电流从蓄电池正极→点火（电源）开关→接线柱 15→指示表加热线圈 17→接线柱 10→连接导线→接线柱 8→接触片 7→传感器加热线圈 6→触点 3→弹簧片 2→搭铁到蓄电池负极。加热线圈 6 通电后产生的热量使双金属片 4 受热弯曲而使触点 3 断开。触点断开后，加热线圈电流被切断，双金属片 4 又逐渐冷却伸直，使触点又重新闭合，加热线圈再次通电发热，使双金属片 4 再次弯曲变形，触点再断开，如此循环，使机油压力表电路形成如图 5-3 所示的脉动电流。

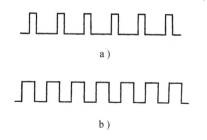

图 5-3 双金属片式机油压力表工作电流波形
a）机油压力低时电流波形 b）机油压力高时电流波形

机油压力低时，油压通过膜片 1 及弹簧片 2 作用于触点的压力小，双金属片稍有受热弯曲就可使触点断开，触点闭合时间相对较短，使得电路中的电流脉宽较小（图 5-3a）。该电流通过指示表加热线圈，使指示表内的双金属片 12 受热弯曲变形小，指针的偏摆角度小，油压指示值低。

机油压力高时，通过膜片 1 及弹簧片 2 作用于触点的压力大，加热线圈需通电较长时间，使双金属片受热得到较大的弯曲后触点才能断开，而触点断开后只需较短的时间又可闭合，使得电路中的电流脉宽增大（图 5-3b）。此脉冲电流同时通过油压指示表内的加热线圈，使油压指示表内的双金属片受热弯曲变形大，带动指针偏摆的角度也大，油压指示值高。

传感器中的双金属片制成 U 形是为了使机油表压力示值不受外界温度的影响。双金属片绕有加热线圈一侧为工作臂，另一侧为补偿臂。当外界温度升高而使工作臂弯曲变形时，补偿臂的弯曲变形则正好补偿了工作臂的变形，使得油压的示值不因环境温度的变化而改变。此种传感器壳体上有一箭头作为安装标记，安装时，箭头应向上，其偏斜不应超过垂直位置 30°，以确保工作臂在补偿臂的上方。否则，工作臂加热线圈所产生的热量会对补偿臂产生影响而造成指示误差。

三、发动机冷却液温度表

1. 发动机冷却液温度表的作用与类型

发动机冷却液温度表用于指示发动机冷却液的温度，驾驶人可根据温度表的示值了解发动机的温度情况，以判断发动机及发动机冷却系统是否正常。

发动机冷却液温度表由安装在仪表板上的温度指示表和安装在发动机气缸盖冷却水套上的温度传感器组成。温度指示表有双金属片式和电磁式两种，所用的传感器有双金属片式和热敏电阻式等不同形式。

2. 双金属片式发动机冷却液温度表的工作原理

温度指示表和温度传感器均为双金属片式的发动机冷却液温度表如图 5-4 所示。

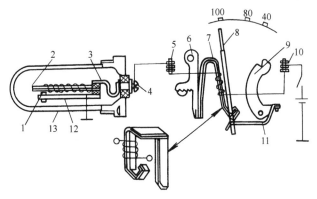

图 5-4 双金属片式冷却液温度表
1—触点 2、7—双金属片 3—连接片 4、5、10—接线柱
6、9—调节齿轮 8—指针 11—弹簧片 12—底板 13—传热套筒

双金属片式温度传感器的传热套筒 13 置入发动机冷却水道的冷却液中，发动机冷却液的热量通过传热套筒传入传感器内部，使双金属片 2 受热向上弯曲，因而传感器触点 1 的接触压力会随发动机冷却液温度的上升而减小。双金属片 2 上的加热线圈也是通过触点搭铁，加热线圈通电加热双金属片后，也会使双金属片向上弯曲而使触点断开。因此，当接通点火开关后，传感器内的触点会不断地张开闭合，使冷却液温度表电路中形成脉动电流。

双金属片式温度指示表与双金属片式油压指示表的结构相同，其工作原理也相似，仅示值刻度不同，指示表的指针偏摆角度增大时，其温度示值减小。

在发动机冷却液的温度较低时，传感器双金属片 2 受发动机冷却液温度影响所产生的弯曲较小，其触点的初始接触压力较大，传感器加热线圈需通电较长的时间才能使双金属片向上弯曲至触点断开；触点断开后，双金属片冷却较快，使触点又很快闭合。因此，在发动机冷却液温度较低时，传感器触点闭合的时间相对较长，冷却液温度表电路中的电流脉宽较大，使温度指示表内的双金属片 7 受热变形大，指针 8 的偏转角大，指示较低的温度值。

当发动机冷却液的温度升高时，传感器双金属片 2 周围空气温度也升高，使其向上弯曲而降低了触点的接触压力。这时，传感器加热线圈通电较短的时间就可使触点断开，而双金属片的冷却则变慢，使触点的相对闭合时间缩短。这样就使发动机冷却液温度表电路中的电流脉宽随温度的上升而减小，温度指示表双金属片变形量随之减小，指针偏转角减小，温度指示值增大。

3. 电磁式冷却液温度表工作原理

采用电磁式指示表、热敏电阻式温度传感器的发动机冷却液温度表如图 5-5 所示。

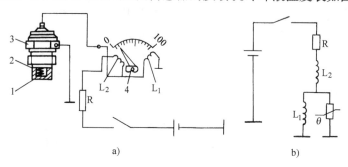

图 5-5　电磁式发动机冷却液温度表
a）冷却液温度表的组成　b）冷却液温度表等效电路
1—热敏电阻　2—弹簧　3—传感器壳体　4—衔铁

电磁式温度指示表内装有互成一定角度的两个铁心，铁心上分别绕有电磁线圈，其中 L_2 匝数较少，与传感器串联，L_1 匝数较多，与传感器并联，两个铁心的下端设置带指针的衔铁 4。两电磁线圈通电产生的磁力吸动衔铁转动，带动指针偏摆。

温度传感器内有一个温度系数为负的热敏元件，其电阻值随温度的上升减小，使与之并联的线圈 L_1 电流减小，与之串联的线圈 L_2 电流则稍有增大。串联电阻 R 用于限制流经线圈 L_2 的电流。

当发动机冷却液的温度低时，传感器的热敏电阻阻值较大，流经 L_1 和 L_2 线圈的电流相差不多，但由于 L_1 匝数多，产生磁场强，两线圈合成磁场吸引衔铁 4 使指针向低温示值方向偏转，指示低温。

当发动机冷却液的温度升高时，传感器的热敏电阻阻值减小，其分流作用增强，使流经 L_1 的电流减小，其磁力减弱，这时两线圈合成磁场的方向变化，使衔铁 4 转动某个角度，带动指针向高温方向偏摆。

有些汽车上的冷却液温度表其指示表为双金属式，采用热敏电阻式温度传感器。这种双金属式指示表的温度示值也是随指针偏摆角度增大而增大。

四、燃油表

1. 燃油表的作用与类型

燃油表用于指示燃油箱中所储存的燃油量。驾驶人根据燃油表的示值可估计汽车续驶里程,判断是否需要加油。

燃油表由装在仪表板上的燃油指示表和装在燃油箱里的油面传感器组成,传统的燃油指示表有电磁式和双金属片式,传感器则大都采用滑片电阻式。现代汽车上使用电子燃油表的逐渐增多,电子燃油表的指示表有发光二极管显示方式和数字显示方式等不同形式。

2. 电磁式燃油表的工作原理

电磁式燃油表的组成与工作原理如图 5-6 所示。

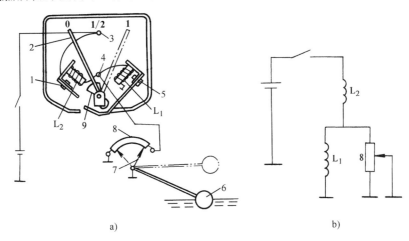

图 5-6 电磁式燃油表的组成与工作原理
a) 燃油表的组成 b) 燃油表的等效电路
1—左导磁片 2—指针 3、4—指示表接线柱 5—右导磁片 6—浮子 7—滑片 8—滑片电阻 9—衔铁

电磁式燃油表其指示表的结构和工作与电磁式冷却液温度表相似,也是通过其内部左线圈 L_2 和右线圈 L_1 所产生的磁力吸引衔铁转动,带动指针摆动。

传感器实际上是一个滑片式变阻器,当浮子 6 随燃油箱内的油面上下移动时,带动滑片 7 滑动,使其串入燃油表电路中的电阻值随之改变。

当油箱中无油时,浮子就会下沉至最低位置,滑片电阻被滑片短路。此时接通电路后,与滑片电阻 8 并联的右线圈 L_1 被短路,无电流通过,与滑片电阻 8 串联的左线圈 L_2 电流达到最大,L_2 产生的电磁力吸动衔铁使指针指示在"0"的位置。

当油箱装满燃油时,浮子在最高位置,滑片电阻串入电路的电阻值最大。此时接通电路后,L_1、L_2 两线圈的电流相差不多,两线圈所产生的合成磁场吸引衔铁转动的位置使指针指向"1"位。

随着油箱油面下降,随油面下移的浮子 6 带动滑片 7 滑动,使滑片电阻 8 的阻值减小,右线圈 L_1 电流减小,左线圈 L_2 的电流则稍有增大,两线圈产生的合成磁场吸引衔铁转动的角度使指针向"0"位一侧偏转。

滑片与电阻之间如果出现接触不良就会产生电火花,容易造成火灾事故。将滑片电阻的左端搭铁是为了减小滑片滑动时可能产生的电火花,以提高使用的安全性。

3. 电子式燃油表的工作原理

采用发光二极管显示,配用浮子式可变电阻传感器的电子式燃油表电路如图 5-7 所示。
在油箱无油时,燃油传感器电阻 R_x 电阻值约 100Ω,而在油箱满油时,电阻值约为 5Ω。

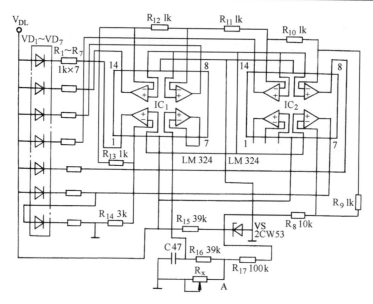

图 5-7 电子式燃油表

R_x—传感器电阻 $VD_1 \sim VD_7$—发光二极管（自下而上） IC_1、IC_2—集成电路

稳压管 VD_8 和电阻 R_{15} 组成稳压器，通过电阻 $R_8 \sim R_{13}$ 分成多级基准电压，送到各电压比较器的反向输入端。传感器电阻 R_x 由 A 端输出电压信号，经 C 和电阻 R_{16} 组成的缓冲器后，加到 IC_1 和 IC_2 各电压比较器的同向输入端，电压比较器将此电压信号与反相端的基准电压进行比较、放大，然后控制各自对应的发光二极管，以显示油箱内燃油量的多少。

当油箱中加满油时，R_x 电阻值最小，A 点电位最低，IC_1、IC_2 中的电压比较器均输出低电平，使六只绿色发光二极管 $VD_2 \sim VD_7$ 全亮，而红色发光二极管 VD_1 因其正极电位低而不亮，这表示燃油已满。随着油箱中油面的下降，R_x 电阻值逐渐增大，A 点的电位逐渐升高，六只绿色发光二极管依 VD_7、VD_6、VD_5、VD_4、VD_3、VD_2 的次序逐个熄灭，以示油量的减少。当油箱中无油时，R_x 值最大，A 点电位最高，IC_2 的第 5 脚电压高于第 6 脚的基准电压，第 7 脚输出高电位，此时红色发光二极管亮，以示燃油已用完，必须加油。

电容器 C 和电阻 R_{16} 组成延时缓冲电路，以使发光二极管的显示不受燃油波动的影响。

五、电热式和电磁式汽车仪表

前面所述的机油压力表、发动机温度表及燃油表如果按其指示表的结构与工作原理不同，可将这些汽车仪表分为电热式仪表和电磁式两类。

1. 电热式汽车仪表

所谓电热式汽车仪表是指其指示表内部有双金属片，这类仪表通过双金属片的受热弯曲来带动指针偏摆，指示相应示值，因而也称其为双金属式仪表。电热式仪表的组成如图 5-8 所示，指示表内双金属片上绕有加热线圈，双金属片弯曲的程度由加热线圈的电流大小所决定。电热式仪表所匹配的传感器将被测物理量转换为加热线圈相应的电流，指示表指针就可指向相应的示值。因此，双金属式指示表与不同的传感器组合，就可成为不同的仪表。

1）用作机油压力表。电热式指示表如果匹配将机油压力转换为相应的加热线圈电流的油压传感器,就成了机油压力表。机油压力传感器有双金属片式、压敏电阻式和电位计式等不同的类型,汽车仪表常用的是双金属片式(图5-2),电位计式也有应用。

2)用作发动机温度表。电热式指示表如果匹配将温度转换为加热线圈电流大小变化的温度传感器,就可用作发动机温度表。汽车仪表所用的发动机温度传感器有热敏电阻式和双金属片式,现代汽车通常采用热敏电阻式温度传感器(图5-5)。

3)用作燃油表。电热式指示表如果连接将燃油箱油面的高低转换为电阻大小随之变化的液面高度传感器,就是一个油量表(燃油表)。液面高度传感器有电位计式、电容式和电热式等,汽车仪表通常用电位计式液面高度传感器(图5-6)。

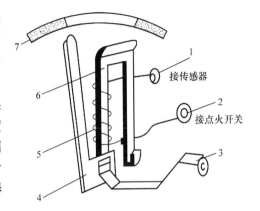

图 5-8　电热式汽车仪表

1、2—接线柱　3—支架　4—指针
5—加热线圈　6—双金属片　7—刻度盘

2. 电磁式汽车仪表

所谓电磁式汽车仪表是指其指示表通过内部左右两个线圈合成磁场的电磁力使指针摆动,指示相应示值的仪表,其组成如图5-9所示。电磁式指示表两线圈分别与传感器串联和并联,依靠两线圈合成磁场吸引衔铁带动指针摆动。所匹配的传感器将被测物理量的变化转换为相应的电阻值,其指示表左右线圈的电流就会有相应改变,使合成磁场的方向随之偏转,吸引衔铁带动指针指向相应的示值。

电磁式指示表如果匹配将机油压力、发动机温度、燃油液面等物理参量转换为相应电阻值的

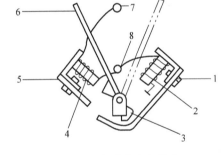

图 5-9　电磁式汽车仪表

1—右线圈导磁片　2—右(并联)线圈　3—衔铁
4—左(串联)线圈　5—左线圈导磁片　6—指针
7—接线柱(接点火开关)　8—接线柱(接传感器)

传感器,就构成了机油压力表、发动机温度表及燃油表等不同的汽车仪表。

六、车速里程表

1. 车速里程表的作用与类型

车速里程表用来指示汽车行驶速度和累计行驶总里程数。车速里程表由车速表和里程表两部分组成。

车速里程表按获取车速信号的方式分,有机械式和电子式两种;按指示表的结构原理分,车速表主要有磁感应式(也称涡流式)和电子式两大类,里程表也有机械式和电子式两种。

电子式车速里程表通过传感器获取信号,仪表示值较为稳定,且故障率低,因而在现代汽车上已被广泛采用。

2. 机械式车速里程表的结构与原理

机械式车速里程表通过软轴将变速器的输出轴转速传递给指示表的主动轴，机械式车速里程表的组成如图 5-10 所示。

车速里程表的主动轴 8 由变速器或分动器（四轮驱动汽车）传动蜗杆经软轴驱动。车速表为电磁式，主要由与主动轴固定在一起的 U 形永久磁铁 1、带有转轴和指针 6 的铝罩 2、罩壳 3 以及固定在车速里程表外壳上的刻度盘 5 等组成；里程表为机械式，由蜗轮、蜗杆机构和数字轮（十进位齿轮计数器）组成，每个数字轮上均布有 0~9 的数字。

（1）电磁式车速表的工作原理 汽车未行驶时，车速表的盘形弹簧 4 使铝罩 2 保持在初始位置，使车速表指针 6 指示零位。当汽车在行驶时，经软轴驱动的主动轴带动永久磁铁 1 转动，铝罩在永久磁铁旋转磁场的作用下产生涡流，铝罩涡流所产生的磁场与永久磁铁磁场相互作用而产生一个转矩，使铝罩克服盘形弹簧的弹力向着永久磁铁转动的方向旋转，直至与盘形弹簧弹力相平衡。指针随铝罩偏转某个角度后，指示相应的车速示值。车速提高，永久磁铁旋转加快，铝罩上产生的涡流增大，作用于铝罩的转矩也增大，使铝罩偏转带动指针指示的车速的示值也相应增大。

（2）机械式里程表的工作原理 汽车行驶时，由软轴驱动的主动轴经三对蜗轮蜗杆传动后，驱动里程表最右边的第一数字轮转动，使汽车行驶 1km 时第一数字轮正好转一圈。因此，第一数字轮上的 0~9 每上升一个数字为 0.1km。从第一数字轮向左，每两个相邻的数字轮之间，又通过本身的内齿和进位数字轮传动齿轮传动，其传动比为 10。这样，从右向左，数字轮转动所显示的数以 10 进位递增，将汽车累计行驶里程数用数字记录下来。

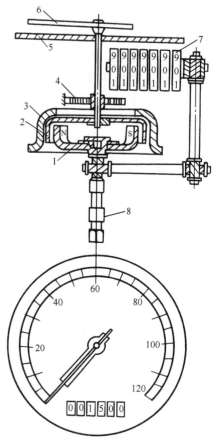

图 5-10 机械式车速里程表
1—永久磁铁 2—铝罩 3—罩壳
4—盘形弹簧 5—刻度盘 6—车速表指针
7—里程表数字轮 8—车速表主动轴

3. 电子式车速里程表

电子式车速里程表通过安装在变速器处的传感器获得反映汽车车速的脉冲信号，再由电子电路驱动指示表。车速传感器有光电式、霍尔效应式、磁阻式及舌簧开关式等多种类型，指示表有指针式、数字式两种形式。采用舌簧开关式传感器、指针式车速指示表和数字轮里程指示表的车速里程表电路原理如图 5-11 所示。

电子电路主要包括稳压电路、单稳态触发电路、恒流源驱动电路、64 分频电路和功率放大电路等。其作用是将反映车速的脉冲信号进行整形、分频及放大等处理后，驱动车速表和里程表。

（1）车速表工作原理 车速表是一个电磁式电流表。传感器的脉冲信号经单稳态触发电路和恒流源驱动电路的处理后,输出等幅等宽的脉动电流,用这个平均电流与车速成正比的脉动电流驱动车速表指针偏摆,指示相应的车速。

(2)里程表工作原理 里程表由数字轮和步进电动机组成,数字轮也是一个十进位的齿轮计数器,步进电动机是一种由脉动电流驱动,按步转动且转动步长恒定的特殊电动机。传感器的脉冲信号经64分频电路分频处理,再经功率放大电路进行功率放大后,驱动步进电动机按步转动,步进电动机驱动数字轮转动,记录汽车的累计行驶里程。

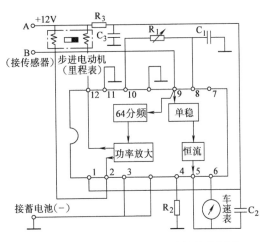

图 5-11 电子式车速里程表的电路原理

通过液晶显示器显示车速和里程的数字式车速表和里程表是由反映变速器输出轴转速的传感器、信号处理电路、计数器及显示器等组成的。

七、发动机转速表

1. 发动机转速表的作用与类型

发动机转速表用于显示发动机的转速,驾驶人可根据发动机转速表的示值随时掌握发动机的工作状况,更好地把握换档时机和利用经济车速;在检查与调整发动机时,常常也需要通过发动机转速表获得发动机转速参数。

发动机转速表按获取转速信号的方式分,也有机械式和电子式两大类。机械传动的转速表按指示表结构与工作原理分,则有电磁式、动磁式等不同类型;电子式转速表按其显示的方式分有指针式和数字式两种。

电子式转速表具有指示平稳、结构简单、安装方便等优点,在汽车上已广泛应用。

2. 电子式发动机转速表

发动机转速信号获取的方式也有两种,一种是通过发动机转速传感器获得发动机转速信号,还有一种是从点火线圈低压接线柱处获取发动机转速信号。指针显示、转速信号取自点火线圈"-"低压接线柱的单稳态多谐振荡式电子转速表的电路原理如图 5-12 所示。

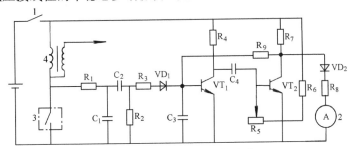

图 5-12 电子式发动机转速表
1—点火开关 2—转速表 3—断电器或电子点火器 4—点火线圈

R_1、R_3、C_1、C_2组成滤波电路,用于滤除输入脉冲信号的高频谐波;VT_1、VT_2及相应的电阻和电容组成单稳态多谐振荡电路,用于产生脉宽和脉幅恒定的电压脉冲,振荡电路由点火线圈"-"接线柱输入的脉冲电压信号触发工作。

发动机未转动时,接通点火开关,VT_2通过R_5处于正向偏置而导通,VT_2饱和导通后VT_1和VD_2就不能导通,因此,转速表读数为零。

发动机转动后,当第一个信号脉冲经滤波电路滤波后到达VT_1的基极,使VT_1导通后,C_4放电,VT_2的基极电位下降而截止(非稳态),VT_2的集电极电位迅速升高,通过R_9反馈到VT_1的基极,使VT_1迅速饱和导通。在VT_2截止这段时间内,VD_2导通,转速表2有电流通过。VT_2的截止时间取决于C_4的放电时间,随着C_4放电电流的逐渐减小VT_2基极电位升高,当达到其导通电压时,VT_2导通,其集电极电位下降,又通过R_9反馈使VT_1迅速截止、VT_2饱和导通(稳态)。当第二个断电器脉冲经滤波电路到达VT_1的基极时,VT_1才第二次导通。

单稳态多谐振荡电路输出的脉冲幅度和脉冲宽度一定,通过转速表的有效电流只与发动机转速成正比。发动机的转速上升,单稳态多谐振荡电路输出脉冲的频率增加,通过转速表的有效电流增大,转速表的示值相应增大。

第三节 指示灯系统

一、机油压力过低警告灯

机油压力过低警告灯用于润滑系统压力过低报警,其电路由仪表板上的红色警告灯和安装在发动机润滑主油道上的压力开关组成。采用薄膜式压力开关的机油压力过低警告灯电路如图5-13所示。

压力开关内的弹簧片1使触点3保持在闭合状态,当接通点火开关但未起动时,仪表板上的机油压力过低警告灯亮起。发动机起动后,发动机润滑系统主油道内的机油压力上升至正常值时,机油压力推动薄膜向上移动,通过推杆将触点顶开,警告灯熄灭;在发动机工作时若出现机油压力过低的情况,触点就会在弹簧力的作用下闭合,使机油压力过低警告灯亮起,以示警告。

二、制动气压不足警告灯

采用气压制动的汽车装有气压不足警告灯,用于气压制动系统压力过低时的报警。气压不足警告灯电路由安装在制动系统储气筒或制动阀压缩空气输入管路中的气压开关和安装在仪表板上的警告灯组成,采用膜片式气压开关的制动气压不足警告灯电路如图5-14所示。

气压开关内的触点由弹簧力使其保持闭合状态,在制动气压正常的情况下,气压推动膜片上移而使触点断开,气压过低警告灯不亮。当制动系统储气筒内的气压不足(降低到

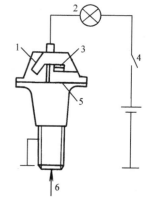

图5-13 机油压力过低警告灯电路
1—弹簧片 2—指示灯 3—触点
4—点火开关 5—薄膜
6—润滑系统主油道油压

0.34~0.37MPa）时，膜片便在回位弹簧弹力的作用下向下移动，使触点闭合，这时如果点火开关处于接通状态，制动气压不足警告灯电路就通路，警告灯亮起以示警告。

三、制动液不足警告灯

采用液压制动的汽车上装有制动液不足警告灯，用于制动液面低于设定值时的报警。制动液不足报警电路由仪表板上的警告灯和安装在制动液储液罐中的液位传感器组成，采用舌簧开关式液面传感器的制动液不足警告灯电路如图5-15所示。

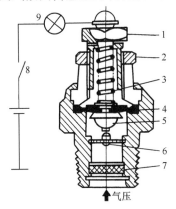
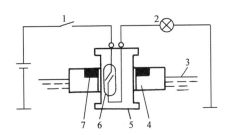

图5-14 制动气压不足警告灯电路
1—调整螺栓 2—锁紧螺母 3—回位弹簧
4—膜片 5—动触点 6—固定触点 7—滤清器
8—点火（电源）开关 9—警告灯

图5-15 制动液不足警告灯电路
1—点火开关 2—警告灯 3—制动液液面
4—浮子 5—传感器外壳 6—舌簧开关 7—永久磁铁

传感器的主要部件是带永久磁铁的浮子和舌簧开关。在制动液液面正常时，固定在浮子上的永久磁铁离传感器壳体内的舌簧开关距离较远而不能吸合舌簧开关，制动液面不足警告灯应电路不通而不亮。当浮子随着制动液面下降到设定的低限时，永久磁铁离舌簧开关的距离较近而将舌簧开关吸合。这时若点火开关处于接通状态，制动液面不足警告灯就会亮起，以示警告。

四、燃油量不足指示灯

燃油量不足指示灯用于指示燃油箱内燃油已快要耗尽，以提醒驾驶人及时加油。燃油量不足指示灯电路由仪表板上的指示灯和安装在燃油箱内的液面传感器组成。采用热敏电阻式液面传感器的燃油量不足指示灯电路如图5-16所示。

当燃油箱油面高于设定的低限时，负温度系数的热敏电阻还浸没在燃油中，热敏电阻通过燃油散热较快而温度较低，其电阻值大，因此电路中电流很小，指示灯

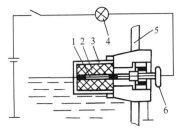

图5-16 燃油量不足指示灯电路
1—热敏电阻 2—防爆金属网 3—外壳
4—警告灯 5—油箱外壳 6—接线柱

不亮。当燃油箱油面降到设定的最低限时，热敏电阻露出油面，通过空气散热较慢而温度升高，其电阻值减小，使电路中电流增大，指示灯亮起，指示燃油箱油量已不足。

五、驻车制动未松警告灯

驻车制动未松警告灯用于提醒驾驶人驻车制动器仍处于制动位置,驻车制动未松警告灯电路由仪表板上的警告灯和安装在驻车制动操纵杆处的机械控制开关组成。一些汽车的驻车制动未松警告灯同时还用于制动液面过低报警或制动液压过低报警,警告灯由两个或三个并联的开关控制。兼有驻车制动未松警告和双制动管路失效报警功能的控制电路如图5-17所示。

当驻车制动器处于制动位置时,驻车制动开关7处于闭合位置,若接通点火开关,则警告灯亮,用以提醒驾驶人在挂档起步之前,松开驻车制动器。当松开驻车制动器后,警告灯即熄灭。

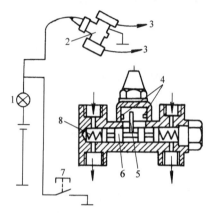

图5-17 驻车制动未松及制动失效警告装置
1—警告灯 2—差压开关 3—制动管路
4—固定触点 5—活动触点 6—活塞
7—驻车制动开关 8—平衡弹簧

差压开关2连接双制动管路,当两制动管路制动均正常时,差压开关中的活塞由两边的平衡弹簧使其保持在中间位置,活动触点与两边的固定触点均不接触,警告灯不亮。如果任一管路失效而压力下降,其压差大于1000kPa时,活塞便会向一侧移动而使触点闭合,警告灯亮起以示警告。

六、制动蹄片磨损警告灯

制动蹄片磨损警告灯的作用是提醒驾驶人制动摩擦片磨损已到使用极限,两种不同形式的制动蹄片磨损警告灯电路原理如图5-18所示。

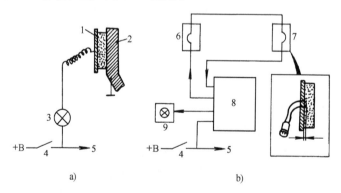

图5-18 制动蹄片磨损报警电路
a) 触点式 b) 金属丝式
1—带触点的摩擦片 2—制动盘 3、9—警告灯 4—点火开关 5—接点火系统 6、7—带线环摩擦片 8—电子控制器

触点式制动蹄片磨损报警电路是将一个金属触点埋在摩擦片的适当位置(图5-18a),当摩擦片磨损至使用极限厚度时,金属触点就会与制动盘(或制动鼓)接触而接通警告灯电路,使仪表板上的警告灯亮起,以示警告。

金属丝式制动蹄片磨损报警电路则是在摩擦片的适当位置埋设了一段导线（图5-18b），该导线与电子控制装置8相连。当接通点火开关后，电子控制装置向摩擦片内埋设的导线通电数秒钟进行检查，如果摩擦片已磨损到使用极限厚度而将埋设的导线磨断，电子控制装置则会使警告灯9亮起，以示警告。

七、冷却液温度过高警告灯

冷却液温度过高警告灯用于发动机过热报警，冷却液温度过高报警电路由仪表板上的温度警告灯和安装于发动机缸体冷却水道处的温度开关组成。采用双金属片式温度开关的冷却液温度过高报警电路如图5-19所示。

温度低或正常时，温度开关内的双金属片不弯曲或弯曲较小，触点处于断开状态，警告灯5不亮。当发动机温度达到或超过设定的高限时，温度开关内双金属片7受热弯曲的程度使触点闭合，接通冷却液温度过高报警电路，警告灯5亮起，以示警告。

八、制动灯断丝警告灯

制动灯断丝警告灯是在制动灯的灯丝烧断而不亮时亮起，用以提醒驾驶人及时排除制动灯不亮故障。舌簧开关式制动灯断丝警告灯电路如图5-20所示。

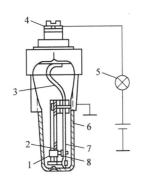
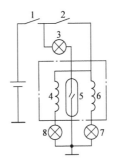

图5-19 冷却液温度过高报警电路
1—调节螺钉 2—支架 3—导电片
4—接线柱 5—警告灯 6—传热套管
7—双金属片 8—触点

图5-20 制动灯断丝报警电路
1—点火开关 2—制动开关 3—警告灯
4、6—电磁线圈 5—舌簧开关 7、8—制动灯

驾驶人踩下制动踏板，制动灯开关接通制动灯电路，制动灯亮起。这时舌簧开关两侧电磁线圈同时通电，产生的磁力相互抵消，舌簧开关保持在断开位置，警告灯不亮。如果某一制动灯因断丝而不亮时，舌簧开关只单侧电磁线圈通电，其产生的磁力使舌簧开关闭合，接通警告灯电路，警告灯亮起，以示报警。

思 考 题

1. 汽车仪表的作用是什么？现代汽车对仪表和指示灯系统有哪些要求？
2. 电热式指示表是如何工作的？
3. 采用双金属片式机油压力传感器的电热式机油压力表是如何工作的？
4. 采用双金属片式冷却液温度传感器的电热式冷却液温度表是如何工作的？

5. 电磁式指示表是如何工作的?
6. 采用热敏电阻式传感器的电磁式冷却液温度表是如何工作的?
7. 电磁式燃油表是如何工作的?
8. 机械式车速里程表是如何工作的?
9. 电子式车速里程表是如何工作的?
10. 常见的汽车指示灯和警报装置有哪些?其作用和工作原理如何?

第六章 汽车其他电器

汽车其他电器也称为辅助电器,用以提高汽车的安全性、舒适性和实用性。随着人们对汽车技术使用性能要求不断提高,汽车辅助电器会越来越多。

第一节 电动刮水器与风窗玻璃洗涤器、除霜装置

一、电动刮水器

电动刮水器的作用是清除汽车驾驶室前、后风窗玻璃上面妨碍驾驶人视线的雨水、雾气、雪花及尘埃。目前汽车上所用的刮水器有气动式和电动式两种,气动式刮水器只能用于装备气压制动系统的汽车,汽车上广泛使用的是电动刮水器。

电动刮水器主要由电动机及控制电路、传动机构和刮水片组成。电动刮水器的基本功能是使刮水片实现摆动,同时还应具有变速、间歇摆动及自动复位等控制功能,以满足实际使用需要。采用双刮水片的电动刮水器如图6-1所示。

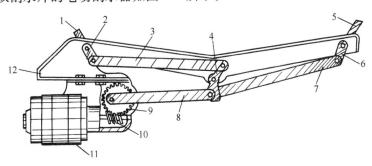

图6-1 电动刮水器
1、5—刮水片摆臂 2、4、6—摆杆 3、7、8—拉杆 9—蜗轮 10—蜗杆 11—电动机 12—底板

1. 刮水片的摆动

电动机11通电后转动,经蜗轮9、蜗杆10减速后,带动拉杆3、7、8和摆杆2、4、6运动使刮水片摆臂1、5往复摆动,使刮水片形成刮水动作。刮水片和摆杆通常采用绞接式连接方式,以使刮片能很好地适应风窗玻璃不同的外形及运行条件。

一些汽车上的刮水器没有将电动机的转动转换为刮水片往复摆动的传动机构,而是通过双向开关使驱动电动机正反向转动实现刮水片往复摆动。励磁式电动机可用不同的励磁绕组通电来控制其旋转方向,永磁式电动机则用改变电枢电流方向来控制其正反转。

2. 刮水片的变速控制

电动刮水器一般设有两种刮水速度,靠控制电动机的转速实现。根据直流电动机工作时的电压电流平衡关系,可得到直流电动机的转速 n 与电压 U、电枢电流 I_S、电枢绕组匝数 Z 及磁极磁通量 Φ 具有如下关系:

$$n = \frac{U - I_S R}{KZ\Phi}$$

式中，K 为常数，从上式可知，在电压 U 和电枢电流 I_S 基本不变时，通过调节磁极的磁通量 Φ 或改变电枢绕组的匝数 Z 均可改变电动机的转速。

（1）励磁式直流电动机的变速控制　励磁式直流电动机通常采用改变磁极磁通量的方式实现调速，励磁式电动机刮水器调速原理如图 6-2 所示。

当刮水器开关处于 Ⅰ 档（低速档）时，刮水器开关的③、④接线柱均接通电源，直流电动机成复励状态，此时电动机磁极的串联绕组 1 和并联绕组 3 均通电，磁极磁场较强，电动机以低速转动；当刮水器开关处于 Ⅱ 档时，刮水器开关的④接线柱与电源断开，直流电动机成串励状态，磁极只有串联绕组 1 通电，其磁通量减小，电动机以高速转动。

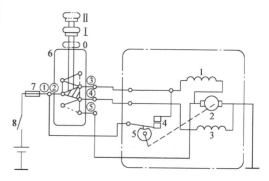

图 6-2　励磁式电动机刮水器调速原理
1—串联绕组　2—电枢　3—并联绕组　4—触点
5—凸轮　6—刮水器开关　7—熔断器　8—电源开关

（2）永磁式直流电动机的变速控制　永磁式电动机采用改变正负电刷间串联绕组匝数的方式调速，永磁式电动机刮水器调速原理如图 6-3 所示。

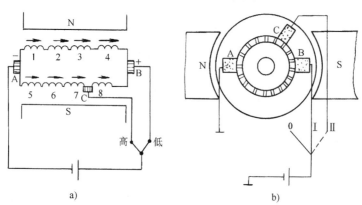

图 6-3　永磁双速电动机的调速原理
a) 双速电动机原理　b) 双速电动机的控制

当刮水器开关处于 Ⅰ 档时，电流流经 A、B 两电刷，这时，电枢内部形成两条对称的支路，一条经绕组 4、3、2、1，另一条经绕组 8、7、6、5，串联的电枢绕组数有四个，匝数多，电动机以较低的转速运转，使刮水片慢速摆动。当刮水器开关处于 Ⅱ 档时，电流流经 A、C 两电刷，这时电枢内部形成两条不对称的支路，一条经绕组 8、4、3、2、1，另一条经绕组 7、6、5，绕组 8 所产生的反电动势与绕组 4、3、2、1 的相互抵消，此时实际串联的电枢绕组数只有三个，匝数较少，因此，电动机在较高的转速下运转，使刮水片快速摆动。

3. 刮水片的间歇控制

汽车在小雨或雾天中行驶时，刮水器快速反复刮动不但没有必要，反而影响驾驶人的视线，因而增设了间歇刮水功能，使刮水器每刮刷一次后停歇 3~6s。间歇刮水控制电路一例如图 6-4 所示。

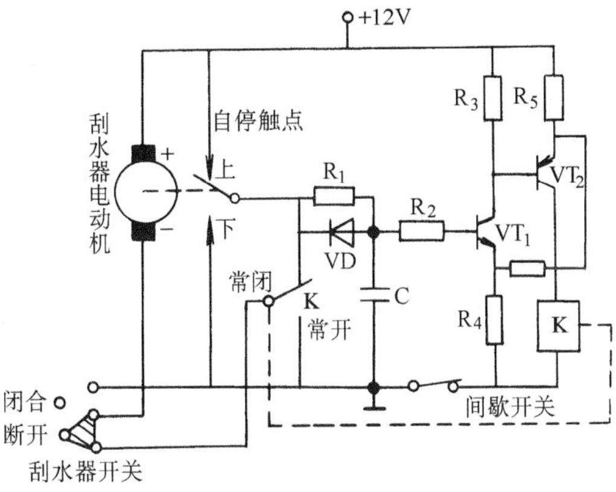

接通点火开关后，电源向电容器 C 充电，充电电流的电路为蓄电池正极→自停触点上触点→电阻 R_1→电容器 C→搭铁至蓄电池负极。C 充足电后，使 VT_1 的基极电位高于其正向导通电压。当接通刮水器间歇开关时，VT_1 的基极随即得到导通电压而导通，并使 VT_2 随之导通，继电器 J 线圈通电，J 的常闭触点打开，常开触点闭合，刮水器电动机通电工作。

图 6-4 间歇刮水控制电路原理

刮水器电动机与刮水片自停凸轮联动，当刮水器电动机转动至自停触点的上触点断开、下触点接通时，电容器 C 便通过 VD 放电，使 VT_1 的基极电位下降。当 C 两端的电压下降至 VT_1 的导通电压以下时，VT_1 截止，VT_2 随之截止，继电器 J 断电，其常闭触点又闭合，常开触点断开。此时，自停凸轮转至自停触点的下触点接通，因此电动机仍然通电，刮水片继续摆动。当刮水片摆回原位，刮水片自停凸轮转至自停触点上触点接通时，刮水器电动机的电枢被短路而停转。

自停触点上触点又接通了 C 充电电路，但需要通过一定时间的充电才能达到 VT_1 的导通电压，因而使得刮水器间歇工作。刮水片每次间歇时间长短取决于 C 的充电时间，改变 R_1 和 C 的参数值即可改变刮水器间歇时间。

4. 刮水片的自动复位

当关闭刮水器开关使刮水片停止摆动时，若刮水片没有正好停在风窗玻璃的下边缘，将会影响驾驶人的视野，为此，电动刮水器都设有自动复位机构，无论关闭刮水器开关时刮水片在什么位置，自动复位机构都将刮水片自动停在指定位置。

（1）凸轮式自动复位机构　凸轮式自动复位机构电路原理参见图 6-2，由触点 4 和与电动机联动的凸轮 5 组成自动复位开关。当驾驶人关闭刮水器（刮水器开关置于"0"位）时，如果刮水片未在风窗玻璃下缘的位置，自动复位开关内的触点 4 处于闭合位置，使电动机继续通电转动。当刮水片转到指定的位置时，凸轮的位置恰好使触点张开，电动机与电源断开，电枢绕组通过刮水器开关的⑤、④接线柱与磁极的并联绕组 3 连接，形成并励发电方式，电枢电流所产生的电磁作用力与转动方向相反，形成制动转矩可使电动机迅速停转，使刮水片停在指定的位置。

（2）铜环式自动复位机构　永磁式电动机刮水器使用的铜环式自动复位机构，其电路原理如图 6-5 所示。

由触点 6、7 和随电枢转动的铜环组成自动复

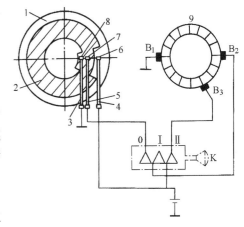

图 6-5　铜环式自动复位机构原理
1—蜗轮　2—铜环　3、4、5—触点臂
6、7、8—触点　9—换向器

位开关。断开刮水器开关时如果刮水片不在风窗玻璃下缘位置,铜环将触点 6 和触点 7 连接,这时电动机仍然通电转动,其电流通路为蓄电池正极→触点 6→铜环→触点 7→刮水器开关→B_2→B_1→搭铁→蓄电池负极。当刮水片转到指定位置时,铜环外圆缺口转到触点处,使触点 6 与触点 7 断开,切断了电动机与电源的连接。这时,铜环内圆凸块将触点 7 和触点 8 连接,使电枢绕组搭铁。这样,就可使电动机电枢在停转前产生短路电流,形成制动转矩而使电动机迅速停转,确保刮水片停位准确。

二、风窗玻璃洗涤器

风窗玻璃洗涤器用于清洁汽车前后风窗玻璃的尘土和污物,以使驾驶人有良好的视野,避免在刮水器工作时因有脏物而加速风窗玻璃及刮水器的磨损。风窗玻璃洗涤器与刮水器配合进行洗涤工作。

风窗玻璃洗涤器如图 6-6 所示,由洗涤液泵、储液罐、洗涤液喷嘴、三通接头、连接软管等组成。洗涤泵通常由微型永磁电动机和离心泵组成。

当风窗玻璃需要洗涤时,应首先起动洗涤液泵,使洗涤液从喷嘴喷出,浸软玻璃上的尘土和污物后,才能开启刮水器,把尘土、污物及洗涤液一起刮干净。

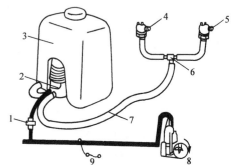

图 6-6 风窗玻璃洗涤器
1—洗涤器电路插接器 2—洗涤液泵
3—储液罐 4、5—喷嘴 6—三通接头
7—软管 8—刮水器控制盒 9—熔断器

洗涤泵电动机为密封式、短时工作的高速电动机,因此洗涤泵连续工作的时间不应超过 5s,使用间隔应在 10s 以上。

三、风窗玻璃除霜装置

冬天,如果汽车风窗玻璃结霜,就会影响驾驶人的视野,严重时会导致车辆无法驾驶。因此,汽车上必须装备风窗玻璃除霜装置。目前所用除霜装置的形式有以下几种。

1) 在风窗玻璃下面装热风管,向风窗玻璃吹热风以除霜,并防止结霜。这种形式一般用于前风窗玻璃的除霜。

2) 电加热除霜,将电阻丝(镍铬丝)紧贴在风窗玻璃车厢内的表面,需要除霜时,通电加热即可。这种形式一般用于后风窗玻璃。

3) 在风窗玻璃制造过程中,将含银陶瓷电网嵌加在玻璃内,或采用在中间夹有电阻丝的双层风窗玻璃,通电后都有除霜功能。

4) 在风窗玻璃上镀一层透明导电薄膜(一般为氧化铟、氧化铈、氧化镁)和电阻丝一样,通电后产生热量起到除霜的作用。

除霜时间可自动控制的后风窗玻璃除霜装置电路一例如图 6-7 所示。

需要除霜时,接通除霜开关 8,控制器 6 便接通后风窗玻璃除霜继电器线圈电路,使继电器触点闭合,后风窗上的除霜器电热丝通电发热而使附于风窗玻璃上的霜雪受热蒸发。控制器中的时间控制电路使继电器保持通电 10~20min 后断电,使除霜器自动停止工作。若在除霜器自动停止工作后还需要继续除霜,可再次接通除霜开关。

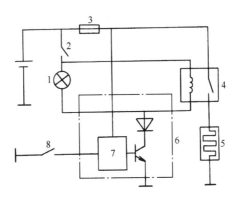

图 6-7 后风窗玻璃除霜装置控制电路
1—除霜指示灯 2—点火开关 3—熔丝 4—除霜继电器 5—除霜器（电热丝）
6—控制器 7—延时电路 8—除霜开关

第二节 电动辅助装置

电动辅助装置包括电动车窗、电动车门、电动座椅、电动后视镜、电动天窗、电动天线等。这些电动辅助装置不仅使相关的操纵简便，也有利于行车安全。

一、电动车窗

1. 电动车窗的组成与类型

电动车窗主要由升降控制开关、电动机、升降机构、继电器等组成，利用开关控制车窗的升（关）降（开）。为防止电路过载，电动车窗电路中还设有热敏开关。有的车上还设有一个延时开关，可在点火开关断开后约 10min 内或在车门打开以前，电动车窗仍接通电源，使驾驶人或乘客仍可操纵控制开关关闭车窗。

电动车窗所用的双向直流电动机有永磁式和双绕组串励式两种。永磁式电动机通过控制电流方向使其正反转，双绕组串励式电动机则是控制通电的绕组使其正转或反转。电动车窗的升降机构有不同的结构形式，常见的有钢丝滚筒式和交叉传动臂式。

2. 电动车窗的控制电路

（1）永磁式电动机电动车窗控制电路 永磁电动机通过升、降开关控制其电流的方向，电动车窗控制电路一例如图 6-8 所示，电路的控制功能及工作方式如下。

1) 接通点火开关后，电动车窗继电器线圈通电，其触点闭合，接通了电动车窗控制电路的电源，电动车窗可随时工作。

2) 主开关安装于驾驶人侧车门处或仪表板处，主开关包括控制四个车窗玻璃升降的电动车窗开关和车窗锁止开关。车窗锁止开关在接通状态时，各车窗升降控制开关均可操纵车窗玻璃的升降；车窗锁止开关断开时，则只有驾驶人侧车窗可进行开关操作。

3) 各车窗电动机电路都装有热敏开关，当车窗完全关闭、完全打开或由于车窗玻璃上结冰、卡滞等引起车窗玻璃无法移动时，电路的电流会增大，使热敏开关变热而自动打开，以防止电路过载。

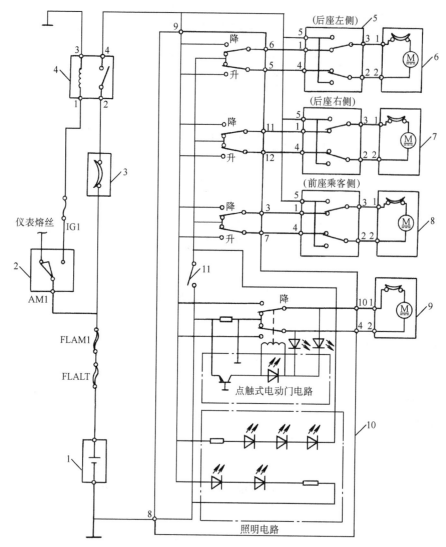

图 6-8 永磁式电动机电动车窗控制电路

1—蓄电池 2—点火开关 3—热敏开关 4—电动车窗继电器 5—电动车窗开关
6、7、8、9—车窗驱动电动机 10—电动车窗主开关 11—车窗锁止开关

（2）励磁式电动机电动车窗控制电路 双绕组串励式电动机的两个磁场绕组绕向相反，通过升降开关控制通电的磁场绕组，其中一个绕组通电时电动机的转动使车窗上升，另一个绕组通电时电动机则反向转动，使车窗下降。使用这种电动机的车窗控制电路一例如图6-9所示。

驾驶人通过总控制开关可操纵四个车窗的升降，坐在前排和后排的乘员则可用门开关操纵身边车窗的升降。

每个电动机电路中串联了双金属式热敏开关，当电动机超载时，过大的电流通过双金属片，使双金属片温度升高而弯曲变形，其触点打开，切断电动机电流。待双金属片冷却后，变形恢复，触点又重新闭合，如果这时车窗控制开关还处于接通状态，双金属片则又会受热

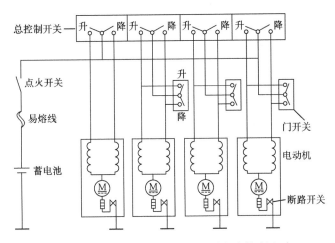

图 6-9 双绕组串励式电动机电动车窗控制电路

变形而使触点断开,如此重复开闭,使电动机的平均电流不超过规定值,从而确保电动机不致过载烧坏。

二、电动座椅

1. 电动座椅的组成与类型

电动座椅主要由电动机、座椅调整机构、控制开关等组成,利用开关调节座椅的位置。一些电动座椅为防止电动机过载,还设置了过载断路开关。

电动座椅所采用的双向电动机也有永磁式和双绕组串励式两种,永磁式的居多。电动座椅有两向可调、四向可调、六向可调和八向可调四种,两向可调(上—下)的有一个电动机,四向可调(上—下、前—后)有两个电动机,六向可调(上—下、前—后、靠背倾角)的有三个电动机,八向可调(前上—前下、后上—后下、前—后、靠背倾角)的需用四个电动机。

座椅调整机构将电动机的旋转运动转变为座椅的空间移动。高度调整机构通常是将电动机的高速旋转经蜗轮蜗杆传动减速,再经蜗轮内圆与心轴之间的螺纹传动,转换为心轴的上下移动。前后调整机构则是蜗轮蜗杆减速机构加齿轮齿条传动,使座椅在电动机的驱动下沿导轨前后移动。

2. 电动座椅的控制电路

具有八向可调的电动座椅控制电路如图 6-10 所示。通过电动座椅调节开关控制四个永磁式电动机的正反向电流,使电动机以不同的转动方向转动,实现座椅的前端上下、后端上下、前后移动和靠背倾角调节。

三、电动后视镜

1. 电动后视镜的组成

电动后视镜使驾驶人坐在车内通过调节开关就可调整左右后视镜,使后视镜的调节变得十分方便。电动后视镜主要由永磁式电动机、传动机构和控制开关组成,每个后视镜都装有两套驱动装置,其中一个电动机和传动机构用于后视镜片水平方向的转动,另一个电动机和

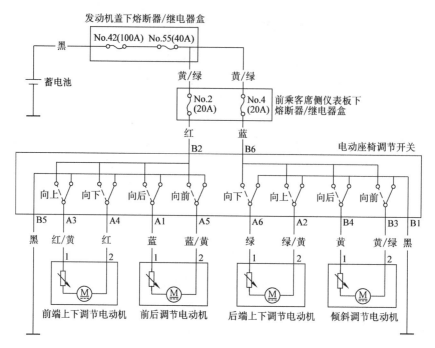

图 6-10　广州本田雅阁轿车八向可调电动座椅控制电路

传动机构则用于后视镜片垂直方向的转动，由电动后视镜开关进行操纵。

有的汽车电动后视镜还带可折叠功能，由后视镜折叠开关控制电动机工作，驱动折叠传动装置带动后视镜折叠和伸出。

2. 电动后视镜的控制电路

典型的电动后视镜控制电路如图 6-11 所示。

后视镜开关包括左右后视镜选择开关和后视镜转动（水平方向和垂直方向）控制开关，当驾驶人用选择开关选择了要调整的后视镜后，就可通过转动控制开关来调整被选后视镜。"左""右"开关用来调整后视镜的水平视角，"上""下"开关可调整后视镜的垂直视角。

如果驾驶人将后视镜选择开关拨至右位，后视镜转动控制开关按向右时，"右"开关接通右后视镜控制水平转动的电动机电路。其电流通路：蓄电池正极→点火开关→熔断器→开关 1 号端子→后视镜转动控制开关右 + →后视镜选择开关右 b→开关 10 号端子→右后视镜"左右"电动机→开关 8 号端子→后视镜选择开关右 a→后视镜转动控制开关右 - →搭铁→蓄电池负极。这时，右后视镜控制水平转动电动机转动，使右后视镜水平逆时针方向转动；后视镜转动控制开关按向左时，则"左"开关接通右后视镜控制水平转动的电动机电路，但通过电动机电流的方向相反，使右后视镜水平顺时针方向转动。后视镜转动控制开关按向上或下时，则接通右后视镜控制垂直转动电动机电路，实现后视镜的上、下视角调整。

四、电动门锁

1. 电动门锁的组成与类型

电动门锁可使驾驶人通过按钮或钥匙控制所有车门（包括行李箱盖）的锁定和打开，

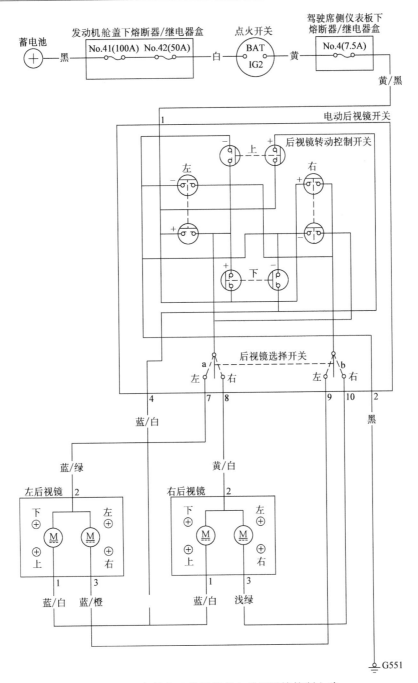

图6-11 广州本田雅阁轿车电动后视镜控制电路

可使驾驶人的操作方便，并提高了安全性。电动门锁系统也称中控门锁，主要由门锁执行器、操纵机构、继电器及控制电路等组成。电动门锁一般还在各乘客车门处设有可打开各自车门的锁扣，有些电动门锁系统还设有车速感应锁定功能，当车速超过10km/h时，各车门能自动锁定，以确保行车安全。

电动门锁的执行器有多种构形式，常见的有电动机式和电磁线圈式两大类。电动机式门锁执行器有永磁电动机和双绕组励磁式电动机两种，通过控制电动机的正反转来实现门锁的锁定和打开动作。电磁线圈式电动门锁执行器也有单线圈和双线圈两种，双线圈电动门锁执行器的结构如图 6-12 所示，它是通过对开锁线圈和锁门线圈的通断电控制，产生不同方向的电磁吸引力，使衔铁作相应的移动，再经门锁连接杆驱动门锁机构的开和关；单线圈电动门锁执行器的开锁和锁止动作是通过控制线圈电流方向实现的。

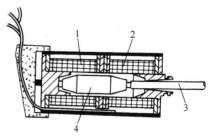

图 6-12 电磁线圈式电动门锁执行器
1—锁门线圈　2—开锁线圈
3—门锁机构连接杆　4—衔铁

2. 电动门锁控制电路

不同车型其电动门锁的控制功能、门锁执行器类型不尽相同，其电动门锁控制电路也不同。采用电磁线圈式门锁执行器的电动门锁控制电路一例如图 6-13 所示。

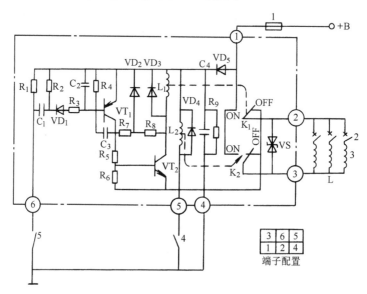

图 6-13 电磁线圈式电动门锁控制电路
1—熔断器　2—断路器　3—电磁线圈　4—开锁开关　5—锁门开关
L_1、K_1—锁门继电器线圈与触点　L_2、K_2—开门继电器线圈与触点

当驾驶人按下其车门锁扣或用钥匙锁门时，锁门开关 5 闭合，晶体管 VT_1 有正向偏压而导通，VT_2 随之导通，锁门继电器线圈 L_1 通电，其触点 K_1 被吸到 ON 位置。此时电磁线圈的电流通路：蓄电池正极→控制电路①端子→锁门继电器 K_1 常开触点（ON）→控制电路②端子→电磁线圈→控制电路③端子→开门继电器 K_2 常闭触点（OFF）→控制电路④端子→搭铁→蓄电池负极。由于电磁线圈正向通电，电磁吸力拉下车门锁扣杠杆，锁定车门。在锁门开关接通的瞬间，蓄电池就向电容 C_1 充电，待充电结束时，VT_1 失去正向偏压而截止，VT_2 随之截止，L_1 断电，K_1 回到常闭（OFF）位置，门锁电磁线圈断电。

当驾驶人拉起其车门锁扣或用钥匙开门时，开锁开关闭合，开锁继电器线圈 L_2 通电，其触点 K_2 被吸到 ON 位置。此时电磁线圈的电流通路：蓄电池正极→控制电路①端子→开锁继电器 K_2 常开触点（ON）→控制电路③端子→电磁线圈→控制电路②端子→锁门继电器 K_1

常闭触点（OFF）→控制电路④端子→搭铁→蓄电池负极。由于电磁线圈反向通电，电磁吸力拉起车门锁扣杠杆，车门锁被打开。

第三节 低温起动加热装置

一、柴油机低温起动加热装置

在低温和寒冷冬季，汽车发动机的机油黏度增高，使起动阻力矩增大；蓄电池也因低温内阻增大而起动性能下降；进气温度低，压缩后不易达到燃料自燃温度。为使发动机低温起动容易，一些柴油发动机设置了低温起动加热装置。柴油发动机低温加热装置有进气加热装置、油底壳加热装置、电动机油泵装置、蓄电池加热装置和缸体缸盖加热装置等，而使用最多的则是进气加热装置。

1. 进气加热装置的结构与类型

根据柴油机的功率、工作环境及用途的不同，进气加热装置的结构类型也不同，柴油机进气加热装置有电阻丝加热式和火焰加热式两大类，电热塞式和电网式加热器都是由电阻丝加热进气，而火焰加热进气的有热胀式火焰加热器、电磁式火焰加热器、压力雾化火焰加热器等。

（1）电热塞式加热器 电热塞式加热器有内装式和外露式两种，内装式电热塞的结构如图6-14所示。每个缸均配有一个电热塞，一般安装在气缸盖处。在起动发动机以前，接通电热塞电路，电热丝很快使发热体钢套烧红，以加热燃烧室内的空气，使发动机容易起动。电热塞式加热器通常运用于中、小功率的柴油发动机上。

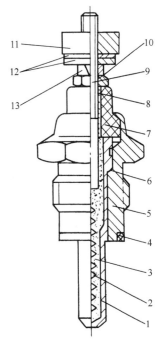

图6-14 电阻丝内装式电热塞
1—发热体钢套 2—电热丝 3—填充剂
4—密封垫圈 5—外壳 6—垫圈
7—绝缘体 8—胶合剂 9—中心螺杆
10—固定螺母 11—压紧螺母
12—压紧垫圈 13—弹簧垫圈

（2）电网式加热器 电网式加热器也适用于中、小功率的柴油机，其结构如图6-15所示。电网式加热器将电热丝绕成网状并固定在一个片形方柜内，然后装入进气歧管的管口处。低温起动前接通加热器电路后，电热丝发热，将经过电阻丝的空气加热。

（3）热胀式火焰加热器 热胀式火焰加热器的结构如图6-16所示。阀体2具有较高的热胀系数，其外表绝缘，并绕有电热丝1，阀芯5的锥形端在加热器不工作时将管接头的进油孔堵住。接通加热器电路后，电热丝通电发热，并加热阀体，使阀体受热伸长，

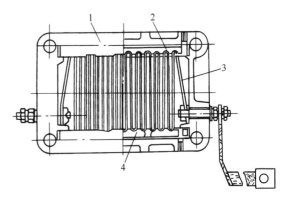

图6-15 电网式加热器
1—片形方壳 2—弹簧 3—电热丝 4—绝缘体

带动阀芯移动，阀芯锥形端离开进油孔，燃油便流入阀体内腔，并受热汽化后，被炽热的电

热丝点燃而形成火焰,并从阀体的内腔喷出,加热进气管内的空气。

起动后关闭加热器电路时,电热丝冷却,阀体也变冷收缩,阀芯锥形端又堵住进油孔而停止燃油的流入,火焰熄灭,加热终止。

(4) 电磁式火焰加热器 电磁式火焰加热器的结构如图 6-17 所示。它安装在进气歧管上,弹簧 9 将阀门 8 紧紧压在阀座孔上,将油孔 11 堵住。起动前,接通加热器电路时,电热丝 14 和电磁线圈 2 通电,线圈产生的磁力吸引动铁 3 向下移动,并顶开阀门 8,储油箱 7 内的燃油便从阀门 8 经油孔流到炽热的电热丝上而被点燃,火焰从稳焰罩 13 喷出,加热进气歧管中的冷空气。

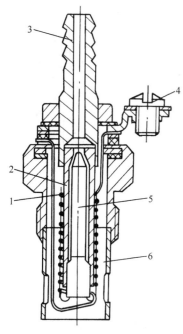
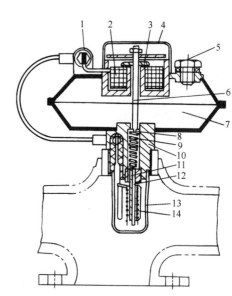

图 6-16 热胀式火焰加热器
1—电热丝 2—阀体 3—油管接头
4—接线螺钉 5—阀芯 6—稳焰罩

图 6-17 电磁式火焰加热器
1—接线柱 2—线圈 3—动铁 4—盖 5—加油口螺塞
6—阀杆 7—储油箱 8—阀门 9—弹簧 10—加热器外壳
11—油孔 12—支承杆 13—稳焰罩 14—电热丝

2. 进气加热装置控制电路

(1) 手动操纵的进气加热控制电路 由驾驶人手动操纵的进气加热控制电路如图 6-18 所示。

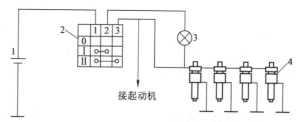

图 6-18 手动操纵的进气加热控制电路
1—蓄电池 2—起动/加热开关 3—加热指示灯 4—加热器

当气温低时，驾驶人将开关拨至Ⅰ档（加热档），各进气加热器通电产生热量，加热周围的空气。与加热器串联的指示灯这时也亮起，指示进气加热装置在通电状态。一般的加热时间约为30s，加热后，驾驶人将开关置于Ⅱ档（起动档），同时接通进气加热器和起动电路。发动机起动后，则立刻使开关回至"0"位，使起动机和加热器迅速断电停止工作。

（2）自动定时控制的进气加热控制电路 具有温度自动控制和加热定时功能的进气加热控制电路一例如图6-19所示。

发动机冷却液温度低于0℃时，温度开关处于闭合状态。驾驶人接通开关（ON），加热定时器使电热塞继电器线圈通电，其触点闭合，接通电热塞电路，电热塞通电加热周围空气。这时，加热指示灯亮起，以示加热器处于加热工作状态。当加热指示灯熄灭时（约3.5s以后），表示可以起动，驾驶人将开关拨至ST档，接通起动电路。这时，电热塞继续通电加热进气，使发动机顺利起动。在开关拨至ST档18s后，定时器可使电热塞电路自动断电，停止加热进气。

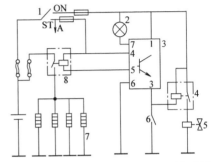

图6-19 五十铃N系列汽车进气加热控制电路
1—加热/起动开关 2—加热指示灯 3—加热定时器
4—电磁阀继电器 5—加热电磁阀 6—温度开关
7—电热塞 8—电热塞继电器

发动机冷却液温度高于0℃时，温度开关处于断开状态。驾驶人接通开关（ON档或ST档）时，加热定时器不会使电热塞继电器线圈通电，电热塞不会工作。这时，加热指示灯会亮起约0.3s后熄灭。

加热电磁阀安装于喷油泵的溢流管路中，在冷却液温度低于0℃时起动，加热电磁阀通电关闭，切断溢油回路，提高喷油压力，以利于起动。

二、汽油机低温起动加热装置

汽油机在低温时，汽油的雾化质量差，导致起动困难。为此，一些化油器式汽油机也设置了低温起动进气加热器。

现代汽油机混合气加热器通常采用正温度系数（PTC）的电镀陶瓷片为发热元件，其结构如图6-20所示。由于加热器发热元件的电阻会随温度的上升而增大，温度高时，其电流小，因此这种发热元件可实现自动恒温控制。发热元件产生的热量通过柱状散热片增加了散热面积，对流经汽油机进气歧管的混合气加热，促使混合气受热雾化。

汽油机混合气加热器控制电路中串联了一个冷却液温度控制开关，使加热器的工作受发动机冷却液的温度控制。低温起动时，温度开关处于闭合状态，接通点火开关后加

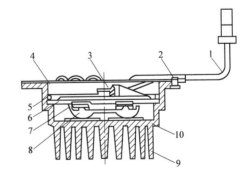

图6-20 陶瓷热敏电阻式进气加热器
1—导线 2—铆钉 3—电极（4个） 4—屏蔽板
5—卡环 6—弹簧固定板 7—弹簧 8—镍-银电极（4个）
9—散热片 10—PTC陶瓷片（4个）

热器通电加热，使发动机顺利起动。当发动机冷却液温度达到65℃时，温度开关断开，加热器断电停止加热，以避免对发动机的充气效率产生影响。

第四节　电磁干扰与抑制

一、电磁干扰的形成与危害

汽车电路中的导线、线圈、电容及电子元件等均具有不同程度的电阻、电容和电感的作用，而形成闭合回路的电阻、电容和电感在工作时会产生电压和电流振荡。当这些电气设备工作中产生火花时，电路中的高频振荡还会以电磁波的形式发射到空气中，对周围的无线电波造成干扰。随着汽车上的电气设备越来越多，汽车电气设备的电磁干扰问题也越显得突出。

汽车电气系统所产生的干扰电磁波通过汽车导线直接传播的称为传导干扰，通过空气传播的称为幅射干扰。汽车电器产生的电磁波不仅干扰汽车上的无线电设备的正常工作，还会对周围数百米内的收音机、电视机及其他无线电装置造成不同程度的影响。

汽车上的电磁干扰源很多，如传统点火系统中的断电器触点、配电器分火头与旁电极、火花塞电极、发电机电刷、电喇叭触点、各种调节器和继电器的触点、各种开关等。这些电器在工作时都会产生强弱不同的火花，并产生干扰无线电的电磁波，其振荡频率大约为0.15~1000MHz，干扰的范围很广。在这些产生电磁波的干扰源中，尤其是以点火系统火花塞电极跳火所产生的高频振荡电磁波影响最大。

二、防止电磁干扰的措施

汽车上防止电磁干扰的措施有两方面，一是对产生电磁干扰的电器元件采取抑制措施，以减少和消除干扰源；二是对易受干扰的电器总成采取防干扰措施。通过二者结合获得良好的防止电磁干扰效果。

1. 易受电磁干扰的电器总成防干扰措施

车内易受电磁干扰的电器总成随着汽车电子装置的发展将会越来越多。比如，汽车上装备的收录机、电视机、车载无线电话，以及车载卫星定位、巡航、导航装置、遥控装置等。它们本身都应有防干扰措施：在天线上加轭制线圈，在电源上加滤波器，选择合理的安装位置以及用金属罩遮盖等，均可有效防制电磁干扰。

2. 对电磁干扰源采取抑制措施

减少和消除电磁干扰源是防止电磁干扰的关键措施，有如下几种方法。

（1）并联电容器　在可能产生电火花的电器处并联电容器，以削弱高频振荡电磁波的产生和发射。比如，在发电机调节器的"电池"接线柱与搭铁之间或者在发电机"电枢"接线柱与搭铁之间并联$0.2~0.8\mu F$的电容器；在机油压力传感器、冷却液温度传感器的触点间并联$0.1~0.2\mu F$的电容器；在转向信号灯的闪光器和喇叭的触点处并联大于$0.5\mu F$的电容器等，如图6-21所示。有的汽车上还在干扰源处串联Π形或Γ形低通滤波器等，以更有效地抑制电磁干扰。

（2）串联阻尼电阻　在点火系统的高压电路中串联阻尼电阻，以削弱电火花产生的高频振荡，从而减小电磁干扰强度。串接阻尼电阻值和抑制效果成正比，但阻尼电阻值过大会

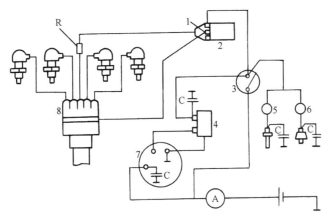

图 6-21　汽车上防干扰系统示意图
C—防干扰电容器　R—防干扰电阻
1—点火线圈　2—至起动机开关　3—点火开关　4—调节器　5—发动机冷却液温度表
6—机油压力表　7—交流发电机　8—分电器

影响火花塞的跳火能量，因此综合诸因素，串联的阻尼电阻值一般不应超过 20kΩ。通常阻尼电阻装在点火线圈的高压导线引出端或火花塞上，结构如图 6-22 所示。大都采用线芯为 φ0.1mm、由镍铬铅合金丝绕成的高压阻尼线，相当于电感、电容、电阻三者复合体，抑制效果很理想。

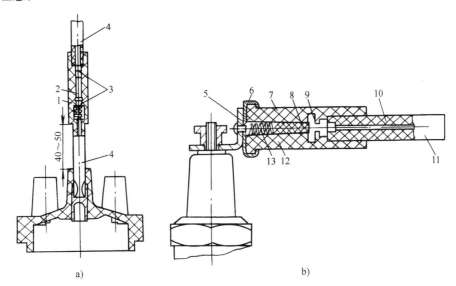

图 6-22　高压导线阻尼电阻的结构
a）阻尼电阻装在高压导线上　b）阻尼电阻装在火花塞上
1、7—胶木壳　2—电阻　3—装接钉　4—导线　5—紧固角架　6—罩杯
8—碳质电阻　9—螺钉　10—金属线芯　11—高压线　12—黄铜接触垫圈　13—弹簧

（3）用屏蔽遮掩防止电磁波传播　把汽车上能产生电磁干扰的电器元件、总成全部用金属罩密封起来，其连接导线也用金属网或金属管遮盖起来，并保证使它们良好牢固地搭铁。这样产生干扰的高频电磁波在屏蔽的金属罩内产生涡流，变成热能消耗掉，使电磁波不

能发射出去，因此也就消除了对电气设备的干扰。

这种方法成本较高，而且要求各屏蔽的金属罩之间以及金属罩与车体之间一定要接触良好，使之具有同一电位，以防止另外附加的火花产生。尽管如此，由于防干扰效果好，此种方法的应用会日渐广泛。

一些汽车为得到更好的防电磁干扰的效果，将上述三种方法综合使用，如图 6-23 所示。

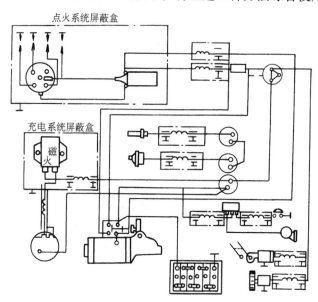

图 6-23　QGY-111 型汽车干扰抑制器

思 考 题

1. 电动刮水器的刮水片往复摆动是如何实现的？
2. 电动刮水器的刮水速度控制是如何实现的？
3. 举例说明电动刮水器的间歇摆动原理。
4. 在刮水器开关断开时，电动刮水器的刮水片能自动复位是如何实现的？
5. 汽车风窗玻璃的除霜可采用哪些方式？最常用的是什么方法？
6. 汽车电动辅助装置用电动机有哪些类型？如何控制其转动方向？
7. 电动门锁的执行器有哪几种类型？不同类型的执行器如何实现锁门和开锁动作？
8. 柴油机进气加热装置有哪些类型？各种加热装置是如何加热空气的？
9. 汽车电器为什么会产生电磁干扰？有哪些防范措施？

第七章 汽车电路

第一节 概　　述

一、汽车电系特点

汽车电系由车载电源和各用电设备组成，由于其特殊的工作环境，汽车电系有其自身的特点。汽车电系主要有如下特点。

1. 低压

汽车电系有6V、12V、24V三种额定电压，现代汽车普遍采用12V电系。一些重型汽车采用24V电系，有的重型汽车只是其柴油发动机起动系统采用24V电源，其他用电设备仍为12V电系，通过电源转换开关来改变电源的电压。采用低压的主要优点是安全；蓄电池单格数可较少，可使蓄电池的结构尺寸减小、重量减轻；此外，灯具的灯丝较粗，有利于延长灯具的使用寿命。

2. 直流

汽车电系采用直流电是因为需要用蓄电池作为发动机电力起动的电源，蓄电池电能消耗后也必须用直流电充电，因此，汽车上电气系统一直都是直流电。

3. 单线制

汽车上两个电源及所有的用电设备都是并联的，用电设备只用一根导线与电源的正极相连，利用发动机、车身及车架等金属体作为公共回路，与电源的负极相连。单线制具有电路清晰、用线少、安装检修方便等优点。在一些小汽车上，部分电路采用双线制，这些用电设备的负极是用导线连接到一个公共搭铁点或连接到一根公共搭铁线上。

4. 负极搭铁

蓄电池、发电机及用电设备的一极直接与其安装位置的发动机、车身及车架等机体相连，这称为"搭铁"。蓄电池的负极与车体连接的为负极搭铁，蓄电池正极连接车体的则为正极搭铁。现代汽车电系均采用负极搭铁。

二、现代汽车电系发展方向

1. 汽车电系电压升级

现代汽车技术进步的一个显著标志是汽车电气设备和电子控制装置的迅速发展。但是，随着汽车用电设备的增多，其用电量也相应增大，传统的12V电系已逐渐显得不堪重负，主要的问题如下。

1）低电压发电机所能提供的极限功率有限，使汽车电源能量不足问题日渐突出。

2）电源电压低，电路中的电流相对较大，这使电路能耗大、信号传送可靠性较差。

3）电路工作电流大，电路需要用较粗的导线，这使汽车电路的线束显得庞大，线束占用了有限的空间,对汽车其他部件的合理布置造成了影响。

上述这些问题制约着汽车技术的发展,因而提高汽车电系电压,以增强汽车电源供电能力,解决电路信号传送的可靠性等问题,已成为汽车技术进一步发展的关键技术之一。

酝酿中的汽车电气系统电压标准是42V。提高电压不仅可使汽车电源的极限功率提高,为新的电器与电子控制设备的使用提供电能保障,而且还可促使电子开关全面取代机械继电器,这将大幅减少线束及电器所占用的空间,显著提高汽车电气系统的工作可靠性。

2. 多路传输系统应用

汽车电器与电子控制装置的增多,也使汽车线束变得更多更长。传统的点到点的布线方式不仅容易使线束布置显得凌乱,也给线束本身和汽车其他零部件的布置带来难度,而且还使电气电路的故障率增加,降低了汽车电器与电子控制装置的工作可靠性。多路传输系统采用计算机总线方式连接汽车电器与电子控制装置,使汽车电路大为简化,并可提高信号传输的可靠性。多路传输系统已在部分汽车上得到应用,并会随着汽车多路控制技术的日趋成熟和多路传输装置的性能、可靠性的提高,其在汽车上的使用也将逐渐普及。

第二节 汽车电路控制与保护

一、汽车电路控制

1. 汽车电路的控制方式

汽车电路控制是使各汽车电路按需要改变工作状态,有手动控制和自动控制两种方式。汽车电路手动控制方式是在汽车电路中串联了手动开关(个别为脚动开关),由人工操纵开关来通断电路。汽车电路自动控制方式有多种形式,图7-1列出了汽车电路常见的三种自动控制方式。

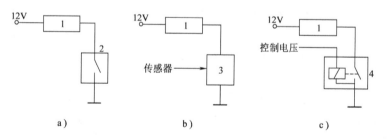

图 7-1 汽车电路常见的自动控制方式
a) 功能开关自动控制 b) 电子控制器自动控制 c) 继电器自动控制
1—被控电路 2—功能开关 3—电子控制器 4—继电器

(1) 功能开关自动控制方式 功能开关的动作由温度、压力、液位等物理参量控制,将某种功能开关串联在被控电路中,就使该电路受某种物理参量的控制。

(2) 电子控制器自动控制方式 传感器将某物理参量转变为相应的电信号,并输送给电子控制器,电子控制器按传感器的信号工作,自动控制被控电路的工作状态。

(3) 继电器自动控制方式 继电器触点串联在被控电路中,继电器线圈连接控制电路,就使被控电路受控制电路产生的控制电压控制。控制电路自动产生控制电压部件可以是功能开关、电子控制器或某个电气装置（如发电机等）。

2. 汽车电路控制装置

（1）开关　汽车电路控制开关有多种类型，按操纵方式不同分，有按键开关、旋钮开关、推拉开关等；按开关的结构与功能不同分，有单置开关、复合开关和组合开关等；按开关的作用分，则有电源开关、点火开关、车灯开关、转向灯开关等多种。

1）电源开关。一些汽车装有电源总开关，用于通断蓄电池与外电路的连接，以防止汽车停驶过程中蓄电池经外电路漏电。电源开关主要有闸刀式和电磁式两种。闸刀式电源开关直接由手动切断或接通电源，电磁式电源开关的原理如图 7-2 所示。

接通开关 7 时，电磁线圈 4 通电（常闭触点 1 接通线圈 4 搭铁电路），产生的电磁力将常开触点 2 吸合，蓄电池与外电路接通。与此同时，常闭触点 1 断开，电磁线圈 4 的电流经电磁线圈 5 到搭铁，两线圈产生的同向电磁力保持触点在吸合位置。

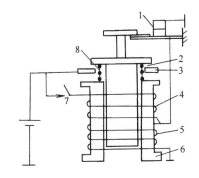

图 7-2　电磁式电源开关原理
1—常闭触点　2—常开触点　3—起动机接线柱
4、5—电磁线圈　6—铁心　7—开关　8—弹簧

当断开开关 7 时，两线圈断电，常开触点 2 断开，切断了蓄电池与外电路的连接。

2）点火开关。点火开关是一个复合开关，需用钥匙对其进行操纵。点火开关除控制点火电路外，通常还控制仪表电路、发电机励磁电路、起动电路及一些辅助电器电路等。点开关的原理如图 7-3 所示。

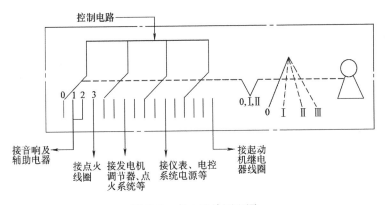

图 7-3　点火开关原理图

点火开关原理图左侧表示此开关为旋转式三档钥匙开关。虚线中间的下三角及数字表示开关在 0、Ⅰ、Ⅱ位可以定位，而Ⅲ位则不能定位（开关旋转至Ⅲ位松开时自动回到Ⅱ位）。原理图右侧表示开关在 0、Ⅰ、Ⅱ、Ⅲ位时的通断功能。

用开关的档位图可表示开关在各档位的开关内部连接情况，图 7-4 所示的点火开关档位图表示了点火开关有四个接线柱、三个

接线柱 开关档位	1 (BAT)	2 (IG)	3 (ACC)	4 (ST)
Ⅲ	○—	—	—○	
0	○			
Ⅰ	○—	—○—	—○	
Ⅱ	○—	—○—	—	—○

○—○：连接

图 7-4　点火开关档位图

档位。四个接线柱分别是：1号（BAT）为电源接线柱，与蓄电池正极和发电机电枢接线柱相连；2号（IG）为点火接线柱，连接点火电路、仪表电路及发电机励磁电路等；3号（ACC）为辅助电器接线柱，连接收放机等辅助电器；4号（BT）为起动接线柱，连接起动电路。三个档位分别是Ⅰ档为点火档、Ⅱ档为起动档（自动复位）、Ⅲ档（在0位时逆时针转）为辅助电器档。

一些进口汽车和国内生产的轿车，其点火开关通常还设有转向盘锁止（LOCK）档，当点火开关转至LOCK档时，转向盘被锁止。这些点火开关各档的位置通常是按LOCK、OFF、ACC、ON、ST的顺序排列的。

3）组合开关。组合开关由两种及两种以上的开关集装在一起，可使操纵更加方便。图7-5所示的JK322A型组合开关集中了转向灯开关、警告灯开关、灯光开关、前照灯变光

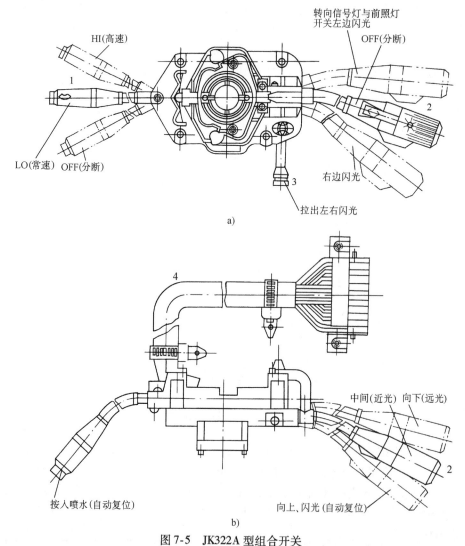

图7-5 JK322A型组合开关
a）前后方向工作状态 b）上下方向工作状态
1—左组合开关（刮水器操纵手柄与洗涤开关按钮） 2—右组合开关（转向及变光操纵手柄与灯光开关旋钮）
3—危险警告灯开关拉钮 4—组合开关线束

开关、刮水器开关、洗涤开关等，其工作档位及内部连接情况如图7-6所示。

开关名称与档位		连接导线颜色																			
		绿/黑	绿/白	绿/黄	绿/蓝	绿/红	绿/橙	绿	黄	红	白	红/黄	红/绿	红/白	白/黑	蓝	蓝/黑	蓝/橙	蓝/红	黑	蓝	绿/红
转向开关	左	O—	—	—O																		
	OFF		O—|—O																		
	右			O—|—O																	
报警开关	拉出	O—	—O				O—	—O														
灯光开关	OFF																					
	I								O—O												
	II								O—|—|—O												
变光开关	向上									O—O												
	中间											O—O										
	向下									O—|—O												
刮水器开关	OFF														O—O							
	LO															O—O						
	HI																O—O					
洗涤按钮	按下																		O—|—O		
喇叭按钮																					O—|—O

O—O：连接

图7-6　JK322A型组合开关工作档位及内部连接情况

（2）继电器

1）继电器的作用。继电器的基本组成件是电磁线圈和带复位弹簧的触点，如图7-7所示。继电器的工作方式是利用通电线圈所产生的电磁力来改变触点的原始状态。

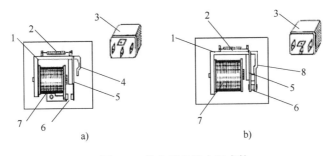

图7-7　继电器的基本组成件
a）常开型　b）常闭型

1—磁轭　2—弹簧　3—封装的继电器　4—限位片　5—衔铁　6—触点　7—线圈　8—固定触点支架

继电器可分为功能继电器和电路控制继电器两种。功能继电器如闪光继电器、刮水器间歇继电器等；电路控制继电器主要起保护开关和电路自动控制作用。

① 保护开关作用：开关只控制继电器线圈的通断，由继电器触点来通断控制开关要控制的电路。这样就可使控制开关只流过较小的继电器线圈电流，开关不容易损坏，其使用寿命得以延长。例如，起动继电器、电喇叭继电器及车灯继电器等，均起保护开关的作用。

② 自动控制作用：继电器线圈电流由汽车电路中的某个工作电压控制，当电路中的受控电压达到设定的继电器动作电压时，继电器触点改变工作状态，从而实现电路自动控制。

例如，充电指示灯继电器、安全继电器等，其作用是实现电路的自动控制。

2）继电器的类型。汽车电路中有很多继电器，可将其分为常开继电器、常闭继电器和混合型继电器等，主要形式如图 7-8 所示。

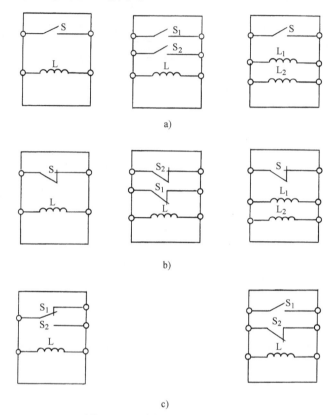

图 7-8　电路控制继电器的类型
a) 常开继电器　b) 常闭继电器　c) 混合型继电器

① 常开继电器：继电器线圈不通电时，继电器触点在其弹簧力作用下保持张开的位置，继电器线圈通电后触点闭合。

② 常闭继电器：继电器线圈不通电时，继电器触点在其弹簧力作用下保持闭合的位置，继电器线圈通电后触点张开。

③ 混合式继电器：继电器有常开触点和常闭触点，继电器线圈通电后常开触点闭合，常闭触点张开。

双线圈的继电器有两种工作方式，一种是两线圈中只要有一个线圈通电就可使其触点动作，电控发动机燃油泵控制继电器就属于此种工作方式；另一种是必须两个线圈同时通电才能使其触点动作，起动机驱动保护电路中的安全继电器就是这种工作方式的继电器。

二、汽车电路保护

1. 汽车电路保护的方式

汽车电路保护是在汽车电路中串联电路保护装置，当某汽车电路因负荷超载、短路故障而电流过大时，通过电路保护装置自断的方式将汽车电路与电源断开，以避免电路或用电设备烧坏。

汽车电路保护装置有不可恢复式和可恢复式两种。不可恢复式电路保护装置在起保护作用以后，必须更换新的保护装置才能恢复该电路的通路；可恢复式电路保护装置则在起保护作用后，不用更换，可通过手动或自动的方式恢复电路通路。

2. 汽车电路保护装置

汽车电路常用的保护装置有熔断器、易熔线和断路器等。

（1）熔断器 熔断器中的保护元件是熔丝，是不可恢复的电路保护装置，通常用于局部电路的保护。当其所保护的电路过载或出现短路故障时，熔断器的熔丝因流经的电流超过了规定值而发热熔断，从而保护电路和用电设备不被烧坏。

熔断器由熔丝固定在可插式塑料片上或封装在玻璃管中构成，按结构形式可分为金属丝式、管式、片式和平板式等多种形式。几种常见的汽车电路用熔断器如图7-9所示。

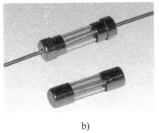

a) b) c)

图7-9 常见的汽车电路用熔断器
a) 插片式 b) 管式 c) 片式

为了便于检查和更换熔断器，汽车上常将各电路的熔断器集中安装在一起，如图7-10所示。一些汽车的熔断器盒中还安装有各种继电器、电路连接器等，被称为电源盒、接线盒等。

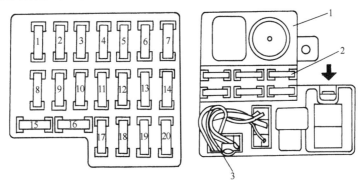

图7-10 熔断器盒示例
1—熔断器盒 2—熔断器 3—易熔线

熔断器烧断后，必须更换相同规格的新熔断器，不能用大于原规格的熔断器替代，更不能用铜丝或普通的导线代替。

（2）易熔线 易熔线由多股熔丝绞合而成，用于保护其工作电流较大的电路。易熔线的不同规格通常以不同的颜色来区分，几种常见易熔线的规格和特性见表7-1。

表 7-1　常见的易熔线的规格

颜　色	尺寸/mm	构　　成	1m 长的电阻值/Ω	连续通电电流/A	5s 内熔断的电流/A
茶色	0.3	φ0.32×5 股	0.0475	13	约 150
绿色	0.5	φ0.32×7 股	0.0325	20	约 200
红色	0.85	φ0.32×11 股	0.0205	25	约 250
黑色	1.25	φ0.5×7 股	0.0141	33	约 300

易熔线通常被接在蓄电池正极端附近，或集中安装在接线盒内。易熔线不能绑扎于线束内，也不得被其他物件所包裹。

（3）断路器　断路器起保护作用的主要元件是双金属片和触点。有自恢复式和按压恢复式两种。

1）自恢复式断路器。自恢复式断路器如图 7-11 所示，当被保护电路中的电流超过规定值时，双金属片受热弯曲而使触点张开，电路被切断。电路断电后，双金属片因无电流通过而逐渐冷却伸直，触点又重新闭合，又接通电路。如果电路电流过大的原因还未排除，自恢复式断路器就会使电路时而接通，时而切断，以限制通过电路的电流，起到了电路过载保护的作用。

2）按压恢复式断路器。按压恢复式断路器如图 7-12 所示，当被保护电路中的电流超过规定值时，双金属片受热向上弯曲，使双金属片两端的触点张开而切断电路。向上弯曲的双金属片冷却后不能自行恢复原形，若要重新接通电路，必须按下按钮才能使双金属片复位。

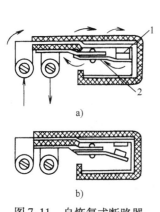

图 7-11　自恢复式断路器
a）触点闭合通路　b）触点张开断路
1—触点　2—双金属片

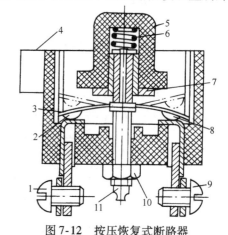

图 7-12　按压恢复式断路器
1、9—接线柱　2、8—触点　3—双金属片　4—外壳　5—按钮
6—弹簧　7—垫圈　10—锁紧螺母　11—调整螺钉

这种断路器的限定电流是可调的，需要调整时，松开锁紧螺母 10，旋动调整螺钉 11，改变双金属片的挠度即可。

第三节　汽车电路与线束

一、电路

1. 导线

导线是组成汽车电气电路的基础元件，汽车导线均采用多股铜线。

(1) 导线截面积　导线的截面积根据所接用电设备的电流值确定。为保证导线有足够的机械强度,规定截面积最小不能小于 $0.5mm^2$。各种低压导线标称截面积所允许载流值见表7-2。

表7-2　汽车低压导线标称截面积允许载流值

导线标称截面积/mm^2	1.0	1.5	2.5	3.0	4.0	6.0	10	13
导线允许载流量/A	11	14	20	22	25	35	50	60

导线标称截面积是根据规定换算方法得到的截面积值,它既不是线芯的几何面积,也不是各股铜线几何面积之和。

汽车主要电路导线的标称截面积推荐值见表7-3。

表7-3　汽车12V电系主要电路导线截面积推荐值

标称截面积/mm^2	适用的电路
0.5	尾灯、顶灯、仪表灯、指示灯、牌照灯、燃油表、冷却液温度表、油压表、电子钟等电路
0.8	转向灯、制动灯、停车灯、点火线圈初级绕组等电路
1.0	前照灯、电喇叭(3A以下)等电路
1.5	前照灯、电喇叭(3A以上)等电路
1.5~4.0	其他5A以上电路
4.0~6.0	柴油车电热塞电路
6.0~25	电源电路
16~95	起动电路

(2) 导线的颜色　为方便布线和检修,汽车各条电路的导线均采用不同的颜色,各国对汽车导线的颜色有不同的规定。比如我国要求截面积 $4.0mm^2$ 以上的导线采用单色,其他导线则采用双色(在主色基础上加辅助色条)。国产汽车各电路导线的主色的规定见表7-4。

表7-4　低压导线采用主色的规定

导线主色	电路系统的名称
红	电源系统
白	点火系统、起动系统
蓝	前照灯、雾灯等车外照明系统
绿	灯光信号系统
黄	车内照明系统
棕	仪表、警报系统、电喇叭
紫	收音机、电子钟、点烟器等辅助电器
灰	各种辅助电动机及电器操纵系统
黑	搭铁

在导线的接线端和电路图上,一般都标有导线颜色代码。国际标准组织(ISO)规定采用各颜色的英文字母为导线色码,我国及英国、美国、日本等均采用英文字母,但也有一些国家则采用本国母语字母作为导线色码。一些国家的导线颜色代码见表7-5。

表7-5 汽车电路中导线颜色代码

颜 色	英文代码	日本代码	德国代码	法国代码	颜 色	英文代码	日本代码	德国代码	法国代码
黑	B	B	SW	N	灰	Gr	Gr	gr	G
白	W	W	WS	B	紫	V	V	—	Mv
红	R	R	RO	R	橙	O	O	—	Or
绿	G	G	gn	V	粉	—	P	—	Ro
黄	Y	Y	ge	J	浅蓝	—	—	L	hb
棕	Br	Br	br	M	浅绿	—	Lg	—	—
蓝	Bl	—	—	Bl					

2. 电路插接器

插接器由插头和插座两部分组成，用于电气设备与电路的连接和电路之间的连接。与老式的单线连接方式相比，插接器连接方式具有接线方便迅速、线束结构简洁紧凑、避免接线错误等优点，已被现代汽车普遍采用。

汽车上不同位置所用插接器的端子数目、几何尺寸和形状各不相同。为保证连接可靠，插接器设有锁止装置，大多数插接器具有良好的密封性，以防止油污、水及灰尘等进入而使端子锈蚀。不同国家、不同汽车公司在其汽车电路图上插接器的图形符号表示方法各不相同。日本汽车插接器的图形符号如图7-13所示。

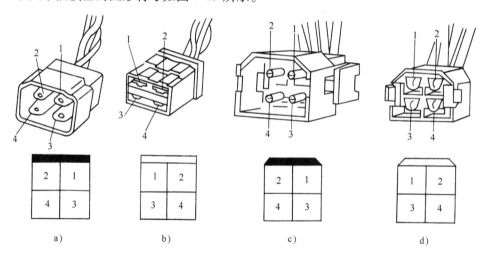

图7-13 日本汽车插接器图形符号示例
a) 片状插脚的插头 b) 片状插脚的插座 c) 柱状插脚的插头 d) 柱状插脚的插座

二、线束

线束是由同路的导线包扎而成的，可使电路不凌乱，便于安装，而且起到了保护导线的作用。一辆汽车可以有多根线束，图7-14是东风EQ1090型汽车全车电气系统的线束图。

现代小轿车由于采用了线间连接的插接器，使线束设计的自由度增加，其线束的数量也较多。使用这些针对性较强、相对较小的线束给安装、检修和更换带来了方便。

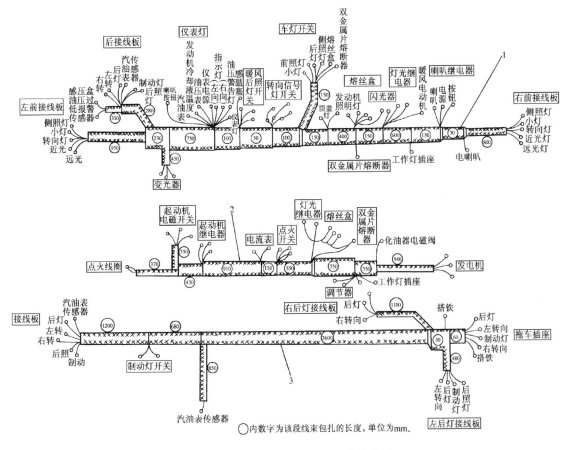

图 7-14 东风 EQ1090 型汽车电路线束图
1—驾驶室线束 2—电源、点火、起动线束 3—车架线束

第四节　汽车电路图

汽车电路图用于表示汽车电气电路的结构与电路原理，汽车电路图大致可分为汽车电路原理图、汽车电路线路图、汽车电路线束图三大类。

一、汽车电路原理图

汽车电路原理图用于表示汽车电气的电路工作原理，有全车汽车电路原理图和分系统的局部电路原理图。汽车电路原理图一例如图 7-15 所示。

汽车电路原理图具有如下特点。

1) 电器元件表达简单明了。汽车电路原理图用规定的符号表示电器元件，有的电器或电子控制部件符号通常还载有其功能与基本结构信息。

2) 电路连接关系清晰。汽车电路图中，电源线与搭铁线通常是上下布局，电路经简化后较少迂回曲折，使各电器的串并联关系十分明确。

3) 系统电路原理图分析方便。用局部汽车电路原理图表达某个汽车电气系统的电路原

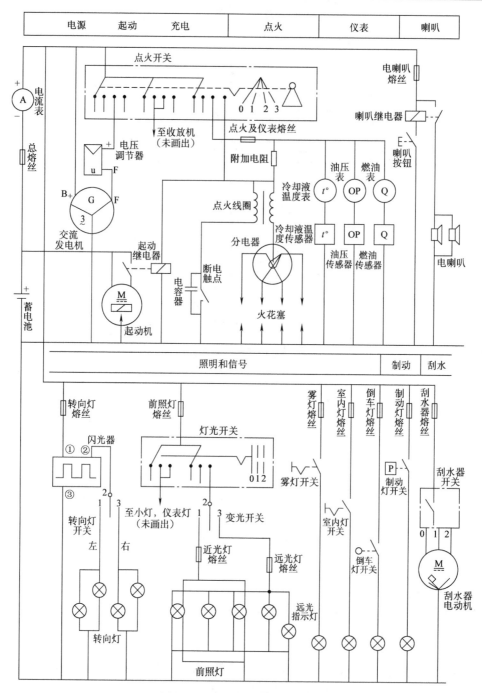

图 7-15 汽车电路原理图实例

理,全车电路原理图通常按系统布置,方便了系统电路原理分析。

二、汽车电路线路图

汽车电路线路图用于表示汽车电气电路的实际连接关系和电路的分布情况,有分布图和接线图两种形式。

1. 线路分布图

线路分布图可表示汽车电器的大致位置和线路的连接情况，线路分布图一例如图 7-16 所示。

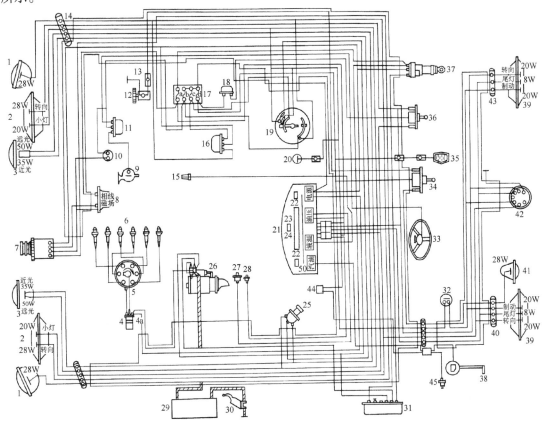

图 7-16 东风 EQ1090 汽车电气线路分布图

1—前侧灯　2—组合前灯　3—前照灯　4—点火线圈　4a—附加电阻线　5—分电器　6—火花塞　7—发电机　8—发电机调节器　9—电喇叭　10—工作灯插座　11—喇叭继电器　12—暖风电动机　13—接线管　14、40、43—接线板　15—冷却液温度传感器　16—灯光继电器　17—熔断器　18—闪光器　19—车灯开关　20—发动机舱盖下灯　21—仪表板　22—左右转向指示灯　23—机油低压警告灯　24—车速里程表　25—变光开关　26—起动机　27—机油压力传感器　28—低油压警告开关　29—蓄电池　30—电源开关　31—起动组合继电器　32—制动灯开关　33—喇叭按钮　34—后灯和暖风电动机开关　35—驾驶室顶灯　36—转向开关　37—点火开关　38—燃油液面传感器　39—组合尾灯　41—后灯　42—挂车灯插座　44—低气压蜂鸣器　45—低气压报警开关

从汽车电路线路分布图中可了解汽车各电器的大致布置情况和线路的实际走向与连接情况，但线路密集且纵横交错，线路寻查和电路原理分析比较复杂。因此，现代汽车全车电气系统用线路分布图表示的比较少见。

2. 接线图

接线图表示了各电器与电源之间的实际连接关系，但各电器的位置和电路的布置等则都作了简化表示。捷达轿车散热器风扇控制电路的接线图如图 7-17 所示。

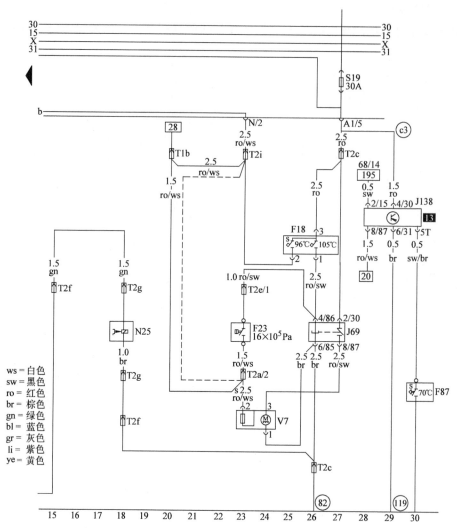

图 7-17 捷达轿车散热器风扇控制电路接线图
F18—散热器风扇热敏开关　F23—高压开关　J69—风扇二档继电器
J138—风扇控制单元　N25—空调电磁离合器
T1b—单孔插接器　T2c、T2e、T2f、T2g、T2i—2 孔插接器
V7—散热器风扇　F87—风扇起动温度开关　S19—熔断器

接线图通常被当做汽车电路原理图使用，但分析电路原理不如原理图简单明了。接线图的优点是对故障查寻的帮助要比原理图作用大得多，比线路分布图则要简明得多。因此，现代汽车电路图中接线图应用较多。

三、汽车电路线束图

汽车电路线束图用于表示汽车电路线束和线束连接电器的布置情况。根据所表示的侧重点不同，汽车电路线束图大致可分为线束结构图、线束定位图和布线图三种。

1. 线束结构图

线束结构图用以表示汽车电路线束的组成、各条线束的结构和连接部件。线束结构图一例（东风 EQ1090 汽车电路线束）参见图 7-14。

2. 线束定位与布置图

线束定位图用于表达一条或几条电路线束的走向、连接点及线束固定等信息。线束定位图一例如图 7-18 所示。

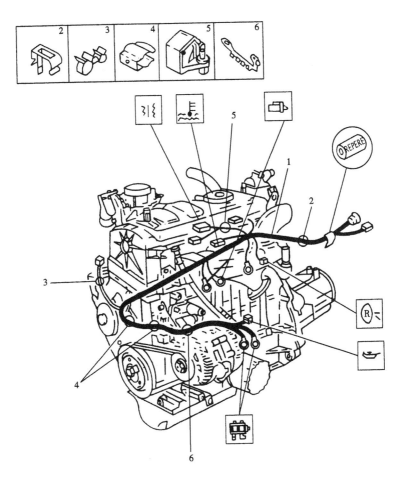

图 7-18 富康轿车 TU5JP/K 发动机电路线束定位图
1—发动机电路线束 2、3、4—线束卡子 5—线束支架 6—支承夹

线束布置图用于表达某个电路系统的线束及所连接电器部件的分布情况，如图 7-19 所示。

汽车电路线束定位图和布置图直观、清晰地反映了汽车电路线束的布置和线束所连接器件的具体位置。一些汽车电路线束图还给出了各插接器端子的排列情况，给查找汽车电器和电路故障提供了方便。

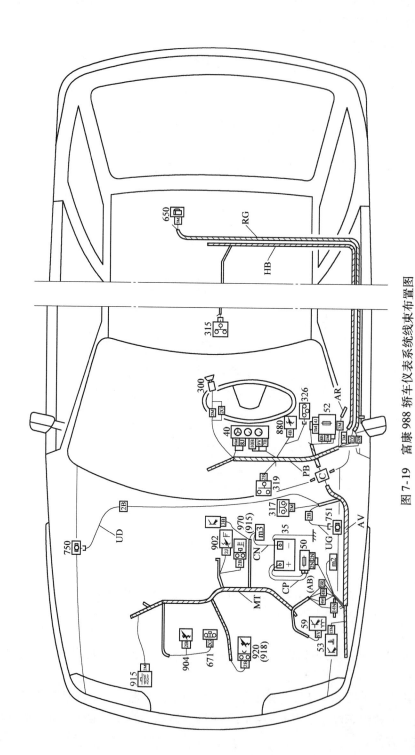

图 7-19 富康 988 轿车仪表系统线束布置图

35—蓄电池 40—仪表板 50—发动机舱盖下熔断器盒 52—驾驶室内熔断器盒 53—冷却液温度控制盒 300—点火开关 315—驻车制动灯开关 317—液面开关
319—制动灯开关 326—阻风门开关 650—燃油表传感器 671—机油压力传感器 750—左前制动摩擦片 751—右前制动摩擦片 880—仪表照明变阻器
915—冷却液温度传感器 59、902、904、918、920、970—未装备

四、汽车电路分析方法

通过汽车电路图对汽车电路进行分析时，应注意如下要点。

1. 牢记汽车电路的基本特点

单线、并联、负极搭铁是汽车电路的基本特点，在电路分析时，牢记汽车电路的基本特点，并应明确如下几点。

1) 每个用电设备连接都是一根导线与电源的正极相连接，如果某个用电设备的电源线还连接着其他用电设备，则是与其他用电设备共用电源线。

2) 用电设备与电源之间可能串联有熔断器、开关或继电器等部件，但各个用电设备之间仍然是并联关系。

3) 一些电器通过其壳体搭铁连接电源的负极，也有一些电器和电子装置则是通过导线搭铁。

2. 充分了解各种电路图的特点与规定

电路图的符号虽有相关的国际标准，但不同国家、不同的汽车公司都习惯于按自己的风格绘制汽车电路图。在阅读这些汽车电路图以前，必须对该电路图所具有的特点、各电器元件的表示方法、导线与接柱的标注含义等都能充分地了解，以免读图感到困难。

3. 熟悉各种电器的结构与工作原理

汽车电路中各个电器和电子控制装置及各个部件是组成汽车电路的基本要素，熟悉各电器及电子控制装置的结构与基本工作原理，是分析电气系统电路原理、理解电路的连接关系及进行电路故障诊断的基础。

4. 熟悉各种开关及继电器的功能与状态

汽车电路中各电器的工作受开关或继电器控制，汽车电路原理与故障分析，离不开对开关或继电器的控制功能和不同状态下的电路通路情况的了解。在汽车电路图中，开关和继电器都是以初始状态表示的，除了要清楚初始状态下开关或继电器触点的开合情况和受控电路的通断情况外，还要十分清楚对开关进行了操作、继电器通电以后，其触点开合的变化情况及受控电路的通断情况。

5. 分清相关联电路的关系

一些电路和用电设备之间存在某种关联，某一电路的故障就会影响到其他电路的工作。了解这些电路相互之间的关系，对电路原理的理解和故障分析都很有帮助。

(1) 并联关系　转向信号电路中同一侧的前后转向灯电路是一种并联关系，它们受同一个闪光器控制，当某个转向灯或电路出现了断路或短路故障后，就会因回路的等效电阻改变而使闪光频率改变。因此，当出现单边转向灯闪光频率异常时，就会立即联想到该侧的转向灯电路有故障。

(2) 控制与被控制关系　继电器线圈电路与继电器触点所连接的电路之间是控制与被控制的关系，清楚这一点，在分析触点所连接的电路不能正常工作时，除了会想到该电路、该电路所连接的电器及继电器触点本身的故障可能性外，还不会忘记继电器线圈电路（包括电路、继电器线圈及控制开关等）也是故障原因之一。

(3) 控制目标关联关系　汽车电子控制装置的传感器电路与执行器电路都连接电子控制器，一个是为实现某种控制目标的控制信号源电路，另一个是实施控制目标的控制执行电路,通过控制器相关联。传感器电路的异常会对控制执行电路的工作造成直接的影响。因此,某控制执行器不工作或工作异常,故障的原因就应该包括所有相关的传感器电路。

6. 熟练掌握回路分析法

一个具有某种功能的汽车电路都是由电源正极通过保险装置(熔断器或易熔线)、控制装置(开关或继电器触点)、用电设备及相应的电路组成的。回路分析法就是分析电路的通路情况,一般是从电源的正极经熔断器(有的电路可能无)、开关(或继电器触点)、用电设备到搭铁,再回到电源的负极。

熟悉回路分析方法,不仅对理解电路原理有用,对电路故障分析和故障查寻也很重要。

思 考 题

1. 汽车电气系统的特点及发展方向是什么?
2. 汽车电路控制的方式有哪些?有哪些电路控制装置?
3. 继电器的基本组成部件和工作方式有哪些?继电器有哪些类型?
4. 汽车电路保护装置有哪些类型?
5. 汽车导线为什么采用不同的颜色?各国对汽车导线的标记有何不同?
6. 汽车电路原理图的特点是什么?阅读汽车电路原理图时应注意些什么?
7. 汽车电路电路图有哪两种?两种电路图各有什么特点?
8. 汽车电路线束图有哪几种?各种线束图的特点和作用是什么?
9. 汽车电路分析应注意哪些要点?

第二篇 汽车电子控制系统

第八章 汽车电子控制技术基础

第一节 概 述

一、汽车电子控制技术发展概况

电子控制技术在汽车上的应用始于 20 世纪 60 年代，最初的汽油喷射控制、行车速度控制、制动防车轮抱死控制等电子控制装置由晶体管分立元件组成。20 世纪 70 年代初期，汽车电子控制装置使用了集成电路，但这种模拟电子控制技术使汽车电子控制装置技术性能的提高难度很大，成本也较高，因而这一时期商品化的电子控制装置在汽车上的应用并不多。1976 年，美国通用公司首次将微处理器应用于汽车发动机点火控制，自此以后，汽车电子控制技术就步入以微处理器为控制核心的电子控制技术时代。

微电子技术的发展给汽车电子控制技术的发展提供了必要的基础，而人们对汽车的依赖、对汽车安全与环保及节能的更高要求又是推动汽车电子控制技术发展的原动力。以微处理器为控制核心的汽车电子控制装置在降低汽车的燃油消耗和排气污染，提高汽车的安全性、舒适性等方面起到了无可替代的作用，因此，在 20 世纪末，这种以微处理器为控制核心的汽车电子控制装置得到了迅速的发展。如今，汽车电子控制技术已广泛地运用于汽车发动机、底盘及车身的各个系统中，汽车也成了机电一体化的产品。

汽车电子控制技术进一步的发展是应用领域继续扩展和多项功能的集中控制。电子节气门、配气相位可变控制、发动机进气压力波控制、前后轮制动力分配控制等电子控制技术已经在一些汽车上使用，新的电子控制装置还将不断涌现。功能强大的专用微型计算机的开发和应用，使控制器处理信息的速度和能力会有更大的提高，这可使更多控制功能或整车电子控制实现集中控制。此外，红外摄像，微波雷达、激光雷达、超声波测距等传感器的应用，将会使汽车电子控制系统的"眼睛"更亮，汽车行车间距自动控制、障碍物监测和报警、汽车跑偏自动纠正和报警、驾驶人困倦和酒后提醒及报警等控制功能将会成为汽车通常的功能配备，这些电子控制技术的应用，可使汽车的行驶安全性、乘坐舒适性等有更充分的保障。

汽车电子控制系统进一步发展的另一个趋势是电子仪表系统与无线通信技术的完美结合，使驾驶人不仅可得到汽车运行状态信息，还可与智能交通信息网络、汽车服务与援救网络等进行信息交流，并获得帮助。比如，通过电子地图和 GPS 系统，驾驶人可知道自己驾驶车辆的确切位置、到达目的地的最佳行车路线等；通过与交通信息控制中心的信息交流，可避开交通堵塞路段；通过与汽车故障援救中心网络的信息交流可及时得到故障排查指导和救援。

未来的汽车电子控制技术可使汽车更节能、更环保、更安全、更舒适，并向着高度信息化、智能化的方向发展。

二、汽车电子控制系统的基本组成

汽车电子控制系统用于对汽车运行过程的监测和控制，使控制对象在设定的最佳状态下工作，以降低汽车的排放和燃油消耗，提高汽车的安全性和舒适性。汽车电子控制系统主要包括传感器、控制器和执行器，其基本组成及工作流程如图8-1所示。

图8-1 汽车电子控制系统基本组成及工作流程

传感器：电子控制系统的"眼睛"和"耳朵"，它将表达发动机工况及状态、汽车行驶工况和状态的各种物理参量转变为电信号，并输送给电子控制器。

电子控制器：电子控制系统的"大脑"，它对各传感器输入的电信号以及部分执行器的反馈电信号进行综合处理，并向执行器输出控制信号，使执行器按控制目标的要求进行工作。

执行器：电子控制系统的"手"和"脚"，它对控制器的控制信号迅速作出反应，使被控对象工作在设定的最佳状态。

三、汽车电子控制系统的类型

1. 按控制器的电路结构与工作方式分

（1）模拟控制系统 其电子控制器由分立电子元件或模拟集成电路组成，模拟电子电路构成的控制系统其控制功能有限，控制精度较低，在现代汽车上已很少使用。

（2）数字控制系统 其电子控制器的核心是微处理器，这种控制系统功能扩展容易、控制精度高，现代汽车上都采用了这种电子控制系统。

2. 按控制器所具有的控制功能分

（1）单功能控制系统 控制器只有某种控制功能，比如：只是在汽车制动时对车轮的制动力进行控制的ABS控制系统；用于对燃油泵的转速进行控制的燃油泵控制系统等。单功能控制系统的控制器独立工作，但控制所需的部分信息（传感器）可以与其他控制系统共用。

（2）多功能控制系统 控制器具有两种或多种控制功能，比如：发动机集中控制系统具有燃油喷射、点火、怠速稳定、炭罐通气量等多项控制功能；一些汽车防滑控制系统同时具有制动防抱死控制、防滑转制动控制、防滑转驱动力控制等；有的汽车发动机电子控制系统与自动变速器控制系统组合成一体。多功能控制系统共享传感器信息，且简化了电路，可使相关的控制更加协调。

3. 按控制系统控制对象所属汽车部位分

（1）发动机电子控制系统 应用在发动机上的电子控制系统主要有点火控制系统、燃油喷射控制系统、发动机怠速控制系统、废气再循环控制系统等。

（2）底盘电子控制系统 汽车底盘的电子控制系统主要包括制动防抱死控制系统、防滑转电子控制系统、自动变速器电子控制系统、悬架电子控制系统、动力转向电子控制系统等。

（3）车身电子控制系统 汽车车身电子控制系统主要包括自动空调系统、电子仪表系统、安全气囊系统、汽车巡航控制系统、汽车电子防盗系统等。

4. 按控制系统的控制目标分

（1）排放与油耗电子控制系统 以降低汽车排气污染和燃油消耗为主要控制目标，应用于发动机的电子控制系统均属此类电子控制系统。

（2）安全与舒适电子控制系统　以提高汽车操纵稳定、行驶安全性和乘坐舒适性为主要控制目标，应用于汽车底盘的各种电子控制系统、安全气囊等均属此类电子控制系统。

（3）汽车信息系统　使驾驶人方便准确地获取所需的汽车和交通信息，汽车信息系统包括电子仪表、车载 GPS、电子地图等。

第二节　传　感　器

一、发动机转速与曲轴位置传感器

发动机转速与曲轴位置传感器用于向电子控制器提供发动机转速和曲轴转角电信号，电子控制器根据此信号确定点火正时和喷油正时、产生点火和喷油控制脉冲、控制燃油泵工作等。在无分电器电子控制点火系统和按各缸工作顺序喷油的燃油喷射系统中，曲轴位置传感器的信号脉冲还用于识别气缸。发动机转速与曲轴位置传感器主要有磁感应式、光电式、霍尔效应式三种类型。

1. 磁感应式发动机转速与曲轴位置传感器

磁感应式发动机转速与曲轴位置传感器的基本原理与磁感应式点火信号发生器一样，但结构与安装形式则有多种。

（1）导磁转子触发结构形式　有分电器的发动机电子控制系统，发动机转速与曲轴位置传感器安装于分电器内，由分电器轴驱动导磁转子，其结构形式如图 8-2 所示。

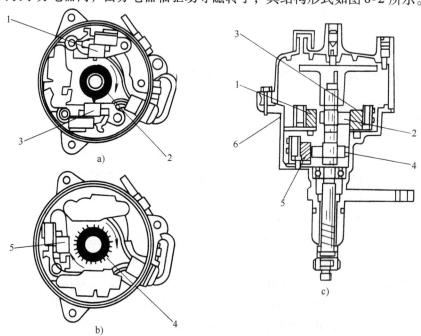

图 8-2　导磁转子触发的磁感应式传感器的结构形式
a）G 传感器　b）Ne 传感器　c）传感器剖视图
1—G_1 感应线圈　2—G 转子　3—G_2 感应线圈　4—Ne 转子　5—Ne 感应线圈　6—分电器壳

用于触发产生转速信号的导磁转子 Ne 和触发产生曲轴位置信号的导磁转子 G 上下布置，均由分电器轴驱动，分别触发 Ne、G_1 及 G_2 线圈产生交变的感应电压信号。电子控制器根据 G_1 和 G_2 电压信号确定发动机曲轴位置，根据 Ne 信号确定发动机的转速，并产生点火和喷油控制脉冲。

无分电器的发动机电子控制系统，需有专门的发动机转速与曲轴位置传感器装置，由传感器轴来驱动上下布置的 Ne 和 G 转子，传感器轴则由凸轮轴或曲轴驱动。

导磁转子触发式传感器的 G、Ne 信号形式有多种，几种常见的形式如图 8-3 所示。

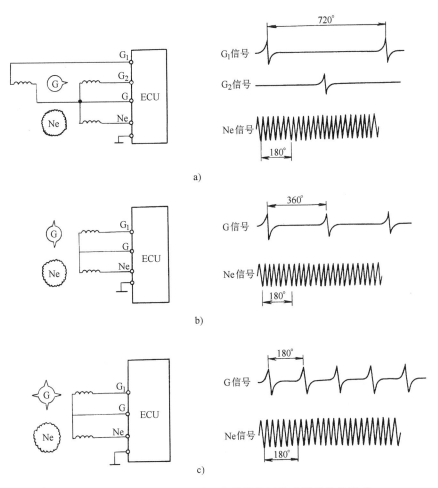

图 8-3 磁感应式发动机转速与曲轴位置传感器的信号形式

（2）安装于飞轮处的磁感应式传感器 安装于飞轮壳体上的磁感应式传感器本身无信号触发转子，而是利用飞轮的齿圈和飞轮上的正时记号触发产生感应电压。这种形式的磁感应式传感器如图 8-4 所示。

当发动机转动而使飞轮的轮齿和飞轮上的正时记号通过传感器铁心时，使传感器内部磁路的磁阻发生变化，通过感应线圈的磁通量随之改变，从而使两传感器的感应线圈产生相应的电压脉冲信号。

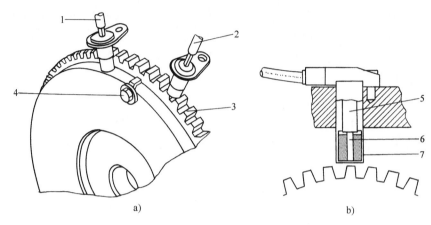

图 8-4 飞轮齿圈触发的磁感应式传感器
a) 安装位置 b) 内部结构
1—曲轴位置传感器 2—转速传感器 3—飞轮齿圈 4—曲轴位置标记 5—永久磁铁 6—铁心 7—感应线圈

另一种安装于飞轮处的磁感应式传感器如图 8-5 所示,这种传感器在发动机飞轮上另装有一个 60－2 个齿的齿圈,齿圈缺齿位置与曲轴的位置相对应。例如,富康轿车缺齿的位置是 1、4 缸上止点后 114°,发动机转动时传感器产生图 8-5b 所示的信号电压波形。电子控制器根据此信号计算发动机转速,并确定曲轴位置。

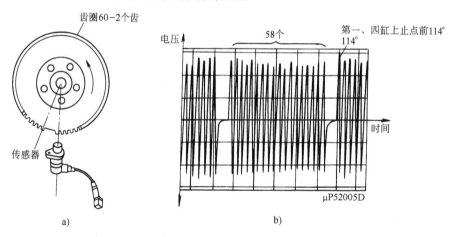

图 8-5 专用齿圈触发的磁感应式传感器
a) 传感器原理 b) 传感器信号电压波形

2. 光电式发动机转速与曲轴位置传感器

光电式发动机转速与曲轴位置传感器的主要部件是发光元件、光敏元件及遮光转子,其基本组成和工作原理与光电式点火信号发生器相同。安装在分电器内的光电式发动机转速与曲轴位置传感器如图 8-6 所示。

由分电器轴驱动的遮光转子其外圈均布有 360 道缝隙,内圈有与发动机缸数相同的缺口。与之相对应的发光管和光敏管也有两组。发动机工作时,一组发光管与光敏管通过转子外圈缝隙透光,转子每转一圈产生 360 个脉冲信号;另一组发光管与光敏管则通过内圈缺口

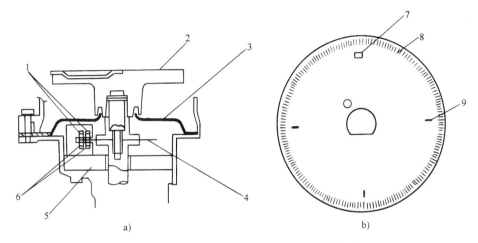

图8-6 光电式发动机转速与曲轴位置传感器
a) 结构简图 b) 遮光盘
1—发光管 2—分火头 3—密封盖 4—遮光盘 5—整形电路 6—光敏管
7—第一缸180°信号缺口 8—1°信号缝隙 9—180°信号缺口

透光,转子每转一圈产生与气缸数相同的脉冲信号。两光敏管产生的脉冲信号经整形电路整形后输入电子控制器,用以确定发动机的转速与曲轴转角。

3. 霍尔效应式发动机转速与曲轴位置传感器

霍尔效应式发动机转速与曲轴位置传感器的基本组成部件如图8-7所示,其工作原理与霍尔效应式点火信号发生器相同,但有不同的结构形式。

(1) 导磁转子触发的霍尔效应式传感器 安装在分电器内的霍尔效应式传感器的结构形式与霍尔效应式点火信号发生器相似,但分电器轴驱动两个上下布置的导磁转子,两个导磁转子的叶片数不同,分别对应一个信号触发开关。

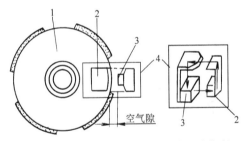

图8-7 霍尔效应式传感器的基本组成部件
1—导磁转子 2—带导磁板的永久磁铁
3—霍尔元件及集成电路 4—信号触发开关

无分电器的发动机电子控制系统,其霍尔效应式发动机转速与曲轴位置传感器的结构形式有三种:一种与安装在分电器内的结构形式完全一样,传感器轴上两个导磁转子仍为上下布置;另一种是两个导磁转子和相应的触发开关分别安装于两个传感器,各有一个传感器轴由发动机曲轴或凸轮轴驱动;还有一种是两个导磁转子内外布置,在内外导磁转子的侧面各设置一个信号触发开关,如图8-8所示。

(2) 专用齿槽触发的霍尔效应式传感器 安装于飞轮处的霍尔效应式发动机转速与曲轴位置传感器一例如图8-9所示。

在飞轮齿圈与驱动盘的边缘有对称的两组(6缸发动机为三组)槽,每组均布有四个槽。当槽对

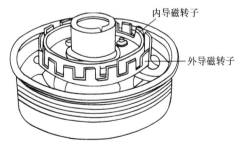

图8-8 美国通用公司的霍尔效应式
发动机转速与曲轴位置传感器

准信号触发开关下方时，传感器输出高电平（5V），而当无槽面对准信号触发开关下方时，传感器输出低电平（0.3V）。发动机转动时，传感器产生图 8-9b 所示的电压波形，电子控制器根据此脉冲信号就可判别曲轴的位置并计算发动机的转速。

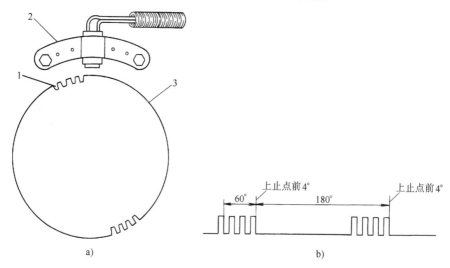

图 8-9　安装于飞轮处的霍尔效应式传感器
a）传感器原理　b）传感器信号电压波形
1—槽　2—信号触发开关　3—飞轮

二、空气流量传感器

空气流量传感器将发动机的进气流量转变为相应的电信号，是电子控制器计算基本喷油量、确定最佳点火提前角的重要参数之一。空气流量传感器有量板式、热丝（膜）式、卡门涡旋式等不同的形式。

1. 量板式空气流量传感器

（1）量板式空气流量传感器的测量原理　量板式空气流量传感器由流量计和电位器组成，其测量原理如图 8-10 所示。

置于进气通道中的流量计量板在进气推力作用下绕轴转动，带动固定在同一轴上的电位器滑片转动。无进气时，转轴回位弹簧使测量板保持在关闭位置。当有空气进入时，进气流量大，其推动流量计量板转动的角度也大。通过与量板联动的电位器滑片的转动，将流量计量板的转动角度转变为电位器电阻的变化，再经测量电路输出与进气流量相对应的电压。

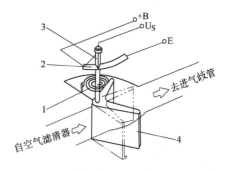

图 8-10　量板式空气流量传感器测量原理
1—回位弹簧　2—电位器电阻
3—电位器滑片　4—流量计量板

（2）量板式空气流量传感器的结构　量板式空气流量传感器的结构如图 8-11 所示。

量板式空气流量传感器的流量计设有怠速旁通道、阻尼板和缓冲室（图 8-12）。怠速旁通道用于改善发动机怠速和小负荷时的空燃比，因为通过旁通道的空气未经流量计量板计

第八章 汽车电子控制技术基础

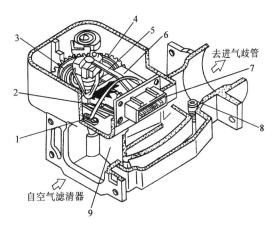

图 8-11 量板式空气流量传感器的结构
1—进气温度传感器 2—燃油泵触点 3—回位弹簧 4—调节齿轮 5—电位器滑片
6—印制电路板 7—插接器 8—怠速 CO 调整螺钉 9—流量计量板

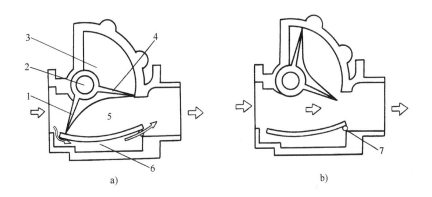

图 8-12 怠速旁通道、阻尼板和缓冲室的作用
a) 怠速时空气经旁通道 b) 大负荷时空气经主通道
1—量板 2—转轴 3—缓冲室 4—阻尼板 5—进气主通道 6—怠速旁通道 7—怠速 CO 调整螺钉

量,会使喷油量有所减少,以适应怠速和小负荷工况空燃比的实际需要。通过 CO 调整螺钉可改变怠速旁通道的截面积,以调整发动机怠速时的混合气浓度。阻尼板和缓冲室用于稳定传感器信号电压,在量板转动时,与之连为一体的阻尼板在缓冲室转动而形成阻尼,可减缓进气出现冲击气流时量板的振动,以减小传感器信号电压波动。

（3）量板式空气流量传感器的测量电路　量板式空气流量传感器的测量电路中通常连接有温度传感器和串联常值电阻,早期的量板式空气流量传感器还有燃油泵开关,典型的传感器电路如图 8-13 所示。

传感器以相对电压 U_S/U_B 表示空气流量,因为在电源电压波动时,电位器的输出绝对电压 U_S 会随

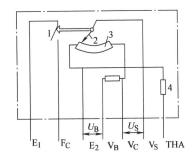

图 8-13 量板式空气流量传感器内部电路
1—燃油泵开关 2—电位器滑片
3—电位器电阻 4—进气温度传感器

之变化，这使得 U_S 不能准确反映空气的流量。用相对电压 U_S/U_B 表示空气流量，在电源电压波动时，U_S、U_B 同时成比例地变化，其比值仍然保持不变，从而减小了电源电压波动对传感器测量精度的影响。

空气流量传感器中的进气温度传感器向电子控制器提供进气温度电信号，用于对进气流量信号进行进气温度修正。

空气流量传感器中的燃油泵开关串联在燃油泵电路中，当发动机不工作（无进气）时燃油泵开关断开，使燃油泵能在发动机熄火时立即停止工作。

量板式空气流量传感器结构简单、价格便宜、具有良好的工作可靠性，在发动机空气流量的变化范围内其测量精度稳定。其缺点是进气阻力大、信号的反应比较迟缓，由于信号反映的是体积流量，大气压力及进气温度变化时，需要对信号进行温度修正。

2. 卡门涡旋式空气流量传感器

（1）卡门涡旋式空气流量传感器测量原理 在进气通道中设置一锥形涡流发生器，当空气通过时，涡流发生器的后面便会产生两列并排的涡旋（称之为卡门涡旋），如图 8-14 所示。卡门涡旋的频率 f 与空气流速 v 有如下关系：

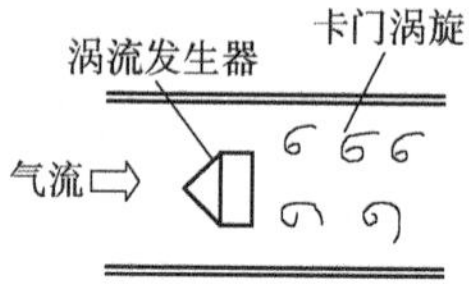

$$f = S_t \frac{v}{d}$$

图 8-14 卡门涡旋的产生

式中　d——涡流发生器外径；

　　　S_t——斯特罗巴尔数。

合理地设计进气通道截面积和涡流发生器的尺寸，使发动机进气流速范围内的 S_t 为一常数。这样，卡门涡旋的频率 f 与空气的流速 v 就成正比关系。因此，只要测出 f，就可以知道 v，空气的流速 v 乘以空气通道的截面积便可获得进气体积流量。

（2）卡门涡旋式空气流量传感器的结构类型 汽车上使用的涡旋式空气流量传感器有反光镜检测式和超声波检测式两种。

1）反光镜检测式。反光镜检测式卡门涡旋空气流量传感器是利用涡流发生器产生涡旋时，其两侧压力会发生变化的这一特点来检测涡旋频率，检测原理如图 8-15 所示。

用导压孔将涡流发生器的压力振动引向用薄金属制成的反光镜处，当进气流通过涡流发生器而产生涡旋时，反光镜就会随之产生振动。反光镜将发光二极管投射的光反射给光敏管，反光镜振动时，光敏管便产生与涡旋频率相对应的脉冲电压信号。

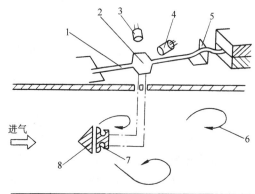

图 8-15 反光镜检测式卡门涡旋空气流量传感器原理

1—支撑片　2—镜片　3—发光二极管　4—光敏管
5—板簧　6—卡门涡旋　7—导压孔　8—涡流发生器

2）超声波检测式。超声波检测式卡门涡旋空气流量传感器是利用涡旋会引起空气疏密变化这一特点来检测涡旋的频率，检测原理如图 8-16 所示。

超声波发生器发出超声波，并通过发射器向涡列的垂直方向发射超声波。另一侧的超声

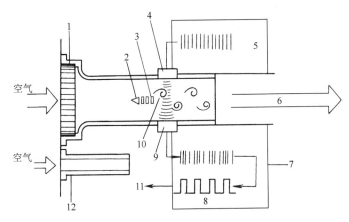

图 8-16　超声波检测式卡门涡旋空气流量传感器原理
1—整流器　2—涡流发生器　3—涡流稳定板　4—信号发生器　5—超声波发生器　6—送往进气管的空气
7—超声波接收回路　8—整形后矩形波　9—接收器　10—卡门涡旋　11—接电子控制器　12—空气旁通管路

波接收器接收到随空气的疏密变化而变化的超声波,此波经接收回路信号处理后,便成了与涡旋频率相对应的矩形脉冲信号。

涡旋式空气流量传感器输出以脉冲个数计量空气流量的数字式信号,因此输入到电子控制器后无需进行模/数转换。此外,由于无可动部件,信号反应灵敏,测量精度也比较高。

3. 热式空气流量传感器

(1) 热式空气流量传感器的测量原理　热式空气流量传感器的测量原理如图 8-17 所示。在进气通道中放置一电热体,通电后使电热体保持在某一温度,当有空气经过电热体时,空气带走热量而使电热体温度下降,其电阻随之下降,电流则相应增加。进气通道的空气流量与电热体的电流在一定的范围内成正比关系,由测量电路将电热体的电流变化转换为电压变化,通过电压信号反映空气流量。

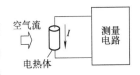

图 8-17　热式空气流量传感器的测量原理

(2) 热式空气流量传感器的结构类型　热式空气流量传感器根据其电热体放置的位置不同,可分为主流式和旁通式两种,根据电热体的结构形式不同,又有热丝式和热膜式之分。

1) 热丝主流式空气流量传感器。电热体是用铂丝制成,空气流量传感器的结构如图 8-18 所示。热丝的工作温度一般在 100~120℃,在其两端都有金属网,以防止进气气流的冲击和发动机回火损坏热丝。为防止热丝黏附沉积物而影响传感器的测量精度,热丝主流式空气流量传感器都需要自洁功能:在每次发动机熄火后约 5s,控制电路使热丝通过较大的电流脉冲(约 1s),将热丝迅速加热到 1000℃ 左右,用以烧掉热丝上的沉积物。

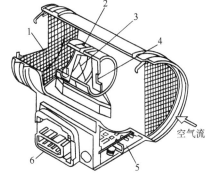

图 8-18　热丝主流式空气流量传感器的结构
1—金属网　2—取样管　3—热丝
4—温度补偿电阻丝　5—控制电路　6—接线端子

2）热丝旁通式空气流量传感器。如图 8-19 所示，冷丝（空气温度补偿电阻）和热丝均绕在螺线管上，安装在旁空气通道上，热丝的工作温度一般在 200℃ 左右。这种旁通的结构形式可以减小进气通道的进气阻力，有助于提高发动机的充气效率。

3）热膜式空气流量传感器。电热体由一铂片固定在树脂薄膜上构成（图 8-20），这种结构形式可使铂片免受空气气流的直接冲击，从而提高了传感器的工作可靠性和使用寿命。

（3）热式空气流量传感器的测量电路　热式空气流量传感器的电路原理如图 8-21 所示。置于进气通道中的电热体电阻 R_H 和空气温度补偿电阻 R_K 与测量电路中的常值电阻 R_A、R_B 组成惠斯顿电桥。接通电源后，控制电路使电热体通电，电桥处于平衡状态。发动机工作时，随着进气管空气流量的增大，电热体的冷却作用增大而使其电阻减小，通过 R_H 的电流 I_H 增大，使电阻 R_A 上输出与空气流量增大相对应的电压信号 U_0。

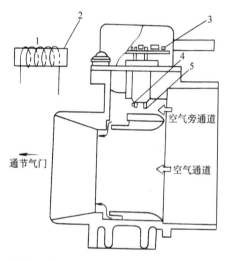

图 8-19　热丝旁通式空气流量传感器
1—冷丝或热丝　2—陶瓷螺线管
3—控制回路　4—冷丝（温度补偿）　5—热丝

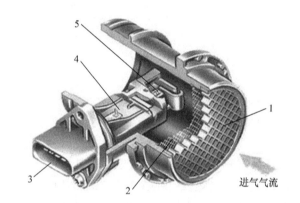

图 8-20　热膜式空气流量传感器
1—导流格栅　2—滤网　3—插接器
4—混合电路盒　5—热膜

热式空气流量传感器的测量范围大、反应灵敏、体积小，由于信号与空气质量流量相对应，因此一般无需对大气压力及进气温度的变化进行修正。热式空气流量传感器的缺点是电热体受污染后，对测量精度影响较大。

三、进气压力传感器

进气压力传感器是将发动机进气管的压力转变为相应的电信号，发动机电子控制器根据此信号计算基本喷油时间、确定基本点火提前角等。

压力传感器有多种形式，根据其信号产生的原理可分为压电式、半导体压敏电阻式、电容

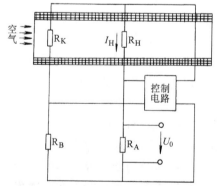

图 8-21　热式空气流量传感器电路原理
R_K—温度补偿电阻　R_H—电热体电阻
R_A、R_B—常值高精度电阻　U_0—传感器输出信号电压

式、差动变压器式及表面弹性波式等。

1. 半导体压敏电阻式进气压力传感器

(1) 半导体压敏电阻式压力传感器测量原理　半导体压敏电阻式压力传感器是利用半导体的压阻效应将压力转换为相应的电压信号，其原理如图8-22所示。

半导体应变片是一种受拉或受压时其电阻值会相应改变的敏感元件。将应变片贴在硅膜片上，并连接成惠斯顿电桥，当硅膜片受力变形时，各应变片受拉或受压而其电阻发生变化，电桥就会有相应的电压输出。

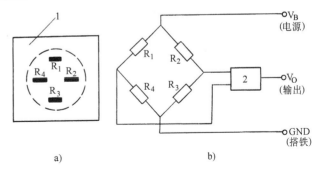

图8-22　半导体压敏电阻式传感器测量原理
a) 半导体应变片贴片位置　b) 传感器测量电路
1—硅膜片　2—集成放大电路　R_1、R_2、R_3、R_4—半导体应变片

(2) 压敏电阻式进气压力传感器的结构　半导体压敏电阻式进气压力传感器的组成如图8-23所示。传感器的压力转换元件中有硅膜片，硅膜片受压变形会产生相应的电压信号。硅膜片的一面是真空，另一面导入进气管压力，当进气管内的压力变化时，硅膜片的变形量就会随之改变，并产生与进气压力相对应的电压信号。进气压力越大，硅膜片的变形量也越大，传感器的输出压力也就越大。

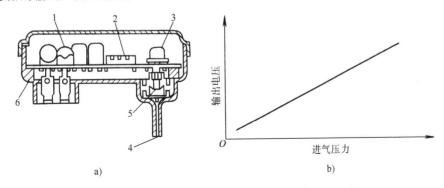

图8-23　半导体压敏电阻式进气压力传感器的组成
a) 结构简图　b) 工作特性
1—滤波器　2—混合集成放大电路　3—压力转换元件　4—进气管压力　5—滤清器　6—外壳

半导体压敏电阻式进气管压力传感器的线性度好，且具有结构尺寸小、精度高、响应特性好的优点，因此，汽车电子控制系统大都使用这种进气压力传感器。

2. 电容式进气压力传感器

(1) 电容式压力传感器的测量原理　电容式压力传感器利用膜片构成一个电容值可变的压力敏感元件，膜片受力变形时，其电容值相应改变，由传感器测量电路将与压力相对应的电容变化转换为相应的电信号。电容式压力传感器测量电路主要有频率检测式和电压检测式两种，如图8-24所示。

1) 频率检测式：振荡电路的振荡频率随压力敏感元件电容值的大小变化而改变，经整流、放大后输出频率与压力相对应的脉冲信号。

图 8-24 电容式压力传感器测量原理
a) 频率检测式 b) 电压检测式
1—电容式压力敏感元件 2—振荡电路 3—整流电路 4—放大器 5—滤波电路
6—检波电路 7—载波与交流放大电路 8—振荡器

2) 电压检测式：压力敏感元件电容值的大小变化，经载波与交流放大电路的调制、检波电路的解调后，再经滤波电路的滤波，输出与压力变化相对应的电压信号。

(2) 电容式进气压力传感器的结构　电容式进气压力传感器的结构示意图如图 8-25 所示，氧化铝膜片与中空的绝缘介质构成一个内部为真空的电容式压力敏感元件，并连接传感器混合集成电路。传感器导入进气管的压力后，氧化铝膜片在进气压力的作用下产生变形，使其电容值发生改变，经混合集成电路处理后，输出与进气压力变化相对应的电信号。

相比于起相同作用的进气流量传感器，进气压力传感器对进气无干扰，安装位置灵活（可利用真空管的引导，将进气压力传感器安装在远离发动机进气管的地方）。因此，现代汽车发动机电子控制系统使用进气压力传感器的日渐增多。

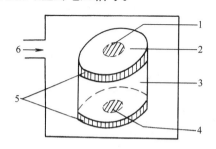

图 8-25 电容式进气压力传感器的结构示意图
1、4—电极引线 2—厚膜电极 3—绝缘介质
5—氧化铝膜片 6—进气管压力

四、温度传感器

温度传感器用于将被测对象温度转换为相应的电信号，以使控制器能进行温度修正或进行与温度相关的控制。温度传感器按其结构与工作原理分，有热敏电阻式、双金属式、热电偶式、热敏磁性式等多种形式。汽车电子控制系统大都采用热敏电阻式温度传感器。

1. 热敏电阻式温度传感器的测量原理

热敏电阻式温度传感器通过其敏感元件的电阻值随温度而变这一特性，将被测对象温度的变化转换为电阻的变化，再通过测量电路转换为相应的电压或电流信号。热敏电阻式温度传感器的测量电路主要有串联式和串并联式两种形式，如图 8-26 所示。

当热敏电阻传感器的电阻值随温度变化而改变时，热敏电阻上的电压降就会随之改变，从 A 点输出一个与温度相对应的电压信号。

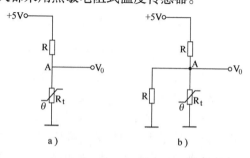

图 8-26 热敏电阻式温度传感器的测量电路
a) 串联式测量电路 b) 串并联测量电路
R—常值电阻 R_t—传感器热敏电阻

2. 热敏电阻式温度传感器的结构类型

（1）半导体热敏电阻式温度传感器　半导体热敏电阻式温度传感器主要由热敏元件、引线及壳体组成，如图 8-27 所示。

半导体热敏电阻的温度特性有三种情况，如图 8-28 所示。电阻随温度上升增大的半导体可制成正温度系数的热敏电阻（PTC），电阻随温度的上升而减小的半导体则制成负温度系数的热敏电阻（NTC），在某一临界温度下电阻跃变的半导体则可用作热敏开关（CTC）。

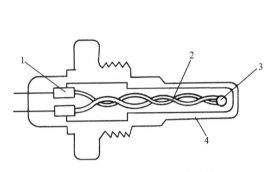

图 8-27　半导体热敏电阻式温度传感器
1—接线端子　2—引线　3—热敏电阻　4—传热套筒

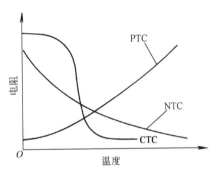

图 8-28　半导体热敏电阻的温度特性

汽车电子控制系统中各温度传感器的工作温度是不同的，发动机冷却液温度传感器的工作温度为 -20~130℃，而排气温度传感器的工作温度是 600~1000℃。不同工作温度（线性度和灵敏度）的半导体热敏电阻是通过选择不同的氧化物、控制掺入氧化物的比例和烧结温度等实现的。

半导体热敏电阻式温度传感器具有灵敏度高、响应特性好、电阻值和温度测量范围大等优点，在汽车电子控制系统中被广泛使用。

（2）线绕式温度传感器　线绕式温度传感器利用金属丝电阻随温度变化而改变的特性，将金属丝（镍、铜、铂、银等）绕制在绝缘绕线架上，再罩上适当的外壳构成。在一定的温度变化范围内，线绕电阻的温度特性可近似地表示为

$$R_t = R_0(1 + \alpha T)$$

式中　T——测量温度（℃）；

　　　α——电阻丝的温度系数；

　　　R_0——电阻丝在 0℃时的电阻值；

　　　R_t——电阻丝在 T℃时的电阻值。

各种金属的温度系数见表 8-1。

表 8-1　各种金属的温度系数

材　料	铜	银	铂	镍
温度系数 α	0.0043	0.0041	0.0039	0.0068

线绕式温度传感器其精度在 ±1% 以内，响应较慢，其电阻值不大。

（3）其他类型温度传感器

1）扩散电阻式温度传感器。在硅半导体上形成电阻电极，当电极上施加电压时，产生的

扩散电阻随温度变化。扩散电阻式温度传感器就是利用这一特性并应用半导体刨平技术制成。

2) 金属芯式温度传感器。利用集成电路所采用的金属芯底板,在底板上涂敷陶瓷烧结成多孔材料,形成表面上像镍一样的电阻体,其电阻范围为 $1 \sim 1000\Omega$,导热性和响应特性优良。

3) 半导体晶体管式温度传感器。利用硅晶体管在一定的电流作用下,其基极和发射极之间的偏置电压随温度而变化这一特性,制成了半导体晶体管式温度传感器。

五、节气门位置传感器

节气门位置传感器将节气门的开度转变为电信号,电子控制器从节气门位置传感器信号中获得节气门开度、节气门开启速度、急速状态等信息,用于点火时间、燃油喷射、急速、废气再循环、炭罐通气量及其他控制。节气门位置传感器有线性式和开关式两种类型。

1. 线性式节气门位置传感器

线性式节气门位置传感器的结构与内部电路如图8-29所示。

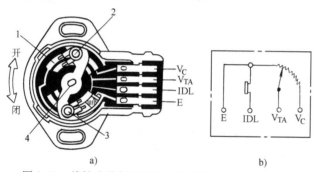

图8-29 线性式节气门位置传感器的结构与内部电路
a) 结构 b) 内部电路
1—滑片电阻 2—测节气门位置滑片 3—测节气门全关滑片 4—传感器轴
V_C—电源 V_{TA}—节气门位置输出信号 IDL—急速触点 E—搭铁

线性式节气门位置传感器相当于一个加设了急速触点的滑片式电位器,测节气门位置滑片和测节气门全关(急速)滑片都与节气门联动。节气门开度变化时,节气门位置滑片在电阻体上作相应的滑动,电位器输出相应的节气门位置信号 V_{TA}。在节气门关闭时,节气门关闭滑片使急速触点 IDL 处于接通状态,从 IDL 端子输出发动机急速信号。

2. 开关式节气门位置传感器

开关式节气门位置传感器内有节气门全开和全闭两对触点(图8-30),发动机处于急速工况时,全闭(急速)触点接通;发动机处于高速或大负荷(节气门开度大于50°)时,全开触点接通。开关式节气门位置传感器无节气门中间开度信号输出,其检测性较差,在现代汽车电子控制系统中已很少采用。

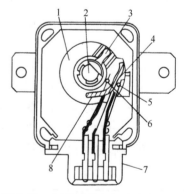

图8-30 开关式节气门位置传感器
1—导向凸轮 2—节气门轴 3—控制杆
4—移动触点 5—急速触点 6—节气门全开触点 7—电路插接器 8—导向槽

六、氧传感器

氧传感器用于检测发动机废气中氧含量，电子控制器根据氧传感器的电信号进行喷油器喷油量的混合气空燃比反馈修正控制，将混合气浓度控制在理论空燃比附近，以使排气管中三元催化反应器对废气中 HC、CO、NO_x 的净化达到最佳效果。汽车上应用的氧传感器有氧化锆式和氧化钛式两种。

1. 氧化锆型氧传感器

（1）氧化锆型氧传感器的测量原理 置于高温下的二氧化锆（ZrO_2）如果其两侧气体的氧含量有较大差异，氧离子就会从氧含量高的一侧向氧含量低的一侧扩散，使两侧电极间产生电位差（电动势 E）。E 的大小可由下式表示：

$$E = \frac{RT}{4F}\ln(p_1 - p_2)$$

式中　R——气体常数[J/(mol·K)]；

T——热力学温度（K）；

F——法拉第常数（C/mol）；

p_1、p_2——两侧气体氧气分压（Pa）。

氧化锆型氧传感器的工作原理如图 8-31 所示。将氧敏感元件二氧化锆（ZrO_2）制成试管状，使其内侧通大气（氧含量高），外侧通发动机的废气（氧含量低）。混合气偏浓时，废气中的氧含量极少，氧化锆内外侧氧的浓度差大，因而产生一个较高的电压；混合气偏稀时，废气中含有较多的氧，氧化锆内外侧的氧浓度差较小，产生的电压较低。

（2）氧化锆型氧传感器的结构与工作特性 氧化锆型氧传感器的结构如图 8-32 所示。氧化锆的内外表面都涂有铂，铂的外表面有一层陶瓷，起保护铂电极的作用。氧化锆表面涂铂的作用是催化废气中的 O_2 与 CO 反应，使混合气偏浓时废气中的氧含量几乎为零，而对混合气偏稀时废气中的氧含量影响则不大，这样就显著提高了氧传感器的灵敏度（图 8-33）。

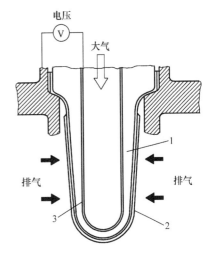

图 8-31　氧化锆型氧传感器工作原理
1—二氧化锆　2—铂（废气侧）　3—铂（大气侧）

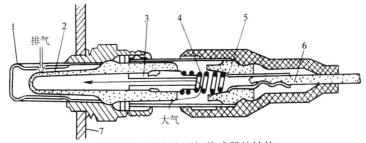

图 8-32　氧化锆型氧传感器的结构
1—导入排气孔罩　2—锆管　3—电极　4—弹簧　5—绝缘支架　6—接线端子　7—排气管壁

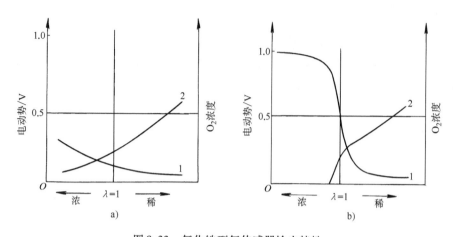

图 8-33 氧化锆型氧传感器输出特性
a) 无铂催化作用 b) 有铂催化作用
1—氧传感器输出的电动势 2—氧传感器表面的 O_2 浓度 λ—过量空气系数

ZrO_2 需在 400℃ 以上的温度下才能正常工作,为此,在一些氧化锆型氧传感器中设有加热器,其作用是在排气管温度尚未达到氧传感器正常工作温度时通电加热氧传感器,以使其迅速达到正常工作温度。

2. 氧化钛型氧传感器

(1) 氧化钛型氧传感器的测量原理 二氧化钛（TiO_2）在室温下具有高电阻性,但当其周围气体氧含量少时,TiO_2 中的氧分子将逃逸而使其晶格出现缺陷,电阻随之下降。二氧化钛电阻 R 的变化可由下式表示:

$$R = Ae^{\left(-\frac{E}{KT}\right)} p_{O_2}^{1/m}$$

式中　A——常数;

　　　E——活化能;

　　　K——玻兹曼常数（J/K）;

　　　T——热力学温度（K）;

　　　p_{O_2}——氧分压（Pa）;

　　　$1/m$——取决于晶格缺陷性质的指数。

氧化钛型氧传感器就是利用二氧化钛的电阻随周围气体中氧含量变化而相应改变的这一特性制成的。将二氧化钛敏感元件置于排气管中,当混合气偏稀时,废气中氧含量较高,传感器的电阻较大;而当混合气偏浓时,废气中氧的含量很低,传感器的电阻相应减小。这一电阻的变化通过传感器内部电路转变成相应的电压信号输出。

(2) 氧化钛型氧传感器的结构与工作特性 氧化钛型氧传感器的结构如图 8-34 所示。二氧化钛为电阻型传感器,温度变化时,其电阻也会改变。为此,传感器中除了有一个具有多孔性的二氧化钛敏感元件（用来检测废气氧含量）外,还有一个温度系数相同的实心二氧化钛元件（用作温度补偿,其电路连接如图 8-34b 所示）,以消除温度变化对测量精度的影响。

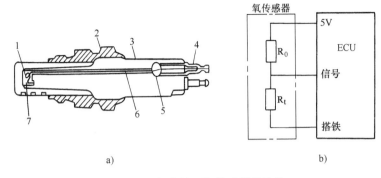

图 8-34 氧化钛型氧传感器的结构
a) 结构简图 b) 电路连接
1—二氧化钛元件（R_0） 2—金属壳 3—瓷体 4—接线端子 5—陶瓷粘结 6—引线 7—热敏元件（R_t）

氧化钛型氧传感器的输出特性如图 8-35 所示。

七、爆燃传感器

爆燃传感器用于监测发动机是否爆燃，当发动机出现爆燃时，传感器便产生相应的电信号，并输送给电子控制器，使电子控制器通过点火推迟的方法消除发动机爆燃。发动机爆燃时，其缸体会产生异常的振动，爆燃传感器就是通过测发动机缸体振动的方法监测爆燃。用于监测发动机爆燃的测振动传感器主要有压电式和磁电式两种类型。

1. 压电式爆燃传感器

（1）压电式爆燃传感器的测量原理 由石英晶体、钛酸钠等晶片制成的压电元件在受力变形时，因内部产生极化现象而在其两个表面分别产生正负两种电荷，当力消失时，元件变形恢复，电荷也立即消失。此种现象称之为压电效应，晶体表面产生的电荷 q 与所受力 F 成正比：

$$q = DF$$

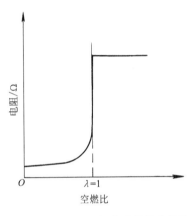

图 8-35 氧化钛型氧传感器输出特性

式中的 D 为压电元件的压电常数。从压电元件的正、负电荷表面可引出电压信号，电压的大小与所受力也成正比。利用压电元件测振动时，在传感器内设置一个具有一定质量的振子，通过振子随被测对象振动，给压电元件施力。被测物体振动越大，传感器振子的振动也越大，压电元件产生的电压信号幅值也就越大，传感器的输出电压的变化就反映了被测对象振动幅度和振动频率。

（2）压电式爆燃传感器的结构与工作原理 压电式爆燃传感器根据其识别爆燃信号的方式不同，可分为共振型和非共振型两种，其结构如图 8-36 所示。

1) 共振型爆燃传感器。共振型爆燃传感器内振荡片 2 的自振频率在发动机爆燃的特征频带内，因而在发动机爆燃时会产生共振，造成与其紧贴的压电元件 1 受力变形加剧，产生比非爆燃时大许多倍的电压信号。共振型爆燃传感器的信噪比高，检测电路对爆燃信号的识别和处理比较容易。

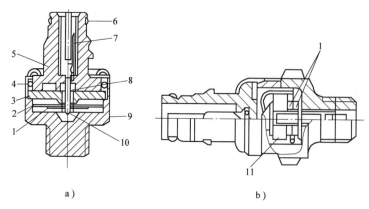

图 8-36 压电式爆燃传感器的结构与工作原理
a）共振型 b）非共振型
1—压电元件 2—振荡片 3—基座 4、6—O形环 5—插接器
7—接线端子 8—密封剂 9—外壳 10—引线 11—振子

2）非共振型传感器。传感器内的振子 11 随发动机缸体的振动而对压电元件施加压力，使压电元件产生振荡的电压信号。非共振型传感器的振子在发动机爆燃时不会产生共振，其电压信号并无特别明显的增大，因此，爆燃的识别还需要用专门的滤波器。

压电式爆燃传感器具有测试频率高、灵敏度高、动态响应好等特点，因而在电控发动机上得到了广泛的应用。

2. 磁电式爆燃传感器

（1）磁电式爆燃传感器的测量原理　磁电式传感器感应线圈产生感应电压的方式有变磁路磁阻、移动铁心、移动（或转动）线圈三种，磁电式爆燃传感器采用移动铁心式。移动铁心式测振动传感器由永久磁铁和绕有感应线圈的铁心组成，其铁心两端由弹簧定位，在外部振动的激励下振动时，感应线圈就会因磁通量发生变化而产生感应电动势，感应电动势的频率和幅值与被测对象的振动情况相对应。

（2）磁电式爆燃传感器的结构与工作原理　磁电式爆燃传感器主要由铁心、感应线圈和永久磁铁组成，如图 8-37 所示。

安装在发动机缸体上的磁电式爆燃传感器在发动机缸体振动时，其铁心随发动机缸体的振动而移动，使感应线圈产生感应电动势，发动机缸体的振动强度大，传感器铁心移动的幅度就大，感应线圈产生的感应电动势也大。

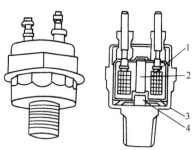

图 8-37 磁电式爆燃传感器
1—感应线圈 2—铁心
3—外壳 4—永久磁铁

磁电式爆燃传感器的固有频率与发动机爆燃特征频率相一致，当发动机出现爆燃时，传感器内的铁心产生共振，使传感器感应线圈产生的感应电动势显著增大，因此，电子控制器根据传感器输出的信号电压大小很容易识别发动机是否产生了爆燃。

八、车速/车轮转速传感器

车速传感器将变速器输出轴转速转变为相应的电信号，电子控制器根据此信号获得汽车行驶速度参数；车轮转速传感器将车轮的转速转变为相应的电信号，电子控制器根据此信号计算汽车行驶速度、车轮的滑移/转率、车轮的角减速度等参数。

车速传感器有磁感应式、光电式、霍尔效应式、舌簧开关式、磁阻式等多种类型；车轮转速传感器也有磁感应式、光电式、霍尔效应式等多种类型。磁感应式、光电式、霍尔效应式车速/车轮转速传感器其基本组成及工作原理与同类型的发动机转速与曲轴位置传感器相同，只是信号触发转子的驱动源（检测转动的对象）不同。车速传感器的信号触发转子通常是由变速器输出轴驱动，车轮转速传感器的信号触发转子则与车轮同步转动。

1. 舌簧开关式车速传感器

（1）舌簧开关式车速传感器测量原理　舌簧开关的两触点臂被转动的磁极磁化而产生开、合动作。当舌簧开关处于N、S极之间时，开关两触点臂被磁化为异性磁极而闭合（图8-38a）；当舌簧开关面对单个磁极作用时，开关两触点臂被磁化为同性磁极而断开（图8-38b）。磁极随变速器输出轴转动，舌簧开关就会在磁极的磁力作用下开闭，产生与车速相对应的脉冲信号。

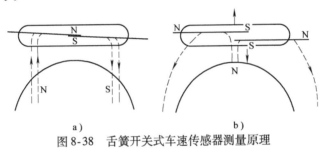

图8-38　舌簧开关式车速传感器测量原理
a）开关吸合状态　b）开关断开状态

（2）舌簧开关式车速传感器的结构　舌簧开关式车速传感器一般装在里程表内，由软轴驱动的转子上的N、S极相间分布，舌簧开关布置在转子的一边，如图8-39所示。

当相间布置有四个磁极的转子在软轴的驱动下转动时，磁铁对舌簧开关臂的磁化周期性变化，使舌簧开关周期性地开闭。转子每转一周，舌簧开关开闭四次，通过测量电路输出四个脉冲信号，控制器根据此脉冲信号的频率就可计算得到车速参数。

2. 磁阻式车速传感器

（1）磁阻式车速传感器的测量原理　磁阻元件（MRE）具有这样的特性，当通过元件的磁场强度改变时，元件的电阻会随之改变。将磁阻元件置于转动的多极磁环附近（图8-40），在转动磁极交变磁场的影响下，磁阻元件的电阻就会周期性变化，通过测量电路就可

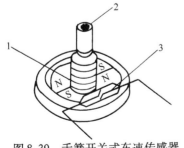

图8-39　舌簧开关式车速传感器
1—磁铁转子　2—接转速表　3—舌簧开关

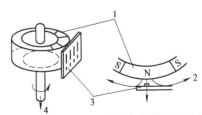

图8-40　磁阻式车速传感器测量原理
1—多极磁环　2—磁力线　3—磁阻元件　4—接变速器

转换为脉冲电信号。

（2）磁阻式车速传感器的结构与工作原理　磁阻式车速传感器如图8-41所示。磁阻元件成为测量电路中电桥的一个桥臂，当多极磁环随变速器轴转动时，磁阻元件上的磁通量周期性变化，引发磁阻元件电阻的变化，由电桥、比较器、放大电路组成的测量电路将这一电阻变化转变为脉冲电压输出。

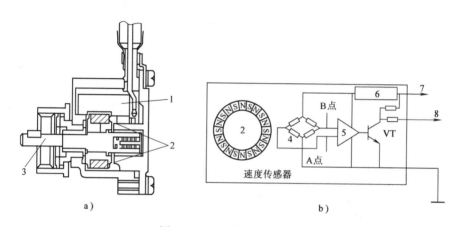

图8-41　磁阻式车速传感器

a）结构简图　b）电路原理

1—混合集成电路　2—多极磁环　3—传感器轴　4—磁阻元件（MRE）
5—比较器　6—稳压电路　7—接点火开关　8—信号输出

3. 磁感应式车轮转速传感器

汽车上使用较多的是磁感应式车轮转速传感器，其基本组成和工作原理与磁感应式发动机转速与曲轴位置传感器完全相同，但具体的结构形式和安装位置则有多种。磁感应式车轮转速传感器的信号触发齿轮或齿圈一般安装在轮毂内，随车轮一起转动；传感器信号探头安装在附近不转动的部件上，其铁心端部主要有凿式和柱式两种，如图8-42所示。车轮转速传感器的安装形式如图8-43所示。

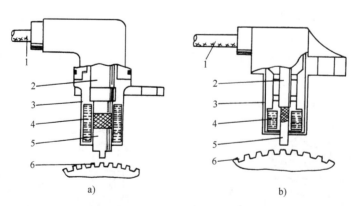

图8-42　磁感应式车轮转速传感器的结构

1—导线　2—永久磁铁　3—传感器外壳　4—感应线圈　5—铁心　6—齿圈

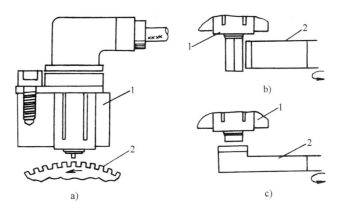

图 8-43 磁感应式车轮转速传感器的安装形式
a) 凿式端头，径向安装　b) 菱形端头，轴向安装　c) 柱式端头，轴向安装
1—传感器信号探头　2—齿圈

九、车身位移传感器

车身位移传感器也称为车身高度传感器，用于监测车身相对于车桥的位移，电子控制器根据车身位移传感器输入的信号可计算得到车身的位移和振动参数并确定车身的高度。光电式车身位移传感器具有结构简单、定位准确等优点，因此在汽车上被广泛使用。

1. 光电式位移传感器的测量原理

（1）光电式位移传感器光电信号的产生　如图 8-44 所示，遮光转子有特制的透光槽，遮光转子两边布置的四个发光二极管和光敏晶体管组成了四对光电耦合器。当遮光转子在某一位置时，四个光电耦合器中通过透光槽有光线通过的光敏晶体管受光而输出通路（ON）信号，不透过光线的光敏晶体管则输出不通路（OFF）信号。遮光转子透光槽的长度和位置分布使得遮光转子在每一个规定的转角范围内，都有与之对应的一组"ON""OFF"光电信号输出。

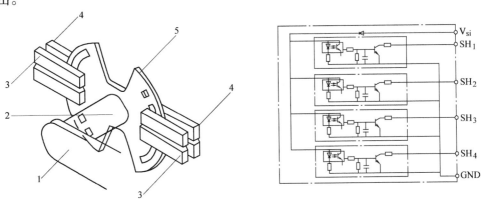

图 8-44 光电式车身位移传感器原理
a) 传感器光电组件　b) 传感器电路
1—连接杆　2—传感器轴　3—发光元件　4—光敏元件　5—遮光盘

（2）车身高度与振动情况的确定　通过连接杆，将车身的高度变化转变为遮光转子的转动，使车身在每一个高度位置时均对应一组"ON""OFF"光电信号。表8-2所示的是将车身高度变化范围划分为16个高度区所对应的光电信号，电子控制器根据传感器输入的一组信号就获得了即时的车身高度变化信息。

表8-2　传感器信号与车身高度区间对应关系

车高	传感器信号				车身高度区间
	SH_1	SH_2	SH_3	SH_4	
高↕低	OFF	OFF	ON	OFF	15
	OFF	OFF	ON	ON	14
	ON	OFF	ON	ON	13
	ON	OFF	ON	OFF	12
	ON	OFF	OFF	OFF	11
	ON	OFF	OFF	ON	10
	ON	ON	OFF	ON	9
	ON	ON	OFF	OFF	8
	ON	ON	ON	OFF	7
	ON	ON	ON	ON	6
	OFF	ON	ON	ON	5
	OFF	ON	ON	OFF	4
	OFF	ON	OFF	OFF	3
	OFF	ON	OFF	ON	2
	OFF	OFF	OFF	ON	1
	OFF	OFF	OFF	OFF	0

电子控制器根据采样时间内（一般为1ms）车身高度在某一区间的频度来判断车身的高度；根据车身高度变化的幅度和变化的频率，可判断车身的振动情况。

2. 光电式车身高度传感器的结构与工作原理

光电式车身高度传感器的结构与安装位置如图8-45所示。

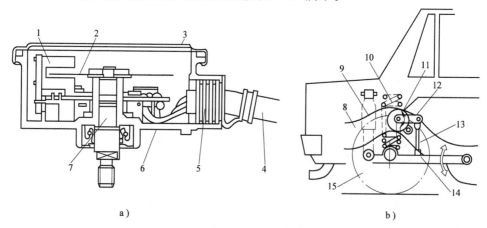

图8-45　光电式车身高度传感器
a）传感器的结构　b）传感器的安装位置
1—光耦合器　2—遮光盘　3—传感器盖　4—导线　5—金属油封　6—传感器壳　7—传感器轴　8—车架
9—减振器　10—螺旋弹簧　11—传感器　12—连杆　13—拉杆　14—后悬架臂　15—车轮

传感器被固定在车身上，传感器连杆通过拉杆与悬架臂（或车桥）连接。当车身的高度发生变化时，拉杆就会推拉连杆摆动，带动传感器轴和遮光转子转动，从而使传感器输出与车身高度变化相对应的信号。

十、转向盘转角传感器

转向盘转角传感器将转向盘转动的角度和转动方向转换为相应的电信号，电子控制器根据转向盘转角传感器的输入信号判断汽车的转向情况，并根据当前的车速计算车身可能出现的侧倾程度。转向盘转角传感器有光电式、磁电式、霍尔效应式等多种类型，光电式转向盘转角传感器使用最为广泛。

1. 光电式转向盘转角传感器的组成与测量原理

如图 8-46 所示，传感器的遮光盘上有尺寸相同且均布的透光槽，当驾驶人转动转向盘时，通过转向轴带动遮光盘转动，光电耦合器便产生脉冲电压。电子控制器根据传感器输出的脉冲个数就可计算转向盘转过的角度。

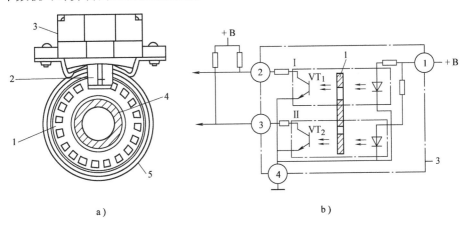

图 8-46 光电式转向盘转角传感器
a）结构简图 b）电路原理
1—遮光盘 2—光耦合器 3—转向盘转角传感器 4—转向器轴 5—转向柱

2. 转向盘转动方向的判断原理

为了能辨别转动方向，转向盘转角传感器需要同时产生两组信号。电子控制器根据传感器的信号判断转动方向的原理如图 8-47 所示。A、B 两个光耦合器产生的信号脉冲其脉宽相

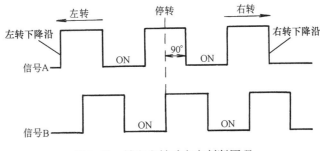

图 8-47 转向盘转动方向判断原理

同,但相位上相差90°,电子控制器以A信号从高电平转为低电平(下降沿)时,B信号是高电平还是低电平来判断转向。如果A信号在下降沿时,B信号是高电平,则为右转向;如果A信号在下降沿时,B信号为低电平,则为左转向。

十一、转向盘转矩传感器

电动式动力转向系统通过转向盘转矩传感器获得反映转向盘转矩电信号,用以及时调整电动助力大小。转向盘转矩传感器主要有电感式和电位器式两种。

1. 电感式转向盘转矩传感器

电感式转向盘转矩传感器的基本组成与原理如图8-48所示。

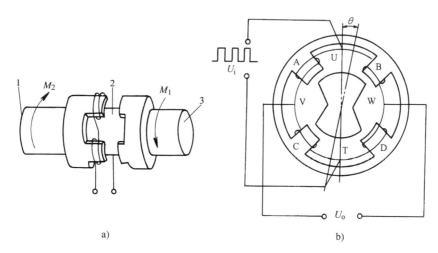

图8-48 电感式转向盘转矩传感器基本组成与原理
a) 结构简图 b) 原理图
1—输出轴 2—扭力杆 3—输入轴
M_1—转向盘转矩 M_2—转向盘阻力矩

传感器的输入轴端连接转向盘,输出轴连接转向器,输入轴与输出轴之间用扭力杆连接,在输出轴的四个极靴上各绕有相同的线圈,并连接成电感式电桥。无转向力矩时,输出轴(定子)与输入轴(转子)的相对转角为0,每个极靴上的磁通量均相等,电桥处于平衡状态,V、W两端的电位差U_o为0。转向时,驾驶人作用于转向盘的力矩使扭力杆扭转变形,定子与转子之间产生角位移θ。这时,极靴A、D间的磁阻增大,B、C间的磁阻减小,各极靴的磁通量产生了差别,电桥失去平衡而输出电压U_o。U_o与扭力杆的扭转角θ成正比($U_o = k\theta U_i$,k为比例系数),而扭转角θ与作用于扭力杆的转矩又成比例,因此,U_o值就反映了转向盘的转矩大小。

2. 电位器式转向盘转矩传感器

电位器式转向盘转矩传感器的结构如图8-49所示。

汽车转向时,扭力杆的扭转变形使电位器滑片与电阻有相对的转动,电位器的电阻相应改变,通过滑环输出相应的电压信号。

第八章 汽车电子控制技术基础

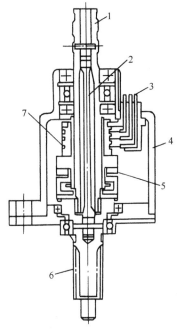

图 8-49 电位器式转向盘转矩传感器的结构
1—转向轴 2—扭力杆 3—输出轴 4—外壳 5—电位器 6—转向器主动小齿轮 7—滑环

十二、减速度传感器

减速度传感器可将汽车制动时的减速度转变为相应的电信号，防抱死制动系统电子控制器根据减速度传感器所提供的车辆减速度电信号判断路面情况，并选择适当的制动力控制方案。应用于汽车电子控制防抱死制动系统（ABS）的减速度传感器也被称为 G 传感器，有差动变压器式、水银式等不同的类型。

1. 差动变压器式减速度传感器

差动变压器式减速度传感器主要由铁心可移动的变压器和相应的信号处理电路组成，其结构与工作原理如图 8-50 所示。

平时变压器铁心由两端弹簧将其保持在中间位置，变压器初级绕组输入电压 u_p 后，次级绕组产生大小相同、相位相反的电压 u_1 和 u_2，变压器输出 u_0 为 0。当汽车制动时，在惯性力的作用下，差动变压器铁心移动，使变压器次级绕组产生的 u_1、u_2 一个增大，一个减小，变压器就会有电压 u_0 输出。u_0 经信号处理电路处理后向控制器输出一个与汽车减速度相对应的电压信号。

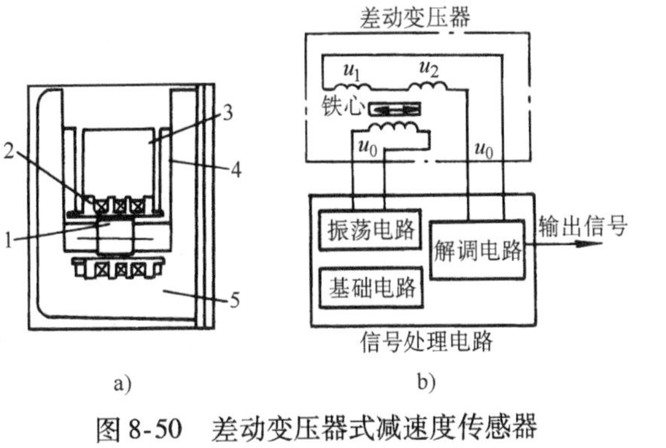

图 8-50 差动变压器式减速度传感器
a) 结构简图 b) 电路原理
1—铁心 2—变压器绕组 3—印制电路 4—弹簧 5—变速器油

2. 水银式减速度传感器

水银式减速度传感器为开关式传感器，其主要部件是带常开触点的玻璃管和可在玻璃管内移动的水银,水银式减速度传感器的基本结构与工作原理如图 8-51 所示。

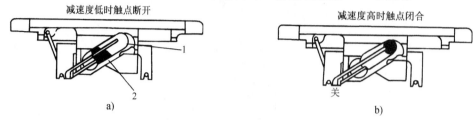

图 8-51　水银式减速度传感器
a) 减速度较低时　b) 减速度较高时
1—玻璃管　2—水银

汽车在低附着系数路面上紧急制动时,汽车的减速度较小,玻璃管内水银的惯性力较小,虽移动但够不到触点处,触点仍处于断开状态(图 8-51a);当在高附着系数路面制动时,汽车的减速度较大,玻璃管内的水银在较大惯性力的作用下移动至触点处,使触点处于接通状态(图 8-51b)。ABS 控制器根据传感器输入的通、断信号就可判断路面情况。

十三、碰撞传感器

碰撞传感器也被称之为安全气囊传感器,用于检测汽车发生碰撞时的汽车减速度,安全气囊控制器根据碰撞传感器的信号判断汽车是否发生了碰撞及碰撞的强度。开关式碰撞传感器不能用来判断汽车碰撞的强度,但可被用作安全开关,将其串联在安全气囊点火器的电源电路中,可使气囊点火器只是在汽车发生严重碰撞时才接通电源,可避免在平时汽车检修时气囊产生误爆。

碰撞传感器可分为机械触点式和电子式两大类。机械触点式碰撞传感器有偏心锤式、滚球式、滚柱式、水银开关式等多种结构形式,传感器内部的触点平时断开,当汽车发生碰撞时,传感器内部机械装置在惯性力的作用下使触点闭合,发出汽车碰撞信号或接通气囊点火器电源电路;电子式碰撞传感器主要有压电式和压敏电阻式,传感器可将汽车的减速度参数转变为相应的电信号。

1. 偏心锤式碰撞传感器

偏心锤式碰撞传感器是一种开关式减速度传感器,其结构如图 8-52 所示。

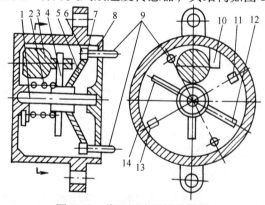

图 8-52　偏心锤式碰撞传感器
1—心轴　2—扭力弹簧　3—重块　4—转盘　5—触桥　6、12、14—活动触点
7、11、13—固定触点　8—外壳　9—插头　10—止位块

扭力弹簧弹力使重块、转盘动触点臂等停留在触点断开的位置。当汽车发生碰撞时，重块在惯性力作用下克服弹簧的扭力而移动，并通过转盘带动活动触点臂转动而使触点闭合，向安全气囊控制器发出汽车碰撞电信号，或将气囊点火器的电源电路接通。

2. 滚球式碰撞传感器

滚球式碰撞传感器也是一种开关式减速度传感器，其结构如图 8-53 所示。

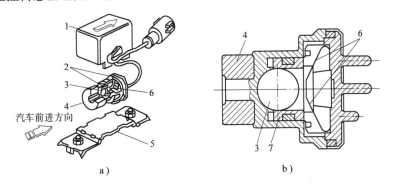

图 8-53　滚球式碰撞传感器
1—传感器壳　2—O 形密封圈　3—钢球　4—永久磁铁　5—固定板　6—触点　7—滚筒

汽车正常行驶时，钢球被永久磁铁吸引，触点处于断开状态。当汽车发生碰撞时，钢球在惯性力的作用下，摆脱磁铁的吸引力滚向触点端，将触点接通，向安全气囊控制器发出汽车碰撞电信号，或将气囊点火器的电源电路接通。

3. 压敏电阻式碰撞传感器

压敏电阻式碰撞传感器的结构和测量原理如图 8-54 所示。

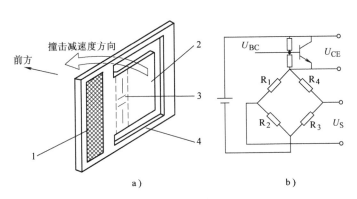

图 8-54　压敏电阻式碰撞传感器
a）传感器结构　b）传感器测量电路
1—集成电路　2—测量悬臂　3—电阻应变片　4—悬臂架

传感器的敏感元件是受力变形后其电阻值会相应改变的电阻应变片，被固定在传感器测量悬臂端部。当汽车发生碰撞时，测量悬臂受减速惯性力的作用而使其端部变形，使布置在测量悬臂端部的电阻应变片产生形变，其电阻值相应改变，通过测量电路产生相应的电压信号（U_S）。

十四、光照度传感器

光照度传感器在日光或灯光的照射下产生电信号，用于空调系统的自动控制或前照灯自动变光控制。用于检测日光照度的传感器也被称为日光传感器或阳光传感器。光照度传感器有光电池式和光敏电阻式两种类型。

1. 半导体光敏电阻式光照度传感器

半导体光敏电阻式传感器的敏感元件为半导体元件，此类光照度传感器一例如图8-55所示。硫化镉（CdS）半导体材料的电阻率随光照度增强而下降，将其连接到图8-55b所示的测量电路中，CdS在灯光照射下其电阻值改变时，就会输出相应的电压U_o，控制电路或电子控制器根据此电压信号判断光照度，进行相关的自动控制。

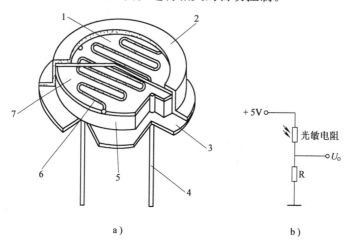

图8-55 CdS半导体光敏电阻式光照度传感器
a）传感器结构 b）测量电路
1—玻璃罩 2—金属盖 3—金属底板 4—电极引线 5—陶瓷基片 6—硫化镉（CdS） 7—电极

2. 二极管光敏电阻式光照度传感器

二极管光敏电阻式传感器以二极管为敏感元件，此类光照度传感器一例如图8-56所示。光敏二极管的PN结与普通二极管一样，具有单向导电性，但在阳光照射下，其反向电阻会明显减小。阳光越强，光敏二极管的反向电阻就越小，将其连接到图8-56b所示的测量电路中，当光敏二极管受到阳光照射而其反向电阻下降时，测量电路就会有与日光量相对应的电流产生，并可输出电压U_o。空调控制器可根据光敏传感器输出的U_o判断车外阳光的照射强度，并进行相关的控制。

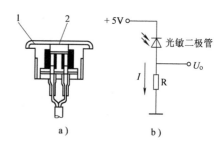

图8-56 二极管光敏电阻式光照度传感器
a）传感器结构 b）测量电路
1—滤波器 2—光敏二极管

十五、角速度传感器

角速度传感器是将汽车转弯时车身旋转角速度转换为相应的电信号，在汽车行驶稳定系统中，角速度传感器提供的信号是 ECU 实施汽车行驶稳定性控制的重要依据。

1. 振动型角速度传感器

振动型角速度传感器的工作原理如图 8-57 所示。在作为振子的四方体的相邻两面上，粘贴有兼起驱动和检测作用的压电元件，当对压电元件施加交流电压时，就会在负压电效应的作用下，使振子振动。当振动着的振子又旋转时，就会产生一个与旋转速度相对应的哥氏力。

哥氏力是指旋转坐标内具有速度的物体所受到的力，力的方向既与旋转轴垂直，也与物体的速度方向垂直，而力的大小与物体的速度与系统的转速成正比。

当车辆旋转时，传感器振子随之转动，这时，测出的压电元件电流包含有振动和哥氏力两部分。传感器内部信号处理电路是相邻两压电元件输出信号的相减，这样，就消除了振动部分同频又同相的两个信号（图 8-57b），只剩下反映哥氏力的信号（图 8-57c）。将电流信号转换为电压信号，就可得到与旋转角速度成一一对应关系的输出信号。

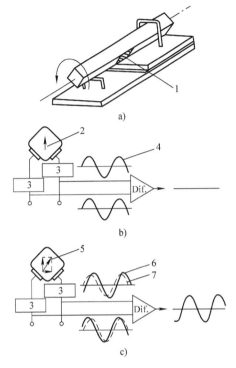

图 8-57 振动型角速度传感器
a）构成 b）无旋转时 c）旋转时
1—压电元件 2—振子振动成分 3—电流检测
4—振动信号 5—哥氏力成分
6—输入信号 7—哥氏力信号

2. 音叉式角速度传感器

音叉式角速度传感器的结构如图 8-58 所示。传感器的本体为音叉形，振子由振动（激振）和检测两部分构成，两者互成 90°。在音叉上粘贴有压电陶瓷片（PTZ）。

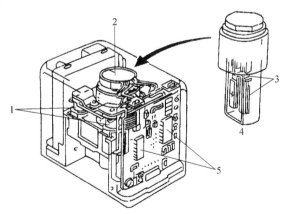

图 8-58 音叉式角速度传感器的结构
1—缓冲器 2、4—传感器本体 3—压电元件 5—专用集成电路（IC）

音叉式角速度传感器的工作原理如图 8-59 所示。当交流电压加于激振 PTZ 时，检测

PTZ 也总是在左右方向（V 方向）振动。当车辆转弯（ω 方向）时，哥氏力作用于检测 PTZ，在与激振方向垂直的 F 方向的力，使检测 PTZ 产生交流电压信号。此信号包含有激振 PTZ 产生的振荡波，经放大后进入检波电路，检波后输出反映旋转方向和旋转速度的信号，再经整形电路整形后，输出与车辆旋转角速度呈线性关系的电压信号。

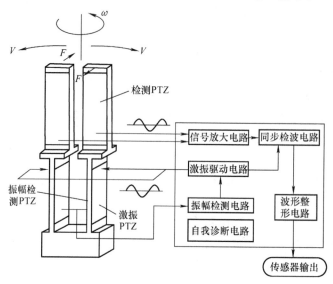

图 8-59　音叉式角速度传感器的工作原理

音叉式角速度传感器的优点是两个振子是反向运动的，其产生的哥氏力的方向也相反，因此，车辆前后、左右方向加速度所形成的挠曲变形可以互相抵消，从而提高了测量的精度。

第三节　电子控制器

电子控制器（Electric Control Unit，ECU），是电子控制系统的核心部件，用于对各传感器及开关的输入信号进行预处理、分析、判断，并根据信号处理的结果输出控制信号，控制执行器工作。ECU 主要由微处理器、输入电路、输出电路等组成，如图 8-60 所示。

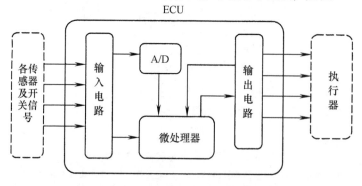

图 8-60　电子控制器（ECU）的基本组成

一、输入电路

电子控制器输入电路包括信号处理电路和传感器电源，其作用是，将各传感器及开关信号进行预处理，转换为计算机可接受的数字信号；向传感器提供电压稳定的电源，确保各传感器正常工作。

1. 数字信号输入电路

数字信号只有高电平和低电平两种状态，信息由矩形波的个数或疏密来表示。在汽车电子控制系统中，各种转速传感器、涡旋式空气流量传感器等输出的是以脉冲数或脉冲的疏密为计量被测参数的脉冲信号，碰撞传感器、档位开关等输出的是高低电平跃变的阶跃信号，这些电信号需要经数字信号输入电路的预处理才能输入微处理器。

对于可能包含有杂波的脉冲信号，需经过输入电路的滤波、整形和电平转换等预处理（图 8-61）。磁感应式转速传感器其信号电压随转速而变，输入电路可能还包括信号放大和稳压电路。对于已由传感器内部测量电路预处理的矩形波和开关信号，输入电路通常只需对其进行电平转换即可。

图 8-61 数字信号输入电路工作过程

2. 模拟信号输入电路

模拟信号是一个连续变化的电量，以电信号的幅值来表示信息的量值。在汽车电子控制系统中，输出模拟信号的传感器有冷却液温度传感器、节气门位置传感器、量板式和热式空气流量传感器等。模拟信号所表示的信息需经模/数（A/D）转换器转化为相应的数字信息后才能被微处理器接受。A/D 转换主要包括采样、量化及编码等过程，如图 8-62 所示。

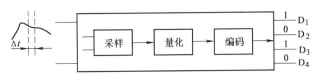

图 8-62 A/D 转换器的工作过程
0—低电平 1—高电平

采样过程是 A/D 转换器以一固定的时间间隔对模拟信号进行扫描，取得一系列离散的采样幅值。量化过程是通过舍入或去尾的方法将采样幅值变为一个有限有效数字的数。编码就是将这些代表各采样幅值的有效数字变为二进制数。比如，模拟输入信号的某一个采样幅值量化后的数为 5，A/D 便会输出"0101"这个微处理器可接受的二进制代码。

3. 传感器电源

除了可通过自身发电产生电信号的磁感应式传感器、氧化锆型传感器等发电型传感器外，其他传感器均需要有一个电压稳定的电源。电子控制器由内部稳压电路产生 5V 稳压电源，通过输入电路输送给各传感器，使各传感器能正常工作。

传感器电源除向传感器提供产生电信号所需的电能、向传感器测量电路提供工作电流外，对于热敏电阻式传感器（如发动机温度传感器、进气温度传感器等）、电位器式传感器（如节气门位置传感器、量板式空气流量传感器等），传感器电源电压还是信号的基准电压，此类传感器电源电路如图 8-63 所示。

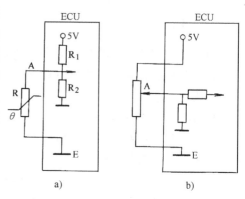

图 8-63 传感器电源电路
a) 热敏电阻式传感器电源电路
b) 电位器式传感器电源电路

二、微处理器

微处理器是电子控制器的核心，它接受输入电路送来的各传感器及开关电信号，再根据存储器中的控制程序和标准数据进行运算、分析与判断后，输出控制指令，通过输出电路控制执行器工作。微处理器主要由中央微处理器（CPU）、存储器、输入/输出接口（I/O）等组成，各组成部件用总线连接，如图 8-64 所示。

1. 中央微处理器

中央微处理器（Central Processing Unit，CPU）包含运算器、控制器、寄存器等部件，这些部件也是通过总线连接，如图 8-65 所示。

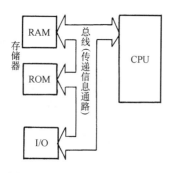

图 8-64 微处理器的基本组成

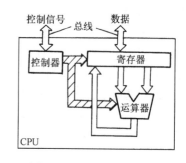

图 8-65 CPU 的基本组成

运算器：主要由算术逻辑运算部件、累加器、暂存器、程序状态字寄存器、通用寄存器及相应的逻辑电路等组成，用于对数据的算术运算和逻辑运算。

控制器：主要由指令译码器、指令寄存器 IP、控制矩阵（逻辑电路）等组成，其作用是将控制程序中的指令按时钟节拍转换为相应的控制字（控制脉冲），以控制计算机系统各部自动协调地工作。

寄存器：除了配合运算器和控制器工作的专用寄存器外，在 CPU 中还有其他的专用寄存器，例如：程序计数器、缓冲寄存器、地址指针寄存器及程序地址寄存器等，用于程序地址和运算数据的存储和缓冲。

CPU 在控制器控制脉冲的控制下，按其时钟脉冲的频率（节拍）自动协调地进行数据的运算、寄存、传送等操作。

2. 存储器

存储器用于记忆数据和程序，包含只读存储器（ROM）和随机存储器（RAM）。

（1）只读存储器　只读存储器（Read Only Memory，ROM）也称程序存储器，用于存储计算机的控制程序、实施各项控制所需的标准参数等一些固定信息，在芯片制造时写入后不能更改。工作时只供读取，电源切断时其储存的信息不会消失。

近年来在汽车电子控制系统中使用了 PROM、EPROM、EEPROM 等新型只读存储器。

PROM：可编程只读存储器（Programable ROM），这种只读存储器可由用户根据需要自行编程，一次写入。PROM 给用户根据需要写入不同的信息资料，以使微处理器适用于不同车型、不同控制项目提供了方便。

EPROM：可擦除可编程只读存储器（Erasable Programable ROM），与 PROM 不同的是存储的信息可通过芯片顶部窗口用紫外线照射的方法全部清除，然后再通过编程器写入新的信息息。EPROM 是可反复擦写使用的只读存储器。

EEPROM：电可擦只读存储器（Electrically Erasable Programable ROM），可在通电的情况下改写部分信息，可使微处理器的使用更为方便灵活。某些汽车电子控制系统中使用了EEPROM，可通过专用的诊断仪器对 EEPROM 中的程序和数据进行修改，以实现汽车电子控制系统的技术升级。

（2）随机存储器　随机存储器（Read Access Memory，RAM）也称数据存储器，在计算机工作时随时可存入或读取信息，电源切断后，RAM 中的信息随即消失。汽车电子控制系统的故障信息（故障码）和自适应学习修正参数一般用 RAM 储存，这些信息在点火开关断开后仍需保留，因此，汽车电子控制系统的微处理器都有一根直接连接蓄电池的电源线，使 RAM 有一个不受点火开关控制的常接电源。

3. 输入/输出接口

输入/输出接口（Input/Output，I/O）是 CPU 与外部设备进行数据传送的纽带，从输入电路送来的传感器、开关信号及某些执行器的反馈信号经输入接口送入 CPU；CPU 的控制指令则通过输出接口传送到输出电路。I/O 在 CPU 与外围设备之间起着数据的缓冲、电平和时序的匹配等多种作用。

三、输出电路

电子控制器输出电路通常由信号处理电路和驱动电路组成，输出电路在微处理器的控制下工作，使执行器按微处理器的指令动作。

微处理器经 I/O 输出的控制信号是二进制代码，不能直接控制执行器，需由信号处理电路将微处理器的控制指令转换为相应的控制脉冲，再经驱动电路控制执行器工作。输出电路的作用就是通过其数/模（D/A）转换器或译码器将微处理器输出的控制信号进行 D/A 转换或译码，并通过相应的功能电路产生驱动执行器工作的控制脉冲，再通过驱动电路驱动执行器工作。

输出电路驱动执行器的方式大致有两种，一种是执行器直接连接车载电源，由控制器驱动电路提供搭铁通路而使执行器通电工作，如图 8-66a 所示；另一种是执行器本身连接搭铁，由控制器内部电源向执行器提供电流，如图 8-66b 所示。

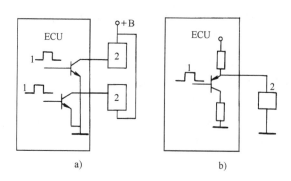

图 8-66 控制器的执行器驱动电路
a）向执行器提供搭铁通路 b）向执行器提供电压脉冲
1—控制脉冲 2—执行器

第四节 执 行 机 构

执行器严格按照控制器输出的控制信号工作，将控制参量迅速调整到设定的值，以使控制对象工作在设定的状态。汽车电子控制系统执行器按照执行机构动作所用的驱动装置结构原理不同分，主要有电动机类和电磁阀类两种。还有一类执行器不产生动作，比如点火线圈、加热器等。

一、电动机类执行机构

电动机类执行机构的动作由电动机的转动驱动，有普通直流电动机和步进电动机两种。

1. 普通直流电动机

普通直流电动机通电后产生持续的旋转运动，经机械传动机构的减速、运动转向或转换运动方式后，带动执行机构按控制的要求动作。

在汽车电子控制系统中，用作执行机构驱动动力源的直流电动机有永磁式和励磁式两种，其基本组成及工作原理与起动机用直流电动机、辅助电器电动装置用直流电动机相同。励磁式直流电动机为有刷式，其电枢与磁场绕组通常采用并联方式，其电路原理如图 8-67 所示。

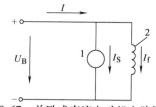

图 8-67 并励式直流电动机电路原理
1—电动机电枢 2—电动机磁场绕组

汽车电子控制系统执行机构所用的普通直流电动机电磁转矩大小由输入的电流大小控制，电动机转动方向通常采用改变电动机电枢电流方向（永磁式电动机）或通电的励磁绕组（励磁式电动机）的控制方式。

2. 步进电动机

步进电动机按"步"转动，可控制其转动的角度和转向，并通过相应的机械传动实现对控制对象的参量调节和定位控制。

（1）步进电动机的基本组成 步进电动机主要由永久磁铁的转子和绕有两个绕组的定

子组成，其组成部件及内部电路如图 8-68 所示。

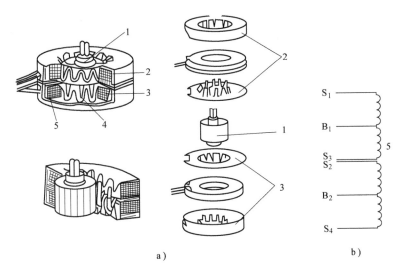

图 8-68　步进电动机的组成与内部电路
a）转子与定子　b）内部电路
1—转子　2—定子 A　3—定子 B　4—爪极　5—定子绕组

步进电动机的转子由永久磁铁构成，通常采用 8 对磁极，其 N 极和 S 极在圆周上相间排列。定子有 A、B 两个，每个定子的铁心在其内圈上有与转子相同数量（8 对）的爪极，并集中绕有两个绕向相同，但工作电流方向相反的定子绕组。

（2）步进电动机的工作原理　当定子绕组通入转动控制脉冲时，A、B 两定子各有一个绕组通电，两定子的铁心均被各自的通电绕组磁化，形成 8 对（16 个）相间排列的磁极。由于两个定子的铁心错位，因而形成 16 对（32 个）相间排列的磁极（图 8-69）。如果 A 或 B 定子中的两个绕组交换通断电状态时，该定子铁心磁化极性反向，使定子 32 个磁极的极性排列发生改变，相当于 32 个定子磁极整体向前或向后移动了一步（1/32 圈）。

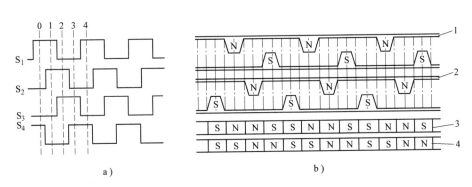

图 8-69　步进电动机定子磁极的形成
a）定子线圈转动控制脉冲（正转）　b）定子磁极的排列
1—定子 A　2—定子 B　3—S_1、S_2 通电定子磁极排列　4—S_2、S_3 通电定子磁极排列

步进电动机按步转动的原理如图 8-70 所示。步进电动机转动前，转子的位置使其磁极与定子磁极异性相对应（图 8-70a）。当 A 或 B 定子中改变为另一个绕向相反的绕组通电时，定子的 32 个磁极极性排列发生改变，形成了与转子磁极同性相斥、异性相吸的磁力作用（图 8-70b），使转子转动至其 N、S 极又与定子的异性磁极相对应的位置（图 8-70c）。

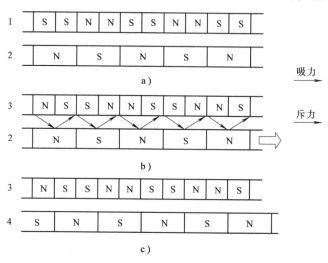

图 8-70　步进电动机的工作原理
a）转动一步前　b）开始转动　c）转动一步后
1—转动前定子磁极排列　2—转动前转子磁极位置　3—转动一步定子磁极排列　4—转动后转子磁极位置

定子的四个绕组按 S_1、S_2、S_3、S_4 的顺序输入通电脉冲，就可使电动机按正方向逐步（1/32 圈）转动。如果要使电动机反方向转动，则使四个绕组按 S_4、S_3、S_2、S_1 的顺序通电即可。

二、电磁阀类执行机构

电磁阀类执行机构通过其线圈通电产生电磁力完成控制动作，将控制参量迅速调整到设定的值，使控制对象在设定的状态下工作。电磁阀类执行机构有直动式和转动式两大类。

1. 直动电磁阀类执行机构

直动电磁阀类执行机构中的电磁线圈通电后产生磁场，电磁力使动作机构产生直线运动，喷油器、开关式怠速控制阀、废气再循环电磁阀、炭罐通气电磁阀等均属此类执行机构。

直动电磁阀类执行机构的主要组成部件有电磁线圈、铁心和弹簧，如图 8-71 所示。电磁线圈通电后产生电磁力，铁心在电磁力的作用下克服弹簧弹力而轴向移动，带动阀芯、滑阀等直线移动，完成相应的控制动作。

直动电磁阀类执行机构按其工作方式分，有开关式、定位式和脉动式等几种。

（1）开关工作方式　执行机构电磁线圈只有通电和不通

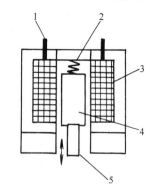

图 8-71　直动电磁阀类执行机构
1—接线端子　2—弹簧　3—线圈
4—铁心　5—连接阀体

电两个工作状态，执行机构由弹簧力保持初始状态，由电磁线圈通电产生的电磁力克服弹簧弹力产生控制动作，并由持续通电保持动作后的状态。

(2) 定位工作方式　执行机构电磁线圈电流大小由控制器控制，电磁线圈在不同的电流下产生大小不同的电磁力，与弹簧弹力平衡后实现不同程度的动作。电流大小的控制方式有两种，一种是由控制器直接控制其定值电流，比如，制动压力调节器中使用的三位三通电磁阀，控制器通过使其电磁线圈全通电、半通电和不通电，使电磁阀处于左位、中位、右位三个不同工作状态，分别完成不同的控制动作。另一种通过占空比脉冲来控制电磁线圈平均电流的大小。占空比信号是一种频率固定不变，脉冲宽度可变的电压或电流脉冲（图 8-72），控制器一定会改变占空比就可控制电磁线圈的平均电流，实现电磁阀开度的控制。

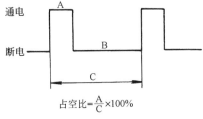

占空比 = $\frac{A}{C} \times 100\%$

图 8-72　占空比脉冲信号

(3) 脉动工作方式　执行机构电磁线圈也只有通电和不通电两个工作状态，但电流以占空比脉冲的方式流经电磁线圈，通过执行机构动作前、后比率来实现对目标参量的控制。

2. 旋转电磁阀类执行机构

旋转电磁阀类执行机构其电磁线圈通电后使动作机构产生角位移，旋转式发动机怠速控制阀就属此类执行机构。

(1) 旋转电磁阀机构的组成　旋转电磁阀类执行机构的主要部件是带动阀转动的转子和定子，有两种形式：一种是转子为永久磁铁，电磁线圈绕在定子上；另一种定子为永久磁铁，转子上绕有电磁线圈，通过电刷和滑片将电流引入电磁线圈。电磁线圈有两个，无论是绕在转子上的还是在定子上的，两个电磁线圈的匝数相同且对称布置，通电后两电磁线圈所产生的电磁力对转子的作用力方向相反。

(2) 旋转电磁阀机构的工作原理　转子为永久磁铁的旋转电磁阀机构其两个电磁线圈绕在定子上，电路原理如图 8-73 所示。

ECU 输出的是占空比脉冲信号，此控制信号通过 VT_1、VT_2 组成的驱动电路控制电磁阀线圈 L_1、L_2 的通断电。由于控制信号到 VT_1 基极经反相器反相，因此，从晶体管 VT_1、VT_2 集电极输出的是相位相反的控制脉冲。

当控制信号占空比为 50% 时，一个信号周期中 VT_1、VT_2 的导通相位相反，但导通时间相同。L_1、L_2 的通电时间各占一半，两线圈的平均电流相同，产生相同大小的电磁力，对转子的作用力互相抵消，所以这时的转子在原来的位置保持不动（图 8-74a）。

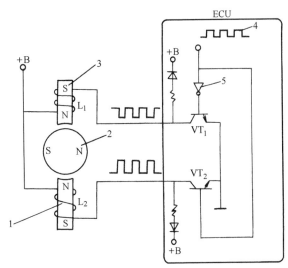

图 8-73　旋转电磁阀机构的电路原理
1、3—定子　2—转子（永久磁铁）
4—控制信号（占空比信号）　5—反相器

当控制信号占空比大于50%时，L_2通电时间大于L_1，两线圈产生的磁场合力使转子逆时针转动（图8-74b）。

当控制信号占空比小于50%时，L_1的通电时间大于L_2，两线圈产生的磁场合力则使转子顺时针转动（图8-74c）。

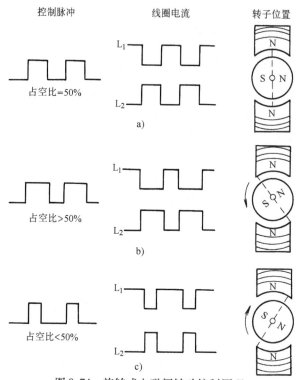

图8-74 旋转式电磁阀转动控制原理
a) 不转动的控制脉冲 b) 逆时针转动的控制脉冲 c) 顺时针转动的控制脉冲

可见，电子控制器通过输出占空比不同的脉冲信号，就可控制转动电磁阀机构的转子顺转或逆转所需的角度。

定子是永久磁铁的旋转电磁阀机构，两个电磁线圈绕在转子铁心上，通过电刷将电流引入线圈（图8-75），其旋转控制原理与转子是永久磁铁的旋转电磁阀机构相同。

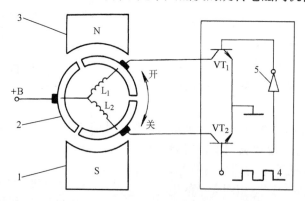

图8-75 定子为永久磁铁的旋转电磁阀类执行机构
1、3—定子 2—转子 4—占空比控制信号 5—反相器

思 考 题

1. 汽车电子控制系统的应用给汽车技术带来哪些进步？未来发展的趋势是什么？
2. 汽车电子控制系统的基本组成及各部分的作用是什么？
3. 发动机转速与曲轴位置传感器有哪些结构类型？各种类型的传感器是如何产生表示发动机的转速和曲轴位置电信号的？
4. 量板式空气流量传感器的基本组成是什么？它是如何检测空气流量的？
5. 卡门涡旋式空气流量传感器的测量原理是什么？两种形式的卡门涡旋式空气流量传感器是如何检测进气流量的？
6. 热式空气流量传感器的测量原理是什么？有哪些结构类型？
7. 压敏电阻式压力传感器是如何检测进气压力的？电容式进气压力传感器测量电路是如何将进气压力变化转换为相应的电信号的？
8. 热敏电阻式温度传感器的测量原理是什么？热敏电阻式温度传感器有哪几种？
9. 氧传感器的作用是什么？氧化锆型和氧化钛型氧传感器是如何检测排气中的氧含量的？
10. 爆燃传感器有哪几种类型？各种爆燃传感器是如何检测爆燃的？各有什么特点？
11. 光电式车身高度传感器是如何工作的？如何根据光电式车身高度传感器的信号获得车身高度、车身位移及车身振动信息？
12. 光电式转向盘转角传感器是如何获得转向角度信号的？根据信号如何判断转动的方向？
13. 转向盘转矩传感器有哪些类型？电感式转矩传感器如何将作用于转向盘的转矩转换为相应的电压信号？
14. 在汽车防抱死制动系统和安全气囊中，减速度传感器各起何作用？各种减速度传感器如何将汽车减速度转换为相应的电信号？
15. 电子控制器有哪些基本组成部分？各部分的基本功用是什么？
16. 微处理器有哪些组成部件？各组成部件的作用是什么？
17. 与普通直流电动机相比，步进电动机的结构有何特点？步进电动机是如何实现按步转动的？
18. 与电动机类执行机构相比，电磁阀类执行机构的结构与工作方式有何特点？
19. 直动电磁阀的基本组成？有哪几种工作方式？
20. 转动电磁阀的基本组成？电子控制器如何控制转动电磁阀转动？

第九章 汽油喷射控制系统

第一节 概 述

一、汽油喷射技术的特点与发展概况

1. 汽油喷射式发动机的特点

汽油喷射技术是将具有一定压力的汽油直接喷射到进气歧管或气缸内，与进入的空气混合而形成适当浓度的可燃混合气，喷油量可由电子控制器根据实际需要，通过控制喷油时间精确控制。因此电控汽油喷射式发动机具有如下优点。

1）进气阻力小。与化油器相比，进气管中没有了喉管的阻气作用，使发动机的充气效率得以提高，从而有效地提高了发动机的动力性。

2）汽油雾化良好。喷射的汽油颗粒小、雾化良好，有助于形成空燃比适当、各缸均匀的混合气，可使发动机各缸均有良好的燃烧，充分发挥汽油的效能，降低油耗和排气污染。此外，由于汽油喷射可使汽油在发动机低温、低速时仍有良好的雾化，也改善了发动机低温起动性能和汽车爬坡性能。

3）供油滞后性小。汽油以一定的压力直接喷射在进气门处，其对节气门的响应快，因此，发动机的加速性能好。

4）空燃比控制精度高。电子控制汽油喷射技术可实现非线性的空燃比控制，在发动机的各种工况下均有最佳的基本供油量控制，并且还可根据发动机的温度、废气中的氧含量等情况对供油量进行修正控制，可使发动机始终处在最佳的空燃比状态下工作。

5）可实现汽车减速断油控制。电子控制汽油喷射系统很容易实现在汽车减速时断油控制，从而可降低汽车减速时燃油的消耗和排气污染。

6）可实现与其他电子控制系统的协调性控制。汽车各个电子控制系统的协调控制，可使汽车的安全性、舒适性、动力性及经济性进一步提高。

2. 汽油喷射技术发展概况

在汽油发动机上采用汽油喷射技术，最早的汽油喷射方式是机械控制式缸内喷射。这种汽油喷射技术最初是用在航空发动机上，在20世纪50年代，开始应用于赛车的二行程汽油发动机；1954年，德国奔驰（Benz）公司在其生产的300BL四冲程汽油发动机上也使用了汽油喷射技术，并在1958年推出了在进气管内喷射的220SE发动机。这种机械控制式缸内喷射式汽油喷射技术与柴油发动机的喷射系统相似，由发动机驱动的喷射泵来实现汽油喷射，其最大的缺点是安装性差、性能提高有限、成本高。

1953年，美国本迪克斯（Bendix）公司开始着手开发电子控制汽油喷射装置（Electrojector），并在4年后公布了他们的成果。德国博世（Bosch）公司购买了本迪克斯的专利并加以改进，于1967年推出了D-Jetronic电控汽油喷射装置。1968年，德国大众汽车公司首次将博世公司研制的D-Jetronic应用于轿车上。此后，美国、日本等国的汽车公司也纷纷在自己生产的

轿车上装用电子控制汽油喷射装置。1972 年，博世公司又推出了 L-Jetronic 电控汽油喷射装置和 K-Jetronic 机械控制汽油喷射装置。1980 年，美国通用（GM）和福特（Ford）公司又推出了单点喷射式电子控制汽油装置（SPI）。这些电子控制和机械控制的汽油喷射技术均为缸外喷射，成本较低，并使发动机的动力性和经济性有了较大的提高，且有效控制了排气污染。如今，在车用发动机上得到了广泛的应用的是缸外多点喷射式电子控制汽油喷射技术。

20 世纪 90 年代，国外一些汽车公司就已经开始研究与开发性能更好、技术要求更高的缸内喷射式电子控制汽油喷射技术。如今，这种缸内喷射式电子控制汽油喷射技术已经在一些汽车上得到了应用。随着技术的更进一步完善，成本更低，汽油缸内喷射技术必将在汽车上得到广泛的应用。

二、汽油喷射系统分类

出现过的和正在使用的汽油喷射装置有多种形式，下面以不同的分类方法予以概括。

1. 按喷油和供油量的控制方式不同分

（1）机械控制方式　机械控制方式通过油路中的压力油顶开喷油器实现喷油，由空气流量计的感知板根据进气管空气流量动作，并通过柱塞式比例阀的联动来控制喷油量。这种机械控制方式在工作过程中喷油器连续喷油，通过控制喷射流量来调节空燃比。

（2）机电混合控制方式　机电混合控制方式是机械控制方式的改进型，在机械控制方式的基础上增设了一个由电子控制器控制的电液流量调节器，使其适应性和控制功能得以提高。

（3）电子控制方式　电子控制方式由电子控制器根据发动机各传感器输入的信号产生适当的喷油控制脉冲，控制电磁阀式喷油器喷油，其组成与原理如图 9-1 所示。电子控制方式工作中为间歇喷油，其喷油压力一定，通过喷油的时间（喷油控制脉冲的宽度）来控制喷油量。

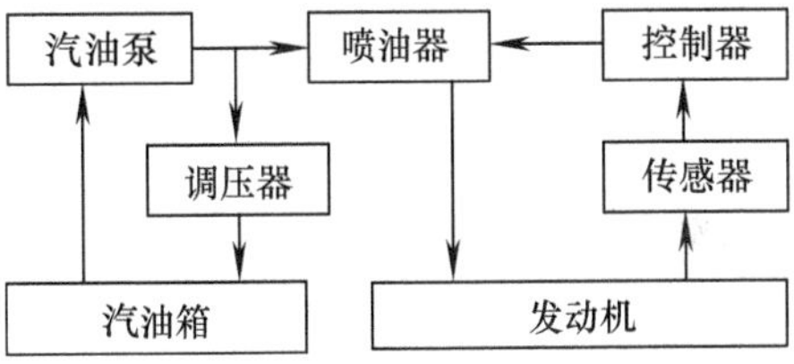

图 9-1　电子控制汽油喷射原理框图

2. 按喷油器的位置不同分

（1）缸内喷射式　喷油器安装在发动机气缸盖上，汽油直接喷射到气缸内。这种喷射方式其喷油的压力高，喷射的时间要求很严，且喷油器要承受高温、高压，其技术要求较高。早期的机械控制汽油喷射装置采用的是缸内喷射式，现在，在迈腾等汽车发动机上采用的是缸内喷射式电子控制汽油喷射装置，这种汽油喷射技术可使发动机的动力性、经济性和排放控制水平都得到提高。

（2）缸外喷射式　缸外喷射式又分单点喷射（SPI）和多点喷射（MPI）两种形式，如图 9-2 所示。

1）单点喷射式。汽油喷射装置有一个或两个喷油器，安装在节气门体处，因此也被称之为节气门体式汽油喷射装置。SPI 的控制精度

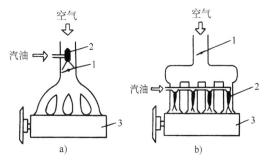

图 9-2　单点喷射与多点喷射示意图
a) SPI　b) MPI
1—节气门　2—喷油器　3—发动机

稍低于 MPI，但执行机构简单、成本较低、工作可靠性相对较高。在 20 世纪 80 年代，SPI 在一些汽车上得到了应用。

2）多点喷射式。汽油喷射装置的喷油器与发动机气缸数相等，安装在进气门处的进气歧管上。这种喷射方式燃油的控制精度、喷油变化灵敏度等均优于单点喷射，已被广泛使用。多点喷射又有同时喷射、分组喷射和单独喷射等三种控制方式（图 9-3）。

同时喷射方式：按发动机转动节拍各缸喷油器同时喷油，只需一个喷油器驱动电路，结构简单，空燃比的控制精度相对较低。

分组喷射方式：将喷油器分成两组或三组，按发动机转动节拍各组交替喷油。分组同时喷射方式其控制精度有所提高，但增加了喷油器驱动电路，且需要分组气缸识别信号，控制电路相对要复杂一些。

独立喷射方式：各缸喷油器按照发动机气缸的工作顺序喷油，各缸独立喷射可相对于各缸的每次燃烧所需喷油量都设定一个最佳的喷射时刻，因此，可以展宽稀薄空燃比界限，进一步降低油耗。这种喷射方式需要气缸识别信号及与气缸数相等的喷油器驱动电路，因此其控制电路的结构更为复杂。

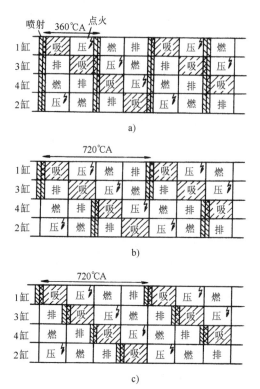

图 9-3 多点喷射控制方式
a) 同时喷射方式 b) 分组喷射方式 c) 独立喷射方式

第二节 汽油喷射控制系统结构与原理

一、汽油喷射电子控制系统的控制原理

汽油喷射电子控制系统的电子控制器（ECU）根据各传感器输入的电信号判断发动机的工况和状态，并确定最佳的喷油量。汽油喷射电子控制系统的控制原理如图 9-4 所示。

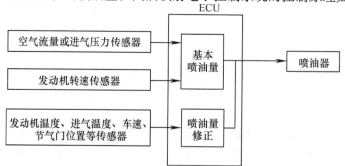

图 9-4 汽油喷射电子控制系统的原理

喷油压力和喷油器的喷口截面积均为恒定，因此，电子控制系统通过控制喷油器间歇喷油时间来控制喷油量。

ECU 根据各传感器信号确定基本喷油量和各种情况下的喷油量修正，并输出相应的喷油器控制脉冲，控制喷油器的喷油时间，实现最佳空燃比控制。

1. 基本喷油量的控制

基本喷油量是保证发动机在正常的工作温度下运行时有最佳的空燃比。电子控制器根据发动机转速传感器、进气压力传感器（压力型）或空气流量传感器（流量型）的电信号确定基本喷油量，并通过喷油器驱动电路控制喷油器每个工作循环的喷油（通电）时间。基本喷油时间的确定方式有公式计算法和查寻插值计算法两种。

（1）公式计算法确定基本喷油时间　在电子控制器的 ROM 中，存有基本喷油时间计算模型，工作时，控制器根据当前的发动机转速和空气流量（或进气压力）参数，利用计算模型计算得到最佳的喷油时间。基本喷油量的计算模型通常是利用大量的试验数据通过非线性拟合的方式得到，或是利用相关的控制理论建模，再通过仿真和实测验证后得到。公式计算法计算基本喷油时间的计算模型一例如下式所示。

$$T_\mathrm{p} = \frac{120 G_\mathrm{a}}{CZn}$$

式中　G_a——空气流量（g/s）；
　　　C——与喷油器结构和理论空燃比有关的常数；
　　　Z——发动机气缸数；
　　　n——发动机转速（r/min）。

（2）查寻插值计算法确定基本喷油时间　在电子控制器中的 ROM 存储器储存有特定工况下的最佳喷油时间标准参数（基本喷油时间三维图，如图 9-5 所示），发动机特定工况下的最佳喷油时间是通过试验取得的。工作时，电子控制器根据当时的发动机转速和空气流量（或进气管压力），从 ROM 中查寻得到基本喷油时间。如果发动机工作在非特定工况，ECU 中的 CPU 可根据该工况周围的 4 个特定工况点的基本喷油时间，通过插值法计算得到该工况下的喷油时间。

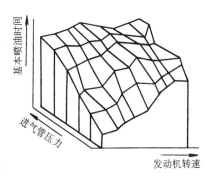

图 9-5　基本喷油时间三维图

用查寻插值计算法求得最佳的基本喷油时间，可实现非线性控制，使汽油喷射的控制精度更高，因此，汽油喷射控制系统多采用查寻插值计算法求得基本喷油时间。

2. 喷油量修正控制

喷油量修正控制是使发动机在各种情况下都有最适当的空燃比，使发动机始终工作在最佳状态。汽油喷射电子控制系统一般有如下喷油量修正。

（1）进气温度修正　进气温度不同时，空气的密度也不同，使混合气的空燃比发生变化。进气温度修正是为了在不同的进气温度下均能达到理想的空燃比。电子控制器根据进气温度传感器的信号对喷油时间作出适当的修正，进气温度修正特性一例如图 9-6 所示。

（2）起动喷油量修正　发动机在起动时其转速很低，基本喷油量很少，因此，需要通过起动喷油修正（适当增加喷油量）来改善其起动性能。电子控制器根据点火开关（起动档）作出起动时喷油量修正控制；根据冷却液温度传感器的信号确定喷油修正量，发动机冷却液温度越低，起动补充喷油量也越多。一些汽油喷射控制系统则是通过在正常喷油脉冲之间增加一个喷油脉冲来增加起动喷油量。

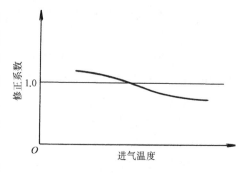

图9-6　进气温度修正特性曲线

（3）起动后的喷油量修正　发动机起动后，电子控制器在基本喷油量的基础上增加起动后补充喷油量，以保证发动机在温度较低、汽油雾化不良的情况下能稳定运转。控制器根据点火开关从"起动"档到"点火"档的变化瞬间作出起动后喷油修正控制；根据冷却液温度传感器的信号确定起动后喷油修正量，根据发动机转速传感器的信号脉冲递减喷油修正量。起动后喷油量修正特性曲线如图9-7所示。

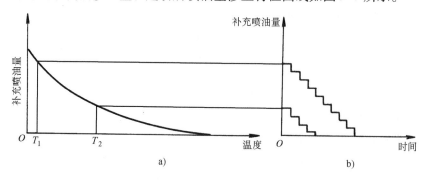

图9-7　起动后喷油量修正特性
a）起动后喷油补充量初始值　b）起动后喷油补充量随转速信号递减过程

（4）怠速暖机喷油量修正　发动机冷机起动后，保证发动机起动后能稳定运行的起动后补充喷油量很快就会消失，如果这时发动机的温度还较低，就仍需有较浓的混合气，这由时间相对较长的怠速暖机修正来保证。电子控制器根据节气门位置传感器（怠速开关）信号作出怠速暖机喷油量修正控制；根据冷却液温度传感器的信号确定修正量，怠速暖机喷油量修正特性一例如图9-8所示，根据发动机转速传感器信号对喷油修正量进行适当的调整。

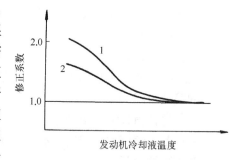

图9-8　怠速暖机喷油量修正特性
1—起始温度低修正特性曲线
2—起始温度高修正特性曲线

（5）加速时的喷油量修正　汽车加速时，为保证发动机有良好的加速性能，需要在基本喷油量的基础上增加适当的喷油量。电子控制器根据节气门位置传感器信号作出加速时喷油量修正控制；根据空气流量传感器或进气压力传感器、发动机转速传感器及冷却液温度传感器的信号确定加速喷油修正量。加速时喷油量修正特性一例如图9-9所示。

有的汽油喷射系统是通过在正常喷油脉冲之间额外地输出一个喷油脉冲信号，通过这种

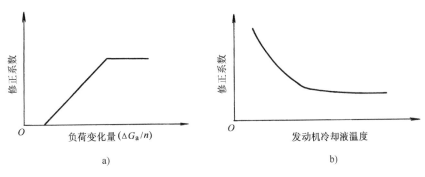

图 9-9 加速时喷油量修正特性
a) 负荷变化量修正特性 b) 冷却液温度变化修正特性

非同步修正方式使喷油器多喷一次油,以增加加速时的喷油量。

(6) 减速时的喷油量修正 减速时如果仍按基本喷油量控制会使混合气过浓。电子控制器根据节气门位置传感器、空气流量传感器或进气压力传感器、发动机转速传感器及冷却液温度传感器的信号进行减速喷油量修正,适当减少喷油器的喷油时间,以降低汽车减速时的燃油消耗和排气污染。

(7) 大负荷喷油量修正 在发动机大负荷时需适当加浓混合气,以保证发动机仍在最佳的状态下工作。电子控制器根据节气门位置传感器的信号作出大负荷喷油量修正控制。当节气门开度大于某设定值时,电子控制器根据节气门位置传感器的信号作出发动机大负荷判断,并开始进行大负荷喷油量修正;当节气门开度小于设定值时,大负荷修正就立即停止。

(8) 汽油高温喷油量修正 当汽油温度过高时,喷油器内的汽油会汽化,含有蒸气的汽油会导致喷油量减少而使混合气过稀。因此,在汽车热车起动时,如果汽油的温度过高,就需要通过适当增加喷油时间,以弥补因汽油汽化所引起的混合气稀化。电子控制器根据点火开关(起动档)信号和冷却液温度传感器的信号作出热起动喷油量修正控制;根据冷却液温度传感器确定汽油高温喷油量修正量,其修正特性如图 9-10 所示。

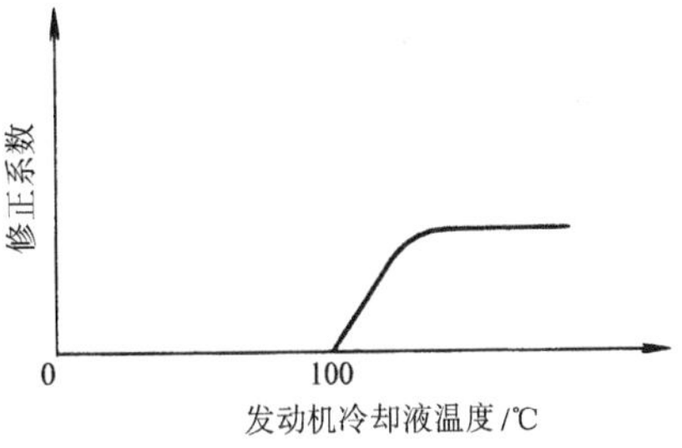

图 9-10 汽油高温喷油量修正特性

有的汽油喷射系统直接采用安装在汽油箱中的汽油温度传感器的信号作为汽油高温喷油量修正参数。

(9) 汽油关断控制 汽油关断控制有两种情况,一是在汽车减速时停止喷油,以达到节油和降低排气污染的目的;二是在发动机转速太高时停止供油,以防止发动机超速运转而损坏。

电子控制器根据节气门位置传感器信号判断是否是减速工况(节气门开度突然减小至关闭),再根据发动机转速传感器和冷却液温度传感器信号确定是否停止喷油。在发动机转速降至较低的范围、发动机冷却液温度又较低时,电子控制器则不作出停止喷油控制,或在停止喷油状态下立即恢复喷油,以避免发动机熄火。

电子控制器根据发动机转速传感器信号作出高转速停止喷油控制。当发动机的转速超过了设定的极限转速时,电子控制器作出立即停止喷油控制,以避免发动机转速太高。

（10）蓄电池电压变化喷油量修正　当蓄电池的电压变化时，由于喷油器的电磁线圈电流会随之改变，使喷油器的开启速率发生变化。为消除因喷油器开启速率变化而引起的喷油量偏差，电子控制器将根据蓄电池电压的变化对喷油器通电时间进行修正，修正特性曲线如图 9-11 所示。

（11）混合气浓度反馈喷油修正　为控制发动机排出的废气中有害成分，现代汽车发动机大都安装了三元催化转化器，其净化特性如图 9-12 所示。

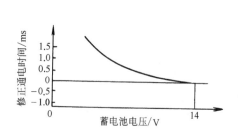

图 9-11　蓄电池电压变化喷油量修正特性　　图 9-12　三元催化转化器净化特性

为使三元催化转化器对废气中 NO_x、HC 和 CO 的净化效果达到最佳，就必须将混合气控制在理论空燃比附近。混合气浓度反馈喷油修正是通过氧传感器反馈的混合气浓度信号对喷油量进行修正，将混合气的浓度控制在理论空燃比附近，以保证三元催化转化器良好的排气净化效果。

氧传感器通过监测发动机排出废气中的氧含量来反映混合的浓度。电子控制器则根据氧传感器输入的信号对喷油量进行修正。当氧传感器的输入信号电压为 0.8V 左右时，电子控制器将适当减少喷油时间；当氧传感器的电压为 0.1V 左右时，电子控制器则会适当增加喷油时间。通过这样的反馈修正，使得发动机的空燃比始终保持在理论空燃比附近。

为确保发动机正常起动性和运行，在下列情况电子控制器将停止混合气浓度反馈修正。

1）发动机温度在 60℃ 以下。
2）起动时及起动后加浓期间。
3）大负荷加浓期间。
4）减速断油期间。

（12）自适应修正　自适应修正也称学习修正，用于进一步提高空燃比控制精度。在使用过程中，发动机的供油系统、进气系统及汽油喷射电子控制系统中某些部件的性能会发生变化，使得实际空燃比中心值与理论空燃比的偏差逐渐加大，导致电子控制系统不能进行正常的控制。自适应修正就是计算出实际空燃比中心值与理论空燃比的偏离量，并求出空燃比偏离量的修正系数，然后将修正系数存入点火开关断开时也不断电的 RAM 存储器中，并在以后的工作中使用这一修正系数修正喷油时间，使空燃比的控制得以提高。

二、电子控制汽油喷射系统的结构

电子控制汽油喷射系统由供油系统、空气供给系统和电子控制系统三部分组成。一典型的电子控制汽油喷射系统构成如图 9-13 所示。

1. 汽油供给系统

汽油供给系统的主要组成部件有汽油箱、汽油泵、汽油滤清器、汽油压力调节器及喷油

第九章 汽油喷射控制系统

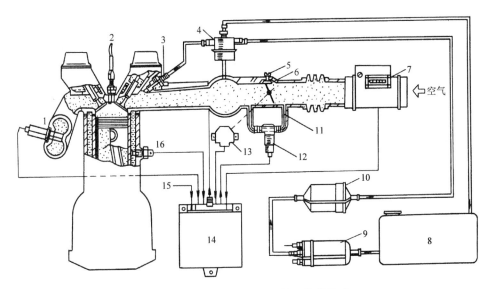

图 9-13 电子控制汽油喷射系统的构成

1—氧传感器 2—火花塞 3—喷油器 4—燃油压力调节器 5—怠速调整螺钉 6—怠速旁通道 7—空气流量传感器（热丝式） 8—汽油箱 9—汽油泵 10—汽油滤清器 11—怠速辅助空气通道 12—怠速调节电磁阀 13—节气门位置传感器 14—电子控制器 15—接点火开关 16—冷却液温度传感器

器等，其作用是向汽油喷射系统提供压力稳定的汽油，并在控制器的控制下，将适量的汽油喷入进气歧管。

（1）汽油泵　汽油泵的作用是将汽油增压，并源源不断地泵入供油管路。汽油泵主要由直流电动机和油泵组成，根据其泵的结构与原理不同，汽油泵可分为滚柱式、叶片式（涡轮式）、齿轮式等。在汽车上使用较多的滚柱式汽油泵其结构如图 9-14 所示。

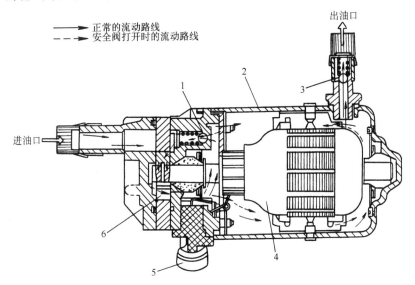

图 9-14 滚柱式汽油泵的结构

1—安全阀　2—泵壳　3—单向阀　4—电动机　5—汽油泵电动机插接器　6—滚柱泵

滚柱式汽油泵的泵油原理如图9-15所示，泵转子与泵套内腔不同心，泵转子在电动机的带动下转动时，转子槽内的滚柱在离心力的作用下向外侧移动至与泵套壁接触后形成油腔。泵转子转动过程中，左侧油腔会逐渐增大，将汽油箱汽油吸入；右侧油腔则逐渐减小，将汽油压出至供油管路。

汽油泵中安全阀的作用是防止供油管路中的油压过高，而单向阀的作用是在汽油泵停止工作时，使汽油管路中保持一定的油压，以便发动机下次起动时能及时供油而易于起动。

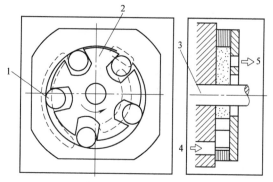

图9-15 滚柱式汽油泵工作原理
1—滚柱 2—泵套 3—泵转子
4—汽油吸入 5—汽油泵出

汽油泵有油箱内、外两种安装形式，滚柱式汽油泵的自吸能力较强，因此，安装在汽油箱内外均可。自吸能力较差的汽油泵（比如叶片泵）一般都安装在油箱的内部。

（2）汽油压力调节器　汽油压力调节器的作用是使喷油器的喷油压力稳定，以确保ECU通过控制喷油器的喷油时间即可准确控制空燃比。汽油压力调节器有绝对压力调节和相对压力调节两种形式。

1) 绝对压力调节器。绝对压力调节器的结构如图9-16所示。当汽油压力超过调定值时，汽油压力就会推动膜片上移而使出油阀开启，部分汽油便经出油阀、回油管流回汽油箱，使油压降低。当汽油压力低于调定的压力时，弹簧力使膜片下移而关闭出油阀，汽油压力又会回升。

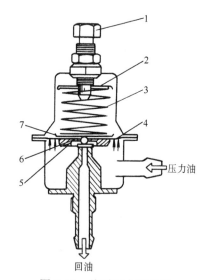

图9-16 绝对压力调节器
1—调节螺钉 2、7—弹簧座
3—弹簧 4—膜片 5—阀托盘 6—阀体

绝对压力调节器的膜片根据汽油压力变化振动，控制阀的开关，将汽油压力稳定在一个恒定值。通过调节螺钉改变弹簧的张力即可调整压力调节器的汽油压力调节值。

绝对压力调节器的不足是当进气管的压力发生变化时，喷油器的喷油压力与进气管的压力差就会随之改变，从而导致喷油量发生变化。因此，采用绝对压力调节器的汽油喷射控制系统，其电子控制器需根据进气管压力的变化对喷油器的喷油时间作适当的修正。

2) 相对压力调节器。相对压力调节器的结构原理如图9-17所示，与绝对压力调节器的主要区别在于膜片的弹簧侧通过一真空管与进气歧管相通，使得进气歧管压力作用于弹簧侧的膜片。当进气歧管的压力变化时，由于作用于弹簧侧膜片的真空吸力也改变了，使调节器调定的汽油绝对压力随之改变。这种相对压力调节方式使得喷油器的喷油压力与进气歧管的压力差保持恒定，因此，进气歧管压力变化时不会对喷油器的喷油量造成影响。

（3）喷油器　喷油器的作用是根据电子控制器的喷油脉冲信号将适量的汽油喷射到进

气歧管中。喷油器的结构类型较多,按适用性分,有单点喷射的喷油器、多点喷射的喷油器和冷起动喷油器等三种;按喷油器阀的结构分,则有针阀式、球阀式、片阀式等几种;按喷油器喷孔数量分,又有单喷口喷油器、双喷口喷油器和多喷口喷油器等;按喷油器电磁线圈的电阻大小分,有低电阻(2~3Ω)型喷油器和高电阻(13~17Ω)型喷油器两种。不同类型的喷油器,其基本组成与工作原理相同,其核心部件均为电磁线圈和连接阀体的铁心。图9-18所示的是适用于多点喷射的针阀式喷油器,其工作原理如下。

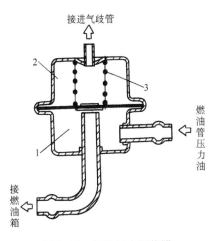

图9-17 相对压力调节器
1—燃油室 2—真空室 3—弹簧

具有恒定压力的汽油经滤网进入喷油器,当电磁线圈通电时,其电磁力使铁心克服弹簧力而上移,带动与之一体的阀体一起上移,压力油便从喷口喷出。当电磁线圈断电时,其电磁力消失,铁心在弹簧力作用下迅速回位,阀体落座,喷油器立刻停止喷油。

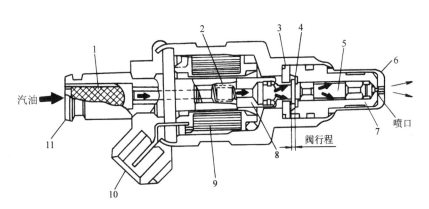

图9-18 针阀式喷油器的结构
1—滤网 2—弹簧 3—调整垫片 4—凸缘部 5—针阀 6—壳体
7—阀体 8—铁心 9—电磁线圈 10—接线端子 11—油管接头

(4) 无回油管汽油供给系统

1) 普通汽油供给系统的问题。用安装在发动机附近的回油管将汽油压力调节器多余的汽油引回油箱,使得流回燃油箱的汽油有较多的时间和空间吸收发动机的热量,其温度较高,流入燃油箱后,将导致油箱内油温升高,因而带来如下问题:

① 加速了油箱内燃油蒸发速度,使得油箱内蒸气压力升高,增加了燃油蒸发排放控制系统的工作负荷。

② 热机起动时,由于泵入供油管路的汽油温度较高,部分汽油汽化而使喷油量减少,从而导致发动机的热机起动性能下降。

③ 由于回油经供油管路、燃油分配管后再经回油管路流回燃油箱,燃油泵运行损耗功率较大。

2) 无回油管汽油供给系统的结构特点。无回油管供油系统是将电动燃油泵、汽油滤清器、油压调节器及相应的油管等集成在一起，安装在汽油箱内（图9-19）。无回油管汽油供给系统在燃油箱外无回油管，工作时，在汽油箱内进行燃油压力的调节，多余的汽油在油箱内就完成了回流，通过供油管向连接各喷油器的燃油分配管提供恒定压力的汽油。

无回油管汽油供给系统避免了温度较高的回油进入油箱而导致油温升高，减小了油箱内燃油蒸发速度，降低了蒸发排放控制系统的工作负荷，并可提高热机起动性能。此外，无回油供油系统油箱外的连接件少，便于安装，并可减少燃油的渗漏损失。

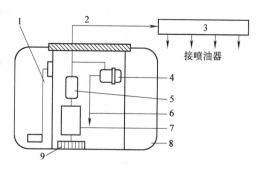

图9-19 无回油管汽油供给系统
1—油面传感器 2—供油管 3—汽油分配管
4—汽油压力调节器 5—汽油滤清器
6—油箱内回油管 7—汽油泵 8—汽油箱 9—滤网

无回油管汽油供给系统已在部分汽车上得到了应用，这种供油系统的主要缺点是减少了汽油箱的燃油存储容量，汽油滤清器不能单独更换。

2. 空气供给系统

空气供给系统主要由空气滤清器、进气管道、节气门及节气门体、怠速辅助空气通道及怠速调节电磁阀、进气歧管等组成（参见图9-13）。在气缸进气行程真空吸力作用下，适量的空气经空气滤清器滤清后，经节气门和（或）怠速通道到进气歧管，与喷油器喷出的汽油混合，形成空燃比适当的混合气后，从进气门进入气缸。

在汽车运行时，空气的流量由节气门开度控制。发动机处于怠速工况时，节气门关闭，空气由节气门体处的怠速旁通道和怠速辅助通道进入气缸。

怠速调节螺钉调节怠速旁通道的通气量，用以调整发动机的怠速；怠速调节电磁阀用来调节怠速辅助空气通道的空气流量，ECU通过控制怠速调节电磁阀实现发动机怠速的自动控制。

3. 电子控制系统的组成与控制电路

（1）电子控制系统的组成 汽油喷射电子控制系统的基本组成见表9-1。

表9-1 汽油喷射电子控制系统的基本组成

	部件名称	在控制系统中的作用
传感器与开关	发动机转速与曲轴位置传感器	向ECU提供发动机转速与曲轴位置信息，用于确定基本喷油量及喷油量修正（起动后、怠速暖机、燃油关断等）控制
	空气流量传感器[①]	向ECU提供进气流量信息，用于确定基本喷油量
	进气压力传感器[①]	向ECU提供进气管压力信息，用于确定基本喷油量
	进气温度传感器[①]	向ECU提供进气温度信息，用于进气温度喷油量修正控制
	发动机冷却液温度传感器	向ECU提供发动机温度信息，用于喷油量修正（起动、起动后、怠速暖机、加速、高温、燃油关断等）控制

(续)

部件名称		在控制系统中的作用
传感器与开关	节气门位置传感器	向 ECU 提供发动机怠速和节气门位置信息，用于喷油量修正（怠速暖机、加速、大负荷、减速等）控制
	大气压力传感器①	向 ECU 提供大气压力信息，用于进气密度喷油量修正控制
	汽油温度传感器①	向 ECU 提供油箱汽油温度信息，用于燃油高温喷油量修正控制
	氧传感器	向 ECU 反馈空燃比信息，用于空燃比反馈喷油量修正控制
	点火开关	向 ECU 提供发动机起动、点火信息，用于起动、起动后喷油量修正控制
	蓄电池电压	用于蓄电池电压变化喷油量修正控制
电子控制器（ECU）		对输入的传感器与开关电信号进行综合处理，并输出控制信号，控制执行器工作，使控制对象在目标状态下运行
执行器	喷油器	受 ECU 输出的喷油控制脉冲控制，将适量的汽油喷入进气管
	汽油泵继电器	受点火开关、ECU 控制，用于控制汽油泵的工作

① 表示在部分汽油喷射电子控制系统中装用。

（2）汽油喷射系统电源控制电路 汽油喷射电子控制系统电源控制电路的常见形式有两种，如图 9-20 所示。

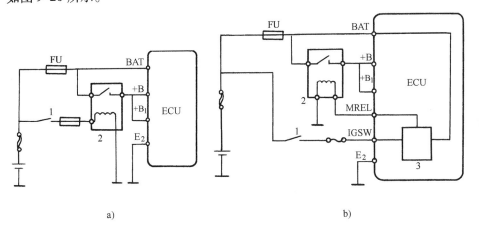

图 9-20 电子控制器电源控制电路
a）点火开关直接控制 b）由点火开关与 ECU 控制
1—点火开关 2—主继电器 3—主继电器控制电路

1）点火开关直接控制的电源电路。由点火开关直接控制的电源控制电路如图 9-20a 所示。点火开关通过主继电器控制电子控制器的电源。ECU 另有一个直接连接蓄电池的电源，以便在点火开关关断（OFF）时，使储存故障信息和学习修正参数的随机存储器（RAM）继续保持通电。

2）具有延时关断功能的电源电路。由点火开关与 ECU 控制，具有延时关断功能的电源控制电路如图 9-20b 所示。接通点火开关（ON）时，ECU 的 IGSW 端子通电，通过 ECU 内部主继电器控制电路使 ECU 的 MREL 端子通电，再使主继电器线圈通电而吸合其触点，接通 ECU 主电源。

在点火开关关断（OFF）时，ECU 内部的主继电器控制电路可使其 MREL 端子继续通电约 2s，可在点火开关断开后，ECU 的主电源仍能保持 2s 左右的时间。ECU 利用这 2s 的时间完成怠速控制阀初始状态的设定（步进电动机式怠速控制阀）、热丝的清洁（热丝式空气流量传感器）等工作。

（3）汽油泵控制电路　汽油喷射系统设有汽油泵控制电路，其基本控制功能是，在起动发动机、发动机正常运转时，使汽油泵稳定可靠地工作；发动机一旦熄火，使汽油泵立即停止工作；发动机不工作时，即使接通点火开关（ON），汽油泵也不会工作。

汽油泵控制电路有多种形式，控制电路通常设有汽油泵继电器，该继电器为常开触点，有两个线圈，其中一个线圈通电就可使触点闭合。

1）汽油泵开关控制的汽油泵控制电路。较早的汽油喷射式发动机利用量板式空气流量传感器中的汽油泵开关控制汽油泵工作，其控制电路如图 9-21 所示。

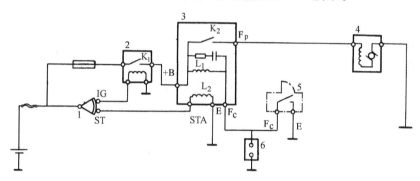

图 9-21　由汽油泵开关控制的汽油泵控制电路
1—点火开关　2—主继电器　3—汽油泵继电器　4—汽油泵　5—空气流量传感器中的汽油泵开关　6—汽油泵检查插座

汽油泵开关串联在汽油泵继电器的 L_1 线圈电路中。起动发动机时，由点火开关中的起动触点接通汽油泵继电器线圈 L_2 电路而使触点 K_2 闭合，汽油泵通电工作；发动机起动后，点火开关退至点火档，起动触点断开，但此时空气流量传感器内的汽油泵开关已处于闭合状态，将 L_1 电路接通，其电磁力使 K_2 保持闭合，汽油泵继续通电而正常工作。发动机熄火时，空气流量传感器内的汽油泵开关随即断开，汽油泵继电器 L_1 线圈断电，触点 K_2 断开，汽油泵立即停止工作。这种形式的汽油泵控制电路现在已很少使用。

2）ECU 控制的汽油泵控制电路。由 ECU 控制的汽油泵控制电路如图 9-22 所示。在发动机工作时，ECU 接收到发动机转速传感器的电信号，并通过内部的控制电路使 VT 导通，L_1 通电而使 K_2 保持闭合，汽油泵正常通电工作；当发动机熄火时，ECU 接收不到发动机转速传感器信号，ECU 内部电路立即使 L_1 断电，K_2 断开，汽油泵立即停止工作。

（4）喷油器控制电路　喷油器的驱动方式有电压驱动和电流驱动两种方式。

1）电压驱动方式。电压驱动方式是在喷油的时间内，对喷油器施加一稳定的电压。电压驱动方式的喷油器有高电阻型和低电阻型两种，其控制电路如图 9-23 所示。

由于喷油器线圈自感电动势的阻碍作用，喷油器线圈电流呈指数规律逐渐上升（电流上升较慢），这使喷油器开启速率较低，电压驱动方式喷油器的动态响应较差。减少喷油器电磁线圈的匝数，使其电感量减小，可提高线圈电流的上升速率，使喷油器开启速率提高。因此，电磁线圈匝数少的低电阻型喷油器其动态响应较好。为避免工作电流过大而容易烧

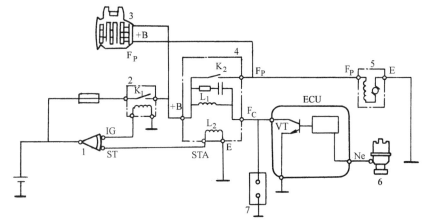

图 9-22 由 ECU 控制的汽油泵控制电路
1—点火开关 2—主继电器 3—故障检查插座 4—汽油泵继电器 5—汽油泵
6—发动机转速传感器 7—汽油泵检查插座

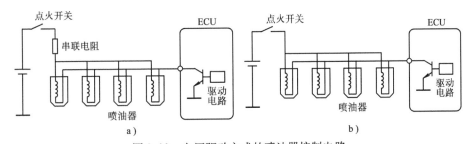

图 9-23 电压驱动方式的喷油器控制电路
a) 低电阻型喷油器控制电路 b) 高电阻型喷油器控制电路

坏,低电阻型喷油器驱动电路中需要串联电阻。

2) 电流驱动方式。电流驱动方式采用匝数较少、电感很小的低电阻型喷油器,其电磁线圈电流上升迅速,可使喷油器迅速全开,然后通过控制电路控制电磁线圈的电流的大小,使之至仅能维持喷油器打开,以防止电磁线圈过热。电流驱动方式的控制电路一例如图 9-24 所示,其工作电压与电流波形如图 9-25 所示。

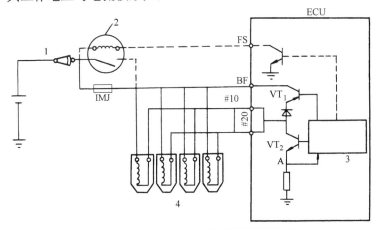

图 9-24 电流驱动方式的喷油器控制电路
1—点火开关 2—安全主继电器 3—喷油器控制电路 4—喷油器

当喷油控制脉冲到来时，喷油器驱动控制电路使 VT_1 导通，喷油器电磁线圈的电流迅速上升，并使喷油器迅速全开。蓄电池电压为 14V 时，其峰值电流可达到 8A。喷油器电磁线圈电流的上升使 A 点的电位升高至设定值时，喷油器驱动控制电路使 VT_1 截止—导通不断地变化，其变化频率为 20kHz，使通过喷油器电磁线圈的电流约为 2A 左右，以保持喷油器的全开状态。

电流驱动方式其控制电路较为复杂，但其动态响应好。

各种喷油器驱动电路的工作特性见表 9-2。

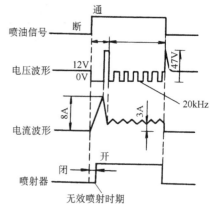

图 9-25　电流驱动喷油器工作时有关的波形

表 9-2　喷油器驱动方式分类及特性

驱动类型	喷油器电阻	驱动电路串联电阻	喷油器动态响应	驱动控制电路
电压驱动方式	高	无	较差	简单
	低	有	较好	简单
电流驱动方式	低	无	好	复杂

思 考 题

1. 电控汽油喷射式发动机混合气是如何形成的？如何控制供油量？
2. 汽油喷射装置有哪些种类？
3. 汽油喷射电子控制系统的基本组成部分有哪些？如何实现最佳空燃比控制？
4. 电子控制汽油喷射系统的供油系统的组成部件有哪些？各部件的功用、结构类型及工作原理如何？
5. 无回油路燃油供给系统的结构特点和性能特点是什么？
6. 为什么要采用相对压力调节器？相对压力调节器如何实现压力稳定调节？
7. 电控发动机的空气供给系统控制空气流量的部件有哪几个？控制（调节）这些部件可对发动机进行什么样的控制？
8. 电子控制汽油喷射系统 ECU 的电源控制电路有哪几种形式？ECU 为什么要有一个不受点火开关控制的常接电源？
9. 汽油泵控制电路应具有什么样的控制功能？有哪几种控制方式？
10. 喷油器的驱动电路有哪几种形式？各种驱动方式各有何特点？

第十章 电子点火控制系统

第一节 概 述

一、电子点火控制技术的特点与发展概况

1. 机械式点火提前调节的不足

分电器中的真空点火提前装置和离心点火提前装置的点火提前调节特性如图 10-1 所示。这种机械式点火提前角调节方式主要有如下不足。

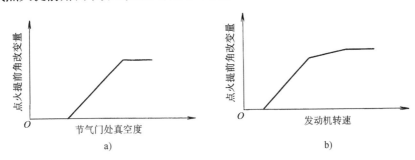

图 10-1 真空、离心点火提前调节器点火提前调节特性
a) 真空点火提前调节器工作特性 b) 离心点火提前调节器工作特性

（1）点火提前角调节达不到实际需要 理论和实践证明，发动机的最佳点火时间应能够使发动机的燃烧临近爆燃（但不产生爆燃），因此，发动机的最佳点火提前角随发动机转速和负荷的变化是一个不规则的曲面（图 10-2），而真空、离心点火提前调节器的线性调节不可能在发动机转速、负荷变化的范围内将点火提前角都调整到最佳的值。以某一负荷下的

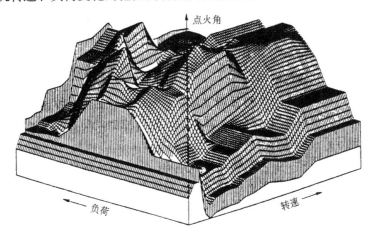

图 10-2 最佳点火提前角曲面

转速变化对点火提前角的调整要求为例，点火正时所调整的初始点火提前角以发动机转速范围内不产生爆燃为前提，这样，就只能使发动机在某些工况下接近于最佳点火，而在其他工况下实际上是点火过迟了（图10-3）。由于真空、离心点火提前调节装置使发动机在许多工况下偏离最佳点火时刻，使得发动机的功率不能充分发挥，油耗和排污较高。

（2）对温度等其他影响燃烧的因素不能起调节作用　发动机工作时，发动机的温度、进气压力及进气温度、混合气浓度等因素均会对燃烧速度产生影响，这些因素起变化时，点火提前角也需要作出适当的调整。此外，发动机在起动、怠速工况时，也应与正常工作时有不同的点火提前角。但是，真空、离心点火提前调节装置只在发动机转速和负荷改变时起调节

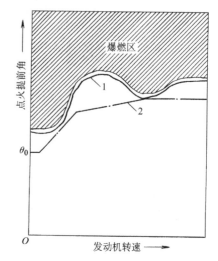

图 10-3　某一负荷下的最佳点火提前角曲线
1—最佳点火时刻曲线　2—离心点火提前调整曲线
θ_0—初始点火提前角

作用，对上述情况均不可能作出适当的反应，从而使得发动机在许多情况下都处于点火提前角不适当的工作状态。

2. 电子点火控制系统的优点

电子控制点火系统由微处理器为控制核心的电子控制器根据各有关传感器的电信号确定最佳的点火时间并进行实时调整，这种点火提前角控制方式具有如下的优点。

1）可实现最佳点火时间控制。电子控制点火系统可根据发动机转速与负荷的变化实现非线性控制，使发动机在各种工况下都能处于最佳的点火状态。

2）可针对各种影响因素修正点火时间。电子控制点火系统的控制器可根据发动机温度、进气压力、混合气浓度等传感器的信号，及时对点火提前角进行修正，使发动机在各种情况下都能处于最佳点火工作状态。

3）可与其他电子控制系统实现协调控制。电子点火控制系统可与发动机怠速控制系统、汽油喷射控制系统、自动变速器控制系统等其他电子控制系统进行信息交流，点火控制系统可根据其他电子控制系统的相关信号，迅速改变点火提前角，以使发动机的运转和汽车的运行更加平稳。

采用电子高压配电方式的无分电器点火控制系统还具有如下的优点。

1）点火能量损失小。传统的高压配电方式工作时，配电器分火头与旁电极之间的跳火和具有较高电阻的高压导线均会损失部分点火能量，电子高压配电避免了这部分能量损失，从而提高了有效的点火能量。

2）点火系统的故障率较低。配电器在高压下工作，分电器盖、分火头及高压导线等的漏电、烧损是电子点火装置较为多见的故障。采用电子高压配电则避免或减少了这些故障可能，从而提高了点火系统的工作可靠性。

3）点火能量与次级电压更加稳定。由于增加了点火线圈（或初级绕组）的数量，每个点火线圈初级绕组的可通电时间增加了2~6倍，因此，确保了发动机在高转速下点火线圈

初级绕组有充足的通电时间,从而使发动机在高速时仍有足够高的点火能量和次级电压。

3. 点火控制技术发展概况

1931 年,美国人在分电器上安装真空与离心装置来自动调节点火提前角。此后,真空点火提前装置和离心点火提前装置就成了汽油发动机分电器的不可或缺的组成部件。随着人们对汽车节能和排放控制要求的进一步提高,这种传统的真空与离心点火提前调节方式的不适应性也日渐显现。1976 年,美国通用汽车公司首次用微处理器控制点火时刻。这种点火控制技术满足了现代汽车发动机对点火时刻控制高精度的要求,因而在汽车上得到了迅速的推广应用。

早期的电子点火控制系统仍然采用配电器进行点火高压分配,这种传统的高压配电方式存在着点火能量损失大、点火系统高压回路故障率高等不足。随后又出现了采用电子高压配电方式的电子点火控制系统,这种全电子点火控制装置无分电器,有的甚至无高压导线。全电子点火控制系统使点火性能得到了进一步的提高,已在汽车上得到了广泛的应用。

二、电子点火控制系统分类

电子点火控制系统有多种结构形式,下面以不同的分类方法予以概括。

1. 按高压配电方式不同分

(1) 机械高压配电方式　电子点火控制系统仍采用传统的高压配电方式,即采用配电器将点火线圈产生的高压分配至各缸火花塞。这种电子点火控制系统仍有分电器,但分电器只起配电作用,无点火提前调节功能。机械高压配电方式在现代汽车上的使用已越来越少。

(2) 电子高压配电方式　电子高压配电方式无需分电器,由电子控制器通过相应的逻辑电路进行高压分配,这种全电子点火控制系统又有分组同时点火方式和单独点火方式两种形式,如图 10-4 所示。

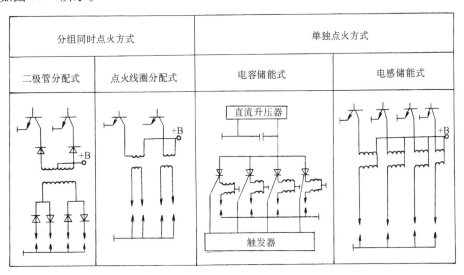

图 10-4　电子高压配电方式

分组同时点火方式是将各缸火花塞两两分组,每次点火都是同组的两缸火花塞同时进行。其中一缸是有效点火,成对的另一缸为排气行程,是无效点火。由于排气行程缸内的温度高、压力低,因而其跳火电压很低,能量的损失很小。这种无分电器的分组同时点火方式点火控制系统在汽车上的使用已较为广泛。

单独点火方式是每缸火花塞都单独配有一个点火线圈,通常将点火线圈直接安装在火花塞的上方,因而无需高压导线。这种无分电器又无高压导线的点火控制系统具有较多的优点,在汽车上的使用将会逐渐增多。

2. 按是否有发动机爆燃情况反馈控制分

(1) 开环控制方式 电子点火控制系统中无爆燃传感器,控制器只是根据各相关传感器的电信号对点火提前角进行控制。这种控制方式为避免发动机产生爆燃,点火提前角控制需适当偏小一些,因而不能充分地发挥发动机的功率。

(2) 闭环控制方式 电子点火控制系统中设有发动机爆燃传感器,电子控制器可根据发动机爆燃传感器反馈的发动机爆燃情况进行点火提前角修正控制。因此,这种闭环控制方式可使点火提前角控制更接近爆燃区,因而可更有效地发挥发动机的功率。目前的电子点火控制系统大都采用闭环控制方式。

第二节 电子点火控制系统的结构与原理

一、电子点火控制原理

1. 点火提前角的控制方式

(1) 最佳点火提前角确定 由于点火提前角的影响因素很多,且关系复杂,最佳点火提前角的控制模型很难建立,因此,通常是用试验的方法来确定发动机各特定工况和各种状态下的最佳点火时间。试验所获得的各特定工况下的最佳点火时间作为最佳点火提前角控制标准参数存入只读存储器 ROM 中,非特殊工况点的最佳点火时间则是在工作中由微处理器通过周围四个特殊工况点用插值计算的方式得到。在 ROM 中,还储存有根据试验确定的各种修正参数和控制程序,用于在发动机温度变化、起动工况、爆燃情况下的点火提前角修正控制。

(2) 点火时间控制过程 发动机的转速、空气流量(或进气管压力)、温度及其他传感器电信号输入电子控制器,控制器微处理器经查找(特殊工况参数)、计算(插值、修正)后得到当前工况和状态下的最佳点火提前角 $\theta_{最佳}$,并与当前的点火提前角 $\theta_{当前}$ 进行比较。如果不一致,则立刻对点火时间进行调整。

ECU 根据相关传感器和点火开关输入的信号识别发动机的工况与状态,通过分析处理确定当前工况与状态下的最佳点火提前角,并与当前实际的点火提前角进行比较,根据比较结果对点火提前角进行调整,以实现最佳点火提前角控制。

(3) 点火定时脉冲的产生方式 曲轴位置和发动机转速传感器的结构形式不同,其产生点火控制脉冲的方式也不同。较为典型的点火定时脉冲产生方式如图 10-5 所示。

方式 I,曲轴位置传感器信号触发转子有与气缸数相同的齿,使感应线圈产生 180°曲轴转角信号(四缸)或 120°曲轴转角信号(六缸),作为点火基准信号,微处理器根据预定程序的通电时间和点火提前角进行计算,求出开始通电和断电时刻,并输出点火定时信号 IG_t。这种方式结构比较简单,但由于发动机在过渡状态时气缸工作间隔每时都在变化,其控制精

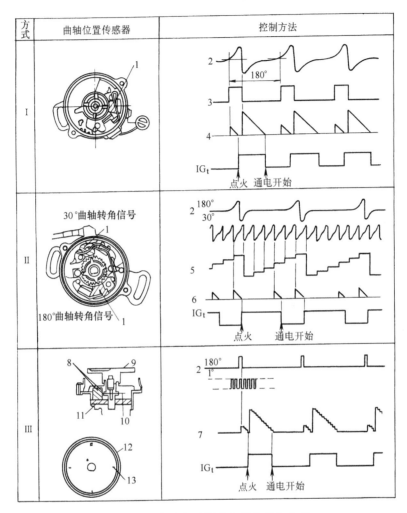

图 10-5 点火定时脉冲信号的产生方式
1—磁感应式传感器　2—传感器信号　3—传感器信号（整流后）　4、5、6、7—定时计数波形
8—光耦合器　9—分火头　10—信号触发转子　11—整形电路　12—1°信号槽　13—180°信号槽

度较低，现已较少采用。

方式Ⅱ，曲轴位置与发动机转速传感器的信号触发转子分别有 4 个齿和 24 个齿，使对应的感应线圈产生 180°曲轴转角信号和 30°曲轴转角信号。微处理器以 180°曲轴转角信号为基准，算出通电开始时刻到点火时刻的 30°曲轴转角信号，并输出点火定时信号 IG_t。

方式Ⅲ，曲轴位置与发动机转速传感器产生 1°曲轴转角信号和 180°曲轴转角信号，微处理器同样以 180°曲轴转角信号为基准，算出从通电开始到断电时刻的 1°曲轴转角信号，并输出点火定时信号 IG_t。

方式Ⅱ和方式Ⅲ在发动机过渡工况时，点火控制精度高，但其传感器的结构要复杂些。目前应用较多的是方式Ⅱ、Ⅲ。

(4) 点火提前角控制的基本内容　电子点火控制系统工作时的实际点火提前角包含初

始点火提前角、基本点火提前角和修正点火提前角。

初始点火提前角：由曲轴位置传感器信号与曲轴转角的对应关系确定的点火提前角。比如，某发动机把 G 信号后的第一个 Ne 信号过零点作为点火基准点，该信号过零点为活塞压缩行程上止点前 10°，那么该发动机点火系统初始点火提前角就是 10°。不同类型发动机的初始点火提前角会有所不同。

基本点火提前角：由计算机根据发动机的转速和负荷（进气流量或进气管压力），通过查找和计算所确定的点火提前角。

修正点火提前角：由计算机根据发动机转速信号和负荷信号以外的有关传感器及点火开关的信号对点火提前角进行修正的点火提前角。

电子点火控制系统所涉及的点火提前角控制内容见表 10-1。

表 10-1 点火提前角控制的基本内容

起动时点火提前角控制	初始点火提前角控制	
	非初始点火提前角控制	
起动后点火提前角控制	基本点火提前角	怠速运行基本点火提前角控制
		正常运行基本点火提前角控制
	修正点火提前角	●暖机修正量控制 ●稳定怠速修正量控制 ●空燃比反馈修正量控制 ●过热修正量控制 ●爆燃修正量控制 ●最大提前和推迟控制 ●其他点火修正控制

2. 起动时点火提前角控制

起动时的点火提前角控制目标是使发动机在各种情况下都有良好的起动性能。起动时点火提前角控制有起动初始点火提前角控制和起动非初始点火提前角控制两种控制方式。

（1）起动初始点火提前角控制　由于发动机的起动转速很低，此时的发动机负荷信号（进气管压力信号或进气流量信号）不稳定，为确保有适当而又稳定的点火提前角，通常将点火提前角固定在初始点火提前角。ECU 根据点火开关信号、发动机转速与曲轴位置传感器信号进行起动初始点火提前角控制，并直接由集成电路 IC 产生点火定时信号 Ne，其电路原理如图 10-6 所示。

（2）起动非初始点火提前角控制　为提高起动性能，有些发动机起动时的点火时间并非是初始点火提前角，而是由电子点火控制系统根据发动机的温度和起动转速对点火提前角进行适当的控制。

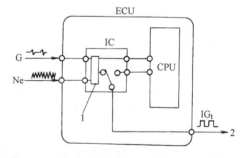

图 10-6 起动时的初始点火提前角控制电路
1—基准点火定时信号发生电路
2—接电子点火模块　IC—集成电路

在正常起动转速（≥100r/min）情况下，主要考虑的是温度对发动机燃烧的影响。在温度低于0℃时，从点火到迅速燃烧需较长的时间，故需适当增大点火提前角。低温起动点火提前角调整特性一例如图10-7所示。

在低起动转速（＜100r/min）情况下，保持原有的点火提前角，可能会出现在活塞上止点前混合气就已迅速燃烧起来，导致起动困难或造成反转。为避免此种情况，ECU根据起动转速的降低来减小点火提前角，并由下式确定低速起动点火提前角：

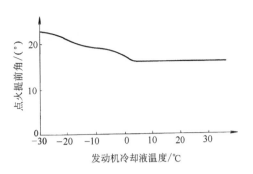

图10-7 日产ECCS系统低温起动点火提前角调整特性

$$低速起动点火提前角 = 正常起动转速点火提前角 \times \frac{起动转速}{100}$$

电子点火控制系统根据点火开关信号、发动机转速与曲轴位置传感器信号及冷却液温度传感器信号对点火提前角进行控制，使发动机在低温或低起动转速的情况下能顺利起动。

3. 起动后点火提前角控制

当发动机起动后，点火开关提供的起动信号消失，ECU随即转入起动后点火提前角控制，ECU中的CPU对点火定时信号进行控制，其电路原理如图10-8所示。

（1）基本点火提前角控制 基本点火提前角控制的目标是使发动机在各种负荷和转速下都有最佳的点火提前角。发动机怠速和正常运行工况下的基本点火提前角控制有所不同。

1）怠速时基本点火提前角控制。发动机处于怠速运转状态时，微处理器根据发动机的转速和空调开关是否接通来确定不同的基本点火提前角，其控制特性一例如图10-9所示。

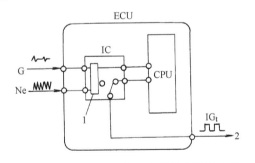

图10-8 起动后的初始点火提前角控制电路
1—基准点火定时信号发生电路
2—接电子点火模块 IC—集成电路

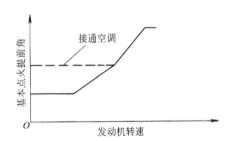

图10-9 怠速基本点火提前角控制特性

2）正常运转时基本点火提前角控制。发动机处于正常运转状态（怠速触点断开）时，CPU根据进气压力传感器（或进气流量传感器）和发动机转速传感器的信号，通过查找、计算后得到基本点火提前角值。

ECU根据节气门位置传感器、发动机转速传感器、空气流量（或进气压力）传感器及空调开关的电信号进行基本点火提前角控制。

（2）修正点火提前角控制 当发动机温度不在正常工作温度范围，或发动机处在其他需要对点火提前角进行适当调整的状态时,电子控制器就立刻进行点火提前角修正控制,使发动机仍处于最适当的点火工作状态。修正点火提前角通常用基本点火提前角乘以适当的系数获得。不同型号的发动机,其修正系数和修正的项目均会有所不同。

1) 怠速暖机修正。在发动机冷机起动后,其温度还很低,因此需适当增大点火提前角,以改善燃烧,加快发动机暖机过程和增强其驱动性能。

ECU 根据冷却液温度信号、进气压力信号或进气流量信号、节气门位置信号进行暖机点火提前角修正。暖机修正点火提前角随发动机的温度上升而减小,修正特性一例如图 10-10 所示。

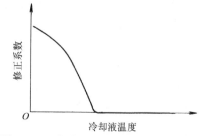

图 10-10 怠速暖机点火提前角修正特性

2) 怠速稳定修正。发动机在怠速运行期间,当发动机的怠速因负荷变化而出现波动时,通过适当地修正点火提前角使发动机的转速稳定。当发动机的转速低于所设定的目标转速时,CPU 根据其与目标转速的差值大小适当地增大点火提前角;当发动机的转速高于设定的目标转速时,则适当地减小点火提前角。

ECU 根据发动机转速信号、节气门位置信号、车速信号、空调开关信号等进行怠速稳定点火提前角修正,修正特性一例如图 10-11 所示。

3) 空燃比反馈修正。当 ECU 根据氧传感器的反馈信号对空燃比进行修正时,随着喷油量的增加或减少,会引起发动机的转速在一定的范围内波动。为提高发动机怠速的稳定性,ECU 在控制喷油量减少的同时,适当地增大点火提前角(图 10-12)。

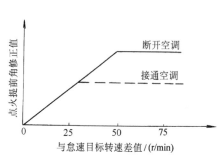

图 10-11 怠速稳定点火提前角修正特性

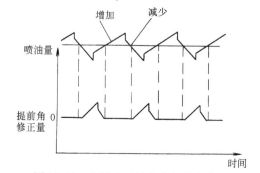

图 10-12 空燃比反馈点火提前角修正

ECU 根据氧传感器反馈信号、节气门位置信号、冷却液温度信号、车速信号进行空燃比反馈点火提前角修正。

4) 过热点火提前角修正。当发动机的温度过高时,为使发动机能保持正常工作而对点火提前角进行适当的修正,修正特性一例如图 10-13 所示。

在发动机正常运行工况时,如果发动机温度过高则易产生爆燃。为避免这种情况发生,电子控制器适当减小点火提前角。在发动机怠速运行工况时,如果发动机温度过高则应适当增大点火提前

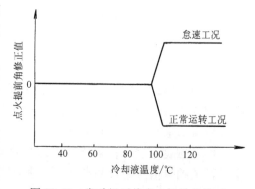

图 10-13 发动机过热点火提前角修正

角，以避免发动机长时间过热。

ECU根据冷却液温度信号、节气门位置信号进行过热点火提前角修正。

5）发动机爆燃点火提前角修正。当发动机产生爆燃时，对基本点火提前角进行适当的修正（减小点火提前角），以迅速消除爆燃。这是点火控制系统根据发动机的燃烧情况所进行的反馈修正控制。

6）最大提前和推迟控制。点火控制系统设定了一个实际点火提前角的数值范围，以控制发动机工作时其点火提前角不会超出正常工作的极限值。

不同的发动机，其设定的点火提前角的最大和最小极限值不同，一般其最大点火提前角为35°~45°，最小点火提前角为-10°~0°。

4. 点火线圈通电时间控制

(1) 通电时间控制的作用　电感储能式点火系统在蓄电池电压变化时，点火线圈初级电流的上升速率也会相应变化（图10-14），这会使点火线圈初级电流随蓄电池电压的下降而减小。点火线圈通电时间控制的作用就是在蓄电池电压高时，减小通电时间，以限制点火线圈形成过大的初级电流，避免点火线圈温度过高而损坏；在蓄电池电压低时，则适当增加点火线圈初级通电时间，以保证能形成足够大的初级电流。

(2) 通电时间控制原理　在电子控制器的ROM存储器中，存有蓄电池电压与相应的通电时间的有关标准参数，工作时，ECU根据蓄电池电压值从ROM查寻得到相应的通电时间参数，并通过点火线圈驱动电路控制点火线圈初级通路时间，使得点火线圈初级电流在蓄电池电压变化较大的范围内能保持稳定的初级电流。蓄电池电压与通电时间的关系如图10-15所示。

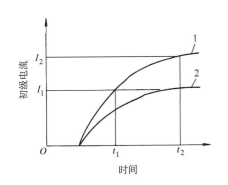

图10-14　蓄电池电压与点火线圈初级电流
1—蓄电池电压高的初级电流曲线
2—蓄电池电压低的初级电流曲线

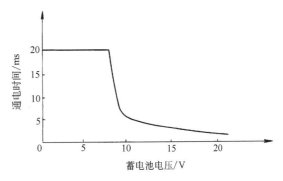

图10-15　蓄电池电压与点火线圈初级通路时间

5. 发动机爆燃推迟点火控制

(1) 爆燃点火提前角修正控制的作用

1）开环电子点火控制系统的不足。微处理器控制点火提前角从总体上看是一种非线性控制，但是由于通过试验确定的最佳点火提前角值只是具有代表性的特定工况，数量极为有限。特定工况以外其它工况下的点火提前角值则是由插值法计算得到。也就是说，在特定工况点中间的小区内，点火提前角还是一种线性控制。这样，如果试验确定的特定工况的点火提前角太靠近爆燃区，非特定工况下的任一工况通过插值计算得到的点火提前角就有可能过大（进入爆燃区）而使发动机产生爆燃（图10-16）。为避免发动机产生爆燃，开环电子点火控制系统由试验确定特定工况下的点火提前角值需要离爆燃区远一些。这样的结果，就会使发动机在许多工况下的点火提前角都偏小于最佳值，致使发动机的功率不能充分发挥。

2）爆燃推迟点火控制的作用。如果有爆燃推迟点火提前角控制，由试验确定的特定工况下的点火提前角值就可以尽量地靠近爆燃极限点，当非特殊工况计算得到的点火提前角进入了爆燃区而使发动机产生爆燃时，爆燃推迟点火提前角控制就起作用，及时消除爆燃。

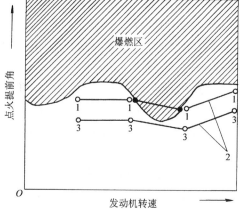

图 10-16 插值法计算点火提前角示意图
1—特定工况点火提前角 2—插值法计算的点火提前角线
3—开环控制避免产生爆燃的特定工况点火提前角

采用爆燃推迟点火提前角控制，可及时消除发动机的爆燃，使点火提前角控制更接近于最佳值，发动机的功率得以更充分的发挥。

对于涡轮增压式发动机，采用爆燃推迟点火提前角控制更具实际意义。

(2) 爆燃的判别　由于爆燃传感器输出的电压信号中，包含有非爆燃振动所产生的其它频率成分，因此，需要用识别电路来鉴别爆燃信号。不同类型的爆燃传感器，其爆燃信号的识别电路也有所不同。典型的爆燃判别电路如图 10-17 所示。

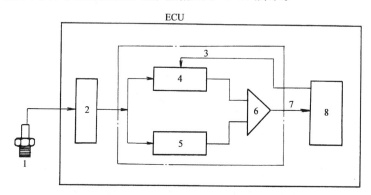

图 10-17　爆燃判别电路
1—爆燃传感器　2—滤波电路　3—爆燃判断区间信号　4—峰值检测　5—比较基准产生电路
6—爆燃判定比较器　7—爆燃信号输出　8—微处理器

滤波器用于滤掉非爆燃振动电压波，以进一步提高信噪比，使爆燃判别更为准确。比较基准电路根据输入的信号产生一个比较基准值，利用比较器将信号电压波形的峰值与基准值比较，判断是否发生爆燃。信号峰值超过基准值的，比较器就会有爆燃信号输出，送入微处理器。

因为爆燃只可能在发动机气缸燃烧期间发生，所以爆燃判别也只需在此期间进行。这样可避免发动机其他的振动干扰而引起的误判。爆燃的强度以判定爆燃期内测得的超过比较基准值的次数来确定。信号峰值超过比较基准值次数越多,说明爆燃越强。爆燃判定波形示例如图10-18所示。

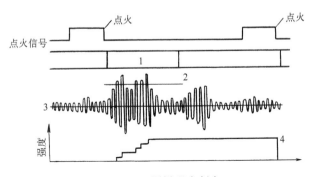

图 10-18　爆燃强度判定

1—爆燃判定期间　2—爆燃判定基准值　3—爆燃传感器输出信号　4—爆燃判定值

(3) 爆燃推迟点火提前角控制方式　当ECU检测出爆燃时,就立刻使点火提前角减小;而当爆燃消失时,又使点火提前角恢复至原调定值。如果ECU在点火提前角恢复过程中又检测到了爆燃信号,则又继续减小点火提前角。其控制过程如图10-19所示。

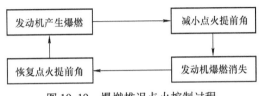

图 10-19　爆燃推迟点火控制过程

爆燃推迟点火时间和爆燃消失后的点火时间恢复控制有三种形式:

1) 发动机爆燃发生时,慢慢地推迟点火,并逐步减小修正量;爆燃消失时,则慢慢恢复点火提前角。这种方式的缺点是会使爆燃持续一会儿。

2) 发动机爆燃时迅速大幅度推迟点火时间,爆燃消失后,再慢慢恢复到原调定的点火提前角。这种方式可使发动机爆燃迅速消除,缺点是点火过迟的持续时间较长。

3) 发动机爆燃时,迅速大幅度减小点火提前角,然后快速恢复。此种方式可迅速消除爆燃,且可避免较长时间处于点火过迟状态。但其缺点是点火提前角变动大,易引起发动机转矩的波动。

6. 高压配电原理

(1) 高压配电电路原理　无分电器点火系统的高压配电方式主要有二极管分配同时点火方式、点火线圈分配同时点火方式和单独点火方式。

1) 二极管分配同时点火方式高压配电电路原理。二极管分配同时点火方式的电路原理如图10-20所示。

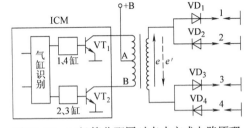

图 10-20　二极管分配同时点火方式电路原理

二极管分配同时点火方式的点火线圈有两个初级绕组,各由点火控制模块ICM(或ECU)驱动电路中的VT_1、VT_2控制其通断,气缸识别电路根据ECU的气缸识别信号和点火信号输出点火脉冲,按照点火顺序交替触发VT_1、VT_2的导通和截止。当气缸识别电路输出1、4缸点火触发信号时,VT_1由导通转为截止,初级绕组 A 断电，次级绕组产生实线箭头方向电动势 e。e 使 VD_1、VD_4 正向导通，1、4 缸火花塞电极间电压迅速升高直至跳火。当气缸识别电路输出 2、3 缸点火触发信号时，VT_2 由导通转为截止，初级绕组 B 断电，使次级绕组产生虚线箭头方向的电动势 e'。e' 使 VD_2、VD_3 导通，2、3 缸火花塞跳火。

2) 点火线圈分配同时点火方式高压配电电路原理。点火线圈分配同时点火方式的电路原理如图 10-21 所示。

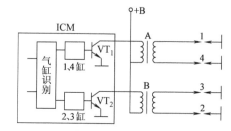

图 10-21　点火线圈分配同时点火方式电路原理

点火线圈分配同时点火方式用一个点火线圈直接供给成对的两缸火花塞。ICM（或 ECU）中的气缸识别电路根据 ECU 的点火信号和气缸识别信号输出点火控制脉冲，按点火顺序轮流触发 VT_1、VT_2 导通和截止，控制 A、B 两个点火线圈轮流产生高压。当气缸识别电路输出 1、4 缸点火触发信号时，VT_1 由导通转为截止，点火线圈 A 产生高压，使 1 缸和 4 缸两火花塞同时跳火；当气缸识别电路输出 2、3 缸点火触发信号时，VT_2 由导通转为截止，点火线圈 B 产生高压，2 缸和 3 缸两火花塞同时跳火。

3) 单独点火方式高压配电电路原理。点火线圈分配单独点火方式的电路原理如图 10-22 所示。

单独点火方式无分电器点火系统每个气缸的火花塞均配有一个点火线圈，通常将点火线圈直接安装在火花塞的上方，因此可省去高压导线。气缸识别电路根据 ECU 的点火信号和气缸识别信号输出点火控制脉冲，按点火顺序轮流触发 VT_1、VT_2、VT_3、VT_4 导通和截止，控制各个点火线圈轮流产生高压，并将高压直接输送给与之连接的火花塞。

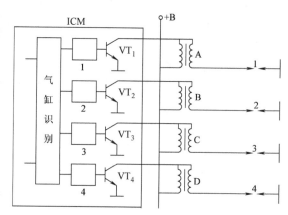

图 10-22　单独点火方式电路原理

(2) 顺序点火信号的产生原理　各种高压配电方式的顺序点火信号脉冲产生原理相似，以图 10-23 所示的电子点火控制系统为例，说明电子高压配电的顺序点火信号的产生原理。

1) 点火定时信号 IG_t 的产生。曲轴位置信号 G_1、G_2 分别用于确定第 6 缸和第 1 缸上止点，转速信号 Ne 同时用于确定初始点火定时。工作时，ECU 以 G_1 或 G_2 信号后的第一个 Ne 信号定为第六缸或第一缸点火信号，之后每 4 个 Ne 信号波形确定为一个点火信号（由微处理器计数确定），并产生点火定时信号 IG_t（图 10-24）。在此基础上，ECU 再根据发动机的工况与状态等电信号对点火时间进行适当的调整，然后向电子点火模块（ICM）输出点火定时信号 IG_t。

2) 气缸识别原理。ECU 根据曲轴位置传感器的 G_1、G_2 信号产生气缸识别信号 IG_{dA}、IG_{dB}（图 10-24），并向 ICM 输出。ICM 内的气缸识别电路具有表 10-2 所示的逻辑功能，在每一个点火定时波形 IG_t 下降沿时，气缸识别电路根据 IG_{dA} 和 IG_{dB} 的高、低电平情况，触发相应的开关晶体管截止，使该晶体管所连接的点火线圈初级绕组断电，次级产生高压而使相应的两缸火花塞点火。

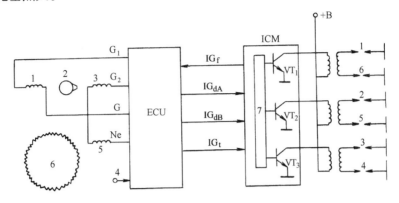

a)

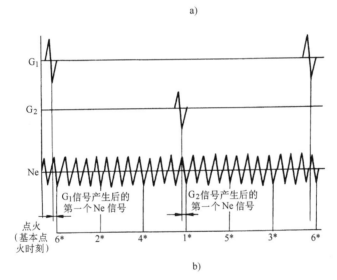

b)

图 10-23　电子点火控制系统示例
a）电子点火控制系统电路　b）传感器信号波形
1—G_1 线圈　2—G 转子　3—G_2 线圈　4—其他信号输入　5—Ne 线圈　6—Ne 转子
7—气缸识别与晶体管驱动电路　ICM—电子点火模块

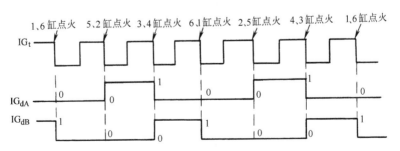

图 10-24　ECU 输出的 IG_{dA}、IG_{dB} 及 IG_t 信号电压波形

表 10-2 气缸识别电路逻辑功能

点火的气缸 气缸识别信号	1、6	2、5	3、4
IG_{dA}	0	0	1
IG_{dB}	1	0	0

ICM 内部的 IG_f 信号电路根据每个点火线圈驱动电路的工作情况（点火线圈初级绕组的工作电压波形）产生 IG_f 矩形脉冲，并输送给 ECU，ECU 根据 IG_f 脉冲判断点火系统的工作情况。如果 ECU 接收不到正常的 IG_f 信号（IG_f 信号有缺失），就会作出点火系统工作不正常的判断，并立刻停止喷油器喷油，使发动机立刻熄火，以避免有过多的 HC 排入三元催化反应器而使其温度过高而损坏。

二、电子点火控制系统的结构

1. 电子点火控制系统的组成

（1）带分电器的电子点火控制系统　仍然采用机械高压配电方式的电子点火控制系统一例如图 10-25 所示。本例电子点火模块与点火线圈安装在一起。

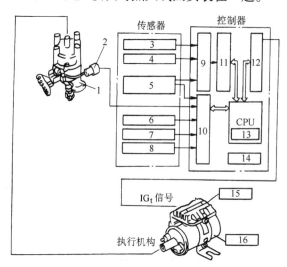

图 10-25　带分电器的电子点火控制系统
1—分电器　2—转速与曲轴位置信号插接器　3—空气流量传感器　4—冷却液温度传感器
5—节气门位置传感器　6—点火开关　7—空调开关　8—车速传感器　9、10—输入接口　11—模/数转换器
12—输出接口　13—存储器　14—稳压电源　15—电子点火模块　16—点火线圈

（2）无分电器的电子点火控制系统　电子高压配电方式的电子控制点火系统一例如图 10-26 所示。此例为点火线圈分配同时点火方式，其进气压力传感器安装在 ECU 的内部，进气管压力通过一真空管导入。

2. 电子点火控制系统部件的结构

（1）点火线圈　带分电器的电子控制点火系统其点火线圈的结构与非电子控制点火系统的点火线圈并无什么差别，而无分电器电子控制点火系统的点火线圈则有多种结构形式，

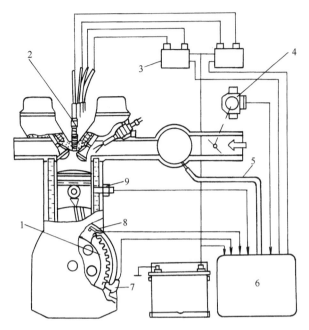

图 10-26 博世（Bosch）VZ 无分电器点火系统
1—飞轮 2—火花塞 3—双点火线圈 4—节气门位置传感器 5—真空管 6—电子控制器（ECU）
7—发动机转速传感器 8—曲轴位置传感器 9—冷却液温度传感器

大都采用干式（闭磁路）点火线圈。

1）适用于二极管分配的点火线圈。适用于二极管分配同时点火方式的点火线圈具有两个初级绕组，一个次级绕组。高压二极管有直接安装在点火线圈内部和连接在点火线圈外部两种结构形式，如图 10-27、图 10-28 所示。

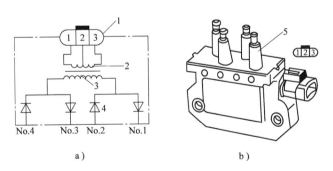

图 10-27 二极管分配同时点火方式的点火线圈（二极管内装式）
a）点火线圈内部电路 b）点火线圈外形
1—低压插接器端子 2—初级绕组 3—次级绕组 4—高压二极管 5—高压接线柱

2）适用于点火线圈分配的点火线圈。适用于点火线圈分配的每个点火线圈都有一个初级绕组和一个次级绕组，两个或三个点火线圈多采用组合安装的形式。适用于六缸发动机的组合式点火线圈一例如图 10-29 所示。

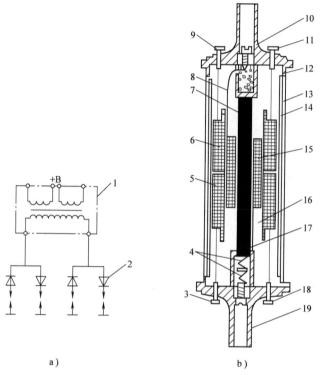

图 10-28 二极管分配同时点火方式的点火线圈（二极管外接式）
a）点火线圈连接电路　b）点火线圈内部结构
1—点火线圈　2—高压二极管　3、11—接电子点火模块　4—弹簧　5—初级绕组Ⅰ　6—初级绕组Ⅱ　7—铁心
8、16—高压导电片　9、18—电源接线柱　10、19—高压线插座　12—外壳
13—导磁板　14—衬纸　15—次级绕组　17—变压器油

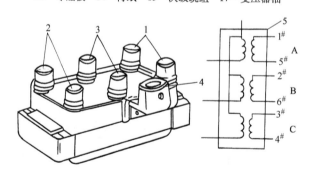

图 10-29 点火线圈分配同时点火方式的点火线圈（Ⅰ）
1—点火线圈 A 高压线插座　2—点火线圈 B 高压线插座　3—点火线圈 C 高压线插座
4—点火线圈低压导线插座　5—点火线圈内部电路

图 10-30 所示的点火线圈分配式点火线圈内部也装有高压二极管，其作用是防止误点火。点火线圈分配的高压配电方式由于点火线圈与火花塞直接通过导线相连，点火线圈初级通路瞬间次级所产生的电压（约 1kV 左右）直接加在火花塞电极两端，如果该火花塞所在的气缸是处于进气终了或压缩行程开始等气缸压力较低，又有可燃混合气的行程，就可能会误点火。在高压回路中串联一个高压二极管（图 10-31），利用其单向导电性，使初级绕组通路的瞬间次级产生的电压就不会加在火花塞电极上，从而避免了误点火的可能。

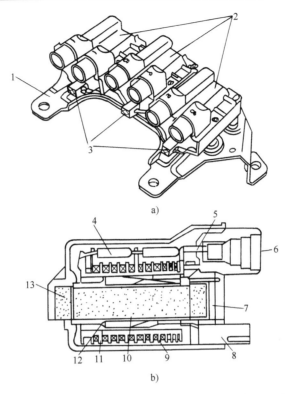

图 10-30　点火线圈分配同时点火方式的点火线圈（Ⅱ）

a）点火线圈外形　b）点火线圈内部结构

1—支架　2—点火线圈　3—低压插座　4—高压二极管　5—高压引线　6—盖　7—填充材料
8—低压接线柱　9—外壳　10、13—铁心　11—次级绕组　12—初级绕组

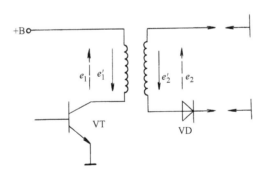

图 10-31　点火线圈分配同时点火高压回路二极管的作用

e_1、e_2—初级通路瞬间初、次级绕组的感应电动势　　e'_1、e'_2—初级断路瞬间初、次级绕组的感应电动势

在一些无分电器电子控制点火系统中，点火线圈与火花塞的连接电路中，有一个 3～4mm 的间隙，其目的也是为了防止点火线圈初级通路瞬间的误点火。

3）单独点火方式的点火线圈。单独点火方式的点火线圈通常是将点火线圈直接安装在火花塞上端，如图 10-32 所示。这种点火线圈可省去高压导线，使点火能量的损失和点火系统的故障率进一步降低。

（2）电子点火模块　电子点火模块（ICM）是电子点火控制系统的中间执行器。不同的电子点火控制系统，电子点火模块的功能及电路结构差别较大，某种适用于点火线圈分配同时点火方式的电子点火控制系统的 ICM 的组成及功能如图 10-33 所示。

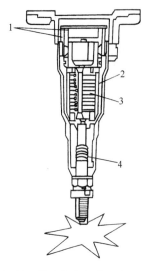

图 10-32　单独点火方式的点火线圈
1—接 ECU　2—初级绕组　3—次级绕组　4—火花塞

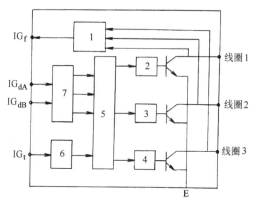

图 10-33　某种电子点火模块的组成及功能
1—IG_f 信号发生器　2、3、4—开关晶体管驱动电路
5—气缸识别电路　6—闭合角控制电路
7—输入电路

有的电子点火控制系统其 ICM 十分简单，内部只有一个通、断点火线圈初级回路用的开关晶体管，而将开关晶体管的控制电路都设置在 ECU 内部。有的电子点火控制系统则是将通、断点火线圈初级回路用的开关晶体管也设置在 ECU 内部，由 ECU 的点火控制端子直接控制点火线圈初级绕组的通断（参见图 10-26），因此，这种电子控制点火系统没有单独的 ICM。

（3）分电器　机械高压配电方式的电子点火控制系统其分电器没有真空和离心点火提前装置，分电器通常是发动机转速与曲轴位置传感器、配电器的组合装置。图 10-34 是一种

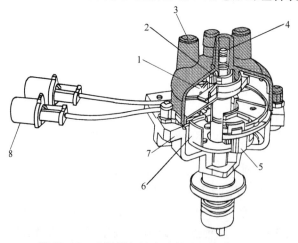

图 10-34　内装霍尔效应式传感器的分电器
1—分火头　2—分电器盖绝缘环　3—高压分线插孔　4—中央高压线插孔　5—霍尔效应传感器
6—传感器信号触发转子叶片　7—分电器壳体　8—传感器线束插接器

安装有霍尔效应式发动机转速与曲轴位置传感器的分电器。

有的分电器其内部还装有点火线圈,而被称之为整体式点火装置 IIA (Integrated Ignition Assembly) 的分电器,更是将点火线圈、电子点火模块及中央高压导线等集装在一起(图10-35)。

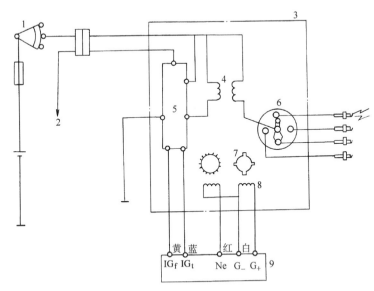

图10-35　IIA 分电器

1—点火开关　2—接转速表　3—分电器　4—点火线圈　5—电子点火模块　6—配电器
7—传感器信号触发转子　8—传感器信号感应线圈　9—电子控制器

电子点火控制系统采用电子高压配电方式已十分普遍,因此,分电器在现代汽车上已很少见了。

思　考　题

1. 传统的点火提前调节方式有哪些不足?
2. 电子点火控制系统有哪些种类?
3. 最佳点火提前角是如何确定的?简述 ECU 进行点火提前角的控制过程。
4. 点火定时脉冲是如何产生的?通常有哪几种方式?
5. 点火系统实际工作时的点火提前角包含哪些?电子点火控制系统包括哪些点火提前角控制内容?
6. 电子高压配电方式有何优点?电子高压配电的方式有哪些?各种高压配电方式是如何工作的?
7. 为什么要对点火线圈的通电时间进行控制?ECU 如何对点火线圈进行通电时间控制?
8. 爆燃推迟点火控制的实际意义是什么?发动机爆燃是如何监测、识别和控制的?
9. 适用于电子高压配电方式的点火线圈有哪些类型?一些点火线圈分配方式的无分电器电子点火系统,为什么其高压回路也要串接高压二极管?
10. 点火定时信号如何产生?无分电器电子控制点火系统是如何识别需点火气缸的?

第十一章 发动机怠速控制系统

第一节 概述

一、怠速控制系统的作用

1. 怠速控制应用概况

早期的汽油喷射式发动机采用辅助空气阀来控制怠速时辅助怠速空气通道的空气流量，用以实现冷机起动后的低温怠速稳定和快速暖机控制。辅助空气阀有双金属型、石蜡型等不同的结构形式，在低温下辅助空气阀处于打开状态，可使一部分空气经辅助怠速空气通道进入气缸，发动机可在较高的怠速下稳定运转，实现快速暖机过程。随着发动机温度的上升，辅助空气阀慢慢关闭，使发动机回到正常的怠速下运转。

辅助空气阀的怠速控制功能极其有限，已不能满足现代汽车发动机对怠速控制的要求。用电子控制器控制怠速调节执行器可实现多项怠速控制功能，满足了现代汽车发动机高性能的要求。因此，这种电子怠速控制系统已取代了早期使用的辅助空气阀，在电控发动机上得到了普及。

2. 怠速控制系统的作用

现代汽车发动机怠速控制系统可实现全过程的怠速控制，主要有如下控制功能。

1）稳定怠速控制。以设定的发动机转速为怠速控制目标，当发动机的转速偏离目标转速时，电子控制器立刻输出调整信号，通过怠速控制执行器将发动机怠速调整到设定的目标范围之内。

2）快速暖机控制。在冷机起动后，怠速控制系统可以使发动机在较高的怠速下稳定运行，以缩短发动机的暖机过程。

3）高怠速控制。在怠速工况下，当发动机负荷增加时，为保持发动机的稳定运转或使发动机向外能输出一定的功率，电子控制器输出控制信号，通过执行器将发动机调整至设定的高怠速下稳定运转。

4）其他控制。怠速控制系统通常还具有如下控制功能：

① 当发动机起动时，电子怠速控制系统使怠速辅助空气通道自动开启至最大，以使发动机起动容易。

② 在活性炭罐控制阀、废气再循环控制阀等工作时，调整怠速控制阀以稳定怠速。

③ 当发动机部件磨损、老化等原因而使发动机的怠速偏离正常范围时，电子怠速控制系统能自动将怠速修正到正常值。

二、怠速控制系统的分类

怠速控制系统有多种类型，现以不同的分类方法予以概括。

1. 按进气量的调节方式分

（1）节气门直动式　电子控制器通过控制执行机构直接操纵节气门，以改变节气门的开度实现怠速的控制（图11-1a）。这种控制方式工作可靠性好，控制位置的稳定性也较好，其缺点是动态响应性较差，执行机构较为复杂且体积较大，因此，节气门直动式怠速控制装置应用较少。

（2）旁通空气式　电子控制器通过控制怠速控制阀改变怠速辅助空气通道的空气流量来实现怠速的控制（图11-2b）。这种控制方式动态响应好，结构简单且尺寸较小，目前较为常见。

2. 按怠速控制阀的结构与工作方式分

（1）步进电动机式　怠速控制阀以步进电动机为动力，ECU通过控制步进电动机的转动来驱动空气阀的开启和关闭及开启的程度。

（2）开度电磁阀式　怠速控制阀以电磁线圈通电产生的电磁力为动力，ECU通过控制电磁阀线圈的通断电及电流大小来控制空气阀的开启和关闭及开启的程度。开度电磁阀式怠速控制阀按其运动方式不同分，又有直动式和转动式两种。

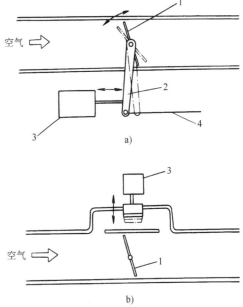

图11-1　怠速进气量调节方式
a）节气门直动式　b）旁通空气式
1—节气门　2—节气门操纵臂
3—怠速控制执行器　4—加速踏板拉杆

（3）开关电磁阀式　怠速控制阀也是以电磁线圈通电产生的电磁为动力，但只有开和关两种状态。开关电磁阀式怠速控制阀有两种控制方式：一种是电子控制器通过阶跃控制脉冲控制电磁阀开和关，只有高怠速和低怠速两种状态控制；另一种是电子控制器通过占空比脉冲控制电磁阀的开与关的比率来调节怠速辅助空气通道的空气流量，实现怠速的控制。

3. 按空气阀的控制方式分

（1）直接控制式　怠速控制阀安装在辅助空气通道中，由电磁线圈（电磁阀式怠速控制阀）或步进电动机（步进电动机式怠速控制阀）直接驱动空气阀，实现怠速空气量的控制。

（2）间接控制式　在辅助空气通道中安装的是膜片式辅助空气阀，由电磁阀控制膜片式辅助空气阀的动作来改变辅助怠速空气通道的截面积。间接控制的怠速控制阀结构比较复杂，目前已很少使用。

第二节　发动机怠速控制系统的结构与原理

一、怠速控制系统原理

典型的怠速控制系统组成及控制原理如图11-2所示。

与怠速控制系统相关的各个传感器和开关向电子控制器提供反映发动机温度、发动机转

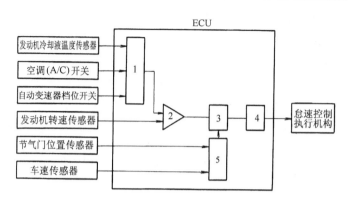

图 11-2 怠速控制系统的组成与控制原理
1—目标转速 2—比较电路 3—控制量计算 4—驱动电路 5—怠速状态判断

速、节气门开度、空调开关位置、自动变速器档位等电信号。电子控制器中的存储器储存有发动机各种状态下的最佳稳定怠速参数和相应的控制程序,当发动机处于怠速工况时,怠速控制系统便进入工作状态。

控制器根据各传感器与开关的信号进行目标转速选定、怠速判断、转速比较与计算,然后输出控制信号,通过怠速控制执行机构将发动机怠速控制在目标范围之内。

1. 怠速稳定控制

当 ECU 根据节气门位置传感器信号判断发动机已处于怠速工况时,就进入怠速控制程序。ECU 根据发动机冷却液温度传感器的电信号选定当前的目标转速,并与当前的发动机转速进行比较。如果发动机当前转速偏离了目标转速,ECU 便输出控制脉冲使怠速控制执行器动作,及时调整发动机转速,使发动机怠速稳定于目标转速。

这种怠速稳定控制方式还可实现发动机的快速暖机控制。在发动机温度低时怠速的目标转速较高,当发动机冷机起动时,由于发动机的温度低,起动后就可以在较高的怠速下稳定运转而使发动机迅速达到正常的工作温度。

怠速稳定控制过程中,车速传感器所提供的汽车行驶速度信号作为怠速工况判断的辅助信号,当车速低于 2km/h 且节气门关闭时,ECU 作出"发动机处于怠速工况"的判断,进入怠速控制程序;空调开关提供空调关断信号,只有在空调不使用时,ECU 才进入怠速稳定控制程序。

2. 高怠速运行控制

高怠速运行控制可分发动机负荷高怠速控制和转速变化预见性高怠速控制两种情况。

(1) 发动机负荷高怠速控制 当发动机处于怠速工况,但需要发动机带动一定的负荷时,电子控制器就进入发动机负荷高怠速控制状态。在节气门处于关闭状态时,ECU 根据空调开关、蓄电池电压等信号判断是否需要进入发动机负荷高怠速控制。比如,在使用汽车空调、蓄电池亏电等情况下,ECU 输出控制信号,使怠速控制执行器动作,将发动机的怠速调高至某一值,以保证发动机在怠速工况下,空调系统能正常工作,或发电机能正常发电而及时向蓄电池补充电能。

(2) 转速变化预见性高怠速控制 发动机处于怠速工况时,为避免发动机因所驱动的附加装置阻力矩突然增大而导致转速下降甚至熄火,ECU 会根据相关传感器的信号自动进入转速变化预见性高怠速控制。在节气门处于关闭状态时，ECU 根据自动变速器档位开关、灯光继电器等信号判断是否需要进入转速变化预见性高怠速控制程序。比如，自动变速器档位从 N 位或 P 位挂上运行档位、灯光继电器触点闭合时，ECU 就会输出控制信号，控制怠速控制执行器动作，预先调高发动机怠速，使发动机在负荷突然增加时仍能保持稳定的怠速。

3. 其他怠速控制

(1) 起动时怠速控制阀的控制　在发动机起动前，ECU 控制怠速控制阀打开至开度最大位置，以使发动机起动容易。当发动机起动后，ECU 根据发动机转速及温度信号，再逐渐减小怠速控制阀的开度。

(2) 炭罐电磁阀工作时怠速控制阀的控制　在一些汽车上，怠速控制系统还根据炭罐控制阀的开启情况来调整怠速辅助空气通道的通气量，以避免发动机怠速产生波动。

(3) 怠速偏离修正控制　怠速偏离修正控制也就是怠速控制系统的学习修正控制。当因发动机部件老化等外部原因使发动机的怠速偏离原设定值时，ECU 控制怠速控制阀预置一个开度，将发动机的怠速修正到设定的值。

二、怠速控制系统部件的结构

1. 节气门直动式怠速控制执行器

一种安装于单点喷射式发动机节气门体上的节气门直动式怠速控制执行器如图 11-3 所示。

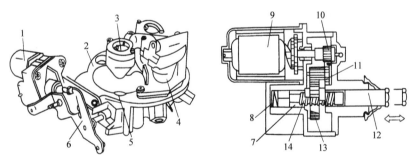

图 11-3　节气门直动式怠速控制执行器
1—怠速控制执行器　2—节气门体　3—喷油器　4—压力调节器　5—节气门　6—节气门操纵臂
7—防转动六角孔　8—弹簧　9—电动机　10、11、13—减速齿轮　12—传动轴　14—螺杆

怠速控制执行器由直流电动机和传动机构组成。直流电动机由 ECU 通过驱动电路控制其转动，通过传动机构驱动节气门；传动机构起减速增矩的作用，并将电动机的旋转运动变为节气门关闭限位片的直线运动。

当 ECU 输出怠速调整控制信号时，通过驱动电路使电动机通电转动相应的转角，并经传动机构使节气门操纵臂限位片移动，从而改变了怠速时节气门的开度。

2. 步进电动机式怠速控制阀

(1) 步进电动机式怠速控制阀的结构　步进电动机式怠速控制阀主要由步进电动机、丝杠机构和空气阀等组成（图 11-4）。步进电动机的转子与螺杆组成丝杠机构，当步进电动机转子在怠速控制信号的控制下转动时，螺杆作直线移动，通过阀杆带动空气阀上、下移动,使空气阀开启或关闭。

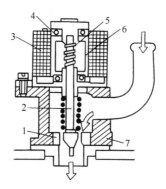

图 11-4 步进电动机式怠速控制阀
1—空气阀阀座 2—阀杆 3—定子绕组 4—轴承 5—螺杆 6—转子 7—空气阀阀体

（2）步进电动机式怠速控制阀的控制电路　典型的步进电动机式怠速控制阀控制电路原理如图 11-5 所示。

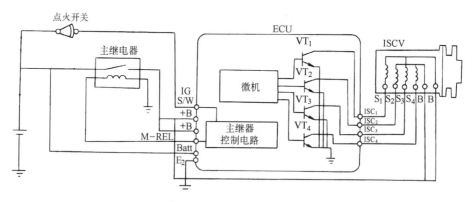

图 11-5　步进电动机式怠速控制阀的控制电路原理

当需要调整怠速时,怠速控制 ECU 通过内部的步进电动机驱动电路控制步进电动机的四个绕组依次通断电,使步进电动机按步转动,转过相应的转角,将空气阀移动至适当的位置。

主继电器控制电路的作用是当点火开关关断时,使 ECU 继续通电 2s,以便使 ECU 完成起动初始位置的设定。在点火开关断开后的这 2s 时间里,步进电动机在 ECU 的控制下转动,使空气阀开启至最大,为下次起动作好准备。

3. 开度电磁阀式怠速控制阀

（1）开度电磁阀的结构　直动电磁阀式怠速控制阀的结构如图 11-6 所示。电磁线圈通电后产生的电磁力吸引阀杆克服弹簧力作轴向移动,使阀打开。阀的开度取决于电磁线圈的平均电流大小,由 ECU 通过输出占空比信号进行控制。直动电磁阀的高精度开度控制难度相对较大,因此,现使用这种形式的怠速控制阀已比较少见。

转动电磁阀式怠速控制阀有两种形式,一种是转子为永久磁铁,电磁线圈在定子上;另一种是定子为永久磁铁,电磁线圈绕在转子中。图 11-7 所示的是定子为永久磁铁,转子中绕有两组绕组的转动电磁阀式怠速控制阀。

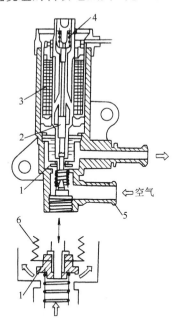

图 11-6　直动电磁阀式怠速控制阀的结构
1—阀　2—阀杆　3—线圈　4—弹簧
5—壳体　6—消除负压用的波纹管

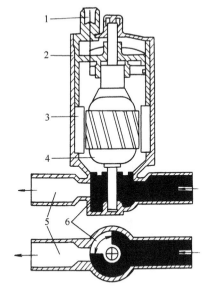

图 11-7　转动电磁式怠速控制阀
1—电路插接器　2—壳体　3—定子（永久磁铁）
4—转子　5—附加空气通道　6—旋转阀

（2）转动电磁阀式怠速控制阀的控制电路　转动电磁阀式怠速控制阀的控制电路如图 11-8 所示。

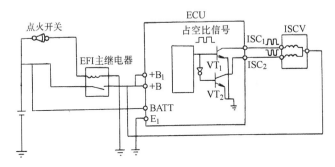

图 11-8　转动电磁式怠速控制阀的控制电路

当 ECU 根据相关传感器及开关电信号确定需要调整怠速时，便输出相应的占空比信号，并经驱动电路（反相器及 VT_1、VT_2）分出同频反相的电磁线圈电流控制脉冲 ISC_1、ISC_2，使两个电磁线圈通电并产生相应的磁力，吸引转子转动相应的角度。ECU 通过改变控制信号的占空比，使两个线圈的通电时间发生变化来改变阀的开启程度。

4. 开关电磁阀式怠速控制阀

（1）开关电磁阀式怠速控制阀的结构　开关电磁阀式怠速控制阀只有开和关两种状态，即电磁线圈通电时，阀被打开；电磁线圈断电时，阀就关闭。开关电磁阀式怠速控制阀的结构如图 11-9 所示。

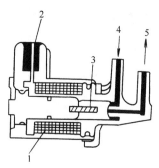

图 11-9 开关电磁式怠速控制阀的结构
1—电磁线圈 2—接线端子 3—阀 4—来自空气滤清器 5—至进气管

（2）开关电磁阀式怠速控制阀的控制电路 开关电磁阀式怠速控制阀的控制电路如图 11-10 所示。

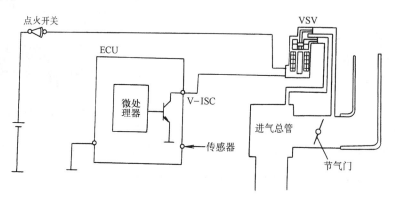

图 11-10 开关电磁阀式怠速控制阀的控制电路

开关电磁阀式怠速控制阀有占空比控制方式和开关控制方式两种。

占空比控制方式：ECU 输出的是频率固定，但占空比变化的怠速控制信号，通过调整电磁阀的开闭比率实现怠速的控制，可将发动机怠速控制在正常怠速和最高怠速之间的任意一种怠速状态。

开关控制方式：ECU 输出的控制信号只有高电平和低电平两种状态，控制电磁阀的通电或断电。因此，开关控制方式的电磁阀式怠速控制阀只有打开（高怠速）和关闭（正常怠速）两种工作状态。

思 考 题

1. 发动机怠速控制系统通常具有哪些控制功能？
2. 怠速控制系统有哪些种类？
3. 怠速控制系统的基本组成部分有哪些？如何进行怠速控制？
4. 怠速控制系统如何进行怠速稳定控制？
5. 怠速控制系统如何进行高怠速控制？
6. 怠速控制阀有哪些结构形式？各种结构形式的怠速控制阀是如何工作的？
7. 你能根据怠速控制阀插接器的端子数，准确判断是哪一种类型的怠速控制阀吗？

第十二章　汽车排放控制系统

第一节　概　　述

一、汽车排放的形成和危害

随着汽车保有量的增加，汽车排放对环境所造成的影响也随之增大。汽车排放对人类危害最大的是一氧化碳、碳氢化合物和氮氧化物。

1. 一氧化碳（CO）

CO 是烃类燃料在空气不足的情况下，由于不完全燃烧而产生的有害物。CO 被人体吸收后，容易与血球结合，阻碍血红蛋白带氧，会造成人体内缺氧而使人感到头痛、恶心，严重时还导致人因窒息而死。

2. 碳氢化合物（HC）

HC 是石油产品的基本组成部分，与氧的化合（燃烧）所释放的热量是发动机运转所需的能量，但排入大气中的 HC 则是一种污染。发动机排气中高含量的 HC 是燃料未经燃烧或燃烧不完全的产物，此外，燃油箱汽油蒸发、曲轴箱气体直接排放等，也是 HC 对大气造成污染的来源。HC 气体在阳光下与氮氧化物 NO_x 作用，进行光化学反应，形成含有臭氧（O_3）、丙烯醛、甲醛、硝酸盐、酮及过氧化酰等物质的光化学烟雾。这种"烟雾"具有较强的氧化力和特殊的气味，对人眼、咽喉等有刺激作用，并容易使橡胶开裂和植物受损等。在诸多的碳氢化合物中，苯比芘还是一种致癌物。

3. 氮氧化物（NO_x）

NO_x 是在温度很高的情况下氮与氧化合的产物，对大气造成污染的主要是一氧化氮（NO）和二氧化氮（NO_2）。氮氧化物是一种有毒并带有恶臭的气体，会引起人眼结膜、口腔、咽喉黏膜肿胀和充血，并可能导致支气管炎、肺炎等病。

二、汽车排放控制的作用与分类

1. 汽车排放控制的作用

汽车对大气的污染主要源自发动机排出的废气，三种有害排放物 CO、NO_x 和约占 60% 的 HC 都是由发动机排气管排出的。另外 40% 的 HC 排放，曲轴箱气体和燃油箱燃油蒸气各约占 20%。

对汽车排放进行控制，就是通过改善燃烧、降低燃烧温度、曲轴箱气体和燃油蒸气封闭循环、排气管废气净化等手段，使汽车对大气的污染减小到最低的限度。

现代汽车对排放控制提出了非常严格的要求，其目的就是缓解汽车保有量增加对环境所带来的负面影响、满足人类对环境质量不断提高的要求。

2. 汽车排放控制的分类

汽油发动机的燃油喷射控制系统、电子点火控制系统及发动机怠速控制系统等电子控制装置的作用不仅是提高发动机的动力性、经济性及工作稳定性，对排气污染的控制也都起到了至关重要的作用。因此，笼统地讲，汽油喷射控制、点火提前角控制及发动机怠速控制也可归为汽车排放控制范畴。为使汽车排放控制能达到更高的要求，汽车上还采用了其它专门的排放控制装置，这些汽车排放控制装置种类较多，根据控制的方式不同，可将它们分为机内净化、机外净化和污染源封闭循环净化三类。

（1）机内净化　从进气系统入手，通过改善混合气的质量，使燃烧产生的有害成分降低。这一类的排放控制装置有进气温度自动控制装置、废气再循环控制装置、混合比加浓式减速废气净化装置、进气歧管真空度控制阀等。

（2）机外净化　对发动机排出的废气进行再净化处理，将废气中所含的 CO、HC 和 NO_X 等有害气体转化为无害的水（H_2O）、二氧化碳（CO_2）和氮（N_2）等气体。这一类的排放控制装置有热反应器、氧化触媒转换器、三元催化转换器、二次空气供给装置等。目前广泛使用的发动机废气净化装置是三元催化转换装置。

（3）污染源封闭循环净化　对曲轴箱气体及燃油箱燃油蒸气等 HC 排放源实施封闭化处理，以阻断向空气排放 HC。这类控制装置有：曲轴箱强制通风装置、活性炭罐通气量控制装置等。

现代汽车为能达到严格的排放控制要求，往往同时使用几种排放控制装置。

第二节　废气再循环控制系统

一、废气再循环控制的作用与控制方式

1. 废气再循环控制的作用

（1）废气再循环的作用　在高温下（高于 1370℃），氮与氧气会化合生成 NO_X。在其他条件相同时，发动机的燃烧温度越高，燃烧后产生的 NO_X 就越多。废气再循环（Exhaust Gas Recirculation，EGR）就是将发动机排出的部分废气引入进气管，与新鲜空气混合后进入气缸，利用废气中所含有大量的 CO_2 不参与燃烧却能吸收热量的特点，降低燃烧温度，以减少 NO_X 的排放。

（2）废气再循环量控制的作用　废气再循环量大，发动机的燃烧温度低，抑制 NO_X 产生的作用就会更有效。但是，废气再循环量过多，会导致混合气的着火性变差，造成发动机的油耗上升，动力性下降，HC 排放量上升。因此，必须对废气的引入量进行控制，废气再循环量的控制就是要在保证发动机正常工作的前提下，最大限度地抑制 NO_X。而当发动机在燃烧温度较低（起动、怠速和低负荷等工况）时，不引入废气 NO_X 也不会超量，因此，在这种情况下，控制废气再循环量为 0，以确保发动机可靠运行。

2. 废气再循环量的控制方式

废气的引入量通常用废气再循环率来衡量，废气再循环率定义如下：

$$EGR 率 = \frac{EGR 气体量}{吸入的空气量 + EGR 气体量} \times 100\%$$

废气再循环控制系统通过控制 EGR 率来保证发动机运转性能良好的同时，达到最佳的 NO_X 净化效果。EGR 率的控制方式有机械控制式和电子控制式两种类型。

（1）机械控制式　机械控制式 EGR 控制装置利用进气歧管的真空度及排气压力来控制 EGR 阀的开启及开启的程度，主要有三种控制方式，如图 12-1 所示。机械控制式其 EGR 率不可变或控制范围有限（控制范围一般为 5%～15%），控制精度也远不能满足发动机的实际需要，因此，现在已很少在汽车上使用。

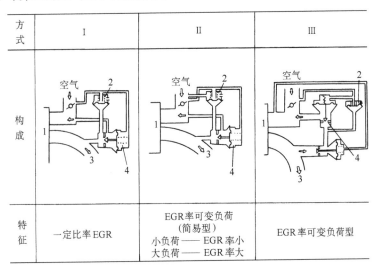

图 12-1　机械式 EGR 控制装置
1—发动机　2—真空式调幅器　3—发动机排出的废气　4—EGR 阀

（2）电子控制式　电子控制式 EGR 控制装置通过电磁阀来控制 EGR 阀的开闭及开启程度，可实现发动机各工况下的最佳废气再循环量控制，因此，已取代了机械式 EGR 控制装置。

二、废气再循环电子控制系统的控制原理

废气再循环电子控制系统的组成与控制原理如图 12-2 所示。

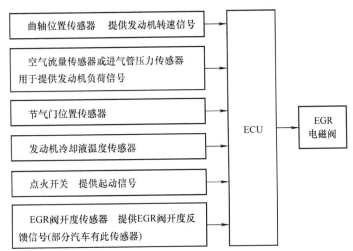

图 12-2　EGR 电子控制系统的组成与控制原理

废气再循环 ECU 根据各传感器的信号判断发动机工况与状态，以确定是否需要废气再

循环或再循环流量的大小,并输出占空比可变的控制脉冲,通过控制 EGR 电磁阀的占空比来调节 EGR 阀的开度,以实现最佳的 EGR 率控制。

在 EGR 电子控制系统的存储器中储存各工况下的最佳废气再循环流量值。通常以电磁阀占空比参数的方式储存,如图 12-3 所示。ECU 根据发动机转速与发动机负荷(空气流量或进气压力)传感器信号,通过查找与计算的方式得到最佳的 EGR 电磁阀占空比值,并输出相应的占空比脉冲信号,将废气再循环流量始终控制在最佳值。

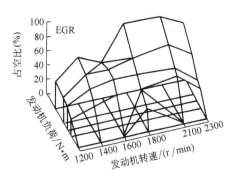

图 12-3 EGR 电子控制控制特性

有的 EGR 电子控制系统通过 EGR 阀开度传感器反馈 EGR 阀开度信息,相应的在 ECU 的存储器中储存的是发动机各工况下的 EGR 阀开度参数。工作时,ECU 根据发动机转速与发动机负荷(空气流量或进气压力)传感器的信号查找并计算得到最佳的 EGR 阀开度,并与当前 EGR 阀开度比较。如果不相等,ECU 将调整占空比控制脉冲,将 EGR 阀的开度调整至最佳状态。

为确保发动机正常工作,在如下情况下,废气再循环电子控制系统使 EGR 再循环流量为 0。

1) 当发动机转速低于 900r/min 或高于 3200r/min 时(高低限值因车型而不同),ECU 输出控制信号,使发动机停止废气再循环。

2) 在发动机处于低温度状态时,ECU 也输出控制信号,不进行废气再循环。

3) 当发动机处于怠速工况时,ECU 输出控制信号,不进行废气再循环。

4) 在起动发动机时,ECU 输出控制信号,不进行废气再循环。

三、废气再循环电子控制系统的结构

典型的 EGR 电子控制系统如图 12-4 所示。

(1) EGR 阀　EGR 阀内部膜片的一侧(下部)通大气,装有弹簧的另一侧为真空室,其真空度由 EGR 电磁阀控制。增大真空室的真空度,使膜片克服弹簧力上拱,阀的开度增大,废气再循环流量增加。当上部失去真空度时,膜片在弹簧力的作用下向下拱而使阀关闭,阻断废气再循环。

安装有 EGR 阀开度传感器的 EGR 阀如图 12-5 所示。EGR 阀开度传感器一般为电位器式传感器,其测量杆与 EGR 阀的膜片相连接,EGR 阀开度变化时,通过膜片带动测量杆移动,使电位器输出相应的电信号。

(2) EGR 电磁阀　EGR 电磁阀为二位三通电磁阀,其结构如图 12-6 所示。EGR 电磁阀有三个通气口,EGR 电磁阀不通电时,弹簧将阀体向上压紧,通大气阀口被关闭,这时 EGR 电磁阀使进气管与 EGR 阀真空室相通;当 EGR 电磁阀线圈通电时,产生的电磁力使阀体下移,阀体下端将通进气管的真空通道关闭,而上端的通大气阀口打开,于是就使 EGR 阀的真空室与大气相通。EGR 电磁阀具体的工作情况如下。

第十二章 汽车排放控制系统

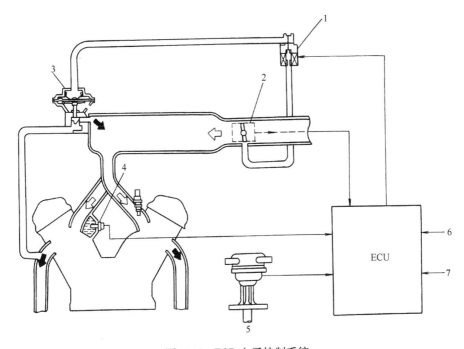

图 12-4　EGR 电子控制系统
1—EGR 电磁阀　2—节气门位置传感器　3—EGR 阀　4—冷却液温度传感器
5—发动机转速与曲轴位置传感器　6—起动信号　7—发动机负荷信号

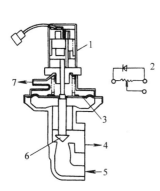

图 12-5　装有 EGR 阀开度传感器的 EGR 阀
1—EGR 阀开度传感器　2—EGR 阀开度传感器电路
3—膜片　4—废气出　5—废气入　6—阀体
7—接 EGR 电磁阀

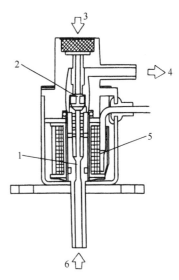

图 12-6　EGR 电磁阀
1—空气通道　2—阀体　3—通大气
4—去 EGR 阀　5—电磁阀线圈　6—通进气歧管

当需要增大废气再循环流量时，ECU 输出的占空比减小，EGR 电磁阀相对的通电时间减小，EGR 阀真空室通进气管的相对时间增大，其真空度增大而使 EGR 阀开度增大，废气再循环流量相应增加。

当 EUC 输出占空比为 0 的信号（持续低电平）时，EGR 电磁阀断电，这时，EGR 阀真空室与进气管持续相通，其真空度达到最大（直接取决于进气管的真空度），EGR 阀的开度最大，废气的再循环流量也达到最大。

当不需要废气再循环时，ECU 输出占空比为 100% 的信号（持续高电平），使 EGR 电磁阀常通电，EGR 阀真空室与大气常通，EGR 阀关闭，阻断了废气再循环。

第三节 燃油蒸发排放控制系统

一、燃油蒸发排放控制系统的作用与控制方式

1. 活性炭罐的作用

燃油箱中的汽油会蒸发，没有燃油蒸发排放控制系统的汽车，当汽油蒸气的压力达到设定值时，就会从油箱盖的蒸气阀排出，造成对大气的 HC 污染。燃油蒸发排放控制系统设置了活性炭罐，并用通气管将燃油箱与活性炭罐连接。炭罐中的活性炭具有吸附汽油蒸气的作用。活性炭罐的作用就是将汽油箱中的汽油蒸气收集于炭罐中，并在发动机工作时，通过流经的空气将汽油蒸气送入进气管参与燃烧，以免汽油箱中的汽油蒸气直接排放到大气中而造成空气污染。

2. 炭罐通气量控制的作用

要使炭罐能随时收集汽油箱中的汽油蒸气，必须将炭罐中活性炭所吸附的汽油蒸气及时"驱走"，同时，通过炭罐的这部分气体进入进气管后，不应对发动机的正常工作造成负面影响。因此，炭罐通气量控制的作用就是及时地将炭罐中的汽油蒸气送入进气管，以确保炭罐能持续地起作用，同时不影响发动机的正常工作。

3. 燃油蒸发排放控制系统的控制方式

炭罐通气量控制有机械控制方式和电子控制方式两大类。

（1）机械控制方式 炭罐通气量机械控制方式如图 12-7 所示，炭罐通气量的大小取决于膜片式通气阀的开度，而膜片阀的开度则由进气管（节气门处）的真空度控制。这种炭罐通气量控制方式控制精度较低，炭罐通气量的控制不能适应发动机工况、状态变化的需要，因此这种控制方式在现代汽车上已较少见。

（2）电子控制方式 由电子控制器通过炭罐通气电磁阀来控制膜片式通气阀的开度，或者直接通过电磁阀来控制炭罐通气量。电子控制方式可根据发动机的工况与状态获得最佳的炭罐通气量控制，在汽车上已有较多的使用。

二、燃油蒸发排放控制系统的原理

电子燃油蒸发排放控制原理

炭罐通气量电子控制系统的组成与控制原理如图 12-8 所示。

ECU 根据各传感器的信号判断发动机工况与状态，以确定是否需要通气或通气量的大小，并输出占空比可变的控制脉冲，通过控制通气电磁阀的占空比来调节炭罐通气阀的开度，以及时驱走炭罐中的汽油蒸气，并确保发动机正常工作。

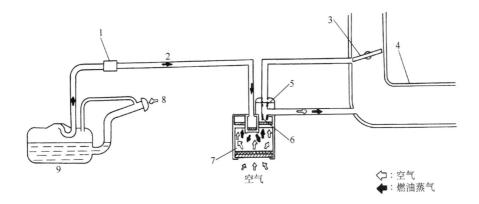

图 12-7 炭罐通气量机械控制方式
1—燃油蒸气单向阀 2—通气管 3—节气门 4—进气歧管
5—膜片式通气阀 6—定量通气孔 7—活性炭罐 8—油箱盖 9—燃油箱

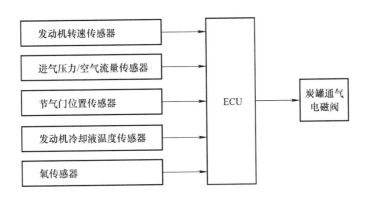

图 12-8 炭罐通气量电子控制系统的组成与控制原理

炭罐通气量电子控制系统所用的传感器将信号输入 ECU 后，ECU 根据这些传感器的信号判断发动机工况与状态，并输出相应的控制脉冲，控制炭罐通气电磁阀的通断电比率，以调节炭罐通气阀的开度，使流经炭罐进入进气管的空气流量适应发动机工况、状态变化的需要。炭罐通气电子控制系统具体的控制过程如下。

（1）发动机转速变化时的炭罐通气量控制 ECU 根据发动机转速传感器获得发动机转速信号。当发动机在高转速时，ECU 输出控制脉冲使炭罐通气阀开度加大，以增加炭罐通气量，使炭罐中的汽油蒸气能及时净化掉。当发动机不工作（无转速信号）时，ECU 使炭罐通气阀关闭，炭罐无空气流通。

（2）发动机负荷变化时的炭罐通气量控制 ECU 根据进气管压力（或空气流量）传感器获得发动机负荷信号。当发动机负荷大时，ECU 输出控制脉冲使炭罐通气阀开度加大，用较大的通气量将炭罐中的汽油蒸气及时净化掉。当发动机处于怠速工况（节气门位置传感器提供发动机怠速信号）时，ECU 输出的控制脉冲使炭罐通气量减少，以免造成混合气过稀而使发动机怠速不稳。

(3) 发动机温度低时的炭罐通气量控制 ECU 根据冷却液温度传感器获得发动机温度信号。当发动机温度低于 60℃ 时，炭罐通气阀完全关闭，使炭罐无空气流通，以避免影响发动机的工作。

(4) 空燃比反馈炭罐通气量控制 ECU 根据氧传感器信号判断混合气空燃比状态。当氧传感器输出混合气过浓或过稀的电信号时，ECU 输出控制脉冲，及时调整炭罐通气阀的开度，以避免混合气过浓或过稀。

三、燃油蒸发排放电子控制系统结构

典型的电子控制燃油蒸发排放控制系统如图 12-9 所示。

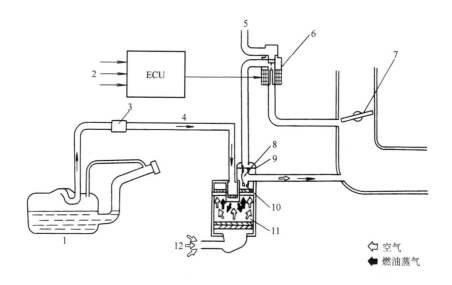

图 12-9 炭罐通气量电子控制系统
1—燃油箱 2—传感器信号 3—单向阀 4—通气管路 5—接进气缓冲器 6—炭罐通气电磁阀
7—节气门 8—主通气口 9—炭罐通气阀 10—定量通气小孔 11—炭罐 12—新鲜空气

(1) 炭罐 炭罐中装有活性炭，活性炭可吸附汽油箱中的汽油蒸气，但这种吸附力不强，当有空气流过时，汽油蒸气分子又会脱离，随空气一起进入进气管。

(2) 炭罐通气阀 炭罐通气阀内部膜片的上部为真空室，其真空度由炭罐通气电磁阀控制。当真空度增大时，阀膜片向上拱，主通气口通气量增加。

(3) 炭罐通气电磁阀 炭罐通气电磁阀的结构与工作原理与 EGR 电磁阀相似，其作用是根据 ECU 输出的占空比控制脉冲工作，调整炭罐通气阀真空室的真空度，以控制通气阀的开度。

直接由二位二通电磁阀控制通气量的燃油蒸发排放控制系统一例如图 12-10 所示。炭罐通气量由二通气口的开关式电磁阀控制，其结构与工作原理与开关电磁式怠速控制阀相似，ECU 通过占空比控制信号，控制电磁阀的开关比率来控制通气量。

第十二章 汽车排放控制系统

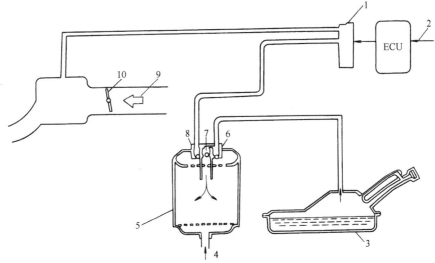

图 12-10 炭罐通气量电子控制的另一种形式
1—炭罐通气电磁阀 2—传感器信号输入 3—燃油箱 4—新鲜空气
5—炭罐 6、7、8—单向阀 9—进气流 10—节气门

思 考 题

1. 对人类危害最大的汽车废气污染物是什么？这些有害排放物是如何产生的？
2. 汽车废气排放控制的作用是什么？有哪些种类？
3. 废气再循环的作用是什么？废气再循环控制的作用是什么？
4. 废气再循环的控制方式有哪些？电子控制废气再循环如何进行 EGR 控制？
5. 电子废气再循环控制系统的组成部件有哪些？其工作原理如何？
6. 炭罐的作用是什么？炭罐通气量控制的作用是什么？
7. 炭罐通气量控制系统是如何工作的？
8. 炭罐通气量控制系统的组成部件有哪些？其作用与工作原理如何？

第十三章 发动机集中电子控制系统

第一节 概 述

一、发动机集中电子控制系统概况

1. 发动机集中电子控制系统发展概况

在 20 世纪 60 年代及 70 年代初，汽车上出现了由集成电路组成的电子控制系统，这种模拟电子电路模块只能完成某一种控制功能，如果要在此基础上增加控制项目，就需要增加相应的控制功能电路。这会使组合两种或两种以上功能的控制模块其电路很复杂且体积大，而控制精度和工作可靠性很难有保障。因此，这一时期出现的多为单一控制功能的汽车电子控制系统，发动机的电子控制项目发展受到了限制。

微电子技术的发展，给发动机集中控制技术的应用与发展创造了必要的技术条件。微处理器所具有的高运算速度、大存储量和多路数据传输通道等特点，使得将几个电子控制系统集中控制成为很容易的事情，发动机集中控制系统要增加新的控制项目也只需增加相应的执行机构和该控制项目特有的传感器，电子控制器中的微处理器则只要增加该控制项目所需的标准参数和控制程序、增设相应的输入输出电路即可。因此，20 世纪 70 年代后期以来，以微处理器为控制核心的电子控制系统不仅将原先互相独立的电子点火控制系统和汽油喷射电子控制系统组合成一个综合的控制系统，还增加了怠速控制、废气再循环控制、炭罐通气控制制及故障自诊断等功能。

现代汽车发动机各电子控制系统均采用集中控制方式，但不同汽车公司的发动机集中控制系统有不同的名称，比如，日产公司的 ECCS（发动机集中电子控制系统）、丰田公司的 TCCS（丰田计算机控制系统）、本田公司的 PGM（程序式燃油喷射系统）、通用公司的 DEI（数字式燃油喷射系统）、福特公司的 EEC（发动机电子控制系统）、大众公司的 MPFI（多点燃油喷射系统）等，均为具有多项控制功能的发动机集中控制系统。

随着对汽车性能要求的不断提高和微电子技术和传感器技术的进一步发展，发动机集中控制系统的项目将会更多，并向着与汽车其他电子控制系统实现集中控制的整车集中电子控制的方向发展。

2. 发动机集中电子控制系统的特点

发动机集中电子控制系统各单项控制共用传感器所提供的信息、共享微处理器资源，用同一个控制器控制，因而简化了电路与结构布置，减少了部件，使系统的工作可靠性也有所提高。此外，电子控制器可以设置协调各控制单项的综合控制程序，因此，其控制的协调性和精度比各单项独立控制高。

3. 发动机集中控制系统的工作过程

发动机集中控制系统具有多项控制功能，因此，其电子控制器中的 ROM 存储器除了储存各个控制单项所需的标准参数外，还存有集中控制系统的主程序及各个单项控制的子程序，主程序将各个子程序模块连接成一个有机的整体。

工作中，发动机集中控制系统通过各传感器及有关的开关获得发动机工况、状态电信号，由主程序按预先的设定逐个调用子程序，周而复始地进行各个单项的控制。与此同时，系统还对输入电信号进行监测，并通过内部监控电路对控制器自身进行监测，当出现异常情况时，自动将所出现的故障以故障码的形式储存于 RAM 存储器中，以便于故障检修。系统还会根据所出现故障对控制系统和发动机的影响程度作出不同的处理，比如：使发动机检查灯亮起，以示警告；使有故障的单项控制系统在设定的状态下"带病工作"，以避免汽车"抛锚"在途中；使发动机迅速停止工作，以避免伤害发动机及其他部件或出现安全事故等。

二、发动机集中控制系统功能的扩展

发动机集中控制系统除了汽油喷射控制、点火控制、发动机怠速控制及发动机排放控制外，现代汽车为进一步提高发动机的性能，还在不断地扩展其它的控制功能。

1. 配气相位可变控制

（1）配气相位可变控制的作用　每种型号的发动机其配气相位（进排气门的早开角、迟闭角）都只能在某一转速范围发挥最佳的效果，而在发动机转速较低或较高时，其配气相位实际上是不适当的。配气相位可变控制的作用是让发动机的配气相位随发动机转速的变化而改变，使发动机在各种转速下均处于理想的配气相位状态，以提高发动机的动力性和经济性。

（2）配气相位可变控制方法　发动机电子控制系统 ECU 根据发动机转速传感器的信号，并参考发动机负荷、发动机温度及车速等传感器的信号，对当前的配气相位是否需要调整作出判断，当需要调整时，ECU 输出控制信号，通过执行机构作出相应的调整动作，使配气相位及气门行程得到相应的改变。

目前已在一些汽车发动机上得到应用的配气相位可变控制系统是在原配气机构的基础上，通过增设的配气相位调整机构来改变配气相位的。配气相位调整机构有机械式、液压式、机液混合式等多种形式。

2. 进气压力波增压控制

（1）进气压力波的产生与利用　发动机工作中，当进气门关闭时，高速的进气流由于惯性作用仍在流动，使进气门附近的气体被压缩而压力上升。气流惯性过后，被压缩的气体开始膨胀，向着进气相反的方向流动，进气门处的气压下降。当膨胀的气体波传到进气管口处时，又会被反射回来。于是，在进气管内形成了脉动的压力波。

如果进气压力波在进气门快要打开时到达进气门附近，当进气门打开时，进气压力波峰就具有增压效果，进气量会有所增加。进气压力波的波长与进气管的长度有关，进气管长，压力波长较长，可使中低速时有进气增压的效果；进气管较短时，压力波长较短，可使高速时有进气增压效果。

（2）进气压力波增压控制的作用与控制方式　发动机进气管长度是不可变的，在设计进气管长度时，通常是以最大转矩所对应的转速区域能有进气增压效果来考虑的。进气压力波增压控制的作用是让进气压力波的波长随发动机转速变化而改变，使发动机在中低速和高速时都有进气增压效果。

通常的进气压力波增压控制方式是在进气管的中部设置一个容量较大的空气室,并通过进气增压控制阀的开闭控制其与进气管连通或阻断。当发动机的转速较低时,进气增压控制阀处于关闭状态,进气流压力波传递长度为空气滤清器至进气门,进气压力波长较长,进气压力波具有增压效果。当发动机的转速较高时,发动机控制系统 ECU 将进气增压控制阀打开,进气流压力波只在空气室口至进气门之间传播,压力波长缩短,使高速下的发动机仍可利用进气压力波增压。

进气压力波增压控制技术在一些汽车上已得到了应用,比如,丰田皇冠 3.0 轿车 2JZ—GE 发动机上使用的"谐波进气增压控制系统",日产千里马轿车 VG30E 发动机上使用的"动力阀控制系统"等。

3. 电子节气门

电子节气门与加速踏板之间无机械连接关系,而是通过传感器、电子控制器及驱动电动机实现电子方式的连接,其基本组成如图 13-1 所示。

(1) 电子节气门的工作方式　驾驶人踩下加速踏板时,加速踏板位置传感器将加速踏板的位置电信号输送给控制器,控制器再结合当前的发动机工况,得到最佳的节气门开度参数,并与当前的节气门位置进行比较后,输出控制信号,控制电动机工作,将节气门调整到适当的开度。

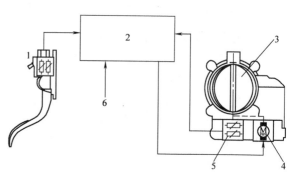

图 13-1　电子节气门的组成
1—加速踏板位置传感器　2—电子控制器　3—节气门
4—电动机　5—节气门位置传感器　6—其他相关传感器信号

(2) 电子节气门的特点　电子节气门可使节气门的开度与加速踏板踩下的行程不一致,控制器可根据发动机的运转情况、驾驶人的操纵情况及汽车的行驶工况等对节气门的开度进行适当的控制。电子节气门可实现基于驾驶人不同踏板感觉需要的踏板特性控制、良好的驾驶特性控制、舒适的车速控制、发动机转速限制控制、降低转矩控制、巡航控制等。电子节气门自从 1988 年在宝马轿车上应用以来,技术得到不断完善,在现代汽车上已得到了较多的应用。

4. 断缸控制

(1) 发动机断缸控制的作用　一些气缸数较多,发动机的输出功率较大的汽车,往往有较高的功率储备。在城市市区或在城外公路上行驶时,发动机在许多情况下处在部分负荷状态,其工作效率很低。发动机断缸控制的作用是当发动机处于小负荷工况时,使部分气缸自动停止工作,以提高工作气缸的效率,降低发动机的燃油消耗。

(2) 发动机断缸控制方式　发动机电子控制系统根据发动机的进气流量传感器(或进气管压力传感器)的信号判断发动机的负荷情况,当发动机在低负荷时,输出停止喷油和断火控制信号而使一个缸或几个缸停止燃烧做功。为使断缸达到提高效率和节能的目的,对于目前普遍采用的缸外喷射式发动机来说,就必须使进气门关闭,以避免可燃混合气进入;排气门则必须打开,以减小活塞运行阻力,使炽热的废气流经停止工作的气缸而使其保持一定的温度,以避免摩擦功率损失和磨损的增加。

从目前实际情况来看，要开发一个理想的断缸控制系统，在最佳控制参数和控制程序的确定、配气机构方案的选择及结构设计等方面都还有待于进一步的研究。

5. 废气涡轮增压控制

（1）废气涡轮增压控制的作用　一些汽油发动机采用了废气涡轮增压技术，而废气涡轮增压电子控制装置的作用就是使发动机在工作中能达到最佳的增压效果。

（2）废气涡轮增压控制方式　典型的废气涡轮增压控制系统如图13-2所示。

发动机 ECU 根据发动机加速、进气量、温度等信号确定增压压力目标值，并与进气管压力传感器所监测的实际增压压力值进行比较。当目标值与实际值有差别时，ECU 输出控制信号（占空比脉冲信号），分别控制可变喷嘴环控制电磁阀和放气阀控制电磁阀的开关占空比，用以改变可变喷嘴环控制膜盒和放气阀控制膜盒的真空度而使其动作，改变可变喷嘴环的角度和废气放气阀的开度，从而控制废气涡轮的转速，将增压压力调整到目标值。

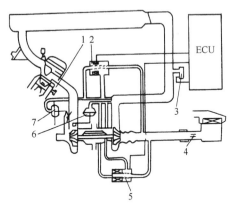

图 13-2　废气涡轮增压控制系统
1—爆燃传感器　2—放气阀控制电磁阀
3—进气管压力传感器　4—空气流量传感器
5—可变喷嘴环控制电磁阀
6—可变喷嘴环控制膜盒　7—放气阀控制膜盒

爆燃传感器反馈发动机的爆燃情况，以实现废气涡轮增压的闭环控制。由于增压发动机的排气温度较高，不可能单纯用点火提前角来控制爆燃，也不能只用降低增压压力来防止爆燃，因为这样将使发动机的动力性下降。因此，采用减小点火提前角与降低增压压力相结合的办法。具体控制方法是：当发动机产生爆燃时，ECU 立刻推迟点火时间，同时，降低增压压力，当点火提前角改变已经生效时，增压压力就可缓慢下降。随着增压压力的降低，点火提前角则又恢复至正常值。

第二节　发动机集中电子控制系统实例

一些汽车公司的发动机集中控制系统为进一步提高发动机的综合性能，还增设了其它的一些控制功能。现举两典型实例，以便于对发动机集中电子控制系统有个整体的了解。

一、日产公司的发动机集中电子控制系统（ECCS）

日本日产汽车公司的 ECCS（Electronic Concentrated Engine Control System）是较早在汽车上使用的发动机集中电子控制系统，早期应用于日产汽车 VG30E 发动机上的 ECCS 组成如图 13-3 所示。

1. 日产 ECCS 系统的控制功能与特点

ECCS 采用热丝式空气流量传感器检测空气流量，燃油蒸发排放控制采用机械方式，电子控制系统的组成及基本控制功能如图 13-4 所示。

为提高发动机热机起动性能，该 ECCS 增设了燃油压力调节电子控制装置；ECCS 系统的怠速控制也与众不同，采用了两个电磁阀和一个双金属式空气阀；此外，为加强对排气污染的控制，还设置了混合比加浓废气净化装置、真空控制阀及排气管二次空气吸入阀等。

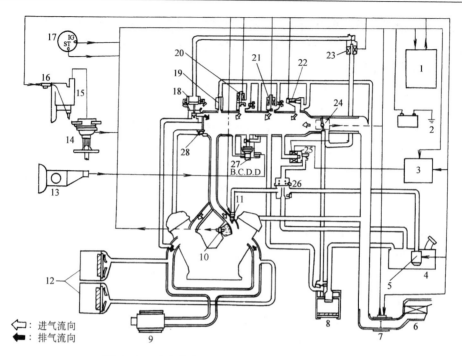

⇦：进气流向
⇐：排气流向

图 13-3 日产汽车 VG30E 发动机上使用的 ECCS

1—ECCS 控制器　2—蓄电池　3—燃油压力控制模块　4—燃油箱　5—燃油泵　6—空气滤清器　7—空气流量传感器（热丝式）　8—炭罐　9—排气消声器　10—冷却液温度传感器　11—喷油器　12—二次空气吸入阀　13—空档开关　14—发动机转速与曲轴位置传感器　15—点火线圈　16—功率晶体管　17—点火开关　18—EGR 阀　19—真空控制阀　20—稳定怠速电磁阀　21—高怠速控制电磁阀　22—辅助空气阀　23—EGR 电磁阀　24—节气门位置传感器　25—燃油压力控制电磁阀　26—燃油压力调节器　27—混合比加浓式减速废气净化装置　28—曲轴箱强制通风阀

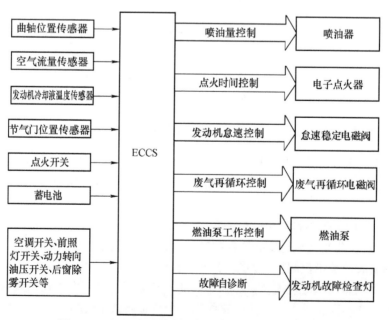

图 13-4 ECCS 电子控制系统的基本组成与控制功能

2. 日产 ECCS 系统典型部件简介

（1）燃油压力控制装置　燃油压力控制装置由燃油压力调节器 26 和燃油压力控制电磁阀 25 组成（参见图 13-3），燃油压力控制电磁阀为开关式电磁阀。当发动机热机起动时，如果发动机冷却液的温度超过 100℃，电子控制器就输出控制信号，在起动及起动后的 3s 内，通过燃油压力控制模块使燃油压力控制电磁阀通电，截断进气歧管真空度对燃油压力调节器的作用力，使燃油压力适当提高，以改善热机状态下的发动机起动性能。

该燃油压力控制装置在现代汽车上已较少应用，取代其控制功能的是燃油高温喷油器喷油时间修正控制。

（2）辅助空气阀　辅助空气阀用于冷机起动后的快速暖机控制，其结构如图 13-5 所示。旋转式阀门由双金属片控制其开闭，双金属片的弯曲则是由发动机冷却液的温度直接控制。在冷机起动时，辅助空气阀的双金属片未弯曲，阀处于开启状态，空气可经辅助空气阀进入气缸，使起动后怠速工况下的进气量较大，发动机可在较高的怠速下平稳运转，以加速发动机的暖机过程。

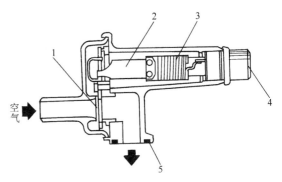

图 13-5　双金属片式辅助空气阀
1—旋转式阀门　2—双金属片　3—电热丝
4—接线端子　5—O 形圈

绕在双金属片上的电热丝用于控制高怠速快速暖机的时间。在起动时和起动后，电热丝由点火开关接通通电，逐渐加热双金属片，双金属片受热弯曲，并使阀门开度逐渐减小。当双金属片的温度达到设定值时，辅助空气阀关闭，发动机在正常怠速下运转。

辅助空气阀是比较老式的快速暖机控制装置，在现代汽车发动机上由发动机怠速控制系统中的怠速稳定控制功能可完全代替辅助空气阀的功用。

（3）高怠速控制电磁阀与稳定怠速电磁阀

高怠速控制电磁阀和稳定怠速电磁阀组合成一个怠速控制阀，其外形如图 13-6 所示。ECCS 通过高怠速控制电磁阀和稳定怠速电磁阀实现发动机高怠速控制和怠速稳定控制，而在其他的发动机集中控制系统中，电子控制器通过控制一个怠速控制电磁阀来完成高怠速控制、怠速稳定控制及快速暖机控制。

（4）进气管真空控制阀　当汽车因减速而节气门突然关闭时，由于发动机转速还未下降，进气歧管形成高真空度，使进入气缸的新鲜混合气量锐减，混合气中残存废气的比例突然猛增而使缸内燃烧条件恶化，造成混合气不能完全燃烧，导致排气中的 HC 迅速增加。真空

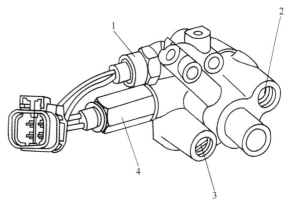

图 13-6　ECCS 的怠速控制电磁阀
1—稳定怠速电磁阀　2—怠速调整螺钉
3—高怠速调整螺钉　4—高怠速控制电磁阀

控制阀的作用是在节气门突然关闭、进气管内的真空度超过了限定值时阀打开，向进气管补充额外的空气，以使气缸内混合气能完全燃烧，降低汽车减速时的HC排放量。

真空控制阀的结构如图13-7所示，当进气管的真空度超过设定值时，阀被打开，空气被吸入进气管，使进入气缸的混合气量适当增加。

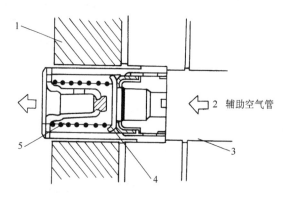

图13-7 进气管真空控制阀的结构
1—进气总管管壁 2—辅助空气管的空气 3—阀壳 4—阀 5—弹簧

（5）混合比加浓式减速废气净化装置 混合比加浓式减速废气净化装置所起的作用与真空控制阀相似，同时使用是为了提高减速废气净化率。混合比加浓式减速废气净化装置的结构与工作原理如图13-8所示。

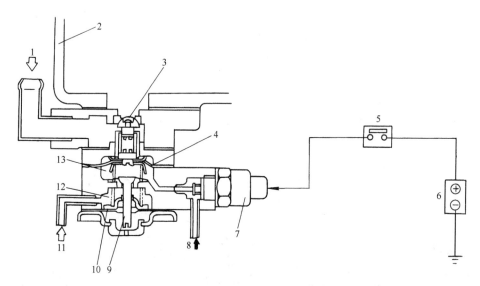

图13-8 混合比加浓式减速废气净化装置的结构与工作原理
1—辅助空气管空气 2—进气管壁 3—旁通空气控制阀 4—膜片Ⅱ 5—空档开关 6—蓄电池
7—混合比加浓控制电磁阀 8—通大气 9—真空控制阀 10—膜片Ⅰ 11—进气管真空度 12—真空室Ⅰ 13—真空室Ⅱ

当进气管内的真空度超过了设定值时，真空室Ⅰ的真空吸力吸动膜片Ⅰ上拱，带动真空控制阀上移，使真空室Ⅰ与真空室Ⅱ相通。真空室Ⅱ的吸力吸动膜片Ⅱ下拱，使旁通空气控制阀打开，使辅助空气管中的空气进入进气管，增加了进入气缸的混合气量。

混合比加浓控制电磁阀用于控制该装置的工作。停车时，自动变速器处于 N 位或 P 位，空档开关接通电磁阀线圈电路而使电磁阀打开，使真空室 II 与大气相通，这时无论进气管的真空度有多高，旁通空气阀都不可能打开，以使混合比加浓式减速废气净化装置在汽车停车状态下不起作用。

(6) 二次空气吸入阀　排气管二次空气吸入阀的作用是将新鲜空气引入排气管中，促使灼热废气中的 CO、HC 进一步氧化（燃烧），以生成无害的水蒸气（H_2O）和二氧化碳（CO_2）。

二次空气吸入阀利用排气管中排气脉动产生的真空度向排气管输入新鲜空气，其作用原理如图 13-9 所示。当排气压力低于大气压力时，新鲜空气通过空气导入阀被吸入排气管，吸入量与排气真空度成正比；当排气压力高于大气压力时，空气导入阀关闭，以防止排气逆流到空气滤清器。

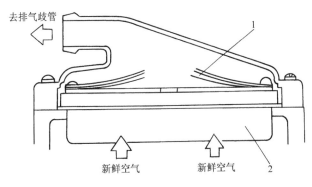

图 13-9　二次空气吸入阀
1—空气导入阀　2—空气过滤器

二次空气吸入阀结构简单，成本低，但现代汽车大都采用排气净化效果更好的三元催化转化器。

二、丰田公司的计算机控制系统（TCCS）

丰田汽车公司的 TCCS（Toyota Computer Controlled System）也是比较典型的发动机集中控制系统，应用于丰田皇冠 3.0 轿车 2JZ-GE 型发动机的 TCCS 如图 13-10 所示。

1. 丰田 TCCS 系统的功能与结构特点

丰田皇冠轿车 2JZ-GE 型发动机的 TCCS 的 ECU 包含了自动变速器控制功能，采用了进气压力传感器。该发动机电子控制系统比较有特点的是增设了谐波增压控制功能和燃油泵转速控制功能，此外，还增设了节气门关闭缓冲器、燃油脉动衰减器等。发动机电子控制系统的组成及主要控制功能如图 13-11 所示。

2. 丰田 TCCS 系统典型部件简介

（1）节气门关闭缓冲器　用于减缓驾驶人突然松开加速踏板时节气门的关闭速度，以避免因节气门突然全闭而使发动机的转速突然下降，并导致车辆冲击和发动机熄火。同时也起到了与 ECCS 中的进气管真空控制阀和混合比加浓式减速废气净化装置相似的作用，可降低汽车减速时的 HC 排放。

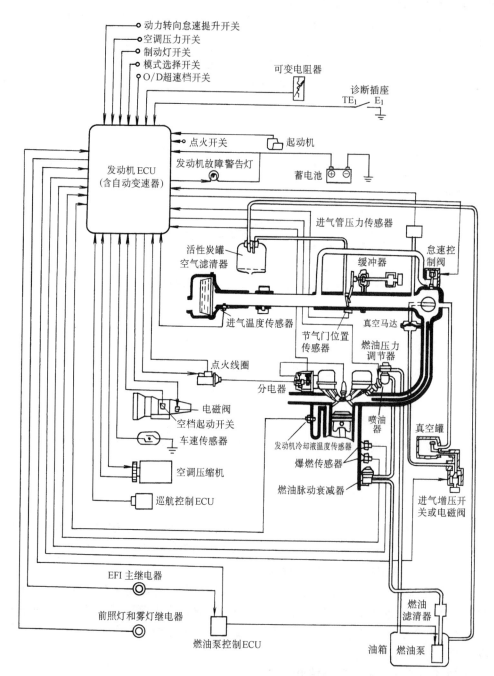

图 13-10 2JZ-GE 型发动机电子控制系统的组成

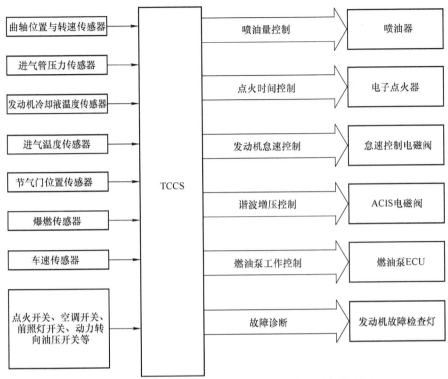

图 13-11　2JZ-GE 型发动机电子控制系统基本组成与控制功能

（2）燃油泵控制 ECU　燃油泵控制 ECU 除了替代燃油泵继电器，实现通常的燃油泵控制功能外，还可根据发动机的工况对燃油泵的转速进行控制，其控制电路原理如图 13-12 所示。

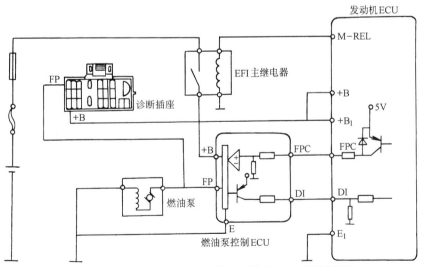

图 13-12　2JZ-GE 型发动机燃油泵控制 ECU 电路原理

当发动机处于起动、高转速或大负荷工况时，发动机 ECU 向燃油泵控制 ECU 的 FPC 端子输出一个高电位信号。此时，燃油泵控制 ECU 从 FR 端子输出一个较高的电压（约为蓄电池电压），使燃油泵高速运转。

当发动机处于怠速工况时,发动机ECU向燃油泵控制ECU的FPC端子输出一个低电位信号。这时,燃油泵控制ECU的FR端子输出一个较低的电压(约9V),使燃油泵在较低的转速下工作。

(3) 谐波进气增压控制系统(ACIS) 谐波进气增压控制系统的作用是充分利用进气压力波来提高充气效率,其组成如图13-13所示。

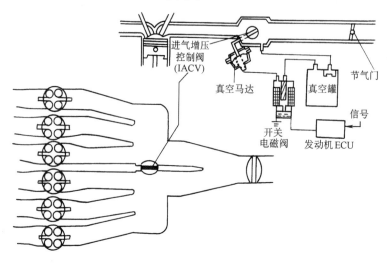

图13-13 2JZ-GE型发动机谐波进气增压控制系统的组成

当发动机的转速较低时,开关电磁阀不通电而处于关闭位置,这时,进气增压控制阀关闭,进气压力波较长,使得低速下的发动机有进气压力波增压效果。当发动机转速高时,发动机ECU输出控制信号,使开关电磁阀通电打开,真空马达便在真空罐真空度的作用下动作,将进气增压控制阀打开,这时,进气管就与一个容量较大的空气室相通,缩短了进气压力波的波长,使得发动机在高速下仍有进气压力波的增压效果。

第三节 电子控制系统的故障自诊断

一、电子控制系统故障自诊断的组成与原理

1. 故障自诊断功能

汽车发动机集中电子控制系统的ECU及汽车其他电子控制系统均设有故障自诊断功能,当电子控制系统出现了故障时,自诊断系统就会诊断出故障所在并根据不同的情况作出如下反应。

1) 故障警告。如果该故障会影响行车安全、造成发动机及其它系统与部件损坏或引发其它较严重的故障时,使仪表板上的发动机故障警告灯亮起或闪亮,以提醒驾驶人停车检修。

2) 故障码储存。自诊断系统将其所监测到的故障以故障码的形式储存起来,在汽车维修时,可以用某种方式取得故障码,以便于准确、迅速查找和排除故障。

3) 故障运行。为使发动机不因一些传感器的信号消失或异常而停止工作,自动地使系

统在设定的参数下工作，以维持发动机基本的运行，能将汽车开到附近的汽车修理厂维修。比如：发动机温度传感器信号不正常或消失时，系统则以起动时 20℃，运行时 80℃ 的标准参数进行控制，以使发动机能够起动和"带病坚持工作"；当爆燃传感器及其电路因断路或短路而无信号输入时，系统则自动使点火提前角减小 3°~8°，以避免因点火控制系统失去对爆燃的控制而使发动机产生爆燃；空气流量传感器信号不正常时，系统使点火时间和喷油时间固定为起动、怠速和行走三个设定值，以维持发动机的基本运行。

4）安全保障。当发动机电子控制系统出现影响汽车行车安全或导致某部件损坏的故障时，自诊断系统会立即停止发动机的工作，以确保安全。比如：当点火系统出现故障，系统接收不到电子点火器的反馈信号 IG_f 时，就立刻停止喷油，以避免有未燃烧的混合气排出，使大量的 HC 进入三元催化转化器，造成过量的氧化反应而烧坏反应器。

2. 故障自诊断原理

在 ECU 的控制程序中，设置了故障自诊断子程序，该程序中包括用于判别各输入信号正常与否的比较指令和相关的标准参数，用于电子控制系统的故障自诊断。工作中，发动机 ECU 间歇运行故障自诊断子程序，对各传感器输入的电信号、执行器的反馈信号进行对比分析。当出现某个信号缺失或信号值超出了设定范围时，自诊断系统就会对该电路作出有故障的判断。

对 ECU 的诊断是通过其内部的监控电路来实现的。在监控电路中设有监视计时器，用于定时对微处理器进行复位。当微处理器发生故障时，例行程序就不能正常运行，使监视计时器不能复位而造成溢出，自诊断系统据此即可判断微处理器出现了故障。为避免因 ECU 出现故障而使汽车立刻停驶，在 ECU 盒内设置了应急的后备电路。当微处理器本身出现故障时，后备电路就会根据监控电路的信号而立即投入工作，使发动机电子控制系统按设定的基本控制程序工作。日产公司的 ECCS 系统后备电路的运行控制参数见表 13-1。

表 13-1 日产公司的 ECCS 系统后备电路运行控制参数

控制项目 \ 发动机工况	起 动	怠 速	一般工况
喷油持续时间	12.0ms	2.3ms	4.1ms
喷油频率	每转一次		
点火提前角	10°	10°	20°
闭合时间	5.12ms		

总结汽车电子控制系统故障自诊断的原理和功能：

ECU 通过运行故障自诊断子程序对输入信号进行监测，当出现输入信号缺失、信号量值超界等异常情况时，就判定为该信号的电路及连接部件有故障，并根据故障的性质作出故障报警、故障码储存、故障运行和安全保障等反应。

3. 故障自诊断系统的基本组成

ECU 中的 CPU 是自诊断系统的核心，其他组成部件主要有 ROM、RAM、故障检查插座和后备系统等，自诊断系统的基本组成如图 13-14 所示。

（1）ROM 用于储存自诊断程序、诊断标准参数及故障运行时的预定参数等，工作时，供 CPU 提取和查寻。如果是 ROM 出现了故障，微处理器只能根据 RAM 的记忆参数计算出控制参数，并输出相应的控制信号。这时，发动机 ECU 的反应会很慢。

(2) RAM 储存故障码，同时也储存发动机电子控制系统学习修正（自适应）参数。为在点火开关关断时仍然保留 RAM 中所储存的信息，ECU 必须有一个与蓄电池直接连接的电源端子。

(3) 故障检查插座 将故障检查插座的有关端子短接，可使 RAM 中储存的故障码通过故障警告灯闪示。故障检查插座通常还有若干个用于检查电子控制系统电路故障、检测系统部件参数的检查端子。现代汽车已将故障检查插座标准化，可与专用诊断设备连接，进行故障诊断和相关性能与状态参数的检测。

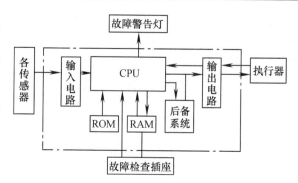

图 13-14 发动机故障自诊断系统

(4) 后备系统 在 ECU 和曲轴位置传感器等出现故障后，为维持发动机的基本运行而设置的备用电路。备用电路投入工作时，将点亮故障警告灯，以提醒驾驶人，同时根据点火开关、节气门位置传感器等信号，提供基本的喷油、点火等控制信号。

二、故障自诊断的操作

通过汽车故障诊断设备可读取和消除 ECU 内部 RAM 存储器中所储存的故障信息。这里介绍人工读取与消除故障信息的方法。

1. 故障码读取操作

为读取 ECU 存储器中的储存的故障码，需进行适当的操作，以使 ECU 进入自诊断测试状态。不同车型故障码读取操作方法不同，大致有以下几种方式。

(1) 跨接线短接方式 用跨接线将诊断插座有关的两个端子短接，或将诊断插座的某个端子搭铁。比如，丰田系列车是将检查插座的 TE_1、E_1 两端子短接，富康轿车则是将故障检查盒中的 2 号端子搭铁 3s 后拆除，就可使仪表板上的"CHECK"灯闪烁，显示故障码。

(2) 按压诊断开关方式 自诊断系统直接设置了一个开关，当需要其显示故障码时，按压诊断开关即可。比如，沃尔沃 740 和 240 系列小轿车和天津三峰 TJ6481AQ4 客车上使用的 B230F 发动机，打开诊断器盖，根据需诊断的系统将选择电缆插入相应的插孔后，按压诊断器上的按钮 1～3s，就可从诊断器发光二极管的闪烁中读取故障码。

(3) 旋动诊断开关方式 典型的实例是日产的 ECCS，有五种诊断模式，通过 ECU 控制盒上的诊断模式选择开关可选择相应的诊断模式。转动诊断模式选择开关选择了诊断模式 3（为自诊断测试模式，由 ECU 控制盒上的红、绿发光二极管闪烁三次确认）后，再将开关逆时针旋转到底，即可由 ECU 控制盒上的红色发光二极管和绿色发光二极管的闪烁中读取故障码。

(4) 空调控制面板按键操纵方式 由空调控制面板上相应的按键开关替代自诊断开关，同时按下 OFF（关机）和 WARM（加温）按键，就可进入自诊断测试状态。比如，美国的林肯·大陆、凯迪拉克等轿车，其故障码读取操纵方式就属此种方式。

(5) 循环开闭点火开关方式 在规定的时间内，将点火开关 ON→OFF →ON →OFF →

ON 循环操作一次,即可进入自诊断测试状态。美国克莱斯勒汽车公司生产的轿车发动机电子控制系统就有采用此种操作方式读取故障码的。

(6) 加速踏板操纵方式 在规定的时间内,将加速踏板连续踩下五次,即可进入自诊断测试状态。宝马轿车装备的 DME3.1 发动机电子控制系统就采用此种方式读取故障码。

2. 故障码的显示方式

不同车型故障码的显示方式也不同,大致有如下几种方式。

(1) 仪表板"CHECK"灯闪示方式 根据故障码的位数不同,"CHECK"灯闪示故障码有一位、二位、四位等不同的形式。

1) 一位数故障码。以"CHECK"灯连续闪烁的次数为故障码,每次闪烁的时间间隔约为 0.5s 或更少,两个故障码之间的时间间隔约为 4~5s。

2) 二位数故障码。现代汽车发动机电子控制系统大都采用二位数故障码,但闪示的方式有多种。典型的二位数故障码闪示方式如图 13-15 所示。

图 13-15a 二位数故障码闪示的方式:以较长的连续闪亮次数表示十位数,暂停(熄灭)稍长的时间后,接着较短的连续闪亮次数表示个位数。如果有多个故障码,则在显示了一个故障码后会暂停更长一点的时间,接着闪示下一个故障码。

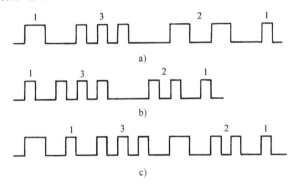

图 13-15 二位数故障码"13"、"21"的闪示方式

图 13-15b 二位数故障码闪示的方式:以第一次连续闪烁的次数表示十位数,暂停稍长的时间后,再连续闪烁的次数则为个位数。如果有多个故障码,也是在暂停更长一点的时间后,接着闪示下一个故障码。

图 13-15c 二位数故障码闪示的方式:也是以第一次连续闪烁次数为十位数,第二次连续闪烁的次数为个位数,但在第一个故障码开始闪示前和闪示的两个故障码之间,有一个较长的闪亮。

3) 四位数故障码。通过"CHECK"灯四次连续闪烁显示一个四位数故障码,每次连续闪烁产生一位数。比如,闪示故障码"2342"的闪示过程:"CHECK"灯连续闪亮两次(闪亮间隔 0.5s)→暂停 2.5s→连续闪亮三次→暂停 2.5s→连续闪亮四次→暂停 2.5s→连续闪亮两次。

(2) 电压表指针摆动方式 有些较早的发动机电子控制系统用万用表的直流电压档(内阻大于 50kΩ)作为故障码显示器,通过检测故障自诊断输出端子的电压,由表针的摆动显示故障码。有一位数故障码和二位数故障码两种形式。

1) 一位数故障码。电压表指针在 0~5V 之间摆动,以连续摆动的次数表示故障码,如果有两个或多个故障码,间隔约 3s 后再显示下一个故障码。

2) 二位数故障码。有两种显示方式:一种是表针在 0~5V 之间摆动,第一次连续摆动次数表示十位数,相隔 2s 后第二次连续摆动次数为个位数,连续摆动时每次摆动间隔约为 0.5s,下一个故障码的摆动间隔为 4s 左右;另一种是表针在 0~2.5V、2.5~5V 两个区域摆动,在2.5~5V之间连续摆动的次数表示十位数,在0~2.5V之间连续摆动的次数表示个位数。

电压表指针摆动显示故障码现已很少使用,在有些汽车上只是作为一种备用的故障码显示手段。

(3) 发光二极管闪示方式　发光二极管通常安装在ECU盒上,有几种不同的显示形式。

1) 单个发光二极管闪示。单个发光二极管闪示故障码的方式与用仪表板上"CHECK"灯闪示方式相同,也有一位数故障码和两位数故障码等。

2) 两个发光二极管闪示。两个发光二极管为不同的颜色,闪烁的次数分别表示十位数和个位数。比如,日产公司的ECCS系统采用红绿发光二极管闪示方式,红色发光二极管连续闪烁的次数表示十位数,绿色发光二极管连续闪烁的次数则表示个位数。

3) 四个发光二极管显示。用四个并排安装的发光二极管亮、灭来显示故障码,通常采用二进制编码方式,四个发光二极管分别代表四位二进制数。发光二极管亮,代表该位二进制数为"1",发光二极管不亮则表示该位二进制数为"0"。将四个发光二极管显示的二进制数转换为十进制数,即为故障码。四个发光二极管显示故障码的示例如图13-16所示。

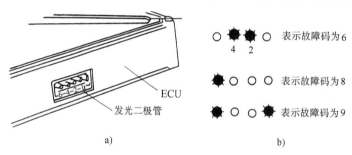

图13-16　四个发光二极管显示故障码示例
a) 发光二极管位置　b) 显示故障码示例

(4) 液晶显示器直接显示方式　用仪表板上的液晶显示器直接显示故障码是较新的故障显示方法。进行故障码读取操作后,仪表板上的液晶显示器(通常是利用空调的温度显示器)就会显示自诊断系统所储存的故障码。液晶显示方式的优点是读取故障码方法简单,且不容易误读。

3. 故障码的消除方法

在排除发动机电子控制系统的故障后,应清除RAM存储器中的故障码。只要将储存故障码的RAM存储器断电就可清除其储存的故障码,但不同的车型RAM断电(清除故障码)的方法也不同。比如,丰田系列轿车发动机电子控制系统故障码的清除方法是拔下EFI的熔丝10s以上;富康轿车发动机电子控制系统则是通过断开蓄电池的负极电缆来清除故障码。有些发动机需要经过若干个操作步骤才能清除故障码,但无论是哪一种发动机电子控制系统,在断开蓄电池连接30s以上时,均可使储存的故障码消失。

注意:断开蓄电池时,同时也清除了RAM储存的自适应修正参数以及石英钟和音响等相关信息。因此,清除故障码最好按维修手册所指示的方法,不要随意断开蓄电池的连接。

三、自诊断系统的标准化与汽车故障诊断设备

1. 自诊断系统的标准化

1993 年以前不同汽车公司生产的汽车其电子控制系统的故障自诊断通常是各自成体系，用于连接汽车故障诊断设备的自诊断输出接口也不统一，因此，汽车故障诊断仪适用的车种单一，给汽车的故障诊断与维修带来不便。这一时期的汽车自诊断系统被称之为第一代随车自诊断系统（OBD-Ⅰ）。20 世纪末美国汽车工程师学会（SAE）提出了新一代车载自诊断系统（OBD-Ⅱ）标准规范，并于 1993 年开始试行。OBD-Ⅱ采用统一的诊断模式，统一的 16 端子插座，使诊断设备硬件具有通用性成为可能，使得诊断设备的成本降低，而其功能则进一步增强。因此，OBD-Ⅱ得到了世界各大汽车公司的响应，自 1996 年以来 OBD-Ⅱ已得到了全面实施。

2. 汽车故障诊断设备

较早出现的故障码阅读器可以直接显示或打印故障码，有的还可以把故障码转换为相应的文字信息（解码）。现在的汽车故障诊断设备除了能进行汽车电子控制系统故障码的读取和消除操作之外，通常还设有多项功能，可分通用型和专用型两种类型。

（1）通用型的汽车故障诊断设备　有台式和手持便携式两种形式，可以通过更换不同的卡来适应不同的车系或同一车系不同年代生产的汽车。这些汽车故障诊断设备通常设有故障码的读取与消除、ECU 内部动态数据的读取及显示、传感器和部分执行器的测试与调整、一些特定参数的设定与修改、维修资料的读取、故障诊断提示等功能，可通过设备上的按键来选择所要检测的系统和所要进行的项目。

通用型的汽车故障诊断设备的优点是可测试的车型较多，适用范围较宽，但与专用的汽车故障诊断设备相比，不具有一些针对特定车型的特殊功能。

（2）专用型的汽车故障诊断设备　也有台式和手持便携式两种形式，除了具有通用型诊断设备的功能之外，通常还设有一些电子控制系统参数的修改、某些数据的设定、防盗密码的设定与更改等针对特定车型的各种特殊功能。

专用型汽车故障诊断设备是汽车生产厂家自行或委托仪器厂家设计的专用的设备，其专业性强、测试功能完善，但只适用于本厂家生产的汽车。比如，法国雪铁龙公司的 ELIT 检测仪（图 13-17），经 ELIT NO.15 版本软件升级后，可同时用于发动机电子控制系统、自动变速器电子控制系统及 ABS 的检测与故障诊断，具有识别被测的 ECU、读取故障信息（并提供故障检测部位和检测参数等）、删除故障信息、系统参数测定、模拟检测执行机构（输入模拟控制信号以检验执行器性能）、加速踏板初始化、微处理器系统初始化等功能。

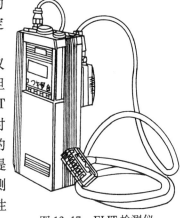

图 13-17　ELIT 检测仪

第四节　发动机电子控制系统的故障检修

从故障自诊断系统获得电路和部件的故障信息后，需通过对相关电路和部件的检测来确

认部件或电路有故障与否。发动机电子控制系统各部件的常见故障与检修方法如下。

一、传感器常见故障与检修

1. 发动机转速与曲轴位置传感器

磁感应式、光电式及霍尔效应式发动机转速与曲轴位置传感器的结构与点火信号发生器相似,其常见故障与检修方法参见第三章中所介绍的磁感应式、光电式及霍尔效应式点火信号发生器的常见故障与检修。

2. 空气流量传感器

(1) 量板式空气流量传感器 量板式空气流量传感器的常见故障有电位器滑片与电阻接触不良、传感器内电阻值不当、测量板回位弹簧失效、传感器轴卡滞等,导致传感器信号无或不准确。对带有燃油泵开关的量板式空气流量传感器,燃油泵开关接触不良也是其常见的故障。量板式空气流量传感器检修方法如下。

1) 直观检查。检查传感器壳体有无开裂、测量板及轴有无卡滞、松旷等,若有异常,更换传感器。

2) 测量电阻。用万用表检测传感器插接器各端子的电阻值,若与正常值不符,则更换传感器。以丰田汽车上使用的量板式空气流量传感器(图13-18)为例,其检测方法如下。

检测 V_S—E_2 之间的电阻:其电阻值随测量板开度而变,因此,需分别检测测量板关闭、全开及开闭过程中的电阻。如果在测量板关闭和全开时,其电阻值超出正常值,或在测量板开闭过程中,电阻值不平滑连续变化,均需更换传感器。

检测 V_C—E_2 之间的电阻:如果其电阻值不正常,则说明传感器内部电位器电阻异常或电路连接不良,需更换传感器。

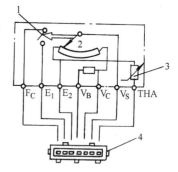

图 13-18 量板式空气流量
传感器内部电路
1—燃油泵开关 2—电位器
3—进气温度传感器 4—插接器

检测 V_B—E_2 之间的电阻:如果其电阻值不正常,则说明电位器中的定值电阻异常或电路连接不良,需更换传感器。

检测 THA—E_2 之间的电阻:其电阻值随温度而变,如果在各种温度下其电阻值与正常值有较大的偏差,则说明空气流量传感器中的进气温度传感器不良,需予以更换。

检测 F_C—E_2 之间的电阻:在测量板完全关闭时电阻值应为∞,测量稍有开启时,电阻值则应为0Ω,否则,说明燃油泵开关不良,需更换传感器。

(2) 卡门涡旋式空气流量传感器 反光镜式卡门涡旋式空气流量传感器的常见故障有发光元件与光电元件损坏、反光镜及板簧等有脏污或机械损伤、内部集成电路损坏等。以丰田1UZ-FE型发动机上使用的空气流量传感器为例(图13-19),说明卡门涡旋式空气流量传感器的一般检修方法。

1) 外观检查。检查传感器进气入口端蜂窝状空气整流栅有无变形或损坏,如果有,则需更换传感器。

2) 检测电阻。拔开传感器插接器后,用万用表检测 THA—E_2 端子之间(连接进气温度传感器)的电阻,其正常值见表13-2。如果电阻值不正常,则需更换空气流量传感器。

第十三章 发动机集中电子控制系统　　287

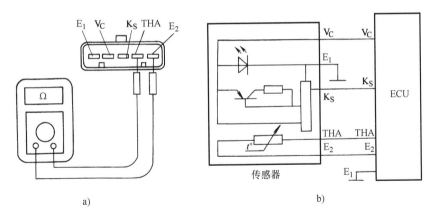

图 13-19　卡门涡旋式空气流量传感器内部电路
a) 接线端子　b) 电路

表 13-2　1UZ-FE 发动机用卡门涡旋式空气流量传感器电阻参数

检测端子	检测温度/℃	正常电阻/Ω
THA—E_2	-20	10~20
	0	4~7
	20	2~3
	40	0.9~1.3
	60	0.4~0.7

3) 检测电压。重新连接传感器插接器，用直流电压表检测各端子的电压，其检测方法与正常值见表 13-3。如果有电压不正常，则需检查传感器相应端子与 ECU 之间的电路及 ECU 是否正常。方法：断开传感器插接器，并再接通点火开关，检测插接器（线束侧）上的相应端子的对搭铁电压，正常情况 K_S、V_C、THA 端子的对搭铁电压应为 4.5~5.5V。如果电压低或无，需检修有关的电路，若电路正常，则需检查或更换 ECU；如果电压正常，则说明电路及 ECU 均正常，需更换传感器。

表 13-3　1UZ-FE 发动机用卡门涡旋式空气流量传感器电压参数

检测端子	检测条件	正常电压/V
K_S—E_1	点火开关接通	4.5~5.5
	怠速运转	2~4（脉冲电压）
THA—E_2	怠速运转，进气温度20℃	0.5~3.4
V_C—E_1	点火开关接通	4.5~5.5

（3）热丝式空气流量传感器　热丝式空气流量传感器的常见故障有热丝脏污或断路、热敏电阻或电路不良。热丝式空气流量传感器故障检修方法如下。

1) 就车检查。以日产 ECCS 所用的热丝式空气流量传感器为例（图 13-20），将空气流量传感器插接器橡胶罩拨开后，用直流电压表检测发动机不同工况下传感器的输出信号电压，其值见表 13-4。如果信号电压均正常，可确认传感器良好；如果信号电压不正常，则需拆下传感器作进一步检查。

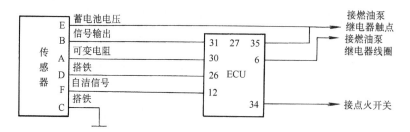

图 13-20 日产 ECCS 热丝式空气流量传感器电路连接

表 13-4 日产 ECCS 热丝式空气流量传感器电压参数

检测端子	检测条件	正常电压/V
B—D	点火开关接通	<0.5
	急速运转（热机状态）	1.0~1.3
	3000r/min（热机状态）	1.8~2.0

2）拆下检查。将传感器电源端子输入蓄电池电压，然后检测传感器信号电压（图 13-21）。在不吹风时，应在 1.5V 左右，向空气流量传感器吹风时，信号电压应会随风量的增大而上升（2~4V），且变化灵敏。如果电压低或无、风量变化时电压不变或变化很小、电压变化明显滞后风量变化，均说明空气流量传感器不良，需予以更换。

3）自洁功能检查。拆下热丝式空气流量传感器的防尘网后，起动发动机，然后

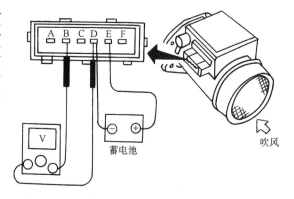

图 13-21 日产 ECCS 热丝式空气流量传感器检查

再使发动机熄火，在关闭点火开关 5s 左右时，看热丝是否被烧红约 1s。如果热丝不红，则需检查 F 端子的自洁信号（图 13-22）是否正常，若无自洁控制信号，需检查电路是否良好、ECU 是否有正常的自洁信号输出；若自洁信号正常，则需更换传感器。

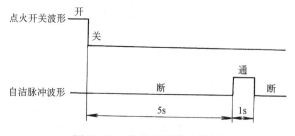

图 13-22 热丝自洁脉冲信号

3. 进气压力传感器

进气压力传感器的常见故障是内部硅片损坏、集成电路烧坏、真空导入管接头处或内部

有漏气等。进气压力传感器的检修方法如下。

1）外观检查。检查传感器所连接的真空管有无破裂和松动、电路插接器有无松动等，若有异常予以修理或更换。

2）检查电源电压。拔开传感器插接器后，再接通点火开关，检测插接器电源端子的电压（图13-23）。正常电压一般为 4.5～5.5V，如果电压低或无，则应检查连接电路和ECU。

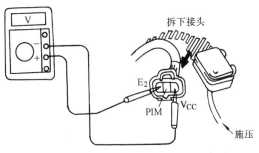

图 13-23 进气压力传感器电源的检测

3）检查信号电压。在电源电压正常的情况下，将电源接入传感器，用一真空泵连接传感器的真空管，在对传感器施以不同压力时，测量传感器的信号端子电压。传感器的信号电压应随真空度的增大而减小，丰田 2JZ—GE 发动机上所用的进气压力传感器施压与所测电压的关系见表13-5。如果电压不随压力而变或测得的电压与正常值不符，则需更换进气压力传感器。

表 13-5　丰田 2JZ—GE 发动机用进气压力传感器电压参数

输入的压力/kPa	13.3	26.7	40.0	53.5	66.7	大 气 压
PIM—E_2 端子间电压/V	0.3～0.5	0.7～0.9	1.1～1.3	1.5～1.7	1.9～2.1	3.3～3.9

4. 冷却液温度传感器

冷却液温度传感器的可能故障是传感器内部电路接触不良或断脱、热敏元件性能不良等。与进气温度传感器相同，冷却液温度传感器也可通过检测其不同温度下的电阻来检验其性能好坏。

5. 节气门位置传感器

线性节气门位置传感器常见的故障有传感器中电位器滑片与电阻接触不良、怠速触点接触不良等。线性节气门位置传感器检修方法如下。

拔开节气门位置传感器插接器后，检查在节气门关闭、全开及开启过程时，节气门开度信号端子和怠速信号端子与搭铁端子之间的电阻（图13-24）。

检测 VC—E_2 之间的电阻：电阻值过大或过小均需更换节气门位置传感器。

检测 VTA—E_2 之间的电阻：在节气门关闭和全开时，测得的电阻值与正常值不符，或在节气门逐渐开启时，电阻值不连续变化，均需更换节气门位置传感器。

检测 IDL—E_2 之间的电阻：在节气门关闭时电阻值应为 0，节气门开启时电阻值应为 ∞，否则，需更换节气门位置传感器。

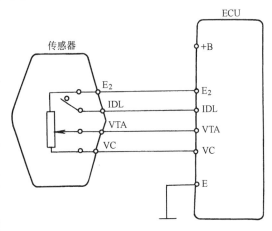

图 13-24 线性节气门位置传感器电路

6. 氧传感器

目前汽车上大都使用氧化锆式氧传感器，其常见的故障有传感器陶瓷元件表面积炭或积铅（铅中毒）、内部电路接触不良、陶瓷体破损、加热器损坏等。氧化锆式氧传感器检修方法如下。

1）检查氧传感器信号电压。在发动机达正常工作温度时，拔开氧传感器的插接器，检测传感器信号输出端子对搭铁的电压。如果电压指示为 0.5V 或以上，设法使混合气变稀（不同的配置可有不同的方法，比如：拆下曲轴箱通风控制阀、拔开炭罐通气控制阀真空管等），电压应迅速下降，否则，需更换氧传感器；如果电压指示为 0.5V 以下，则设法使混合气变浓（比如：使喷油器持续通电），电压应迅速上升，否则，也应更换氧传感器；如果始终无电压指示，也说明氧传感器已损坏，需予以更换。

2）检查加热器电阻。检测氧传感器加热器电阻（热丝式加热器电阻约为 5~7Ω），如果测得的电阻过大，则需更换氧传感器。

7. 爆燃传感器

压敏电阻型爆燃传感器的常见故障有内部元件损坏、内部电路接触不良或搭铁等。爆燃传感器的故障检修方法如下。

1）检查传感器有无搭铁。拔开爆燃传感器插接器，检测信号端子与搭铁之间的电阻。如果电阻很小或为 0，则需更换爆燃传感器。

2）检查传感器的信号输出。起动发动机并使其怠速运转，用示波器检测爆燃传感器信号端子的电压波形。正常情况下应有电压波形显示，用金属物敲击爆燃传感器附近的缸体时，电压波形应有明显的增大，否则，需更换爆燃传感器。

二、主要执行器常见故障与检修

1. 喷油器

各种喷油器可能出现的故障有喷油器阀胶结、喷油器电磁线圈断路或短路、电路插接器或内部连接电路接触不良而导致喷油器不喷油；喷油器阀密封不严而造成滴油；喷油器阀口积污而导致喷油量减少或喷射角度过小等。喷油器的检修方法如下。

1）检查喷油器的电阻。在检查插接器连接良好的情况下，用万用表检测喷油器的电阻。低电阻型喷油器的电阻一般为 1.5~3.5Ω，高电阻型喷油器的电阻一般为 12~15Ω。如果测得的电阻值过大或过小，则说明喷油器电磁线圈或内部电路连接有故障，需予以更换。

2）检查喷油器的喷油量与喷射角度。喷油器喷油量的检验可通过专用的喷油器检测仪进行，无喷油器检测仪时，可利用发动机上的燃油泵来检验喷油器的喷油量：将需检验的喷油器拆下，并用软管将其与发动机输油管相连接；将蓄电池电压直接接入燃油泵（用跨接线将蓄电池正极与燃油泵继电器的 F_p 端子连接），使其持续工作；将喷油器插接器接入蓄电池电压然后记录在规定时间内喷入量杯的燃油量。如果喷油量小于规定的值或各喷油器之间的喷油量差值超过 5mL，则需清洗或更换喷油器。

注意：低电阻型的喷油器需用专用的接线器或串入一个 10Ω 左右的电阻！

一些发动机对喷油器的喷射角度也有明确的要求，因此，在检查喷油量的同时，还需检查喷射角度是否与规定值相符。喷射角度过小时，也需清洗或更换喷油器。

3）检查喷油器的密封性。利用发动机上燃油泵检验喷油器密封性时，只需在检查喷油量的条件下将喷油器的电源断开，使喷油器停止喷油即可。密封性良好的喷油器在1min内滴油应少于一滴，否则就需更换喷油器。

2. 燃油泵

燃油泵的常见故障有电动机烧坏、内部电路接触不良而使燃油泵不工作；燃油泵磨损严重、安全阀泄漏或弹簧失效而导致供油量不足；单向阀泄漏而使发动机熄火后输油管路中不能保持一定的油压而导致发动机起动困难。燃油泵的检修方法如下。

1）就车检查燃油泵工作情况。在未拆下燃油泵时，用跨接线将蓄电池正极与燃油泵继电器的燃油泵接线端子F_P短接，听燃油泵是否工作。如果燃油泵不工作，则需拆检或更换燃油泵。

注意：内装式燃油泵需靠近燃油箱仔细听。

2）检查燃油泵直流电动机的电阻。燃油泵电动机的电阻值一般为$0.5\sim3\Omega$（不同燃油泵其电阻值不同），如果断路或电阻值过大，则需更换燃油泵。

3）检查燃油泵的泵油压力与流量。就车检查燃油泵泵油压力与流量时，可在输油管路中接入压力表和流量表，然后起动发动机并使其稳定运转，测得的燃油压力和流量应与规定值相符。如果燃油压力不正常，需检查或更换燃油压力调节器，若燃油压力调节器正常，则需更换燃油泵；如果燃油流量过小，也需更换燃油泵。

3. 电子点火模块

发动机集中电子控制系统用电子点火模块的常见故障是电路插接器松动、锈蚀、电子点火器内部元件烧坏等而接触不良，导致点火电路不工作。不同车型其电子点火模块的电路结构形式有较大的差别，其基本的检修方法如下。

1）检查电路连接。直观检查插接器有无松动，若无，拔开插接器，检查插接器各端子有无锈蚀和弯曲等，并用万用表检测电子点火模块的搭铁是否良好。如果检查有异常，应予以修理或更换。

2）检查输入与输出电压波形。用示波器检测电子点火模块的各输入控制信号电压波形和输出电压波形。如果输入电压波形正常而输出波形不正常，则说明电子点火模块有故障，应予以更换。

3）替换法检查。在无示波器的情况下，用一新的或已确认良好的电子点火模块替代，看电子点火系统能否正常工作。如果能，则说明原电子点火模块有故障，需予以更换。

4. 急速控制阀

（1）步进电动机式急速控制阀　其常见的故障是电路插接器松动、锈蚀，电动机内部有断路、短路或接触不良，导致急速控制阀不工作或工作不正常。步进电动机式急速控制阀检修方法如下。

1）检查急速控制阀是否工作。在拆下急速控制阀前，应检查发动机在暖机后关闭点火开关时，急速控制阀是否有完全打开的工作响声。如果没有，则应检查急速控制阀插接器以及与ECU之间的电路连接、ECU及拆检急速控制阀。

在关闭点火开关时仔细听，正常情况下可听到急速控制阀打开的"咔嗒"声。

2）检查步进电动机的电阻。拔开急速控制阀插接器后，通过插接器各端子测量步进电动机各绕组的电阻,以丰田汽车上使用的步进电动机式怠速控制阀的端子排列为例,用万用表分别测量 B_1 或 B_2 与 S_1、S_2、S_3、S_4 之间的电阻(图 13-25)应一致。如果四次测量的电阻值不一致,则需更换怠速控制阀。

3)检查怠速控制阀的动作。将蓄电池的正极连接插接器的 B_1 或 B_2 端子,蓄电池的负极则按 S_1、S_2、S_3、S_4 的次序逐个连接,阀应能逐步关闭(阀升出);蓄电池的负极再按 S_4、S_3、S_2、S_1 相反的次序逐个连接时,阀应逐步打开(阀收回)。如果阀不能正常动作,则需予以更换。

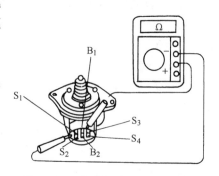

图 13-25 步进电动机电阻的检测

(2)转动电磁阀式怠速控制阀 其常见的故障是电路插接器松动、锈蚀,电磁阀线圈及内部有断路、短路或接触不良,导致电磁阀不工作或工作不正常。转动电磁阀式怠速控制阀的检修方法如下。

1)检查电磁阀线圈的电阻。首先检查电磁阀插接器的连接,若无问题,则拔开插接器,用万用表分别测量电源端子(一般在中间)与另两端子之间的电阻,应一致并与规定值相符。如果测得的电阻值过大、过小、两线圈电阻差值大,则需更换怠速控制阀。

2)检查怠速控制阀的动作。蓄电池正极连接怠速控制阀插接器的电源端子,用蓄电池的负极分别短暂地连接另两端子,将蓄电池电压轮流施加于电磁阀的两线圈。正常情况下应能感觉到阀的动作和通道开启与关闭的变化。如果怠速控制阀不能正常开关,则需予以更换。

5. EGR 电磁阀

EGR 电磁阀常见的故障是真空连接软管松动或破损、电路插接器松动或锈蚀,以及电磁阀线圈及内部有断路、短路或接触不良,导致电磁阀不工作或工作不正常。EGR 电磁阀的检修方法如下。

1)检查气路与电路连接。直观检查与 EGR 电磁阀连接的真空管接头有无松动和破损,电磁阀插接器连接有无问题。如果有异常,予以修理或更换。

2)检查电磁阀线圈的电阻。拔开电磁阀插接器后,用万用表测量电磁阀线圈的电阻,一般为 $20 \sim 50\Omega$。如果测得的电阻值过大或过小,则需更换 EGR 电磁阀。

3)检查 EGR 电磁阀的工作情况。将蓄电池电压施加于 EGR 电磁阀,EGR 电磁阀两空气软管接口(图 13-26 的 E 与 G)之间应不通气,而断开蓄电池电压时,E 与 G 之间应通气。如果检查结果不正常,则需更换 EGR 电磁阀。

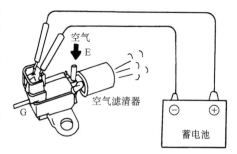

图 13-26 EGR 电磁阀的检测

三、控制器常见故障与检修

1. 控制器的常见故障

控制器可能出现的故障:控制器稳压电源电路短路或断路、元件烧坏等而使控制器电源异常,导致控制器不能正常工作;控制器内部各传感器电源电路短路或断路、元件烧坏等而使有传感器不能产生信号或信号异常；微处理器系统中的 CPU、存储器、接口电路等芯片或电路烧坏而使控制系统不能工作或工作不正常；喷油器、怠速控制阀等一些执行器的驱动电路断路、短路或元件烧坏而使执行器不能工作。

2. 控制器的检修方法

控制器一般其故障概率较小，当故障码指示为 ECU 故障，或通过故障分析和相关的检测步骤，最后怀疑 ECU 有故障时，一般通过如下方法予以确认。

1）测量 ECU 各端子直流电压。测量 ECU 各电源端子的电压（有的 ECU 电源端子需在点火开关接通时测量），应为蓄电池电压，如果电压低或无，则检查电源电路；如果电压正常，则再测量 ECU 传感器电源端子的电压，一般为 5V 左右，若电压异常或无，则说明 ECU 内部电路有故障，需予以更换。

2）排除法。通过对 ECU 插接器各端子电压和（或）电阻的测量以及有关部件的检测，排除了这些被检测电路和部件的故障可能性后，如果故障现象依旧，则需更换 ECU。

3）替代法。用一个新的或已确认性能良好的控制器替代，如果故障现象消失，则说明原来的 ECU 已损坏，需予以更换。

四、发动机电子控制系统故障检修基本原则

由于发动机电子控制系统比较复杂，一些控制系统有多种结构类型且差异较大，因此，其故障检修的难度较大。在电控发动机故障检修时，如果遵循一些基本的原则，按照合理的诊断程序和正确的检修方法进行故障检修操作，就可以准确、迅速地排除故障。

1. 先思后行

当发动机出现故障时，根据故障现象先进行故障分析，在清楚可能的故障原因后再选择适当的程序和方法进行故障诊断操作，以防止故障诊断操作的盲目性，尤其是故障原因比较复杂的故障现象，"先思后行"既可避免对无关的部位作无效的检查，又不会漏检有关的部位，达到准确迅速排除故障之目的。

2. 先外后内

在选择故障诊断程序和操作次序时，先对发动机电子控制系统以外的故障原因进行检查，然后再对电子控制系统进行诊断操作，以避免一个本来是与电子控制系统无关的故障，却对发动机电子控制系统进行了费时费力的检查，而真正的故障却未能找到。

3. 代码优先

当故障自诊断系统监测到电子控制系统故障时，均会以故障码的方式储存故障信息，但并不是所有的故障都通过发动机故障警告灯报警，因此，无论仪表板上的发动机故障警告灯是否亮起报警，在对发动机电子控制系统进行检查以前，均应先进行读取故障码操作，以便充分利用故障自诊断系统所提供的故障信息，迅速而又准确地排除故障。

4. 先简后繁

能以简单方法检查的可能故障部位先予以检查。直观检查最为简单，一些较为显露的故障通过看、摸、听、闻等直观检查方法就可予以确认，因此，可直观检查的可能故障部位应首先予以检查。需要用仪器、仪表或其他专用工具进行检测的，也应将较易检查的安排在前面。这样，往往可使电控发动机的故障诊断变得较为简单。

5. 先熟后生

电控发动机的某种故障现象的多个可能故障原因其出现的概率是不同的，对常见的故障部位先进行检查，往往可迅速确定故障部位，省时省力。

6. 先备后用

电子控制系统部件性能是好是坏、电路正常与否，通常是以电压或电阻等参数值来判断。没有这些标准参数，不了解检测的位置，往往会使电子控制系统电路和部件的故障诊断变得很困难或根本无法进行。所谓先备后用就是要在检修该型电控发动机以前，应准备好有关的诊断参数和其它检修资料，以免影响故障诊断的顺利进行。除了从维修手册及专业书刊获取这些资料外，另一个有效的途径是通过对无故障发动机电子控制系统有关部件和检测要点的测量，获得对同类型发动机进行故障诊断所需的诊断参数。

思 考 题

1. 发动机集中控制系统通常都包括哪些控制功能？发动机集中控制系统有何特点？
2. 发动机集中控制系统是如何工作的？
3. 例举的日产汽车发动机集中电子控制系统（ECCS）有哪些具有特点的控制装置？这些控制装置的作用是什么？它们是如何工作的？
4. 例举的丰田发动机集中电子控制系统（TCCS）有哪些有特点的控制装置？这些控制装置的作用是什么？它们是如何工作的？
5. 目前发动机集中控制系统的功能扩展有哪些？对发动机性能的提高各有何作用？
6. 电子控制系统故障自诊断系统具有哪些功能？如何进行故障自诊断？
7. 自诊断系统有哪些基本组成部件？
8. 人工故障码的读取、显示、消除方式都有哪些？
9. 如何检修发动机电子控制系统传感器？
10. 如何检修发动机电子控制系统执行器？
11. 如何检修控制器？
12. 发动机电子控制系统故障检修的基本原则是什么？

第十四章 电子控制自动变速器系统

第一节 概 述

一、自动变速器的发展概况

传统的手动操纵式变速器虽能满足汽车行驶动力性和经济性的基本要求,但它有以下不足:换档操作容易引起驾驶人的紧张和疲劳及注意力分散而增加汽车行驶的不安全因素;手动换档操作时,传动系统和发动机因承受换档所引起的冲击力而影响其使用寿命;换档操作时所带来的行车不平稳会影响乘坐的舒适性。此外,换档最佳时机不易把握,这会影响汽车的行驶动力性和经济性。为解决普通手动变速器的不足,自动变速器应运而生。

1939 年,美国通用汽车公司首先在其生产的奥兹莫比尔轿车上装用了液力耦合器与行星齿轮组成的液力变速器。这种在一定范围内具有自动变速作用的变速器被认为是现代液力传动式自动变速器的雏形。20 世纪 40 年代末 50 年代初,开始出现根据车速和节气门开度自动控制换档的液力控制换档自动变速器,使自动变速器进入了迅速发展时期。70 年代末,电子技术开始应用于变速器的自动控制。日本丰田汽车公司研制成功了世界上第一台电子控制变速装置,并在 1976 年实现了批量生产。但由于这种电子控制自动变速器其控制精度和自由度方面效果并不十分理想,因此,包括日本在内的许多国家又把主要精力转向微处理器控制变速器的研究和开发上。70 年代末以来,以微处理器为控制核心的电子控制自动变速器得到了迅速的发展。

液力传动自动变速器的缺点是其变矩器的液力传动效率较低,液压控制系统的结构较为复杂、故障检修难度也较大。因此,在液力传动自动变速器迅速发展的过程中,其他形式的自动变速器的研究与开发也从未间断,比如机械传动式自动变速器 CVT,早已在汽车上得到了实际的应用。在 20 世纪就已开始研究,以普通手动变速器为基础,辅以电子控制换档操纵机构的机械式自动变速器 AMT 也已经在一些汽车上得到了应用。

二、自动变速器的类型

自动变速器按其结构形式和工作原理分,主要有液力传动式自动变速器、机械传动式自动变速器和机械传动自动变速器三种类型。

1. 液力传动式自动变速器(AT)

液力传动式自动变速器由液力变矩器承担动力传递和无级变速,辅以可自动换档的齿轮变速器,以扩大变速范围。这种液力传动式自动变速器是目前汽车上使用最广泛的自动变速器。

液力传动式自动变速器按其换档的控制方式分,又有液压控制式和电子控制式两种,早期的液力传动自动变速器采用液压控制式,现已被电子控制式所取代。

液力传动式自动变速器按其前进档位自动换档数分,有 2 档、3 档、4 档、5 档和 6 档等。早期的自动变速器通常为 2 前进档或 3 前进档，最高档为直接档。现代汽车上使用的电子控制自动变速器设有 4~6 个前进档，并将最高档设为超速档。

液力传动式自动变速器按齿轮变速器部分的结构类型不同分，则有普通齿轮（平行轴）式和行星齿轮式两种。由于行星齿轮变速器结构紧凑，又能获得较大的传动比，因此目前的自动变速器大都采用行星齿轮结构形式。

2. 无级变速器（CVT）

由机械传动装置承担动力传递和无级变速，较为常见的结构形式是在机械传动装置中设置离心式自动离合器和 V 带轮作用半径调整机构。控制器根据车速、节气门开度等情况控制调整机构动作，通过改变带轮作用半径实现无级变速。CVT 结构较为复杂，价格较高，目前在汽车上使用还不多。

3. 机械传动式自动变速器（AMT）

机械传动式自动变速器是在普通固定轴式齿轮变速器的基础上，将选档、换档及离合器等相应的操纵改为以微处理器为控制核心，以电动、液压或气动执行机构来完成起步和换档的自动操纵变速器。机械传动式自动变速器既具有液力传动式自动变速器自动变速的优点，又有机械式变速器传动效率高、价格低、结构简单的优点，有很好的发展势头。

三、电子控制液力传动式自动变速器的基本组成及特点

1. 电子控制液力传动式自动变速器的基本组成

电子控制液力传动式自动变速器可将其分成液力传动、机械辅助变速和自动控制三大功能部分，其基本组成如图 14-1 所示。

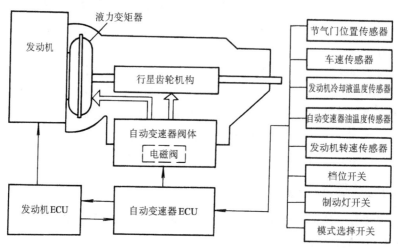

图 14-1　电控自动变速器的基本组成

（1）液力传动装置　液力变矩器通过液力传递动力，将发动机飞轮输出的功率输送给齿轮变速器。液力变矩器可在一定的范围内实现增矩减速和无级变速，在必要时还可通过其锁止离合器锁止来提高传动效率。

（2）辅助变速装置　辅助变速装置包括齿轮变速机构和换档执行机构两部分，其作用是进一步增矩减速，通过变换档位实现不同的传动比，以提高汽车的适应能力。目前汽车上

多采用四个或五个前进档,一个倒档。

(3) 自动控制系统　自动控制系统包括电子控制系统和液压控制系统(自动变速器阀体)两部分。自动变速器 ECU 根据各传感器及有关开关的输入信号产生相应的电控信号控制各电磁阀的动作,再通过换档阀及阀体中的各油路转换为相应的控制油压,从而实现对换档执行机构、油压调节装置及液力变矩器锁止装置等的自动控制。

2. 电子控制液力传动式自动变速器的特点

(1) 驾驶操作简化,提高了行车安全性　在汽车起步和运行时,自动变速器无需离合器操作和手动换档操作,降低了驾车操作的劳动强度,可使驾驶人集中精力注意路面交通情况,因此,行车的安全性得以提高。

(2) 提高了发动机和传动系统的使用寿命　由于自动变速器在自动换档过程中无动力中断,换档平稳,减小了发动机和传动系统零件的动载荷;此外,液力变矩器这个"弹性元件"可以吸收动力传递过程中的冲击和动载荷。因此,采用自动变速器的汽车发动机和传动系统零件的寿命比采用机械式变速器的要长。

(3) 提高了汽车的动力性　自动变速器在起步时,由于液力变矩器可连续自动变矩,可使驱动轮上的牵引力逐渐增加,换档时动力不中断,发动机可维持在一稳定的转速,因此,可使汽车的起步、加速性能提高,汽车的平均车速也可提高。

(4) 提高了汽车的通过性能　液力变矩器可以在一定的范围内自动变速来适应汽车行驶阻力的变化,在必要时又可自动换档以满足牵引力的需要,因此,显著提高了汽车的通过性能。

(5) 减少了废气污染　手动换档过程常常伴有供油量急剧变化、发动机转速变化较大的情况,容易导致燃烧不完全,使得发动机废气中有害物质增加。自动变速器由于有液力传动和自动换档,在换档过程中发动机可保持在稳定的转速,发动机的燃烧条件不会恶化,因此,可减少发动机排放的废气对空气的污染。

(6) 传动效率较低,结构较为复杂　液力传动式自动变速器其液力传力效率较低,通过最佳换档时机控制、超速档和变矩器锁止控制等,使采用电控液力传动式自动变速器汽车的油耗有了明显的下降,但总体上油耗要高于机械式变速器。此外,液力传动式自动变速器的结构较为复杂、成本较高,对维修技术水平要求也较高。

第二节　电子控制自动变速器的结构与原理

一、电子控制自动变速器的控制原理

自动变速器电子控制系统根据相关传感器的电信号得到汽车行驶车速和发动机工况等信息,并按照设定的控制程序控制有关电磁阀的动作,以实现对自动变速器的换档、变矩器锁止及变速器油压等的自动控制。自动变速器电子控制系统的基本组成如图 14-2 所示。

1. 自动变速器的自动换档控制

自动换档控制是使汽车在行驶过程中,自动选择最佳的时刻换档,以使汽车的动力性或经济性达到最佳。

(1) 最佳换档点的确定　ECU 主要根据发动机节气门开度和汽车行驶速度确定换档时

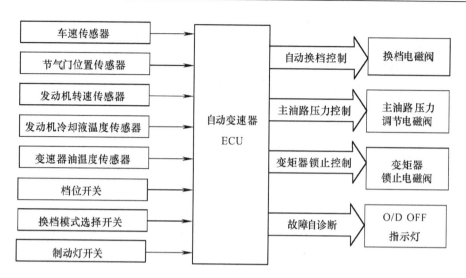

图 14-2　自动变速器电子控制系统的基本组成

刻,并输出换档控制信号。不同的节气门开度其最佳的换档车速不同,比如,当汽车在平坦的路面上缓慢加速时,行驶阻力较小,节气门的开度较小,升档的车速可以低一些,即较早地升入高档,以使发动机在较低的转速下运行(避免了转速太高),从而可降低汽车的油耗;当汽车急加速或上坡时,行驶的阻力较大,节气门的开度较大,这时为保证汽车有足够的动力,升档的车速应适当提高,以使发动机在较高的转速下运行,输出较大的功率,从而可提高汽车的加速性和爬坡能力。不同节气门开度下的最佳换档车速参数被储存在 ROM 中,这些最佳换档点的标准数据也被称为自动换档图,如图 14-3 所示。

汽车的行驶条件千变万化,在不同的条件下对汽车的使用要求也有所不同,因此,在 ECU 的 ROM 存储器中,通常储存有以经济性为控制目标的换档图(经济换档模式)和以动力性为控制目标的换档图(动力换档模式)等,以供 ECU 在工作中选用。

(2) 自动换档控制过程　自动换档控制过程如图 14-4 所示。ECU 根据节气门位置传感器和车速传感器的信号计算得到节气门开度和车速参数,再根据档位开关和模式开关的位置从

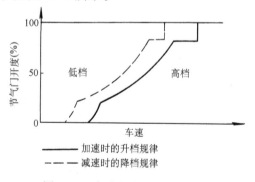

图 14-3　自动变速器自动换档图

ROM 存储器中选取相应换档图,通过计算与比较,判断当前是否达到设定的最佳换档点。如果已达到了最佳换档点,ECU 就向相关的换档电磁阀输出换档控制信号,使换档执行机构完成自动换档。

(3) 换档模式选择控制　驾驶人可通过模式选择开关选择自动变速器换档模式,但有些电子控制自动变速器不设模式开关,而是由 ECU 根据相关传感器的信号判断汽车的行驶状况和驾驶人的操作方式,并自动选择换档模式。ECU 主要以变速器变速杆的位置和加速踏板踩下的速率来辨别驾驶人的操作方式,自动选择换档模式原理如下。

当变速器变速杆在 D 位时,ECU 根据加速踏板踩下的速率(节气门开启速率)来确定

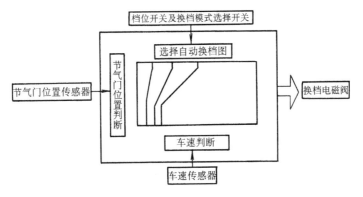

图 14-4 自动换档控制过程

换档模式，但在不同的车速和节气门开度时，使换档模式转换的加速踏板踩下速率是不同的。为此，将车速和节气门开度划分为若干小区域（图 14-5），每一个车速与节气门开度小区域都确定了一个节气门开启速率值，这些数值作为 ECU 判断是否转变换档模式的标准参数而存入 ECU 的 ROM 存储器中。工作中，ECU 根据各传感器的信号得到了车速、节气门开度及加速踏板踩下速率参数，并与该车速与节气门开度小区域的节气

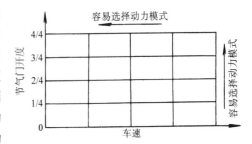

图 14-5 自动换档模式选择原理

门开启速率标准值进行比较，如果实测的节气门开启速率高于标准值，ECU 就自动选择动力模式；如果加速踏板踩下速率小于该小区域内的节气门开启速率标准值，ECU 就选择经济模式。各个小区域的节气门开启速率标准值从左到右、从上到下逐渐增大。

D 位自动换档模式选择：车速越低或节气门开度越大，就越容易选择动力模式；反之，则容易选择经济模式。

当变速器变速杆在前进低档（S 位或 L 位）时，ECU 只选择动力模式。

当变速器变速杆在 D 位，ECU 处于动力模式换档控制状态的情况下，一旦节气门的开度小于 1/8，ECU 就立即由动力模式转换为经济模式。

2. 主油路液压油压力控制

主油路液压控制是使自动变速器主油路的压力按照实际需要及时改变。当需要调整主油路压力时，ECU 输出相应的占空比脉冲信号，控制油压调节电磁阀的开关比率，使其输出相应的控制油压，控制主油路液压调节阀动作，将主油路的油压调整到目标值。自动变速器 ECU 主要根据反映节气门开度、档位、变速器油温及换档情况等的电信号对自动变速器主油路压力进行控制。

(1) 节气门开度变化时对主油路油压的控制 节气门开度增大时，发动机功率增大，变速器传递转矩相应增大，换档执行元件油压需相应升高，因此，需适当调高主油路的油压。工作时，ECU 根据节气门开度传感器的信号，通过计算分析后，向油压调整电磁阀输出相应占空比的脉冲信号，将主油路油压调节至适当的值。节气门开度与主油路油压的关系如图 14-6 所示。

（2）档位变化时对主油路油压的控制 包括倒档油压增大控制、低档油压增大控制和换档过程油压减小控制。这些控制往往是通过对 D 位时各个节气门开度下的油压值进行修正实现。

1）倒档油压增大控制。当变速杆置于 R 位时，主油路的油压需相应增大，以满足倒档液压执行元件对液压油压力较高的要求。因此，当 ECU 接收到倒档的信号后，就对在 D 位下相应的油压标准参数进行修正（或是查找倒档下的主油路油压标准参数），因此，在各个节气门开度下输出的脉冲信号占空比均比 D 位时小，使倒档时的主油路油压比 D 位时高（参见图 14-6）。

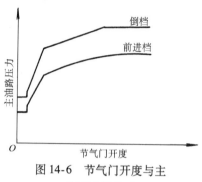

图 14-6 节气门开度与主油路油压关系

2）低档油压增大控制。在前进低档位（L 位或 S 位）时，由于此时传递的功率较大，主油路油压也应高于 D 位。因此，当变速杆置于 L 位或 S 位时，ECU 就对油压标准参数进行修正，使得主油路的油压适当升高。

3）换档过程油压减小控制。在自动变速器换档过程中，为减小换档冲击，应减小换档液压执行元件的液压。因此，在换档过程中，ECU 按照节气门的开度情况修正主油路油压值，并通过输出的脉冲信号控制油压调整电磁阀减小主油路的油压（图 14-7）。

（3）变速器油温变化时对主油路油压的控制

1）低温油压修正控制。在液压油温度低于正常工作温度（60℃）时，由于其黏度较大，为避免换档冲击，

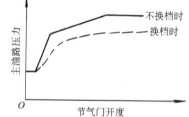

图 14-7 换档时的主油路油压修正

ECU 将主油路油压控制目标参数适当降低，并通过油压调整电磁阀适当减小主油路的油压。

2）温度过低油压修正控制。在液压油温度过低（低于 -30℃）时，其黏度过大，容易造成液压换档执行元件动作迟缓，影响换档质量。因此，在这种情况下，ECU 通过油压调整电磁阀将主油路油压适当调高，以使换档能正常进行。

3. 液力变矩器锁止离合器控制

液力变矩器锁止控制的目的是在保证汽车行驶要求的前提下，最大限度地提高变矩器的传动效率，以降低燃油消耗。ECU 控制锁止离合器的工作过程如图 14-8 所示。

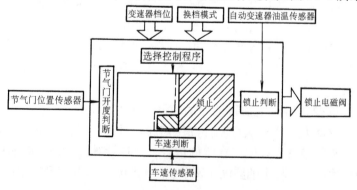

图 14-8 ECU 控制锁止离合器的工作过程

自动变速器 ECU 的 ROM 存储器中，储存有不同工作状态下锁止离合器的控制程序及控制参数。工作中，ECU 根据自动变速器的档位、换档模式等情况从存储器中选择相应的锁止离合器控制程序及控制参数，并与当前的车速和节气门开度等进行比较，当车速及其他因素都满足变矩器锁止条件时，ECU 就向锁止离合器电磁阀输出控制信号，使锁止离合器接合，将变矩器锁止。

为保证汽车的行驶性能，一般在液压油温度低于60℃、车速低于60km/h且怠速开关接通（节气门关闭）时，ECU 将禁止变矩器锁止。

4. 其他控制

（1）发动机制动控制　利用发动机的阻力矩对汽车产生制动力，可减轻制动器的工作负荷，提高汽车的行驶安全性。自动变速器 ECU 根据变速器变速杆位置、车速、节气门开度信号进行发动机制动控制。当汽车的行驶状态需要利用发动机制动时（比如：变速器变速杆在 S 位或 L 位且车速高于 10km/h，节气门的开度小于 1/8 等），ECU 就向有关的电磁阀输出控制信号，通过电磁阀的动作，控制齿轮变速器换档执行机构中的强制离合器接合或强制制动器制动，使齿轮变速器能逆向传递动力，以便通过发动机的转动阻力制动滑行的汽车。

（2）发动机转速与转矩控制　在自动变速器自动换档或变换档位操作过程中，自动变速器 ECU 通过与发动机 ECU 的协调控制，控制发动机的转速与转矩，以减小变速器的换档冲击和变速器输出轴转速的波动，使自动变速器换档更为柔和。

1）自动换档时发动机转速与转矩控制。在自动变速器自动换档瞬间，自动变速器 ECU 向发动机 ECU 发出减矩控制信号，由发动机控制系统 ECU 发出延迟点火时间或减少喷油量控制信号，使发动机的转矩适当减小，以减小换档冲击。

2）变换档位时发动机转速与转矩控制。当自动变速器变速杆从空档（N 位）或停车档（P 位）拨至行车档位时，自动变速器 ECU 向发动机 ECU 输出相应的信号，使发动机喷油量适当增加，以避免因发动机负荷突然增加而引起转速下降；而当变速杆从行车档位拨至 N 位或 P 位时，自动变速器 ECU 输出的信号使发动机喷油量减少，以避免因发动机的负荷突然减小而使转速上升。

二、电子控制自动变速器部件的结构与原理

1. 液力变矩器

（1）液力变矩器的基本组成与原理　液力变矩器的基本元件是泵轮、涡轮、导轮，如图 14-9 所示。

泵轮是液力变矩器的主动件，它与固定在飞轮上的变矩器壳连为一体；涡轮是变矩器的从动件，涡轮与输出轴相连。泵轮和涡轮上都均布有叶片，变矩器壳体内充满了液压油。

液力变矩器的工作原理如图 14-10 所示。在发动机不转动时，变矩器内的液压油静止不动，变矩器处于分离状态。当发动机飞轮带动泵轮转动后，泵轮内的液压油随泵轮叶片一起旋转，在自身离心力的作用下甩向泵轮叶片的外缘，并从涡轮叶片的外缘冲向涡轮叶片，涡轮便在液压油冲击力的作用下旋转；冲入涡轮的液压油顺涡轮叶片流向内缘后，又流回到泵轮的内缘，并再次被泵轮甩向外缘。转动的泵轮使变速器内的液压油循环流动，使变矩器处于接合状态，并将发动机的转矩传递给涡轮，再由输出轴传递给齿轮变速器。

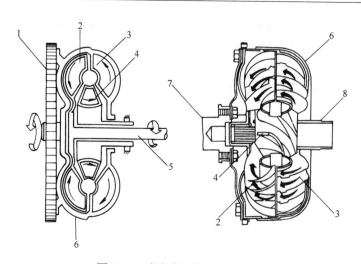

图 14-9 液力变矩器的基本组成

1—飞轮 2—涡轮 3—泵轮 4—导轮 5—变矩器输出轴 6—变矩器壳 7—曲轴 8—导轮固定套

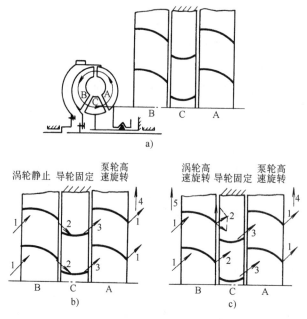

图 14-10 液力变矩器的工作原理

a）泵轮、涡轮及导轮叶片的展开示意图 b）涡轮静止时的导轮增矩作用 c）涡轮高速旋转时的导轮减矩作用

1—泵轮冲向涡轮的液流方向 2—涡轮冲向导轮的液流方向 3—导轮冲向泵轮的液流方向
4—泵轮的旋转方向 5—涡轮的旋转方向 A—泵轮 B—涡轮 C—导轮

导轮在泵轮与涡轮之间，流向涡轮内缘的液压油冲向静止不动的导轮后，沿导轮叶片流回泵轮。当液压油给导轮以一定的冲击力时，导轮则给液压油一个同样大小的反作用力，此反作用力传递给了涡轮，起到了增矩的作用。

（2）导轮单向离合器的作用与原理 导轮的增矩作用与涡轮冲向导轮的液流速度及液流方向与导轮叶片的夹角大小有关。在同样的液流速度下，液流方向与导轮叶片的夹角越大，增矩作用也越大。

在涡轮未转动时，从涡轮内缘冲向导轮叶片的液流方向如图 14-10b 所示，此时液流方向与导轮叶片的夹角最大，增矩作用也最大。当涡轮转动起来以后，从泵轮冲向涡轮的液流除沿涡轮叶片流动外，还将随涡轮一起作旋转运动，这样，从涡轮内缘冲向导轮叶片的液流方向将向涡轮旋转方向偏斜，使之与导轮叶片的夹角变小，增矩作用也随之减小。涡轮的转速越高，从涡轮冲向导轮的液流与导轮叶片的夹角就越小，增矩作用也就越小。当涡轮的转速高至使涡轮冲向导轮的液流方向与导轮叶片之夹角为 0° 时，变矩器就无增矩作用。如果涡轮的转速再增高，从涡轮内缘冲向导轮的液压油将冲击导轮叶片的背面（图 14-10c），这时的导轮起到了减矩的作用。

为了避免导轮在涡轮高速时起减矩作用，导轮与固定轴之间加装了一个单向离合器。当涡轮的转速较低，涡轮冲向导轮的液流方向与导轮叶片的夹角大于 0°（能起增矩作用）时，导轮单向离合器处于锁止状态，使导轮能正常地起增矩作用；当涡轮的转速高至使其内缘液流冲向导轮叶片背面时，导轮单向离合器处于打滑状态，使导轮叶片对涡轮液压油无反作用力，从而避免了导轮的减矩作用。

液力变矩器导轮单向离合器主要有滚柱式和楔块式两种结构形式。

（3）锁止离合器的作用与原理 液力变矩器的传动效率较低。为了充分利用发动机的功率，降低油耗，在现代自动变速器的液力变矩器中设置了一个锁止离合器，用于在车速较高时将变矩器锁定，使之成为一个纯机械传动。

液力变矩器锁止离合器常见的结构形式如图 14-11 所示。这种摩擦盘式锁止离合器其主动片与变矩器外壳直接相连，从动片可轴向移动，通过花键与涡轮轴连接。锁止离合器的接合和分离由控制系统通过对其液压腔施加液压或释放液压进行控制。

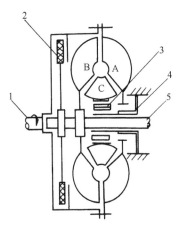

图 14-11 液力变矩器锁止离合器常见的结构形式
1—输入轴 2—锁止离合器
3—单向离合器 4—导轮轴
5—输出轴 A—泵轮
B—涡轮 C—导轮

2. 齿轮变速器

齿轮变速器用于扩大自动变速器的传动比变化范围，以满足汽车实际行驶的需要。齿轮变速器由齿轮传动装置和换档执行机构组成，齿轮传动装置采用行星齿轮机构的占绝大多数，换档执行机构由离合器、制动器及单向离合器组成。

（1）行星齿轮机构 行星齿轮机构由太阳轮、行星轮及行星架、齿圈等组成，如图 14-12 所示。

根据力的平衡原理和能量守恒定律，可推导出行星齿轮机构的运动方程：

$$n_1 + \alpha n_2 - (1+\alpha)n_3 = 0$$

式中 n_1、n_2、n_3——分别为太阳轮、齿圈、行星架的转速；
α——齿圈与太阳轮的齿数比。

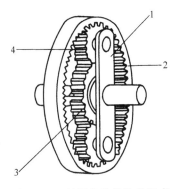

图 14-12 行星齿轮机构的组成
1—行星架 2—齿圈
3—太阳轮 4—行星轮

从行星齿轮机构的运动方程中可看出，将太阳轮、齿圈和行星架这三个构件中的某一个构件通过制动的方式予以固定（$n=0$），再将一个连接输入轴，另一个连接输出轴，就可获得六种不同的传动方式。加上任意两构件连接形成的直接传动和任何构件都不加限制的自由空转两种状态，单排行星齿轮机构就有八种传动方案的选择。

由于受结构的限制，单排行星齿轮机构的传动比范围有限，不能满足汽车行驶的实际需要，齿轮变速器通常用两排或三排行星齿轮机构。双排行星齿轮机构组成的形式有多种，在电子控制自动变速器中常见的是辛普森式和拉维娜式（图 14-13）。

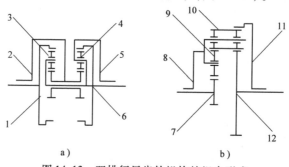

图 14-13　双排行星齿轮机构的组合形式
a）辛普森式行星齿轮机构简图　b）拉维娜式行星齿轮机构简图
1—前齿圈　2—前后太阳轮组件　3—前行星轮　4—后行星轮　5—后行星架　6—前行星架与后齿圈组件
7—前太阳轮　8—行星架　9—短行星轮　10—长行星轮　11—齿圈　12—后太阳轮

辛普森式双排行星齿轮机构的结构特点是前后行星轮系共用一个太阳轮组，拉维娜式双排行星齿轮机构前后行星轮系共用一个齿圈、只有一个行星架，其中一个行星轮系中有长、短两个行星轮，长行星轮也为两行星排共用。辛普森式和拉维娜式行星齿轮机构配以相应的换档执行元件后，可形成三个前进档或四个前进档的齿轮变速器。

（2）换档执行机构　换档执行机构中的离合器、制动器和单向离合器用于对行星齿轮构件实施不同的连接或制动，以使齿轮传动装置实现不同的传动组合。

1）离合器。离合器用于将行星齿轮中机构的某个构件与行星齿轮变速器的输入轴等主动部分连接，使之成为主动构件，或是将行星齿轮机构中的两个构件连接起来，使之成为一个整体，以实现直接传动。齿轮变速器换档执行机构大都采用多片湿式离合器（图 14-14），

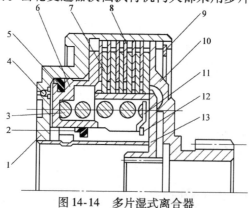

图 14-14　多片湿式离合器
1—离合器鼓　2、5—油封　3—回位弹簧　4—单向阀　6—活塞与压盘　7—主动摩擦片　8—从动摩擦片
9、12—卡环　10—太阳轮　11—弹簧座　13—花键鼓

由液压控制系统对离合器油缸工作腔注入控制油压或释压来控制离合器的接合或分离。

2）制动器。制动器的作用是将行星齿轮机构中的某一构件固定不动。制动器有摩擦片式和制动带式两种结构形式。摩擦片式制动器的结构与摩擦片式离合器相同，区别在于其制动鼓（相当于离合器鼓）是固定不动的，因而其摩擦片接合的效果是制动。制动带式制动器主要由连接行星齿轮机构某一构件的制动鼓、静止不动的制动带和制动液压缸组成，如图14-15所示。

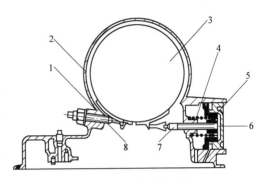

图 14-15 带式制动器
1—变速器壳 2—制动带 3—制动鼓 4—回位弹簧
5—活塞 6—活塞工作腔 7—推杆 8—调整螺钉

3）单向离合器。单向离合器的作用是连接或制动，由于单向离合器是以自身的单向锁止功能来实现连接和制动，无需控制机构对其进行控制，因此，单向离合器的使用可使自动变速器换档控制系统得以简化。齿轮变速器换档执行机构通常采用滚柱式和楔块式单向离合器。

（3）齿轮变速器的换档原理 以图14-16所示的四个前进档、辛普森式齿轮变速器为例，说明通过换档执行机构在齿轮变速器换档控制中的作用原理。

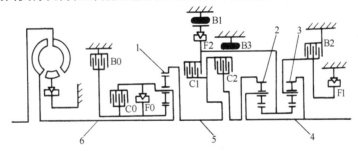

图 14-16 辛普森式4档行星齿轮变速器原理
1—超速档行星排 2—前行星排 3—后行星排 4—输出轴 5—中间轴 6—输入轴 C0—直接档离合器
C1—倒档及高档离合器 C2—前进档离合器 B0—超速档制动器 B1—2档制动器 B2—低档及倒档制动器
B3—2档强制制动器 F0—直接档单向离合器 F1—低档单向离合器 F2—2档单向离合器

本例在辛普森式2行星排的基础上又增设了超速档行星排，当变速器变速杆置于不同的位置时，自动变速器控制系统通过对各换档执行元件的控制，实现行星齿轮变速器的自动换档。该自动变速器各档下换档执行元件工作情况见表14-1。

表 14-1 3行星排4档行星齿轮变速器各换档执行元件的工作情况

变速器变速杆位置	变速器工作档	换档执行元件状态									
		C0	C1	C2	B0	B1	B2	B3	F0	F1	F2
D	1档	○		○					○	○	
	2档	○		○		○			○		○
	3档	○	○	○		●			○		
	超速档		○	○	○	●					

(续)

变速器变速杆位置	变速器工作档	换档执行元件状态									
		C0	C1	C2	B0	B1	B2	B3	F0	F1	F2
R	倒档	○	○				○		○		
S、L（2、1）	1档	○		○			○		○		
	2档	○		○		●		○	○		
	3档	○	○	○					○		

注：○—表示接合、制动或锁止；●—表示接合或制动，但不传递动力。

当自动变速器变速杆置于D位时，控制系统通过控制各离合器和制动器的工作，使齿轮变速器可在1~4档之间变换。

3. 主油路供油及液压调节装置

主油路供油及液压调节装置是自动变速器液压控制系统的液压源，主要由油泵、主油路液压调节阀、液压调节电磁阀等组成。

（1）油泵 油泵除了要向液力变矩器提供冷却循环所需的压力油外，同时还是液压控制系统和换档执行机构的液压源。油泵一般由变矩器壳后端的轴套驱动，只要发动机运转，油泵就工作。

自动变速器所采用的油泵主要有齿轮泵、摆线转子泵和叶片泵三种。

（2）液压调节装置 液压调节装置的作用就是在发动机转速变化时使主油路的液压稳定，并能根据需要将主油路的液压适当地调高或调低。主油路液压调节装置包括液压调节阀和液压调节电磁阀等。

1）主油路液压调节阀。自动变速器主油路液压调节阀大都采用阶梯滑阀式，其原理如图14-17所示。

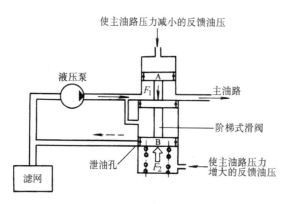

图14-17 阶梯滑阀式主油路液压调节装置原理

滑阀的B面大于A面，使液压油对滑阀有一个向下的推力F_1。F_1与滑阀下端的弹簧力F_2相平衡时，滑阀静止不动。当主油路的液压较低时，滑阀处于静止状态后将泄油孔关闭；当主油路的液压较高而使$F_1 > F_2$时，滑阀便下移，使泄油孔打开，多余的液压油经泄油孔排出，从而使主油路的液压稳定。

滑阀的上腔和下腔各有一个液压反馈孔，用于对主油路液压的调整。当滑阀下腔接入反馈（控制）液压时，主油路的液压上升；而当滑阀上腔接入反馈（控制）液压时，主油路的液压就会下降。

2）主油路液压调节电磁阀。主油路液压调节电磁阀多采用开关电磁阀，由 ECU 输出占空比可变的脉冲信号控制（图 14-18）。电磁阀线圈通电时，阀被打开，液压油从泄油孔排出，调节液压随之下降。电磁阀断电时，阀在弹簧力的作用下关闭，调节液压又会上升。自动变速器 ECU 通过输出占空比不同的脉冲信号来控制电磁阀动作，输出相应的控制油压，以实现对主油路液压的控制。

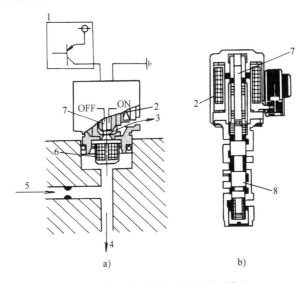

图 14-18　主油路液压调节电磁阀
a）普通开关电磁阀　b）滑阀式开关电磁阀
1—自动变速器 ECU　2—电磁线圈　3—泄油孔　4—调节油压　5—主油路油压　6—滤网　7—衔铁及阀芯　8—滑阀

4. 换档液压控制装置

液压控制装置是将驾驶人操纵变速器变速杆位置和控制开关的手动信号以及 ECU 输出电控信号转变为相应的控制液压，控制自动变速器中液压执行元件的动作，实现自动变速器的档位设置和自动换档控制。换档液压控制装置包括手动阀、换档阀、换档电磁阀及相应的控制油路等。

（1）手动阀　手动阀由变速器变速杆控制，它是一个多位换向阀，其滑阀的位置决定了自动变速器的工作状态。手动阀的滑阀有两柱式和三柱式两种，三柱式滑阀其控制的油路数要多于二柱式滑阀。图 14-19 所示的是三柱式手动阀示意图。

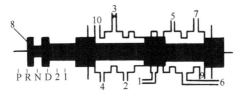

图 14-19　三柱式手动阀示意图
1—主油路　2—前进档油路　3—2 档油路　4—高档油路　5—2 档锁止油路　6—低档油路
7—倒档油路　8—手动阀滑阀　9、10—泄油孔

当驾驶人将变速器变速杆拨至某一位置时,通过其机械传动机构将手动阀中的滑阀移至相应的位置,使主油路与相应的控制油路或换档执行元件接通,并让不参加工作的控制油路与泄油孔接通,从而使自动变速器处于相应的工作状态(档位)。

(2) 换档阀与换档电磁阀　换档阀是一个二位液压换向阀,由换档电磁阀提供的控制油压控制其滑阀移动。滑阀移动的结果是将主油路与需要工作的换档执行元件的液压缸接通,使其建立液压,实现连接或制动;与此同时,将不工作的换档执行元件的液压缸与泄油孔接通,使其泄压而停止工作。

换档电磁阀通常是开关式电磁阀,其控制换档阀工作的过程如图14-20所示。

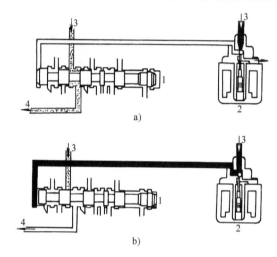

图14-20　换档电磁阀控制换档阀工作的过程
a) 电磁阀不通电,换档阀在左位　b) 电磁阀通电,换档阀在右位
1—换档阀　2—换档电磁阀　3—接主油路　4—接换档执行元件

换档电磁阀不通电时,阀处于泄压状态,换档阀的滑阀左端无液压,滑阀在右端弹簧力的作用下被推至左位;当换档电磁阀通电时,换档滑阀的左端通入液压油并被保持,使滑阀克服弹簧力移至右位。换档阀滑阀的移位改变了控制油路,从而实现了换档。

上例是用一个换档电磁阀控制一个换档阀动作,故换档电磁阀与换档阀数量相同。有的自动变速器用2个电磁阀分别控制一个换档阀的升、降档动作,因而换档电磁阀的数量是换档阀的2倍。也有换档电磁阀数量少于换档阀的自动变速器。用2个电磁阀控制三个换档阀工作,实现4个前进档控制一例如图14-21所示。

电子控制器通过对A、B 2个电磁阀的不同通、断电组合控制,使自动变速器在相应的档工作。各档电磁阀的工作情况见表14-2。

表14-2　各档电磁阀的工作情况

换档电磁阀	通电情况			
	1档	2档	3档	4档
A	×	○	○	×
B	○	○	×	×

注:○—表示电磁阀通电;　×—表示电磁阀不通电。

第十四章 电子控制自动变速器系统

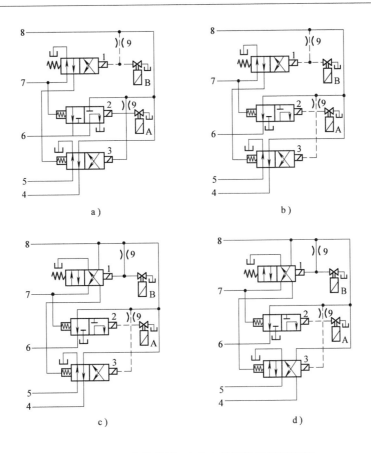

图 14-21　4 个前进档、2 个电磁阀换档控制原理
a) 1 档控制油路　b) 2 档控制油路　c) 3 档控制油路　d) 4 档控制油路
1—2-3 换档阀　2—1-2 换档阀　3—3-4 换档阀　4—直接档离合器油路　5—超速档制动器油路　6—2 档油路
7—3 档油路　8—来自手动阀的油路　9—节流阀　A、B—换档电磁阀

1 档：电磁阀 A 不通电，电磁阀 B 通电。1-2 换档阀因右端有控制油压作用而左移，关闭 2 档油路；2-3 换档阀处在左位，关闭了 3 档油路，同时将主油路油压接入 3-4 换档阀左端，从而使 3-4 换档阀锁止在左位。这时，直接档离合器油路与主油路接通，其他油路均处于泄压状态。

2 档：电磁阀 A、B 同时通电。1-2 换档阀右端油压下降，换档滑阀右移，主油路与 2 档油路接通，3 档油路和超速档制动器油路处于泄油状态。

3 档：电磁阀 A 通电，电磁阀 B 不通电。2-3 换档阀因右端油压升高而左移，将 3 档油路与主油路接通，并让 3-4 换档阀左端控制压力油泄空。

4 档：电磁阀 A、B 均不通电。3-4 换档阀右端控制压力上升，换档滑阀左移，关闭直接档离合器油路，接通超速档制动器油路。此时 1-2 换档阀左端作用着主油路油压，被锁定在左位。

5. 锁止离合器控制装置

锁止离合器控制装置用于执行 ECU 的变矩器锁止控制指令，实现对变矩器的锁止离合器的控制作用。锁止离合器控制电磁阀有开关式电磁阀和脉冲式电磁阀两种。

(1) 开关式电磁阀控制方式　开关式电磁阀控制方式变矩器锁止离合器控制阀的工作原理如图14-22所示。

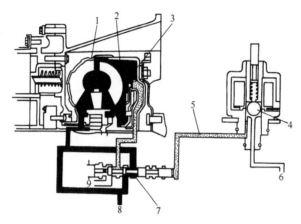

图14-22　变矩器锁止离合器控制阀的工作原理
1—变矩器　2—变矩器液压油　3—锁止离合器　4—电磁阀　5—控制液压油　6—主油路液压油
7—锁止离合器控制阀　8—来自变矩器阀　9—泄油孔

当无需变矩器锁止时，电磁阀不通电而关闭，锁止离合器控制阀的右端无控制液压油，滑阀在弹簧力的作用下处在右位，锁止离合器活塞的两端都作用着来自变矩器阀的液压油，锁止离合器处于分离的状态。

当变矩器需要锁止时，电磁阀通电开启，使锁止离合器控制阀右端控制油压上升，使控制滑阀克服弹簧力左移，将锁止离合器活塞的右腔与泄油孔接通。于是，活塞在左边变矩器油压的作用下右移，使锁止离合器接合，实现了变矩器的锁止控制。

(2) 脉冲式电磁阀控制方式　脉冲控制方式通过脉冲信号的占空比大小来控制电磁阀的开启比率，以控制锁止离合器控制阀右端控制油压的大小，使锁止离合器控制滑阀向左移动所打开的泄油孔开度可控。这样，就可根据需要来控制锁止离合器活塞右腔的油压大小，使锁止离合器接合力可以控制。ECU可通过输出不同占空比的控制脉冲信号来控制变矩器锁止离合器的接合力大小和接合速度，使锁止离合器的接合力渐渐增大，使接合过程更加柔和。此外，在汽车行驶工况接近变矩器锁止条件时，脉冲式电磁阀控制形式可实现滑动锁止控制（半接合状态），以提高变矩器的传动效率。

由于脉冲控制方式具有良好的变矩器锁止控制特性，在现代汽车电子控制自动变速器中的应用已越来越多。

6. 传感器与开关

(1) 自动变速器用传感器

1) 车速传感器。自动变速器用车速传感器通常是检测变速器输出轴转速，ECU根据此信号计算得到汽车的行驶速度，它是自动变速器换档控制的主要参数之一。车速传感器多采用磁感应式，也有一些车型采用光电式、霍尔效应式、舌簧式等不同的结构形式的车速传感器。

2) 节气门位置传感器。用于将节气门位置参数转变为电信号，是自动变速器ECU控制自动换档的另一主要参数。自动变速器均采用线性节气门位置传感器，通常与发动机电子控制系统共用。

3）变速器输入轴转速传感器。用于检测齿轮变速器输入轴的转速，其结构原理与车速传感器相同。ECU 根据变速器输入轴转速信号和发动机转速信号可准确计算变矩器的传动比，实现对液压油路的压力调节过程和变矩器锁止控制过程的优化控制，以进一步提高汽车的行驶性能和改善换档感觉。

4）变速器油温度传感器。一些电子控制自动变速器还装有变速器油温度传感器，用于检测自动变速器液压油的温度，是 ECU 进行换档控制、液压油压力调节和变矩器锁止控制的参考信号。

(2) 自动变速器控制开关

1）超速档开关（O/D）。用于接通或断开自动变速器超速档控制电路。当接通此开关时，自动变速器超速档控制电路通路，在 D 位下变速器最高可升入 4 档（超速档）；而在此开关断开时，超速档控制电路断路，在 D 位下，变速器最高只能升至 3 档，限制自动变速器进入超速档。

2）模式选择开关。许多电子控制自动变速器装有模式选择开关，用于选择自动变速器的控制模式，以满足不同的使用要求。模式开关由驾驶人手动控制，选择不同的模式，ECU 就按照不同的换档规律进行换档控制。自动变速器通常设有标准模式（Normal）、经济模式（Econmy）和动力模式（Power）。

3）保持开关。一些电子控制自动变速器还装有保持开关（也被称为档位锁定开关），用于锁定自动变速器自动换档。当接通此开关时，自动变速器就不能自动换档，换档由驾驶人通过变速杆手动操作进行。将变速杆置于 D 位、S（或 2）位、L（或 1）位时，变速器就分别保持在 3 档、2 档、1 档。

4）档位开关。用于向 ECU 提供变速器变速杆位置的信号，当驾驶人将变速器变速杆置于 D 位、S 位、L 位或 R 位等位置时，ECU 就按照该位置的控制程序自动控制变速器的工作。档位开关内部除有与变速杆位置数相对应的触点外，还有一个被称为"空档起动开关"的触点，其作用是，当变速器变速杆在空档（N 位）或停车档（P 位）时，将起动开关电路接通，使发动机得以起动；变速器变速杆在其他的任一个位置时，起动开关电路处于断开状态，发动机不能起动，以保证自动变速器的使用安全。

5）降档开关。也被称为自动跳合开关或强制降档开关，用于检测加速踏板是否超过节气门全开的位置。当检测到加速踏板的位置超过了节气门全开的位置时，降档开关便接通，向 ECU 提供信息，ECU 根据此信号判断为驾驶人想要加速，会按照这种情况下的设定程序控制换档，并使变速器自动下降一档，以增强发动机的动力。

除了档位开关外，上述开关并非所有的自动变速器都必须配置，有的自动变速器可能只配有一种或两种。

7. 电子控制器（AT ECU）

自动变速器电子控制器根据各个传感器及控制开关的信号和其内部设定的控制程序，通过运算和分析，向各个执行元件输出控制信号，从而实现对自动变速器的控制。

自动变速器 ECU 的基本组成与发动机电子控制系统的电子控制器相似，ECU 通常需要与其他控制系统 ECU 互相传递相关信息，以实现各个控制系统的互相协调控制。一些车型的自动变速器控制与发动机电子控制系统用一个 ECU 进行控制，使得自动变速器和发动机的控制相互匹配更好。

8. 电子控制系统电路

不同型号的自动变速器电子控制系统的控制原理基本相同，但其电子元器件的配置和电路的具体布置可能会有一些差别。自动变速器电子控制系统电路一例如图14-23所示。

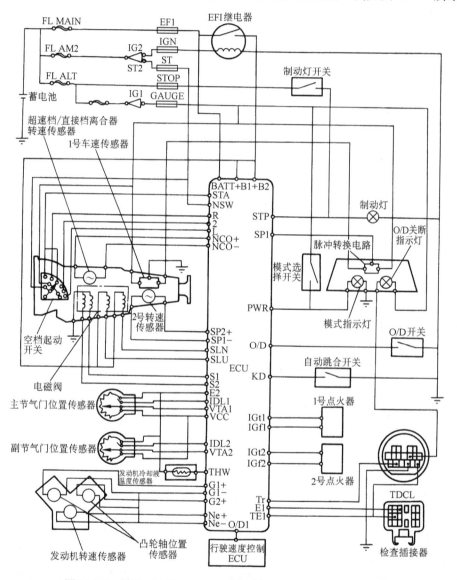

图14-23 丰田A341E、A342E型自动变速器电子控制系统电路

第三节 电子控制自动变速器故障检修

一、电子控制自动变速器的检查与试验

1. 电子控制自动变速器故障检修的一般程序

电子控制液力传动式自动变速器的故障检修较为复杂，许多故障现象都包含有机械系

统、液压系统和电子控制系统故障的可能性，但各个系统故障出现的概率和检修的难易程度是不同的。为准确、迅速地排除故障，应按如下程序检修故障。

1）根据驾驶人所述进行故障确认操作，因为驾驶人对故障的了解和描述可能并不完全，检修人员只有通过自己对自动变速器的操作才能确认故障的征兆是什么。

2）根据故障征兆对自动变速器进行直观检查，如果有问题，进行修理或调整。

3）进行故障自诊断操作，读取故障码。如果有故障码，按故障码所示检查故障部位；如果无故障码，则进行下一步故障诊断。

4）根据故障现象，有选择地进行自动变速器试验操作，确定故障的性质和范围。

5）根据试验结果，检修自动变速器。

6）进行自动变速器道路试验操作，以检验其是否恢复正常。

2. 自动变速器的基础检验

基础检验是检查自动变速器是否有影响其正常工作的因素存在，主要有如下检验项目。

(1) 发动机怠速检验　将自动变速器变速杆置于 N 位或 P 位，关闭空调，看发动机的怠速。发动机的正常怠速因车型的不同而有所区别，一般的为 750r/min 左右。

(2) 变速器液位与油液品质检验

1）油面检验。在发动机怠速工况下，将自动变速器变速杆置于 P、R、N、D、S、L 各位置下均停留几秒钟，以使各档油路充分排气充油，然后再回到 P 位，拔出油尺查看液位，应在正常的液位范围内。

2）变速器油品质检验。变速器油品质变差将会使自动变速器不能正常工作和导致变速器损坏。检查方法是：拉出油尺，仔细观察油的颜色，从油尺上嗅一嗅油液的气味，用手指捻一下油液。正常油液应清洁且呈红色，无异味。

(3) 节气门全开检验　将加速踏板踩到底，节气门应全开，否则，就需要对节气门操纵机构进行调整。

(4) 变速杆位置检验　将变速杆从 N 位换至其他位置时，检查其档位是否正确、档位开关指示灯显示是否正确。

(5) 空档起动开关检验　将变速杆置于 N 位和 P 位以及其他位置时，将点火开关转至起动档，检查发动机能否起动。正常情况应是，变速杆在 N 位、P 位时，接通起动开关起动机能够转动，而在其他位置时，起动机则不转。

3. 电子控制自动变速器的试验

进行各项试验的目的是确认自动变速器故障的性质与故障的范围，试验项目如下。

(1) 手动换档试验　接通档位锁定开关或拔开自动变速器换档电磁阀线束插接器，使自动变速器 ECU 失去自动控制换档作用时，将变速杆换入各个位置，看变速器是否能正常工作，用以判断自动变速器故障的原因是电子控制系统还是其他系统的故障。

(2) 失速试验　在行车制动器和驻车制动器性能良好、自动变速器油位正常、发动机和变速器温度正常的情况下，挂档（D 位和 R 位）并制动使变矩器涡轮不转，然后在发动机全负荷运转时测得泵轮（发动机）转速。失速试验主要检验发动机输出功率大小是否正常、变矩器导轮单向离合器是否良好、变速器中的离合器和制动器是否打滑。

(3) 时滞试验　时滞试验是通过测量从挂档到换档执行元件完成动作的时间差来分析变速器中前后离合器、制动器是否过度磨损或控制油路油压是否正常。

(4)油压试验 测量液压控制系统管路中的油压,用以判断油泵和各阀的工作性能好坏、油路及换档执行元件有无泄漏等。

(5)道路试验 通过路试,检查换档点(升档和降档转速)是否正确,换档时有无冲击、振动、噪声、打滑等,以进一步分析自动变速器的故障原因。对修复的自动变速器,则是检验其是否恢复了正常工作能力。

二、自动变速器电子控制系统部件的故障检修

自动变速器ECU及一些与发动机电子控制系统共用或结构相似的传感器其故障检修方法参见发动机集中控制系统一章的有关内容。

1. 档位开关的检查

档位开关的可能故障有安装位置不当而使档位开关信号不正确、档位开关内部触点接触不良。档位开关一般的故障检查方法如下。

用举升机举起汽车后,拔开档位开关线束插接器,检测各档位下各插脚之间的通断情况(图14-24)。如果与正常情况不符,应调整或更换档位开关。

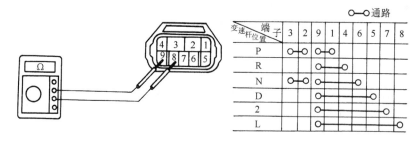

图14-24 丰田雷克萨斯LS400汽车自动变速器档位开关检查

2. 开关式电磁阀的检查

开关式换档电磁阀、锁止电磁阀可能的故障有电磁阀线圈短路或断路、电磁阀阀芯卡滞或漏气等。开关式电磁阀的检查方法如图14-25所示。

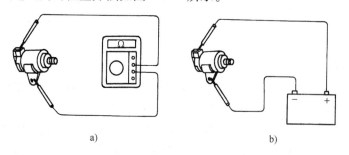

图14-25 开关式电磁阀的检查
a)检查电磁阀的电阻 b)检查电磁阀的动作

1)检测电磁阀电阻。拔开电磁阀线束插接器后,用万用表测量电磁阀插脚之间的电阻,自动变速器开关式电磁阀的线圈电阻一般为10~30Ω。如果测量的电阻值过大或过小,说明电磁阀线圈有断路或短路,需更换电磁阀。

2)检测电磁阀的动作。如果电磁阀电阻正常,将电磁阀线圈施加12V电压,听是否有

电磁阀动作的"咔嗒"声。如果无声,说明电磁阀阀芯有卡滞,应更换电磁阀。

3) 检查电磁阀的开闭情况。拆下电磁阀,将压缩空气吹入电磁阀进油口,电磁阀线圈通电和不通电,检验其开闭是否良好。如果电磁阀不通电时不通气,则通电时就应通气,如果不是这样,说明电磁阀已损坏,需更换。

3. 脉冲工作方式电磁阀的检查

在占空比脉冲控制下工作的开关式电磁阀检查方法如图14-26所示。

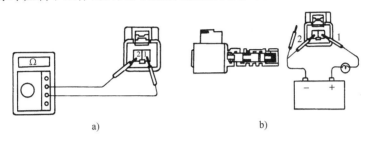

图14-26 脉冲工作方式电磁阀的检查
a) 检查电磁阀的电阻　b) 检查电磁阀的动作

1) 检测电磁阀电阻。拔开电磁阀线束插接器后,用万用表测量电磁阀插脚与搭铁之间的电阻。自动变速器线性脉冲式电磁阀的线圈电阻一般为 3~5Ω。如果测量的电阻值过大或过小,说明电磁阀线圈有断路或短路,需更换电磁阀。

2) 检测电磁阀的动作。拆下电磁阀,将电磁阀线圈施加4V左右的电压时,应能听到电磁阀动作的响声;对于滑阀式电磁阀,应能看到电磁阀阀芯向外移动,断开电源时,电磁阀阀芯应会退回。否则说明电磁阀阀芯有卡滞,应更换电磁阀。

思 考 题

1. 自动变速器有哪些类型?各种类型的自动变速器具有什么特点?
2. 电子控制液力传动式自动变速器由哪几部分组成?各起什么作用?
3. 电子控制液力传动式自动变速器的优点和缺点有哪些?
4. 自动变速器电子控制系统的基本组成是什么?其基本控制功能有哪些?
5. 电子控制自动变速器如何实现自动换档控制?工作中如何选择换档模式?
6. 自动变速器为什么要进行主油路的油压控制?都有哪些控制项目?
7. 变矩器的基本组成部件有哪些?变矩器是如何工作的?导轮上为何要使用单向离合器?
8. 齿轮变速器有哪些结构形式?有哪些组成部件?如何实现换档?
9. 主油路液压调节系统是如何稳定主油路压力的?如何调高或调低主油路压力?
10. 手动阀起何作用?如何操纵?
11. 换档液压控制系统有哪些组成部件?如何实现换档控制?
12. 变矩器锁止控制有哪几种方式?变矩器锁止控制装置是如何工作的?
13. 自动变速器通常设有哪些开关?这些开关各起何作用?
14. 电子控制自动变速器故障诊断的一般程序是什么?
15. 电子控制自动变速器有哪些基础性检验内容和试验项目,其目的或作用是什么?
16. 自动变速器执行器如何检修?

第十五章 电子控制防抱死制动系统（ABS）

第一节 概 述

一、防抱死制动控制系统的作用及发展概况

1. 普通制动器的问题

（1）车轮制动力分析 如果忽略车轮及与其一起旋转部件的惯性力矩和车轮的滚动阻力，汽车制动时车轮的受力情况如图 15-1 所示。

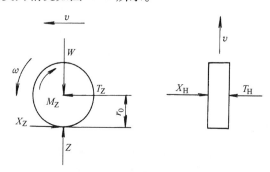

图 15-1 汽车制动时车轮的受力分析

W—车轮的径向载荷 Z—地面对车轮的法向反力 M_Z—制动器的制动力矩 T_Z—车轴对车轮的纵向推力
X_Z—地面对车轮的切向反作用力 r_0—车轮的工作半径 T_H—车轴对车轮的横向推力
X_H—地面对车轮的横向反作用力 v—汽车行驶速度 ω—车轮角速度

地面对车轮的切向反力 X_Z 使车辆产生减速度，称为地面纵向制动力；地面对车轮的横向反力 X_H 可阻止车轮侧向滑移，称为地面防侧滑力。

地面制动力是在制动器的制动力矩作用下产生的，在车轮没有拖滑时，地面制动力主要取决于制动器制动力矩的大小，即：$X_Z = M_Z/r_0$。但是，最大地面制动力 $X_{ZM} \leqslant \phi_Z Z = \phi_Z W$（$\phi_Z$ 为地面纵向附着系数）。最大地面防侧滑力 $X_{HM} \leqslant \phi_H Z = \phi_H W$（$\phi_H$ 为地面横向附着系数）。

在紧急制动情况下，地面纵向附着系数对制动效果有着直接的影响，而地面横向附着系数的大小对防止车辆侧滑、甩尾起着决定性的作用。

（2）滑移率与制动效果 滑移率 S 的定义如下：

$$S = \frac{v - r_0\omega}{v} \times 100\%$$

v 为车身相对于地面的移动速度 车轮被完全抱死时，$\omega = 0$，$S = 100\%$；车轮作纯滚动时，$\omega r_0 = v$，$S = 0$。某种路面的地面附着系数与滑移率之间的关系如图 15-2 所示。

从这有代表性的地面附着系数变化特性中可知，车轮滑移率 S 在 20% 左右时，纵向附着系数最大，横向附着系数也不小。在紧急制动时，如果能适当地控制制动器制动力的大

小，使车轮处于边滚边滑（$S \approx 20\%$）的状态，可使地面制动力达到最大，缩短制动距离；同时，可保持良好的防侧滑能力。

（3）普通制动器存在的问题　普通制动器在紧急制动时由于制动器的制动力过大而将车轮抱死，这时的滑移率 $S = 100\%$，因此就有这样的问题：纵向附着系数不是最大，降低了地面制动力 X_Z 而使制动距离延长了；横向附着系数为零，地面对车轮无防侧滑能力（$X_H = 0$），易出现车辆侧滑和甩尾；轮胎拖滑而造成的与地面的剧烈摩擦，使轮胎的磨损加剧。

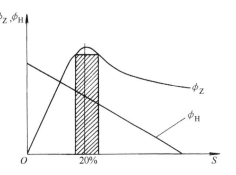

图 15-2　滑移率与地面附着系数

2. 制动防抱死控制的作用

防抱死制动系统（ABS）是在普通制动系统的基础上，配置了防止车轮抱死的电子控制系统，其基本组成如图 15-3 所示。

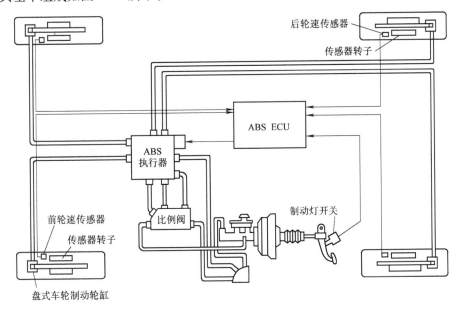

图 15-3　防抱死制动系统的基本组成

在紧急制动或是在光滑路面行驶中制动，车轮会被抱死的情况下，制动防抱死控制立刻起作用，自动控制各个车轮制动器制动力的大小，使车轮不被抱死，处于边滚边滑（滑移率 $S \approx 20\%$）的状态，使地面纵向附着系数保持在较大的范围内，横向附着系数也不小，显现出如下作用：

1）充分发挥了制动器的效能，可缩短制动时间与距离。
2）有效地防止了紧急制动时车辆的侧滑与甩尾，提高了汽车制动时的行车稳定性。
3）在紧急制动时可转动汽车行驶方向，具有良好的操纵性。
4）避免了轮胎与地面之间的剧烈摩擦，减小了轮胎的磨损。

3. 防抱死制动系统的发展概况

防抱死制动系统（Anti-lock Braking System，ABS）是汽车主动安全控制装置。ABS最初应用于飞机，20世纪40年代末，ABS在波音47飞机上应用，以后，ABS成为飞机上的标准件。这种采用真空管的ABS在汽车上应用则性能达不到要求，加之其体积大、成本高等缺点，因此，在汽车上的实用意义不大。1971年，德国博世公司首次推出了电子ABS，并从开始的集成电路控制，发展为用微处理器控制。从此，ABS在汽车上的应用得以迅速发展，其控制形式也从二轮防抱死控制发展为四轮防抱死控制。现在，ABS作为汽车的主动安全装置，已逐渐成为各种汽车的标准装备。

二、防抱死制动系统的分类

汽车上出现过多种类型的ABS，现以不同的分类方式加以概括。

1. 按系统控制方案不同分

（1）轴控式ABS 根据一个车轮转速传感器（或轴转速传感器）信号共同控制同一轴上的两车轮，这种控制方案多用于载货汽车。轴控式又分低选控制（由附着系数低的车轮来确定制动压力）和高选控制（由附着系数高的车轮来确定制动压力）两种方式。

（2）轮控式ABS 也称单轮控制，即每个车轮均根据各自车轮转速传感器信号单独进行控制。

（3）混合式ABS 系统中同时采用轴控式和轮控式两种控制方式。

2. 按控制通道和传感器数不同分

ABS中的控制通道是指能独立进行制动压力调节的制动管路，按控制通道分ABS有单通道、双通道、三通道及四通道等四种形式。

（1）单通道式ABS 单通道式ABS如图15-4所示，通常是对两后轮采用轴控方式，车轮转速传感器有一个或两个。采用一个轮速传感器的将传感器安装在后桥主减速器处，采用两个轮速传感器的则在两后轮上各装一个，并采用低选控制。由于前轮未进行防抱死控制，因而汽车制动时的转向操纵性没有提高。但单通道ABS结构简单、成本低，因此，在一些载货汽车上还有应用。

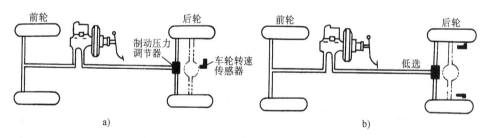

图15-4 单通道式ABS
a）单通道一传感器 b）单通道二传感器

（2）双通道式ABS 双通道式ABS有不同的形式，如图15-5所示。双通道结构比较简单，但难以同时兼顾制动时的方向稳定性、转向操纵性及制动效能，因此，目前在汽车上已很少使用。

（3）三通道式ABS 三通道式ABS一般是前轮采用轮控式，后轮采用低选轴控式，如

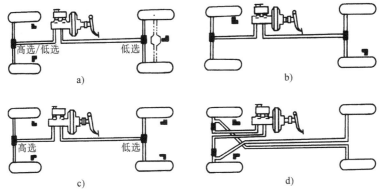

图 15-5 双通道式 ABS

a) 二通道三传感器 b)、d) 二通道二传感器 c) 二通道四传感器

图 15-6 所示。图 15-6c 所示的 ABS 后轮制动管路中各装有一个制动压力调节器,但两调节器由 ECU 按低选原则统一控制,因此,实际上是一个控制通道。

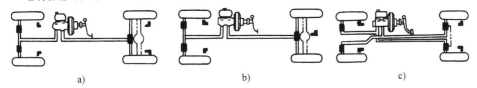

图 15-6 三通道式 ABS

a) 三通道四传感器(双管路前后布置) b) 三通道三传感器 c) 三通道四传感器(双管路对角布置)

(4) 四通道式 ABS 四通道式 ABS 四个车轮均采用轮控式,如图 15-7 所示。

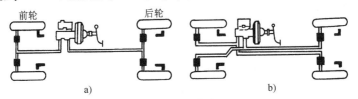

图 15-7 四通道式 ABS

a) 四通道四传感器(双管路前后布置) b) 四通道四传感器(双管路对角布置)

第二节 防抱死制动系统的结构与原理

一、防抱死制动系统的控制原理

1. 防抱死制动系统的基本控制原理

电子控制防抱死制动系统的基本原理如图 15-8 所示。

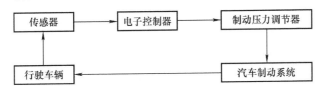

图 15-8 电子控制防抱死制动系统基本原理

ABS 电子控制器根据相关传感器的电信号对制动车轮的滑移情况进行计算与判断后,输出控制信号,通过其执行机构(制动压力调节器)控制车轮制动器的制动力,以使车轮不被抱死,处于边滚边滑的状态。

2. 制动防抱死的控制方式

在各种路况下,ABS 的防抱死控制应确保汽车能获得尽可能大的纵向制动力和防侧滑力,并使车轮的制动力矩变化幅度尽可能小。有逻辑门限值控制方法、最优化控制方法及滑动模态变结构控制方法等,目前大量采用的是逻辑门限值控制方法。逻辑门限值参数有车轮滑移率、车轮角加速度、滑移率与角加速度结合等几种。

(1) 以车轮滑移率为控制参数　ABS 电子控制器根据车速传感器和车轮转速传感器的信号获得车速(车身相对于路面的移动速度)和车轮转速参数,并计算车轮的滑移率 S(称绝对滑移率),以 S 作为控制制动力大小的依据。当计算得到的滑移率 S 超出设定值时,ABS 电子控制器就输出减小制动力信号,通过制动压力调节器减小制动压力;当滑移率 S 低于设定值时,ABS 电子控制器输出增大制动力信号,制动压力调节器又使制动压力增大。通过这样不断地调整制动压力,使制动车轮不被抱死,并将车轮的滑移率控制在设定的最佳范围内。

(2) 以车轮角减速度、角加速度为控制参数　ABS 电子控制器主要根据车轮转速传感器的信号计算车轮的角减速度、角加速度,并作为控制制动力的依据。在电子控制器中的控制程序中,事先设定了一个角减速度门限值,作为车轮已被抱死的判断值;另设一个角加速度门限值,作为制动力过小而使车轮转速过高的判断值。制动时,当车轮角减速度达到角减速度门限值时,控制器输出减小制动力信号;当车轮转速升高至角加速度门限值时,控制器则输出增加制动力信号。如此不断地调整制动压力,使车轮不被抱死,处于边滚边滑的状态。

(3) 以车轮角减速度和滑移率为控制参数　单纯用一种控制参数存在局限性。仅以车轮的角减速度、角加速度为门限值,汽车在不同的路况下行驶过程中紧急制动,车轮达到设定的角速度门限值时,车轮的实际滑移率差别很大,这会使得一些路面的制动控制达不到好的效果;仅以滑移率为门限值进行控制,由于路况的不同,最佳滑移率的变化范围较大(8%~30%),因此,就不可能在各种路况下都能获得最佳的制动效果。将两种门限参数结合在一起,可使系统能辨识路况,提高系统的自适应控制能力。

3. ABS 的控制过程

目前的 ABS 大都采用车轮角减速度、角加速度和滑移率为控制参数的门限控制方式,一般以设定的车轮角减速度和角加速度参数为主要控制门限,以滑移率参数为辅助控制门限值。通常以车轮转速信号和设定一个车辆制动减速度值来计算得到参考滑移率,而门限减速度、门限加速度及车辆制动减速度值均通过试验确定,因此,不同车型、不同类型的 ABS 一般不具有通用性。现以典型的博世公司的 ABS 为例,说明 ABS 电子控制系统的控制原理。

(1) 高附着系数路面的制动控制过程　ABS 在高附着系数路面的制动控制过程如图 15-9 所示。

第 1 阶段:为制动初始阶段,制动压力上升。此阶段车轮速度 v_R 随制动压力的增大而下降,车轮的减速度增大。当车轮减速度达到门限值 $-a$ 时,制动压力将停止增大。

第 2 阶段:车轮减速度达到了门限值 $-a$,但计算得到的参考滑移率还未达门限值 S_1,

因此，控制系统使制动压力进入保持阶段，以使车轮充分制动。

第3阶段：当参考滑移率大于门限值 S_1 时，控制系统使制动压力进入减小阶段。随着制动压力的减小，车轮在惯性力的作用下开始加速。

第4阶段：当车轮的减速度减小至门限值 $-a$ 时，控制系统使制动压力进入保持阶段。此阶段由于汽车惯性的作用，车轮仍然在加速。当车轮加速度达到加速度门限值 $+a$ 时，仍然保持制动压力，直到车轮加速度超过第二门限值 $+A$ 为止。

第5阶段：第二门限值 $+A$ 为适应附着系数突然增大而设，当车轮的加速度超过第二门限值 $+A$ 时，控制系统再使制动压力增大，以适应附着系数的增大。此时，随着制动压力的增大，车轮加速度会下降。

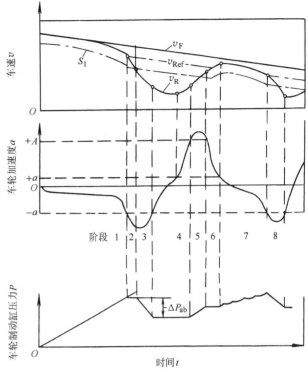

图 15-9 高附着系数路面的制动防抱死控制过程
v_F—实际车速 v_{Ref}—参考车速 v_R—车轮速度

第6阶段：当车轮加速度又低于 $+A$ 时，控制系统又使制动压力进入保持阶段，直到车轮加速度又回落至 $+a$ 以下。

第7阶段：车轮的加速度在 $+a$ 以下时，对制动压力的控制为增压、保持的快速转换，以使车轮滑移率在理想滑移率附近波动。此阶段制动压力有较小的阶梯升高，车轮加速度继续回落。

第8阶段：当车轮减速度再次超过 $-a$ 时，又开始进入制动压力减小阶段，此时制动压力降低不再考虑参考滑移率门限值，进入下一个控制循环过程。

（2）低附着系数路面的控制过程　汽车在低附着系数路面行驶中制动时，较低制动压力就可能使车轮抱死，且需要更长的时间加速才能走出高滑移率区。因此，低附着系数路面的防抱死控制与高附着系数路面的有所不同，其控制过程如图 15-10 所示。

低附着系数路面的防抱死控制的第1与第2阶段与高附着系数路面控制过程的第2、第3阶段相似。当进入制动压力保持阶段（第3阶段）后，由于附着系数小，车轮的加速很慢，在设定的制动压力保持时限内车轮加速度未能达到门限值 $+a$，ECU 由此判定车轮处于低附着系数路面，并以较小

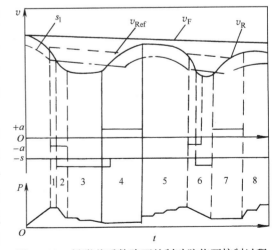

图 15-10 低附着系数路面的制动防抱死控制过程

的减压率使制动压力降低,直到车轮加速度超过 $+a$。此后,系统又进入制动压力保持阶段(第 4 阶段)。当车轮加速度又低于 $+a$ 时,系统以较低的阶梯升压率增大制动压力(第 5 阶段),直到车轮的减速度又低于门限值 $-a$,进入下一个防抱死控制循环。由于在第一个循环中车轮处于较大滑移率的时间较长,ECU 根据此状态信息,在下一个循环中,采用持续减压的方式使车轮加速度升至 $+a$(第 6 阶段)。这样可缩短车轮在高滑移率状态的时间,使车辆的操纵性和稳定性得以提高。

(3) 制动中路况突变的防抱死控制过程 在制动过程中会有从高附着系数路面进入低附着系数路面的情况,比如在沥青或水泥路面制动中驶入结冰路面。这种由高附着系数路面突变到低附着系数路面的制动防抱死控制过程如图 15-11 所示。

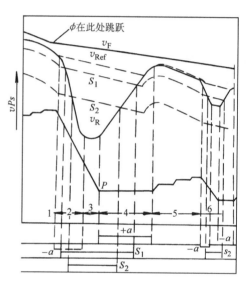

图 15-11 路面附着系数由高向低突变的制动防抱死控制过程

假设在上一个防抱死控制循环结束、下一个循环刚刚开始时,车轮突然从高附着系数路面进入低附着系数路面,由于这时制动压力调节器还保持在与高附着系数路面相适应的较高压力,就会出现车轮的参考滑移率超过高门限值 S_2 的可能。因此,在车轮的角减速度从低于 $-a$ 到高于 $-a$ 变化过程中,还需要对车轮的参考滑移率是否超过 S_2 进行判断。如果参考滑移率超过 S_2,说明车轮处于滑移率过大状态,系统将不进行制动压力保持,继续减小制动压力,直至车轮的加速度高于门限值 $+a$(第 3 阶段)。此后,系统再进入制动压力保持阶段(第 4 阶段),直到车轮的角加速度又低于门限值 $+a$。然后再以较低的阶梯升压率增大制动压力(第 5 阶段),直到车轮的角减速度再次低于门限值 $-a$,进入下一个防抱死控制循环。

在低附着系数路面、车速低于 20km/h 的情况下,由于车轮角减速度较小,通常以滑移率门限作为主要控制门限,而以车轮的角减速度和角加速度作为辅助控制门限。

二、制动防抱死电子控制系统部件的结构与原理

1. ABS 传感器与开关

(1) 车轮转速传感器 车轮转速传感器将车轮的转速转变为电信号,并输送给控制器,用于计算车轮滑移率、角加速度及汽车参考速度等,是 ABS 控制器进行防抱死控制的重要依据。车轮转速传感器有磁感应式、光电式和霍尔效应式等,目前汽车上使用最广泛的是磁感应式车轮转速传感器。磁感应式车轮转速传感器的结构形式参见第八章图 8-43,安装位置如图 15-12 所示。

(2) 减速度传感器 减速度传感器也被称为 G 传感器,将汽车制动时的减速度大小转换为相应的电信号。ABS 电子控制器根据 G 传感器所提供的电信号判断路面附着力的高低情况,并进行与路面附着力相适应的制动力控制。装有减速度传感器的 ABS,可使汽车在不同的路面上均有最佳的制动效果。

ABS 中使用的减速度传感器主要有水银式、差动变压器式。水银式减速度传感器只产生"开"与"关"两种信号，ABS 电子控制器根据水银式减速度传感器的信号可作出低附着系数路面和高附着系数路两种判断结果。

(3) 车速传感器 ABS 中的车速传感器是要检测汽车车身相对于路面的移动速度，ABS 控制器可根据此信号及车轮转速信号准确地计算车轮的滑移率。在汽车紧急制动的情况下，车轮与地面之间有滑移存在，用车轮转速传感器信号得不到准确的绝对车速。采用多普勒（Doppler）雷达可获得准确的绝对车速，但到目前为止，配备多普勒车速传感器的 ABS 还很少见。

(4) 制动灯开关 制动灯开关用于向 ABS 电子控制器提供汽车制动信号。当驾驶人踩下制动踏板时，制动灯开关在接通制动灯电路的同时，向 ABS 电子控制器输出一电压信号，电子控制

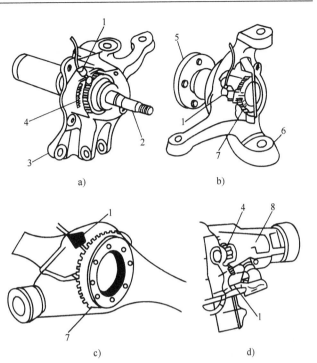

图 15-12 车轮转速传感器的安装位置
a) 驱动车轮处 b) 非驱动车轮处
c) 主减速器处 d) 变速器处
1—传感器 2—半轴 3—悬架支座 4—齿圈 5—轮毂
6—转向节 7—齿圈（主减速器从动齿轮） 8—变速器

器根据此信号判断汽车处于制动状态，并根据相关传感器输入的信号进行防抱死制动控制。

2. ABS 电子控制器

ABS ECU 接收各传感器和开关的电信号，通过计算与分析，判断车轮的滑移状况，并向制动压力调节器输出控制信号，及时调节制动力的大小。此外，控制器还具有故障监控报警和故障自诊断等功能。一种适用于四通道的 ABS ECU 基本组成如图 15-13 所示。

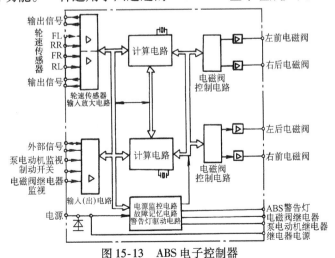

图 15-13 ABS 电子控制器

（1）输入电路 输入电路由低通滤波、整形、放大、A/D 转换等电路组成，用于对车轮转速传感器的交流信号进行预处理，并将其转换为数字信号后送入运算电路（CPU）。输入电路同时传送 ECU 对各轮速传感器的监测信号，并将反馈信号送回 CPU。输入电路还接收点火开关、制动开关、液位开关等开关信号和电磁阀继电器、油泵继电器等执行机构电路的反馈信号，经处理后送入 CPU。

（2）运算电路 运算电路主要由微处理器构成，其作用是根据传感器等输入的信号，按照设定的程序进行计算、分析和处理，并产生相应的控制指令。运算电路通常由两个微处理器组成，以确保系统工作的可靠性。两个微处理器同时接收输入信号进行运算和处理，并进行交互式通信来比较，如果处理结果不一致，微处理器就立即使 ABS 停止工作，以防止系统因发生故障而导致错误的控制。运算电路在监测到传感器、执行器等外部电路有故障时，也会向安全保护电路输出停止 ABS 系统工作的指令，使 ABS 立刻停止工作。

（3）输出电路 输出电路由电磁阀控制电路、液压泵电动机控制电路等组成，其作用是将运算电路的控制指令（如制动压力的增压、保持、减压及液压泵的工作、停止等）转换为模拟控制信号，并通过功率放大器向执行器提供控制电流。

（4）安全保护电路 安全保护电路由电源控制、故障记忆、继电器控制、ABS 警告灯控制等电路组成，其主要功能有三个。一是对汽车电源电压进行监控，并向 ECU 提供工作所需的 5V 标准电压；二是当 ABS 出现故障时，能根据 CPU 的指令，迅速使 ABS 停止工作，以确保普通制动功能，同时使 ABS 警告灯亮起；三是通过故障记忆电路（存储器）将 ABS 出现的故障以代码的形式储存起来。

3. 制动压力调节器

制动压力调节器由电磁阀和液压元件组成，其作用是按照 ABS ECU 输出的控制信号动作，准确、迅速地调节制动器制动压力的大小，以使车轮处于理想的滑移率状态。

制动压力调节器与制动主缸的结构关系有整体式（图 15-14）和分离式（图 15-15）两种，调压的方式则有循环流动式和变容积式两种。

（1）循环流动式制动压力调节器 循环流动式制动压力调节器串联在普通制动管路中。工作时，制动液在制动主缸、轮缸和储液器之间循环流动，其组成部件如图 15-16 所示。

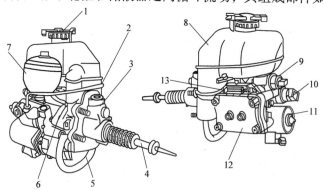

图 15-14 整体式制动压力调节器
1—液位指示开关 2—高压管路 3—助力器 4—推杆 5—低压软管 6—液压泵总成 7—蓄能器
8—储液罐 9—主电控阀 10—压力开关 11—电子泵总成 12—阀体 13—电磁阀

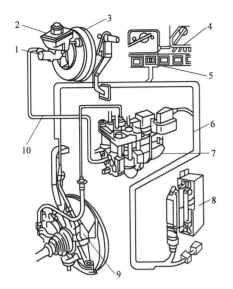

图 15-15 分离式制动压力调节器
1—制动主缸 2—储液罐 3—助力器 4—仪表板
5—ABS 指示灯 6—ABS 线束 7—制动压力调节器
8—ABS 控制器 9—车轮转速传感器 10—制动管路

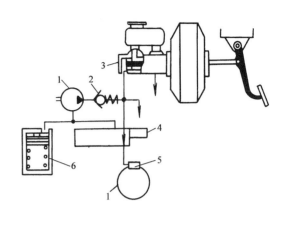

图 15-16 循环流动式制动压力调节器的组成
1—回油泵 2—单向阀 3—制动主缸
4—制动压力调节电磁阀 5—制动轮缸 6—储液器

制动压力调节器电磁阀常见的有三位三通、二位二通两种，用于控制连接制动主缸、制动轮缸及储液器三条管路的通断，以实现制动轮缸压力的控制；储液器用于暂时储存制动轮缸压力减小过程流出的制动液；回油泵则是将储液器的制动液泵回制动主缸。

1）三位三通电磁阀循环流动式制动压力调节原理。采用三位三通电磁阀的循环流动式制动压力调节器工作原理如图 15-17 所示。三位三通电磁阀有三个工作位置，对应三种通电状态（不通电、半通电和全通电）；三个液压通道，分别连接制动主缸、制动轮缸和储液罐。三位三通电磁阀制动压力调节过程如下。

① 普通制动：在通常的减速制动或停车慢速制动时，由于车轮不会被抱死，ABS 不介入工作，制动压力调节器电磁阀不通电，电磁阀处于右位，制动主缸与轮缸直通，制动轮缸的压力直接由驾驶人通过制动踏板控制。

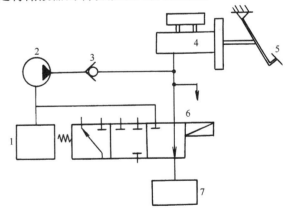

图 15-17 循环流动式制动压力调节器工作原理
（三位三通电磁阀）
1—储液器 2—回油泵 3—单向阀 4—制动主缸
5—制动踏板 6—三位三通电磁阀 7—制动轮缸

② 减压过程：当需要减小制动压力时，ECU 输出减压信号，向电磁阀提供较大的电流，电磁阀处于左位，将连接制动主缸的通道封闭，并将制动轮缸与储液器接通，制动压力降低。此时，电动回油泵工作，将从轮缸流入储液器的制动液泵回制动主缸。

③ 保压过程：当需要保持制动压力时，ECU 输出保压信号，向电磁阀提供较小的电流，

电磁阀处于中位，电磁阀的三个通道都被封闭，制动轮缸的压力将保持不变。

④ 增压过程：当需要增大制动压力时，ECU 输出增压信号，使电磁阀断电，电磁阀回到右位，制动主缸与制动轮缸相通，制动主缸的高压制动液进入轮缸，使其压力增大。

ECU 通过控制电磁阀全通电（降低制动压力）、半通电（保持制动压力）和断电（增大制动压力）来调节制动器制动压力的大小，使车轮处于最佳的滑移率状态。

当 ABS 失效时，ECU 使电磁阀保持断电状态，这时，制动主缸与轮缸直通，可保证普通制动器正常起作用。采用三位三通电磁阀的循环流动式制动压力调节器一例如图 15-18 所示。

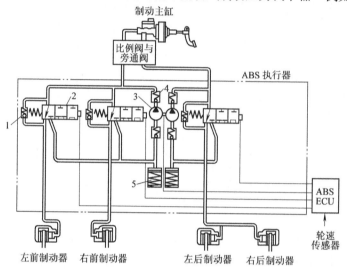

图 15-18　丰田雷克萨斯 LS400 型轿车 ABS 制动压力调节器
1—解除制动单向阀　2—三位三通电磁阀　3—回油泵　4—单向阀　5—储液罐

2）二位二通电磁阀循环流动式制动压力调节原理。采用两个二位二通电磁阀的循环流动式制动压力调节器工作原理如图 15-19 所示。二位二通电磁阀有两个工作位置，两个液压通道。常开电磁阀不通电时将制动主缸与轮缸接通，常闭电磁阀通电时则将制动轮缸与回油管路接通。采用两个二位二通电磁阀的循环流动式制动压力调节器工作过程如下。

① 普通制动：在通常的减速制动或停车慢速制动时，ABS 不工作，因此，两电磁阀不通电。此时，制动主缸通过常开电磁阀与制动轮缸相通，常闭电磁阀则将通储液器通道关闭，制动轮缸的压力直接由驾驶人通过制动踏板控制。

② 减压过程：当需要减小制动压力时，ECU 输出减压控制信号，使两电磁阀均通电。

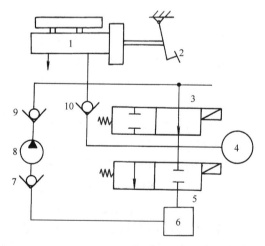

图 15-19　循环流动式制动压力调节器工作原理（二位二通电磁阀）
1—制动主缸　2—制动踏板　3—常开电磁阀
4—制动轮缸　5—常闭电磁阀　6—储液器
7、9、10—单向阀　8—回油泵

常开电磁阀通电后关闭，断开了连接制动主缸的通道；常闭电磁阀通电后打开，使制动轮缸与储液器相通。于是，制动压力降低。此时，电动回油泵工作，将从轮缸流入储液器的制动液泵回制动主缸。

③ 保压过程：当需要保持制动压力时，ECU 输出保压信号，只使常开电磁阀通电。常开电磁阀通电后关闭，常闭电磁阀不通电也处于关闭状态，此时，制动轮缸与制动主缸和储液器通道均被封闭，使制动轮缸的压力保持不变。

④ 增压过程：当需要增大制动压力时，ECU 输出增压信号，使两电磁阀均处于断电状态。这时，制动轮缸只与制动主缸相通，制动主缸的高压制动液进入轮缸，使其压力增大。

ECU 通过控制两电磁阀均不通电（压力上升）、只常开电磁阀通电（压力保持）和两个电磁阀均通电（压力下降），实现制动压力的自动控制，将车轮的滑移率控制在适当的范围。

当 ABS 失效时，两电磁阀均不通电，制动主缸与轮缸直通，可保证普通制动器正常起作用。采用二位二通电磁阀的循环流动式制动压力调节器一例如图 15-20 所示。

（2）变容积式制动压力调节器　变容积式制动压力调节器通过调节制动轮缸的有效容积来调节制动压力，相对于循环流动式制动压力调节器，变容积式制动压力调节器增加了动力活塞和蓄能器。采用三位三通电磁阀的变容积式制动压力调节器的基本组成如图 15-21 所示。

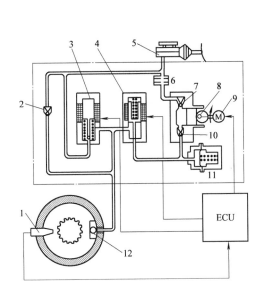

图 15-20　富康系列轿车 ABS 制动压力调节器
1—车轮转速传感器　2—解除制动单向阀　3—常开电磁阀
4—常闭电磁阀　5—制动主缸　6—缓冲器
7、10—回油泵排出与吸入止回阀　8—回油泵
9—电动机　11—储液器　12—制动轮缸

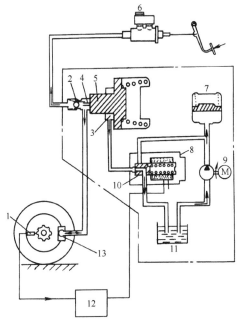

图 15-21　变容积式制动压力调节器
1—轮速传感器　2—单向阀　3—动力活塞控制油腔
4—动力活塞左腔　5—动力活塞　6—制动主缸
7—蓄能器　8—三位三通电磁阀　9—电动油泵
10—柱塞　11—储液器　12—ECU　13—制动轮缸

当单向阀关闭时，制动主缸与制动轮缸之间的液压通路被隔断，动力活塞左腔容积构成

了制动轮缸的有效容积,动力活塞移动就可改变轮缸制动压力。动力活塞的移动由控制油腔的压力控制,而蓄能器是控制油压的高端液压源,ECU通过电磁阀就可改变控制油腔的压力,控制动力活塞的移动。动力活塞控制油腔油压的控制方式与循环流动式制动压力调节器控制制动轮缸制动压力的方式相似,也有三位三通电磁阀、二位二通电磁等不同的控制方式。

1) 三位三通电磁阀变容积式制动压力调节原理。三位三通电磁阀变容积式制动压力调节器其制动压力调节过程如下。

① 普通制动:电磁阀不通电,电磁阀柱塞保持在左位,使动力活塞控制油腔与低压的储液器相通,动力活塞在其弹簧力的作用下保持在最左位,活塞左端的顶杆顶开单向阀,使制动主缸与制动轮缸直接连通(图15-21),此时,制动压力直接由制动踏板力控制。

② 减压过程:ECU输出减压控制信号时,向电磁阀提供较大电流,电磁阀柱塞处于右位(图15-22),使动力活塞控制油腔与高压的蓄能器连接,其压力增大,液压推动动力活塞向右移动,单向阀关闭,将制动主缸与制动轮缸断开。单向阀关闭后,动力活塞的继续右移使其左腔容积增大,制动轮缸的制动压力降低。

③ 保压过程:当ECU输出保压信号时,向电磁阀提供较小的电流,电磁阀柱塞处于中位(图15-23),电磁阀的三个通道都被封闭,动力活塞控制油腔的控制液压保持不变,动力活塞因两端的受力保持平衡而静止不动,使制动轮缸的压力保持不变。

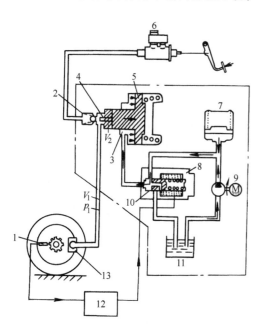 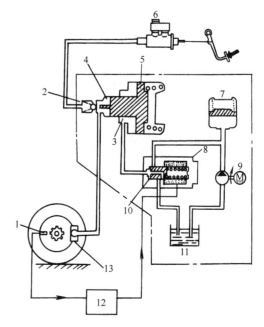

图15-22 变容积式制动压力调节器减压过程 图15-23 变容积式制动压力调节器保压过程
1—轮速传感器 2—单向阀 3—动力活塞控制油腔 4—动力活塞左腔 5—动力活塞 6—制动主缸 7—蓄能器 8—三位三通电磁阀 9—电动油泵 10—柱塞 11—储液器 12—ECU 13—制动轮缸

④ 增压过程:当ECU输出增压信号时,电磁阀断电,电磁阀柱塞回到左位(图15-24),将动力活塞控制油腔与储液器相通,控制油压下降,动力活塞在其弹簧力的作

用下向左移动，使动力活塞左腔容积减小，制动轮缸压力增大。当动力活塞移动到最左位时，活塞左端的顶杆顶开单向阀，制动主缸又与制动轮缸相通，使轮缸的压力进一步增大。

2）二位二通电磁阀变容积式制动压力调节原理。二位二通电磁阀变容积式制动压力调节器的调压原理如图 15-25 所示，其制动压力调节过程如下。

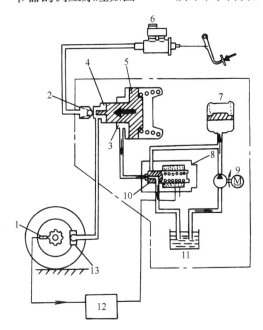

图 15-24 变容积式制动压力调节器增压过程
1—轮速传感器 2—单向阀 3—动力活塞控制油腔
4—动力活塞左腔 5—动力活塞 6—制动主缸
7—蓄能器 8—三位三通电磁阀 9—电动油泵
10—柱塞 11—储液器 12—ECU 13—制动轮缸

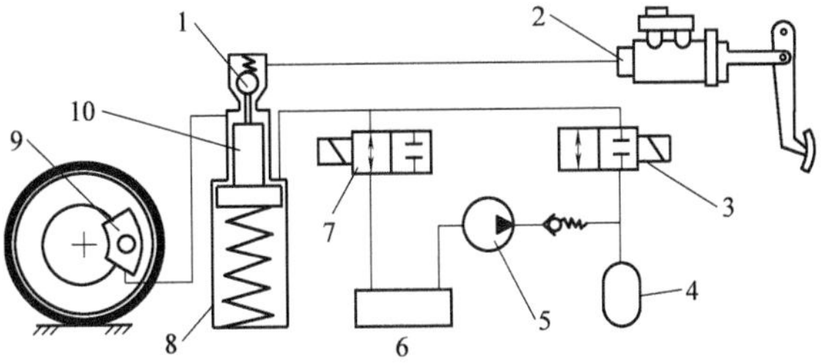

图 15-25 变容积式制动压力调节器
（二位二通电磁阀）
1—单向阀 2—制动主缸 3—常闭电磁阀
4—蓄能器 5—液压泵 6—储液器 7—常开电磁阀
8—调压缸 9—制动轮缸 10—动力活塞

① 普通制动：在通常的减速制动或停车慢速制动时，ABS 不工作，两电磁阀均不通电。此时，常开电磁阀使动力活塞控制油腔与储液器连通，动力活塞在弹簧力作用下保持在最高位，活塞顶杆顶开单向阀，使制动主缸与制动轮缸直接连通。此时，制动压力直接由制动踏板力控制。

② 减压过程：ECU 输出减压控制信号时，两电磁阀均通电。常开电磁阀通电后关闭，常闭电磁阀通电后打开，使动力活塞控制油腔只与蓄能器连接而压力增大，推动动力活塞向下移动，单向阀关闭，使制动主缸与制动轮缸断开。单向阀关闭后，动力活塞的继续下移使轮缸有效容积增大，制动轮缸的制动压力降低。

③ 保压过程：ECU 输出减压控制信号时，只使常开电磁阀通电。常开电磁阀通电后关闭，常闭电磁阀不通电也关闭，此时，动力活塞控制油腔的控制液压保持不变，动力活塞不移动，因而制动轮缸的压力将保持不变。

④ 增压过程：ECU 输出减压控制信号时，使两电磁阀均处于断电状态。动力活塞控制油腔又与储液器相通，控制油压下降，动力活塞在其弹簧力的作用下向上移动，使轮缸的有效容积减小，制动压力增大。当动力活塞上移到某位置时，活塞顶杆顶开单向阀，制动主缸与制动轮缸相通，制动主缸的高压制动液进入轮缸，使轮缸的压力进一步增大。

(3) 特殊形式的制动压力调节器　变容积式制动压力调节器需配蓄能器，用以提供高端控制油压，但也有例外。比如，较早的日本皇冠轿车，其ABS采用变容积式制动压力调节器，但无蓄能器，而是利用动力转向液压泵所产生的液压作为高端控制油压源。

循环流动式制动压力调节器无需蓄能器，但也有配用蓄能器的。比如，戴维斯（Teves）MK Ⅱ ABS为循环流动式制动压力调节器，却设有蓄能器。循环流动式制动压力调节器所设蓄能器的作用原理如图15-26所示。

蓄能器通过电动液压泵的工作使其保持较高的液压，用于对制动轮缸的增压控制。当需要增大制动轮缸压力时，二位三通的主电磁阀通电，使蓄能器与制动轮缸相通，蓄能器高压液流通过主电磁阀、制动主缸、常开二位二通电磁阀到制动轮缸，使轮缸制动压力增大。这种蓄能器还可取代真空助力装置起制动助力作用。

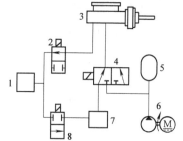

图15-26　蓄能器增压调节方式
1—制动轮缸　2—常开电磁阀
3—制动主缸　4—主电磁阀
5—蓄能器　6—电动液压泵
7—储液器　8—常闭电磁阀

(4) 液压开关与液位开关　ABS液压系统设有液压开关和液位开关，用于液压控制和警告、液位指示与报警等。

1) 压力控制开关（PCS）。此开关设在蓄能器与电动液压泵组件中，由蓄能器下腔的液压控制其动作。当蓄能器的制动液压下降到一定值时，PCS触点闭合，将电动液压泵继电器线圈电路接通，使电动液压泵工作，以提高蓄能器制动液压。

2) 压力警告开关（PWS）。也是由蓄能器下腔液压控制其动作，用于监视蓄能器的制动液压。当制动液压降到设定值以下时，其触点闭合，接通红色制动警告灯，以示警告，随后黄色的ABS灯也会亮起，ABS电子控制器将中止ABS起作用。

3) 液位指示开关（FLI）。用于监视储液箱内的制动液液面，通常有两个触点，当制动液液面下降到最低限时，其常开触点闭合，接通红色制动警告灯电路而使红色制动警告灯亮起，以警告驾驶人须停车检查制动系统；常闭触点打开，断开了ABS电子控制器的电源电路，使黄色的ABS灯亮起，同时使ABS停止起作用。

4. ABS电子控制系统电路

各种类型的ABS，其控制电路中都设置了若干个继电器，起相应的自动控制和保护作用，具体的电子元器件的配置和电路的具体布置各有不同。

(1) 博世（Bosch）ABS2系统电路　博世ABS2为三通道四传感器式ABS，采用循环流动式制动压力调节器，三个制动压力调节通道用三个三位三通电磁阀进行制动压力控制。博世ABS2电子控制系统电路如图15-27所示。

博世ABS2的控制电路中设置了一个横向加速度开关，用于检测汽车横向加速度，当汽车急转弯而使汽车的横向加速度超过限定值时，开关的触点在其自身惯性力的作用下打开，ABS ECU根据此信号对制动防抱死作出适当的修正。

(2) 戴维斯（Teves）MK Ⅱ ABS系统电路　戴维斯MK Ⅱ ABS也是三通道四传感器式，其制动压力调节器也是循环流动式，但每个制动压力调节通道使用了两个二位二通电磁阀进行制动压力控制，因此，三通道的制动压力调节器有六个电磁阀。戴维斯MK Ⅱ ABS系统电路如图15-28所示。

戴维斯MK Ⅱ ABS的控制电路中的电动泵为高压液压泵，用于保持蓄能器正常的液压，由蓄能器压力开关控制。该蓄能器具有较高的液压，是ABS增压控制和制动助力的液压源。

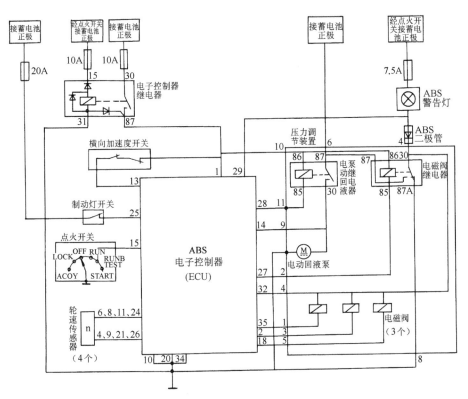

图 15-27 博世 ABS2 电子控制系统电路

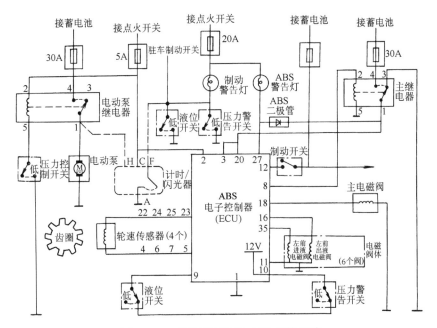

图 15-28 戴维斯 MK Ⅱ ABS 系统电路

第三节　防抱死制动系统的使用与检修

一、防抱死制动系统的使用

1. 注意观察制动警告灯

接通点火开关后、起步前和汽车行驶中，应注意观察汽车仪表板上的红色制动警告灯（标 BRAKE）和黄色的 ABS 警告灯（标 ABS 或 ANTI LOCK）。

BRAKE 灯由制动液压力开关和液面开关及驻车制动灯开关控制，如果松开驻车制动器后红色制动警告灯常亮，或在汽车行驶中该警告灯亮起，说明 ABS 和普通制动系统均不能正常工作，应立即停车检查故障原因，及时排除故障后才能继续行驶。

ABS 警告灯由 ABS ECU 控制，如果接通点火开关后，黄色 ABS 警告灯常亮，或在汽车行驶中亮起，则说明防抱死电子控制系统有故障，须及时检修。如果汽车在行驶途中 ABS 常亮，须多加小心，因为这时只有普通制动系统功能，汽车在紧急制动时车轮将会抱死。

注意：ABS 警告灯亮起时，开车要格外小心，避免紧急制动！BRAKE 警告灯亮起，必须立即停车检查！

2. 注意区别正常反应的故障

汽车制动系统装备防抱死装置后，工作时会有一些容易被误认为故障的现象，使用中应注意辨别。

（1）制动踏板有升降　某些装有 ABS 的汽车，在发动机起动时，踩下的制动踏板会弹起，而在发动机熄火时，制动踏板则会下沉。这是由于这些 ABS 为变容积式制动压力调节器，其控制液压取自动力转向器液压系统（比如日本丰田皇冠汽车），在发动机起动，动力转向泵开始工作时，就会使制动踏板上抬；发动机熄火，动力转向泵停止工作时，则会使制动踏板下沉。

（2）制动时转向盘振动　在制动时转动转向盘，会感到转向盘有轻微的振动。这也是由于制动压力调节器控制油压与动力转向器共用一个液压泵所引起的正常反应。

（3）制动时制动踏板下沉　在制动中有时会感到制动踏板有轻微下沉。这是由于道路路面附着系数变化，ABS 的正常适应性反应所引起的，并非故障现象。

（4）制动时制动踏板振动　在紧急制动时，感到制动踏板有振动。这是 ABS 在起作用的正常表现。

（5）ABS 灯偶尔亮起　在高速行驶中急转弯或冰滑路面上行驶时，有时会出现 ABS 警告灯亮起，但过后又很快熄灭的现象。这是汽车在上述行驶情况下出现了车轮打滑现象，ABS 产生保护动作引起的，并非 ABS 电子控制系统有故障。

（6）车轮有完全抱死现象　在制动后期，会有车轮被抱死，地面留下拖滑的印痕。这是因为在车速小于 7~10km/h 时，ABS 将不起作用，属正常现象。但是，ABS 紧急制动时留下的短而淡淡的印痕与普通制动器紧急制动留下的长拖印是截然不同的。

二、防抱死制动系统的故障检修

1. ABS 故障自诊断

（1）ABS 的自检　当点火开关接通后，ABS ECU 的自诊断系统就立即对其外部电路进行自检,并以 ABS 警告灯亮起表示。自检结束(一般为 3s 左右),ABS 灯熄灭,表示 ABS 电子控制系统正常。

如果警告灯不亮或一直亮均说明 ABS 电路中有故障,应对其进行检查。ABS ECU 对制动压力调节器电磁阀的检查是通过控制阀的开闭循环实现的。发动机起动后,车辆第一次到达 60km/h,ABS 自检完成。

如果在上述自检过程中,ECU 发现异常,或在制动过程中 ABS 工作失常,ECU 就会停止使用 ABS,这时,ABS 警告灯亮起,并储存故障码。

(2) ABS 故障码的显示方式 在检修 ABS 故障时,应先调取 ABS ECU 储存的故障码,以便准确、迅速地排除故障。不同的车型,故障码的显示方式各有不同,大致有如下几种形式。

1) 在 ABS 有故障时,仪表板上的 ABS 警告灯就会闪烁,或是 ABS 电脑盒上的发光二极管(LED)闪烁直接显示故障码。

2) 将检查插接器或 ABS 电脑盒上的有关插孔跨接,使仪表板上的 ABS 灯闪烁来显示故障码。

3) 用专用检测设备连接故障诊断接口读取故障信息。

2. ABS 故障检修注意事项

ABS 故障检修时,如果故障码提示的故障排除后故障现象并未完全消失,或无故障码提示,但汽车出现了紧急制动时车轮抱死、制动效果不良等故障时,就应根据故障现象分析故障原因,并采用正确的方法检修故障。检修时注意如下几点。

1) 如果出现 ABS 灯不亮或常亮、车轮抱死等故障现象时,应先检查导线的接头和插接器有无松脱、蓄电池是否亏电等。

2) 当汽车出现制动不良故障时,首先直观检察制动油路和泵及阀等有无漏损,如果正常,则应区分是普通制动系统(制动器、制动主缸或轮缸、制动管路等)不良还是 ABS 电子控制系统的故障。辨别的方法是,拆下 ABS 继电器线束插接器或 ABS 制动压力调节器电磁阀线束插接器,使 ABS 制动压力调节器电磁阀不能通电工作,再检查制动器控制情况,如果制动不良故障消失,则说明是 ABS 电子控制系统有故障;否则,为普通制动系统有故障。

3) 拆检车轮转速传感器时,不要碰撞或敲击传感器头,也不要以传感器齿轮当撬面,以免损坏传感器。

4) 有蓄能器的 ABS 在需要拆检 ABS 液压控制器件时,应先进行泄压,以避免高压油喷出伤人。卸压的方法是,关掉点火开关,然后反复踩制动踏板 20 次以上,直到感觉踩制动踏板力明显增加(无液压助力)时为止。通常在拆检制动压力调节器部件、制动轮缸、蓄能器及电动液压泵、后轮分配比例阀、制动液管路、压力警告和控制开关时,需要先进行泄压。

3. ABS 主要部件的故障检修

(1) 车轮转速传感器故障的检查 车轮转速传感器的可能故障:车轮转速传感器感应线圈有短路、断路或接触不良等;车轮转速传感器齿圈齿有缺损或脏污;车轮转速传感器信号探头部分安装不牢(松动)或磁极与齿圈之间有脏物。车轮转速传感器故障的检查方法如下。

1) 直观检查。主要检查传感器安装有无松动，导线及线束插接器有无松脱。

2) 检测传感器电阻。用万用表检测传感器感应线圈的电阻，如果电阻过大或过小，均说明传感器不良，应更换。

3) 检测传感器信号。将汽车举升使车轮悬空，在车轮转动时，用万用表测量传感器的输出信号电压，电压表应该有电压指示，其电压值应随车轮转速的增加而升高，一般情况下，应能达到 2V 以上。

4) 检测传感器波形。也可用示波器检测传感器的输出信号电压波形，正常的信号电压波形应是均匀稳定的正弦电压波形。如果信号电压无或有缺损，应拆下传感器作进一步的检查。

(2) 制动压力调节器的检查　制动压力调节器的可能故障：制动压力调节器电磁阀线圈不良；制动压力调节器中的阀有泄漏。制动压力调节器故障的检查方法如下。

1) 检测电磁阀电阻。用万用表检测电磁阀线圈的电阻，如果电阻无穷大或过小等，均说明电磁阀有故障。

2) 检测电磁阀的工作。加电压试验，将制动压力调节器电磁阀加上其工作电压，看阀能否正常动作。如果不能正常动作，则应更换制动压力调节器。

(3) ABS 控制继电器的检查　继电器的常见故障有触点接触不良、继电器线圈不良等，检查方法如下。

1) 检查继电器是否动作。对继电器施加其正常的工作电压，看继电器能否正常动作；若能正常动作，则用万用表检测继电器触点间的电压和电阻，正常时触点闭合时的电压应为零。若电压大于 0.5V 以上，则说明触点接触不良。

2) 检测继电器线圈电阻。用万用表检测继电器线圈的电阻，电阻值应在正常范围之内。

第四节　汽车其他制动控制系统

一、电子制动辅助系统（EBA）

1. EBA 的作用

电子制动辅助系统（Electronic Brake Assist，EBA）也被称为制动辅助系统（Brake Assist System，BAS），是由机械制动辅助系统 BA 发展而来的。其作用是，当汽车行驶中遇情况而必须紧急制动，但驾驶人因缺乏果断而制动踏板的踩踏迟缓或踩踏力不够时，EBA 根据相关传感器的信号确定驾驶人有紧急制动意图，立即启动辅助增压装置，瞬间增加制动压力，以缩短制动距离，避免汽车追尾。

EBA 瞬间提高制动压力后，防抱死制动系统随即进入工作状态，ABS + EBA 可进一步提高汽车制动安全性，尤其是在高速公路上高速行驶时，或驾驶人是老人或妇女，EBA 的作用就更加明显。

2. EBA 的组成与原理

(1) EBA 的基本组成　EBA 最关键的两个问题：一是如何感知当前车辆须尽快制动；二是如何迅速建立制动压力、制动压力的大小如何控制。EBA 的构成和控制方案大体上可分为两种类型：一种是采用变容积式制动压力调节器的 ABS 中增加了一个 EBA 控制程序，这一类 EBA 须与 ABS 一起进行系统研发；另一种相对独立的 EBA，这一类 EBA 制动压力的建立和控制相对独立，因而研发过程相对单纯一些。EBA 的基本组成如图 15-29 所示。

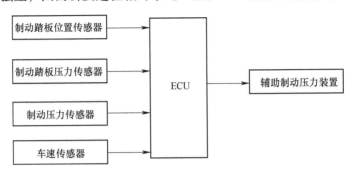

图 15-29　电子制动辅助系统组成

（2）EBA 的工作原理　图 15-29 所示的 EBA 以制动踏板位置传感器感知制动踏板踩踏的速度，当对制动踏板的踩踏速度超过某一设定值时，辅助制动 ECU 就会以制动踏板压力传感器的信号来确认驾驶人的制动意图。如果此时制动踏板压力开始减小，ECU 就会判断此次踩制动踏板为非紧急制动状态，ECU 不激活制动辅助系统；如果此时 ECU 通过制动踏板压力传感器检测到的踏板压力保持不变或继续增大，就判断此次踩制动踏板为紧急制动，并立即激活制动辅助系统，使制动系统迅速建立最大的制动压力。

制动压力传感器将制动主缸或轮缸的制动压力参数转换为电信号，并输送给 ECU，使 ECU 对辅助制动压力激活时的制动压力进行准确的控制。

车速传感器将驾驶人踩踏制动踏板时的汽车行驶速度转换为电信号，并输送给 ECU，以使 ECU 能根据汽车的行驶速度确定是否需要激活制动辅助系统。在车速较低时，即使驾驶人踩踏制动踏板的速度很快，也无需激活制动辅助系统。

（3）辅助制动压力装置　辅助制动压力装置有制动助力器式和蓄能器式等不同的结构形式。

制动助力器式辅助制动压力装置是在原制动真空助力器的基础上，进行结构上的改造，并增设电磁阀等元件。ECU 通过电磁阀激活制动辅助系统，将力传递给主缸活塞杆，由主缸迅速建立所需的制动液压。

蓄能器式辅助制动压力装置是一个与制动主缸并联的液压系统，主要由蓄能器、电磁阀、液压泵等部件组成。非紧急制动时，ECU 使蓄能器保持必要的液压。需要时，ECU 通过控制电磁阀，使蓄能器的液压油进入轮缸，建立辅助制动所需的制动压力。

二、电子制动力分配系统（EBD）

1. EBD 的作用

电子制动力分配系统（Electric Brakeforce Distribution，EBD），其作用是，汽车在制动时，能够根据四个车轮的实际附着路面及轴荷转移情况，自动调节左右轮和前后轴各轮缸的制动压力分配比例，以提高制动效能，并配合 ABS 提高制动稳定性。

汽车在制动过程中，四个车轮附着的地面条件可能会不一样，而车辆减速惯性力使前后轴荷发生变化，这些导致了在汽车制动时四个车轮与地面的摩擦力会有差异。在这种情况下，如果制动主缸施于各轮缸的制动压力没有差别，制动的效能就会下降，并容易使车轮打滑，造成车辆甩尾和侧翻事故。

EBD 可在汽车制动的瞬间，分别对四个车轮与地面的附着情况进行分析，并根据各车轮实际附着力的差异，调整四个轮缸的制动压力分配，并在运动中不断高速调整，从而使各个车轮的轮缸均有与其地面附着力相匹配的制动压力：使高附着力车轮的轮缸有较高的压力，以提高制动效能，缩短制动距离；使低附着力车轮的轮缸适当降低压力，以避免车轮打滑，保证车辆制动安全。

2. EBD 的组成与原理

（1）EBD 的基本组成　EBD 并不是一个独立的制动控制系统，而是 ABS 的有效补充，通常是在 ABS ECU 中增设 EBD 控制程序。EBD 的硬件构成如图 15-30 所示。

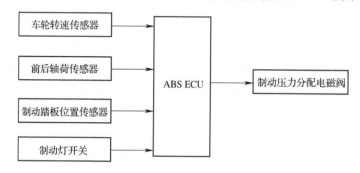

图 15-30　电子制动力分配系统硬件构成

（2）EBD 的原理　当驾驶人踩下制动踏板时，ECU 根据各车轮转速传感器、车速传感器及前后轴荷传感器的信号，分析计算各个车轮因地面附着力不同及前后轴荷的变化而摩擦力的大小变化，然后立即输出前后轮缸制动压力调整控制信号，通过控制制动压力分配电磁阀工作，对各车轮制动压力进行动态调整，使各车轮制动压力与其地面附着力相匹配。

（3）EBD 与 ABS 的关系　EBD 是在汽车制动时即开始起作用，对各个车轮制动压力进行调整，使前后轴的制动得到合理分配，调整的是每个车轮最高制动压力的大小，以便在 ABS 动作之前平衡每一个轮的有效地面附着力。ABS 则是在车轮有抱死倾向时才开始工作，调整的是每个瞬间车轮制动压力的大小，以防止车轮抱死，提高车轮纵向附着力（制动力）和横向附着力（防侧滑力）。

可见，ABS + EBD 可使汽车在不同路面上均可获得最佳的制动效果，缩短制动距离，进一步提高了制动的安全性。

三、电子驻车制动系统（EPB）

1. EPB 的作用

电子驻车制动系统（Electrical Park Brake，EPB）是一种将行车过程中的临时性制动和停车时的长时间制动功能整合在一起，并且由电子控制方式实现停车制动的技术。制动的方式与机械式驻车制动器相同，也是通过制动盘与制动摩擦片压紧后产生的摩擦力来制动车轮。

电子驻车制动控制方式将机械式驻车制动拉杆变成了电子按钮，制动盘与制动摩擦片压紧力也不是来自驾驶人作用于驻车制动拉杆的拉力，而是由电动机转动产生电磁转矩，并通过机械传动机构使制动盘与制动摩擦片压紧。电子式驻车制动系统由电子控制器根据相关传感器和开关的信号来判断是否需要驻车制动，或驻车制动是否应该解除。电子驻车制动系统通常设有如下功能。

1) 普通驻车功能。在汽车长时间停车时，对车轮施以驻车制动，以防止车辆滑移。

2) 自动驻车功能 AUTO HOLD。在 AUTO HOLD 状态下，可在临时停车时自动对车轮施以制动，驾驶人无需长时间踩住制动踏板。汽车从临时停车状态转为继续行车时，驾驶人只需做起步相关的操作（例如，轻踩一下加速踏板），车轮制动状态可自行解除，避免了车辆的滑移，即使是坡道起步，也不会有车辆后滑的情况发生。

3) 坡道停车时，电子控制器会根据具体的坡度，控制电动机工作，使制动盘和制动片具有足够的压紧力，车辆不会因为坡陡，驻车制动力不够而产生滑移现象。

2. EPB 的组成原理

(1) EPB 的基本组成　电子驻车制动系统主要包括传感器与开关、电子控制器和驻车制动执行器等部件，其基本组成如图 15-31 所示。

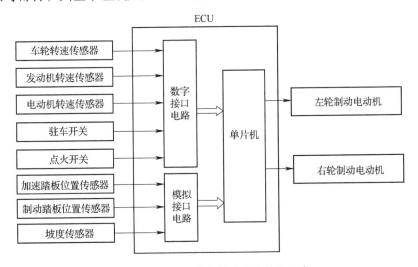

图 15-31　电子驻车制动系统基本组成

EPB 所用到的传感器与开关大都是与其他的电子控制系统共用的，一些 EPB 配有反映坡度的传感器，电子控制器根据汽车所停位置的坡度情况，控制驻车制动执行器对后轮施加制动力来平衡下滑力，使车辆能停稳在坡道上。

驻车制动执行器由电动机和机械传动机构组成，电动机由电子控制器控制其正转或反转，通过传动机构产生制动力（将制动盘和制动摩擦片压紧）或解除制动力（使制动盘和制动摩擦片放松）。机械传动机构由蜗轮蜗杆与齿轮机构组成，或是齿轮机构加柔性拉索组成，作用是将电动机的电磁转矩转换为制动盘与制动摩擦片的压紧力。

(2) EPB 的工作原理　EPB 兼有手动操作和自动控制功能，大多数汽车的 EPB 都可通过驻车按键来启动或关闭驻车制动。当 EPB 处于自动控制状态（AUTO HOLD）时，电子控制器根据各相关传感器和开关的信号来判断汽车的行驶状态，并根据需要输出驻车制动、解除驻车制动及驻车制动力大小调整等控制信号，通过控制电动机的工作，实现驻车制动的启动、解除及制动力大小调整等自动控制。

EPB 的 AUTO HOLD 控制过程如下：

当汽车遇红灯等情况而临时停车时，电子控制器根据车速传感器及制动踏板位置传感器的信号作出启动驻车制动反应，使车辆自动处于驻车制动状态；当汽车需要起步行车时，电子控制器则根据加速踏板位置传感器及发动机转速传感器的信号分析判断出驾驶人的驾车意图，立即输出解除驻车制动控制信号，使制动立刻解除。

当汽车停驶于坡道时，电子控制器根据坡度传感器的信号迅速计算驻车所需的制动力，并输出相应的控制信号控制电动机工作，使车辆能在坡道上停稳；坡道起步时，电子控制器则根据离合器踏板位置传感器和加速踏板位置传感器的信号来分析计算所要施加的制动力，通过发动机 ECU 输送的发动机牵引力信息，计算防止车辆后滑所需的制动力，并随发动机牵引力的增加，相应减少制动力。当牵引力足够克服下滑力时，电子控制器控制电动机工作，解除制动，从而实现车辆顺畅起步。

EPB 通常还设有自动热补偿功能，如果车辆经过强制动后驻车，制动盘会因为冷却收缩而与摩擦片之间的压紧力下降，容易使驻车制动力不够而造成车辆滑移。EPB 的自动热补偿功能就是在这种情况下自动起动电动机，使制动盘与摩擦片之间的压紧力得以保持，以确保驻车制动有效。

思 考 题

1. 普通制动器在紧急制动时会有什么问题？
2. 汽车制动防抱死控制的作用是什么？防抱死控制系统有哪些种类？
3. 电子控制防抱死制动系统是如何防止车轮抱死的？防抱死控制方式有哪几种？
4. 在电子控制防抱死制动系统中，各传感器起何作用？
5. ABS 电子控制器的基本组成部件有哪些？各部件的作用是什么？
6. 制动压力调节器有哪些种类？
7. 电子控制防抱死制动系统出现故障时制动还起作用吗？为什么？
8. 采用三位三通电磁阀的循环流动式制动压力调节器如何调节制动压力？
9. 采用二位二通电磁阀的循环流动式制动压力调节器如何调节制动压力？
10. 何谓变容积式制动压力调节器？有哪些组成部件？
11. 变容积式制动压力调节器如何调节制动压力？
12. 制动压力调节器中的一些开关起何作用？
13. 防抱死制动系统在使用与故障诊断中应注意些什么？
14. EBA 起何作用？它是如何起作用的？
15. EBD 起何作用？它是如何起作用的？
16. EPB 起何作用？它是如何起作用的？

第十六章 电子控制防滑转（ASR）系统

第一节 概　　述

一、汽车防滑转控制的作用

1. 汽车行驶时的车轮滑转及其影响

（1）车轮滑转的产生　汽车在起步或行驶中，驱动车轮转动，但车辆未移动或移动速度低于驱动车轮轮缘速度，车胎与地面之间就产生了相对的滑动。这种由于驱动车轮转动的轮缘速度高于车辆相对于地面移动速度所产生的车轮滑动称之为滑转。

（2）车轮滑转对汽车行驶的影响　汽车起步或行驶时，汽车的牵引力由轮胎与地面的摩擦力产生，其大小与地面的附着力有着直接的关系，而车轮的滑转则会影响地面附着系数。车轮的滑转程度可用滑转率（S_Z）来表示，S_Z的定义如下：

$$S_Z = \frac{v_q - v}{v_q} \times 100\%$$

式中　v_q——驱动轮的轮缘速度；

　　　v——汽车行驶速度，实际应用中，通常以非驱动车轮的轮缘速度（ωr_0）代替。

当汽车未移动（$v=0$），而驱动车轮转动时，其滑转率为100%；车轮作纯滚动时，其滑转率为0。

各种路面的附着系数均随滑转率的变化而改变，试验研究表明，车轮滑转率S_Z在10%~30%时，纵向附着系数达到最大，横向附着系数也较大。此后，随着车轮滑转程度的增加，地面附着力随之下降。当车轮的滑转率为100%时，地面纵向附着系数较小，这使地面所能产生的最大牵引力降低；地面横向附着系数为0，这将会使汽车失去操纵性；轮胎滑转而造成的与地面的剧烈摩擦，使轮胎的磨损加剧。

2. 防止车轮滑转控制的作用

汽车防滑转系统（Anti Slip Regulation，ASR）是继制动防抱死系统（ABS）之后应用于车轮防滑的电子控制系统。

ASR在汽车起步、加速或滑溜路面行驶时起作用，通过控制发动机的输出功率和/或对滑转驱动轮施以制动力等，将车轮滑转率S_Z控制在10%~30%，使轮胎与地面保持较高的附着力，以提高汽车的牵引力和操控性。

ASR的具体作用体现在如下几点。

1）可有效提高汽车在起步、行驶过程中的驱动力，尤其在附着系数小的路面，汽车起步、加速及爬坡能力的提高就更加显著。

2）可提高汽车的行驶稳定性，前轮驱动汽车的方向控制能力好，路面的附着系数越低，其性能提高就越明显。因此，ASR与ABS一样，也是汽车主动安全控制装置。

3）减少了轮胎的磨损，可降低汽车的燃油消耗。

4) 在 ASR 起作用时，可通过仪表板上的 ASR 指示灯或蜂鸣器向驾驶人以安全行车的提醒，例如：避免紧急制动、注意转向盘的操作、不要猛踩加速踏板等，以确保行车的安全。

二、车轮防滑转控制的方式

ASR 防止车轮滑转的控制方式有如下几种方式。

1. 控制发动机输出功率

ASR 控制器输出控制信号，控制发动机的功率输出，以抑制驱动车轮的滑转，避免汽车牵引力和行驶稳定性下降。因此，这种防滑转控制系统也被称为牵引力控制（Traction Control）系统，简称 TRC。

2. 驱动轮制动控制

ASR 输出控制信号，对滑转车轮施以制动力，将车轮的滑转率控制在目标范围之内，以提高汽车在滑溜路面的起步和加速能力、行驶稳定性及转向操纵能力。这种控制方式的作用类似于差速锁，在一边驱动车轮陷于泥坑而部分或完全失去驱动能力时，对其制动后，另一边的驱动车轮仍能发挥其驱动能力，使汽车能驶离泥坑。当两边的驱动车轮都滑转，但滑转率不同的情况下，则可对两边驱动车轮施以不同的制动力。

3. 发动机输出功率与驱动轮制动综合控制

为了达到最理想的控制效果，采用发动机输出功率控制与驱动轮制动控制相结合的控制方式。汽车在行驶过程中，路面滑溜的情况千差万别，驱动力的状态也是不断变化，综合控制系统将根据发动机的状况和车轮滑转的实际情况采取相应的控制。

4. 防滑差速器锁止控制

这种电子控制的差速器可以在不锁止到完全锁止（0～100%）的范围内，通过对锁止离合器施加不同的液压来进行控制。当一边的驱动轮出现滑转或两边的驱动车轮有不同程度的滑转时，控制器输出控制信号，通过液压控制装置调节差速器的锁止程度，以提高汽车的驱动力和行驶稳定性。

在上述 ASR 控制方式中，发动机输出功率控制方式和驱动轮制动控制方式运用较多，目前汽车上采用的 ASR 往往是这两种控制方式的组合。

第二节 电子控制防滑转系统的结构与原理

一、电子防滑转控制原理

1. 电子控制驱动防滑系统的基本原理

ASR 基本控制原理如图 16-1 所示。

车轮转速传感器将行驶汽车的驱动车轮转速及非驱动轮转速转变为电信号，输送给控制器。控制器根据车轮转速传感器的信号计算驱动车轮的滑转率，如果滑转率超出了目标范围，控制器再参考节气门位置传感器、发动机转速传感器及其他相关传感器的电信号进行综合分析后，确定控制方式，并输出控制信号，使相应的执行器动作，将驱动车轮的滑转率控制在目标范围之内。

2. 电子控制驱动防滑系统的工作过程

（1）通过控制发动机输出功率防止车轮滑转过程　当汽车在起步或行驶中出现两驱动车轮同时滑转时，ASR 电子控制器便输出控制信号，控制辅助节气门驱动步进电动机工作，使辅助节气门的开度适当减小，以减小发动机的输出功率，

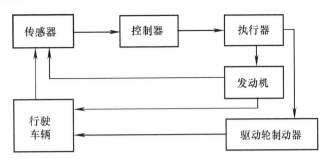

图 16-1　ASR 的基本控制原理

抑制驱动车轮的滑转。当驱动车轮滑转消失后，ASR 电子控制器则又输出控制信号，使辅助节气门开度增大；如果在辅助节气门开度增大过程中驱动轮的滑转又超过了限值，ASR 电子控制器则又输出控制信号，使辅助节气门的开度再适当减小。ASR 电子控制器通过调节辅助节气门的开度，自动将发动机的功率控制在适当水平，使驱动车轮的滑转率保持在理想的范围之内，以提高汽车的牵引力和操控性。

通过辅助节气门控制发动机输出功率其反应速度较慢，通常用调整点火时间和燃油喷射量来补偿辅助节气门调节的不足。当发动机输出功率调节量较小或辅助节气门调节还未能有效控制车轮滑转时，ASR ECU 则向发动机 ECU 输出控制信号，通过发动机 ECU 使点火时间适当推迟或喷油量适当减少，以达到迅速控制发动机输出功率的目的。由于推迟点火和减少喷油量会使燃烧质量变差，造成排气污染上升或增大三元催化转化器的负担，只能用于发动机输出功率瞬时微量调节。

（2）通过对滑转车轮施以制动防止车轮滑转过程　当汽车在行驶中出现某驱动轮滑转，或两个驱动轮同时滑转，但滑转率不一致时，ASR 电子控制器输出控制信号，通过 ASR 制动压力调节器对滑转车轮施以适当的制动力。在对驱动轮实施制动控制过程中，通过对制动轮缸制动压力的增压、保压及减压的控制，将驱动轮的滑转率控制在理想的范围内。当驱动轮滑转消失后，ASR 电子控制器则迅速解除对驱动轮的制动，ASR 制动压力调节器立即停止工作。

通过制动来控制驱动轮的滑转率反应速度快，但是从舒适性和避免制动器过热等方面考虑，这种控制方式只应在汽车行驶速度不高和短时间滑转控制的情况下使用。

（3）发动机输出功率和驱动车轮制动的协调控制过程　通过发动机输出功率与驱动轮制动综合控制来实现驱动防滑的 ASR 系统，ASR 电子控制器根据相关传感器的电信号计算驱动车轮的滑转率，并判断汽车的行驶速度及行驶状况、节气门开度、发动机的工况等，然后确定是否进行防滑转控制和选择什么样的控制方式。

在两边车轮同时出现滑转、发动机转速较高、汽车高速行驶等情况下，ASR 电子控制器优先选择发动机输出功率控制方式。如果减小发动机输出功率还未能使滑转率控制在目标范围之内，则再辅以驱动轮制动控制。

在两边驱动轮滑转率不一致、发动机输出功率较小、汽车行驶速度不高的情况下，ASR ECU 则选驱动轮制动控制方式。必要时，在对驱动车轮施以制动力的同时，再辅以减小发动机输出功率控制，以将驱动轮滑转率控制在最佳的范围之内。

3. ASR 的工作特点

与 ABS 相比，ASR 的工作特点如下。

1）ABS 和 ASR 都是用来控制车轮相对地面的滑动，以使车轮与地面的附着力不下降，但 ABS 控制的是汽车制动时车轮的"拖滑"，主要是用来提高制动效能和确保制动安全；而 ASR 是控制车轮的"滑转"，用于提高汽车起步、加速及滑溜路面行驶的牵引力和确保行驶稳定性。

2）虽然 ASR 也可以和 ABS 一样，通过控制车轮的制动力大小来抑制车轮与地面的滑动，但 ASR 只对驱动车轮实施制动控制。

3）ASR 在汽车起步及一般行驶过程中工作（除非驾驶人通过 ASR 选择开关关闭了 ASR 控制系统），当车轮出现滑转时即可起作用，但在车速很高（80~120km/h）时则通常不起作用。ABS 则只是在汽车紧急制动时工作，在车轮出现抱死时起作用，当车速很低（低于 8km/h）时不起作用。

4）ASR 在处于防滑转控制过程中，如果汽车制动，ASR 就立即中止防滑转控制，以使汽车制动过程不受 ASR 的影响。

二、ASR 系统部件的结构原理

典型的 ASR 系统的构成如图 16-2 所示。

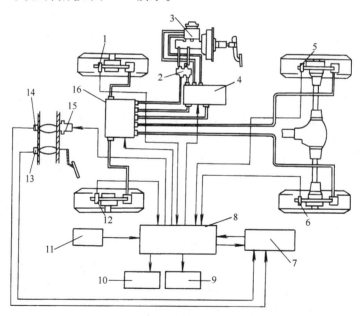

图 16-2 典型 ASR 系统的构成

1—右前车轮转速传感器 2—比例阀和差压阀 3—制动主缸 4—ASR 制动压力调节器 5—右后车轮转速传感器 6—左后车轮转速传感器 7—发动机电子控制器 8—ABS/ASR 电子控制器 9—ASR 关闭指示灯 10—ASR 工作指示灯 11—ASR 选择开关 12—左前车轮转速传感器 13—主节气门开度传感器 14—副节气门开度传感器 15—副节气门驱动步进电动机 16—ABS 制动压力调节器

1. ASR 电子控制系统用传感器与开关

（1）车轮转速传感器 车轮转速传感器是电子控制驱动防滑系统（ASR）最主要的传

感器，ASR 控制器根据各驱动轮和非驱动轮转速传感器的电信号计算每个驱动车轮的滑转率。ASR 系统与 ABS 共用车轮转速传感器。

（2）节气门位置传感器　节气门位置传感器用于向 ASR 控制器提供主、副节气门的开度信息，ASR 控制器参考主、副节气门位置传感器的电信号进行最佳的驱动轮防滑转控制。ASR 与发动机电子控制系统共用节气门位置传感器，或由发动机电子控制器提供节气门开度相关的信息。

（3）ASR 选择开关　ASR 选择开关用于关闭 ASR 功能，在需要时可使 ASR 系统不起作用。比如，在需要将汽车驱动车轮悬空转动来检查汽车传动系统或其他系统故障时，ASR 系统就可能对驱动车轮施以制动，影响故障的检查。这时，就需要通过 ASR 选择开关来关闭 ASR 系统。

2. ASR 控制器

ASR 控制器是驱动防滑控制的核心，由微处理器、输入电路、输出电路及电源等组成，典型的 ASR 控制器的组成如图 16-3 所示。

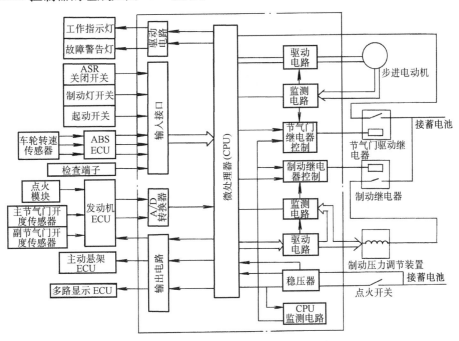

图 16-3　典型 ASR 控制器的组成

一些 ASR 控制器从 ABS 电子控制器、发动机电子控制器得到各车轮转速、节气门开度等信息，这样可省去传感器信号处理电路，减少了电子器件的应用数量，使结构紧凑。有的汽车 ASR 则与 ABS 组合成一个 ECU。

3. ASR 执行器

ASR 的执行器是驱动车轮制动压力调节器和节气门驱动装置，用于对滑转车轮施以适当的制动和控制发动机的输出功率。

（1）ASR 制动压力调节器　ASR 制动压力调节器执行 ASR 控制器的指令，对滑转车轮施加的制动力进行控制，以使滑转车轮的滑转率在目标范围之内。与 ABS 制动压力调节器一样，ASR 制动压力调节器也有循环流动式和变容积式两种。从其结构形式分，有单独的 ASR 制动压力调节器和与 ABS 制动压力调节器一体式两种。

1）单独方式的 ASR 制动压力调节器。ASR 制动压力调节器与 ABS 制动压力调节器为两个独立的装置，通过液压管路互相连接。采用三位三通电磁阀的变容积式 ASR 制动压力调节器一例如图 16-4 所示。

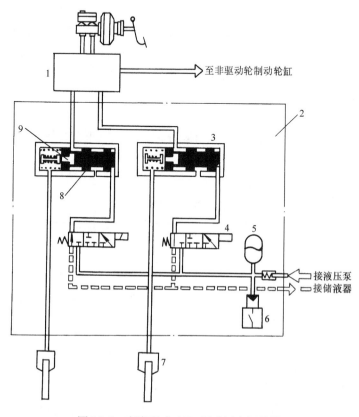

图 16-4 变容积式 ASR 制动压力调节器

1—ABS 制动压力调节器 2—ASR 制动压力调节器 3—调压缸 4—三位三通电磁阀 5—蓄能器 6—压力开关 7—驱动车轮制动器 8—调压缸活塞 9—活塞通液孔

在 ASR 不起作用时，电磁阀不通电，阀在左位，使调压缸的右腔与储液器相通而压力低，调压缸活塞被回位弹簧推至调压缸的右端。这时，调压缸活塞左端中央的通液孔将 ABS 制动压力调节器与车轮制动轮缸沟通，使 ABS 制动压力调节器在汽车制动时可对制动车轮进行防抱死控制。

当驱动车轮出现滑转而需要对驱动车轮实施制动时，ECU 输出驱动轮制动信号，使电磁阀通电而移至右位。这时，调压缸右腔与蓄能器接通，其压力升高，推动调压缸的活塞左移，ABS 制动压力调节器与制动轮缸的通道被封闭，调压缸左腔的压力随活塞的左移而增大，驱动车轮制动轮缸的制动压力上升。当需要保持驱动车轮的制动压力时，ASR 控制器使电磁阀半通电，阀处于中位，使调压缸与储液器和蓄能器都隔断，于是，调压缸活塞保持原位不动，使驱动车轮制动轮缸的制动压力不变。当需要减小驱动车轮的制动压力时，控制器使电磁阀断电，阀在其回位弹簧力的作用下回到左位，使调压缸右腔与蓄能器隔断而与储液器接通。于是，调压缸右腔压力下降，其活塞右移，使驱动车轮制动轮缸的制动压力下降。

在驱动车轮出现滑转时，ASR ECU 通过对电磁阀的通电、半通电和断电控制，实现对驱动车轮制动和制动力大小的控制，将车轮的滑转率控制在目标范围之内。

此种 ASR 制动压力调节器应用一例如图 16-5 所示。该例 ABS 制动压力调节器为循环流动式，也是采用了三位三通电磁阀。

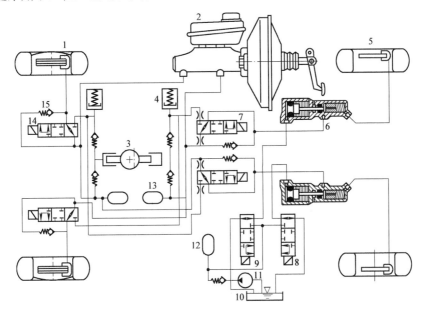

图 16-5　宝马（BMW）轿车的博世 ASC + T 制动压力调节系统
1—非驱动轮制动器　2—储液器　3—回油泵　4—制动主缸　5—驱动轮制动器　6—驱动轮调压缸
7—驱动轮 ABS 调压电磁阀　8、9—驱动轮 ASR 调压电磁阀　10—储液罐　11—液压泵　12—ASR 蓄能器
13—ABS 缓冲器　14—非驱动轮 ABS 调压电磁阀　15—单向阀

2）组合方式的 ASR 制动压力调节器。ASR 制动压力调节器与 ABS 制动压力调节器为一整体。采用三位三通电磁阀、循环流动式 ASR/ABS 制动压力调节器原理如图 16-6 所示。

在 ASR 不起作用时，ASR 电磁阀不通电而处于左位，制动主缸与两压力调节电磁阀接通。这时，如果汽车制动出现车轮抱死情况，ABS 控制器可通过控制压力调节电磁阀Ⅰ和压力调节电磁阀Ⅱ对两驱动轮进行制动压力调节，以实现防抱死制动控制。

当驱动车轮出现滑转而需要 ASR 起作用时，ASR 控制器使 ASR 电磁阀通电而移至右位，将蓄能器与两压力调节电磁阀接通。这时，ASR 控制器可通过压力调节电磁阀Ⅰ和压力调节电磁阀Ⅱ分别对两驱动轮进行制动压力调节，以实现驱动轮防滑转制动控制。

如果需要对左右驱动车轮的制动压力实施不同的控制，ASR 电子控制器只需分别对压力调节电磁阀Ⅰ和压力调节电磁阀Ⅱ输出不同的控制信号即可。

ASR 与 ABS 组合在一起的循环流动式制动压力调节器应用一例如图 16-7 所示。

(2) 辅助节气门驱动装置　辅助节气门驱动装置执行 ASR 控制器的指令，对发动机的输出功率进行控制。辅助节气门驱动装置一般由步进电动机和传动机构组成，安装在节气门体上的位置如图 16-8 所示。

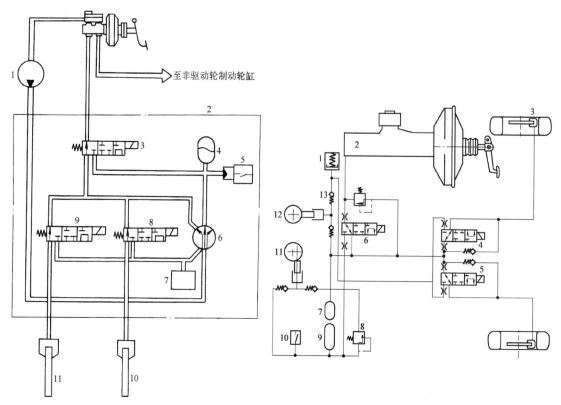

图16-6 循环流动式 ASR/ABS 制动压力调节器原理
1—输液泵 2—ABS/ASR 制动压力调节器
3—ASR 电磁阀 4—蓄能器 5—压力开关
6—循环泵 7—储液器 8—压力调节电磁阀Ⅰ
9—压力调节电磁阀Ⅱ 10、11—驱动车轮制动器

图16-7 奔驰（Benz）轿车的博世 ABS/ASR2 I 制动压力调节系统
1—储液器 2—制动主缸 3—驱动轮制动器
4、5—压力调节电磁阀 6—ASR 电磁阀 7—ABS 缓冲器
8—限压阀 9—ASR 蓄能器 10—压力开关
11—ASR 液压泵 12—ABS 回油泵 13—单向阀

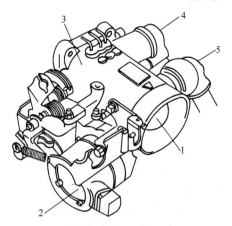

图16-8 安装辅助节气门的节气门体总成
1—辅助节气门 2—步进电动机 3—节气门体 4—主节气门位置传感器 5—辅助节气门位置传感器

辅助节气门驱动装置的工作原理如图16-9所示。

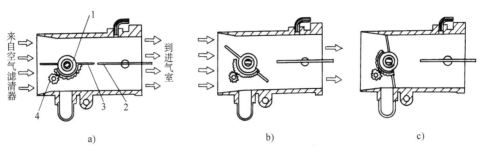

图 16-9 辅助节气门驱动装置工作原理
a) 全开位置 b) 半开位置 c) 全关位置
1—扇形（从动）齿轮 2—主节气门 3—辅助节气门 4—主动齿轮

辅助节气门与主节气门在节气门体的进气通道处前后布置，当 ASR 不起作用时，辅助节气门处于全开的位置，驾驶人通过操纵主节气门的开度来调节进气量，以控制发动机的功率。当驱动轮滑转而需要减小发动机输出功率时，ASR 电子控制器输出控制信号，辅助节气门驱动电动机随之转动，通过传动机构带动辅助节气门转过相应的角度，以改变发动机进气量，从而达到控制发动机的输出功率、抑制驱动车轮滑转的目的。

第三节 汽车其他行驶安全控制系统

一、汽车电子稳定系统（ESP）

1. ESP 的作用

汽车电子稳定系统（Electronic Stability Program，ESP）用于汽车行驶稳定性控制，ESP 相当于一个综合控制程序，组合了防抱死制动系统（ABS）、驱动防滑控制系统（ASR）、电子制动力分配系统（EBD）、牵引力控制系统（TCS）的基本功能，是一种汽车新型主动安全技术。

当汽车在行驶中由于道路或驾驶人操作的原因，车辆出现侧滑、甩尾，或汽车明显转向不足、转向过度时，ESP 会根据相关传感器的信号识别出车辆的不稳定行驶状态，并迅速确定控制方案，通过 ABS 和 ASR 对发动机输出功率的控制和对相关车轮施以制动，及时纠正汽车行驶不稳定趋势，以使汽车保持正常的行驶轨迹，避免车辆失控而引发交通事故。

2. ESP 的组成与原理

（1）汽车行驶稳定系统的命名方式　ESP 是德国博世公司的专利产品，只有博世公司的车身电子稳定系统才可称为 ESP。在博世公司之后，一些大汽车公司也都研发出类似的系统，但都有各自的命名方式。例如，日产的车辆行驶动力学调整系统（Vehicle Dynamic Control，VDC），丰田的车辆稳定控制系统（Vehicle Stability Control，VSC），本田的车辆稳定性控制系统（Vehicle Stability Assist Control，VSA），宝马的动态稳定控制系统（Dynamic Stability Control，DSC），三菱的主动稳定控制系统（Active Stability Control System，ASC）等。

（2）ESP 的组成　不同公司研发的汽车电子稳定系统虽有不同的名称，但基本功能大体相似。各种 ESP 用于采集汽车行驶状态参数的传感器则因其控制程序的不同而有所差别。各种汽车电子稳定控制系统用到的传感器主要有转向传感器、车轮转速传感器、角速度传感器、横向加速度传感器、转向盘转角传感器、加速踏板位置传感器、制动踏板位置传感器等。图 16-10 所示的是三菱汽车上使用的主动稳定控制系统（ASC）的组成。

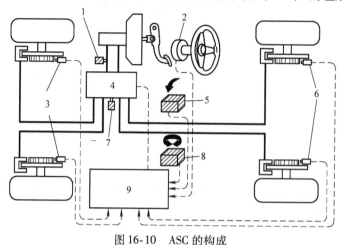

图 16-10　ASC 的构成

1—主油缸压力传感器　2—转向盘转角传感器　3、6—车轮转速传感器　4—制动压力调节器
5—横向 G 传感器　7—蓄能器压力传感器　8—角速度传感器　9—ECU

该汽车电子稳定系统（ASC）是在防抱死制动系统（ABS）和防滑转控制系统（ASR）的基础上，又加上角速度传感器（监测车身旋转速度）、横向减速度传感器 G（监测汽车转向时的离心力）、主油缸压力传感器、蓄能器压力传感器等部件。

(3) ESP 的工作原理　以图 16-10 所示的 ASC 为例，说明 ESP 的工作原理。ASC 通过对四个车轮制动力的控制，实现车辆的行驶稳定性控制。工作时，各传感器的信号不断地输入 ECU，ECU 进行汽车行驶状态的分析计算。当 ECU 根据角速度传感器及其他相关传感器的信号，判断出车辆转向不足时，就输出控制信号，减小前外轮的制动力、增大后内轮的制动力（图 16-11a），产生一个抑制转向不足（与自转同向）的转矩。ECU 如果判断出车辆转向过度，则增大前外轮的制动力、减小后内轮的制动力（图 16-11b），产生一个抑制转向过度

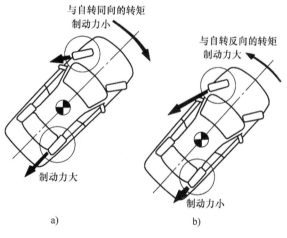

图 16-11　ASC 工作过程示例
a）转向不足　b）转向过度

（与自转反向）的转矩。当 ECU 判断出车辆转向时速度过快时，对前内侧车轮施以制动，使其减速，实现安全平稳的转向。

二、电子差速锁（EDS）

1. 电子差速锁的作用

电子差速锁（Electronic Differential System，EDS；Electronic Differential Locking Traction Control，Z – DC）是电子控制防滑技术的又一种形式，用于实时监测汽车两侧的驱动轮是否

打滑，无论是因为两边的路面附着力的差异造成的一边车轮滑转，还是汽车转弯时内侧车轮的打滑，EDS 均可通过对滑转车轮施以制动或直接启动差速器锁止离合器，使差速器部分或全部锁止，以提高另一侧驱动轮的附着利用率，从而提高汽车的通过能力和行驶稳定性。

2. 电子差速锁的组成原理

（1）EDS 的组成　根据电子差速锁结构与控制方式不同，可将其分为两种类型：一种是滑转车轮制动控制方式电子差速锁，通过对滑转车轮施以制动来达到差速锁止功能；另一种是差速器锁止控制方式电子差速锁，直接通过控制差速器锁止装置将差速器锁止。

EDS 的传感器主要是驱动轮和非驱动轮转速传感器，差速器锁止执行器则有不同形式。滑转车轮制动方式电子差速锁执行装置是能对驱动轮制动的液压控制装置，通常与 ABS 或 ASR 通用，因而这种电子差速锁相当于 ABS 或 ASR 功能的扩展；差速器锁止控制电子差速锁的执行器是一个差速器锁止离合器液压控制装置，通过控制离合器液压装置的液压，实现锁止离合器的接合（锁止）与分离（解锁）控制。

（2）EDS 的工作原理　汽车在起步、加速及转向等行驶过程中，车轮转速传感器将各车轮的转速电信号输送给电子控制器，当电子控制器根据各传感器的信号判断出某一侧驱动轮在打滑时，就立刻输出控制信号，通过差速器锁止执行器进行差速器锁止控制。

滑转车轮制动控制方式：EDS 控制器输出控制信号，通过液压控制装置对滑转车轮进行适当强度的制动，以使驱动转矩能传递给另一侧驱动轮，充分利用驱动轮的附着力，提高车辆的通过能力。

差速器锁止控制方式：EDS 控制器输出控制信号，通过液压控制装置使差速器锁止离合器接合，变速器接合（锁止）的程度为 0～100%，以驱动轮的滑转情况而定。

当驱动轮的滑转消失时，EDS 控制器根据传感器的信号作出驱动轮无滑转的判断，并立即停止锁止执行的工作，使车辆恢复正常行驶。

思 考 题

1. 汽车防滑转控制的作用是什么？防滑转控制的方式有哪些？
2. ASR 如何进行综合防滑转控制？与 ABS 相比，ASR 的工作特点是什么？
3. 防滑转控制系统的基本组成有哪些？这些部件各起什么作用？
4. ASR 选择开关起何作用？
5. ASR 制动压力调节器有哪些类型？各种 ASR 制动压力调节器如何进行驱动轮缸制动压力调节？
6. 电子控制驱动防滑系统是如何控制发动机输出功率的？
7. 汽车电子稳定系统 ESP 起何作用？其基本组成有哪些？它们是如何工作的？
8. 汽车电子差速锁 EDS 起何作用？使差速器锁止的电子控制方式有哪几种？

第十七章　电子控制动力转向系统

第一节　概　　述

一、电子控制动力转向系统的作用

1. 汽车动力转向的作用

汽车动力转向是利用液压泵所产生的液压驱动力或由电动机产生的电驱动力提供转向助力，以减轻驾驶人操控转向盘的劳动强度。转向助力装置相当于一个驾驶人转向盘操纵力放大器，它不仅可使转向操纵灵活、轻便，增大了在汽车设计时对转向器结构形式选择的灵活性，而且能吸收路面对前轮产生的冲击。因此，动力转向系统在中型载货汽车、尤其在重型载货汽车上得到广泛使用。轿车由于发动机前置及前轮驱动，使其前轴负荷增加，转向的轻便性成了必须解决的问题，因而现代轿车几乎都装备了动力转向装置。

2. 动力转向电子控制系统的作用

汽车在不同的行驶速度下其转向阻力是不同的，在车速低时，形成的转向阻力大，需要对转向车轮施以较大的转向驱动力。随着车速的提高，转向阻力减小，所需的转向驱动力相应减小。因此，转向助力装置的转向驱动力应随汽车行驶速度的提高而适当减小。对动力转向电子控制系统的具体要求如下。

1）汽车在低速行驶时控制转向助力机构有较大的放大倍率，以减轻转向操纵力，使转向轻便、灵活。

2）在汽车高速行驶时自动减小动力转向放大倍率，以保持有良好的转向盘操纵手感，以提高汽车高速行驶的操纵稳定性。

3）可以设置不同的转向放大特性来满足不同使用对象的需要。

动力转向电子控制系统的作用就是根据车速及转向情况对转向助力大小实施控制，使动力转向系统在不同的行驶速度下都有一个最佳的转向助力。

电子控制动力转向系统使转向助力装置具有良好的转向动力特性，已逐渐成为现代汽车提高其操纵轻便性、行驶安全性及舒适性的必选装备。

二、电子控制动力转向系统的分类

电子控制动力转向系统（Electronic Control Power Steering，EPS 或 ECPS）主要由机械转向机构、转向助力装置和电子控制系统三大部分组成。目前汽车上使用的电子控制动力转向系统有多种结构形式，按转向助力装置动力源不同分，有液力式动力转向系统和电动式动力转向系统两大类。

1. 液力式动力转向系统

转向助力装置的动力源是发动机驱动的液压泵，电子控制器根据相关传感器的信号，通过电磁阀来调节转向助力装置液体流量或液压，以实现最佳转向助力控制。

液力式动力转向系统按转向助力装置的结构原理不同分,主要有流量控制式、反力控制式和阀灵敏度控制式三种。

(1) 流量控制式　动力转向 ECU 通过控制电磁阀的开度来调节转向助力装置内部动力缸的液体流量,以实现转向助力大小的控制。

(2) 反力控制式　动力转向 ECU 通过控制电磁阀开度来调节转向助力装置内部控制阀柱塞的背压,以实现转向助力大小的控制。

(3) 阀灵敏度控制式　动力转向 ECU 通过控制电磁阀的开度来改变动力转向控制阀的油压增益(灵敏度),以实现转向助力大小的控制。

2. 电动式电子控制动力转向系统

转向助力装置的动力来自电动机,电子控制器根据相关传感器检测到的转向和车速参数来控制电动机转矩的大小和转动方向,并通过电磁离合器和减速机构使汽车转向机构得到一个与行驶工况相适应的转向作用力。

电动式电子控制动力转向系统按电动式转向助力机构的位置不同分,有转向轴助力式、转向器小齿轮助力式和齿条助力式等几种形式。

(1) 转向轴助力式　转向助力机构安装在转向轴上,如图 17-1 所示。电动机的动力经离合器、电动机齿轮传给转向轴的齿轮,再经万向节及中间轴传给转向器。

(2) 转向器小齿轮助力式　转向助力机构安装在转向器小齿轮处,如图 17-2 所示。与转向轴助力式相比,可以提供较大的转向力。这种助力方式的缺点是助力特性的控制难度较大。

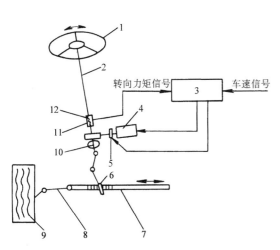

图 17-1　转向轴助力式动力转向系统
1—转向盘　2—转向轴　3—动力转向 ECU　4—电动机
5—电磁离合器　6—转向齿轮　7—转向齿条　8—横拉杆
9—转向轮　10—输出轴　11—扭力杆　12—转矩传感器

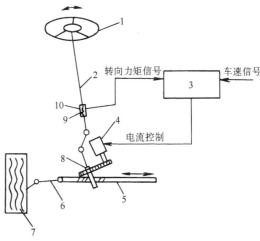

图 17-2　小齿轮助力式动力转向系统
1—转向盘　2—转向轴　3—动力转向 ECU　4—电动机
5—转向齿条　6—横拉杆　7—转向轮　8—小齿轮
9—扭力杆　10—转矩传感器

(3) 齿条助力式　转向助力机构安装在转向齿条处,如图 17-3 所示。电动机通过减速传动机构直接驱动转向齿条。与转向器小齿轮助力式相比,可以提供更大的转向力,更适用于大型车。这种助力方式需要对原有的转向传动机构作较大改变。

电动式电子控制动力转向系统按电动转向助力工作范围不同分,有低速助力型 EPS 和全速助力型 EPS 两种。

(1) 低速助力型 EPS　EPS 只在低速时才提供助力,当车速超过某一预定值时,EPS 便停止工作,转为手动转向。低速助力型的优点是控制程序的算法比较简单,对控制系统的硬件要求相对较低;缺点是不能改善汽车的高速操纵稳定性,而且当车速在切换点附近时,转向盘力矩会发生突变。

(2) 全速助力型 EPS　EPS 在任何车速下都提供助力。全速助力型的优点是能改善汽车高速操纵稳定性;缺点是控制程序的算法相对复杂,对控制系统的硬件要求也相对较高。

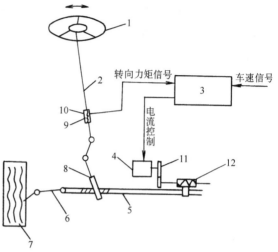

图 17-3　齿条助力式动力转向系统
1—转向盘　2—转向轴　3—动力转向 ECU　4—电动机
5—转向齿条　6—横拉杆　7—转向轮　8—小齿轮
9—扭力杆　10—转矩传感器　11—斜齿轮
12—螺杆螺母

三、电动式动力转向系统的特点与发展趋势

液力式 EPS 是使用较早且使用较为广泛的动力转向系统。1988 年,日本铃木公司首次在其 Cervo 车上装备了电动式动力转向系统。此后,电动式动力转向技术得到了快速的发展。相比于液力式动力转向系统,电动式动力转向系统具有如下优点。

1. 可降低发动机能耗

液力式动力转向系统在汽车不转向时,动力转向液压泵也一直工作,这要消耗发动机的能量。电动式动力转向系统只有转向时电动机才工作,不转向时无需消耗能量。因此,电动式动力转向系统能耗低。与液压式动力转向系统相比,在各种行驶工况下均可节能80%~90%。

2. 重量轻,安装方便

电动式 EPS 无液压缸、液压泵、液压阀及液压管路等液压部件,因此,电动助力机构的零件少,结构紧凑,重量可大大减轻,且整个动力转向系统易于布置,还可降低噪声。

3. 工作特性好

液压式动力转向系统工作时,其液压助力增减控制有一定的滞后性,反应灵敏性和随动性较差。电动式动力转向系统由电子控制器直接控制电动机产生相应的转向动力,反应灵敏性好,容易实现最优化的转向动力特性。此外,电动式动力转向系统比液力式动力转向系统具有更好的低温工作性能。

4. 系统安全可靠性强

当电动式 EPS 出现故障时,可立即切断电动机与助力齿轮机构的动力传送,迅速转入人工—机械转向状态。此外,由于电动式动力转向系统是电动机提供助力,电动机可由蓄电池供电,因此,在发动机熄火或因故障而不能运转时,动力转向系统仍能正常工作,确保汽车行驶安全可靠。

5. 使用维修方便

电动式动力转向系统没有液压回路，不存在渗油问题，可大大降低保修成本和减小对环境的污染。使用过程中，电动式动力转向系统比液力式动力转向系统更易于调整和检测。

6. 生产与开发周期短

电动式动力转向系统通过设置不同的控制程序，就可与不同车型匹配，因而可缩短生产和开发周期。

由于电动式动力转向系统具有可节约燃料、提高主动安全性、利于环保等多种优点，因此，一经出现就受到高度重视。世界各大汽车公司都相继研制出与各型汽车匹配的电动式动力转向系统，并已逐步解决了电动转向助力的成本及电源问题。在现代汽车上电动式动力转向系统已部分取代液力式动力转向系统。

电动式动力转向系统还有一些需要解决的问题：需进一步改善电动机的性能，并使电动机与电动助力转向系统有最佳的匹配，以进一步优化动力转向系统的转向动力特性，更好地解决低速转向操纵轻便性和高速转向路感等问题；仅以转向力矩和车速信号作为转向助力控制依据，其转向动力特性不能完全符合实际行驶工况，进一步的发展还将根据转向角、转向速度、横向加速度、前轴重力等多种信号进行综合控制，以获得更好的转向路感。未来的电动式动力转向系统还将朝着电子四轮转向的方向发展，并与悬架电子控制系统实现统一协调的控制。

第二节 电子控制动力转向系统的结构与原理

一、液力式电子控制动力转向系统工作原理

液力式 EPS 的 ECU 主要根据车速传感器的信号对转向助力大小作出判断，并输出相应的控制信号，通过电磁阀的动作控制转向助力装置的工作，将液力转向驱动力控制在最佳值。不同类型的液力式电子控制动力转向系统工作原理如下。

1. 流量控制式 EPS 工作原理

流量控制式 EPS 主要由车速传感器、电磁阀、整体式动力转向控制阀、动力转向液压泵和电子控制器等组成，如图 17-4 所示。

用来控制液压油流量的电磁阀安装在通向转向动力缸活塞两侧油室的油道之间，当电磁阀完全开启时，两油道就被电磁阀旁路。动力转向 ECU 通过输出占空比可变的控制脉冲来控制电磁阀的开度。在车速很低时，ECU 输出占空比很小的控制脉冲，这时通过电磁阀线圈的平均电流很小，电磁阀的开度也很小，旁路液压油流量就小，使得液压助力作用大，从而确保转向盘操纵轻便。当车速提高时，ECU 输出占空比较大的控制脉冲，使电磁阀线圈的平均电流增大，电磁阀

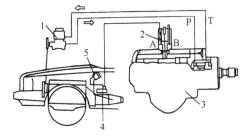

图 17-4 流量控制式 EPS 动力转向系统
1—动力转向液压泵 2—电磁阀
3—动力转向控制阀 4—EPS ECU 5—车速传感器

的开启程度增大,这时电磁阀旁路液压油流量增大,使得液压助力作用减小,以确保转向时有良好的路感。

2. 反力控制式 EPS 工作原理

反力控制式动力转向系统主要由转向控制阀、分流阀、电磁阀、转向动力缸、转向液压泵、储油箱、车速传感器及电子控制器组成,其组成与工作原理如图 17-5 所示。

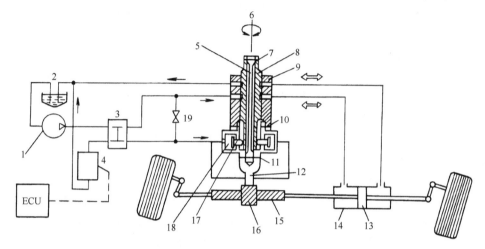

图 17-5　反力控制式动力转向系统的组成与工作原理

1—转向液压泵　2—储油箱　3—分流阀　4—电磁阀　5—扭力杆　6—转向盘　7、10、11—销　8—转阀阀杆
9—控制阀阀体　12—小齿轮轴　13—动力缸活塞　14—转向动力缸　15—齿条　16—小齿轮　17—柱塞
18—液压反力室　19—小孔

转向控制阀由传统的整体转阀式动力转向控制阀与油压反力室构成。扭力杆 5 的上、下端分别通过销子与转阀阀杆 8 和小齿轮轴 12 连接,而小齿轮轴的上端部通过销子与控制阀阀体 9 相连。在转向时,转向盘上的转向力通过扭力杆传递给小齿轮轴。当扭力杆发生扭转变形时,上端的转阀阀杆随其一起转动,使控制阀体和转阀阀杆之间有相对转动,这会改变阀体和阀杆之间油道的通、断关系和工作油液的流动方向,并通过转向动力缸达到了转向助力作用。

分流阀 3 将来自转向液压泵 1 的液压油向控制阀一侧和电磁阀一侧分流,按照车速和转向要求,改变控制阀一侧与电磁阀一侧的液压,确保电磁阀一侧具有稳定的液压油流量。固定小孔 19 的作用是把供给转向控制阀的一部分流量分配到液压反力室 18 一侧。

电磁阀开度变化可改变液压反力室的液压,而反力室液压通过柱塞 17 作用于转阀阀杆。当车辆停驶或速度较低时,动力转向 ECU 使电磁阀线圈的通电电流增大,电磁阀开度大,经分流阀分流的液压油通过电磁阀流回到储油箱中,使液压反力室压力(作用于柱塞的背压)降低,柱塞对转阀阀杆的作用力较小,此时只需要较小的转向力就可使扭力杆扭转变形,使阀体与阀杆发生相对转动而实现转向助力作用。当汽车在高速行驶中转向时,动力转向 ECU 使电磁阀线圈的通电电流减小,电磁阀开度减小而使液压反力室的液压升高,柱塞作用于转阀阀杆的力增大,此时需要较大的转向力才能使阀体与阀杆之间作相对转动而实现转向助力作用,使驾驶人可获得良好的转向手感。

3. 阀灵敏度控制式 EPS 工作原理

阀灵敏度控制式 EPS 主要由转向控制阀、电磁阀、转向动力缸、转向液压泵、储油箱、车速传感器及电子控制器等组成（图 17-6），动力转向 ECU 通过电磁阀直接控制动力转向控制阀的液压增益（阀灵敏度）实现转向助力放大倍率的控制。

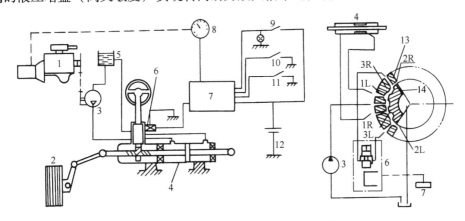

图 17-6 阀灵敏度控制式动力转向系统
1—发动机 2—前轮 3—动力转向液压泵 4—转向动力缸 5—储油箱 6—电磁阀 7—动力转向 ECU
8—车速传感器 9—车灯开关 10、11—空档开关 12—蓄电池 13—转向控制阀外体 14—转向控制阀内体

由外体和内体构成的转向控制阀有通孔截面可变的低速专用小孔（1R、1L、2R、2L）和高速专用小孔（3R、3L），在高速专用可变孔的下边设有旁通电磁阀回路。转向控制阀的等效液压回路如图 17-7 所示。

在车辆停驶或低速行驶时，动力转向 ECU 使电磁阀完全关闭，如果此时转向（设向右转动转向盘），较小的转向力就可使低速专用小孔 1R、2R 关闭，转向液压泵的液压油经低速专用小孔 1L 流向转向动力缸右液压腔，其左液压腔的液压经 3L、2L 流回储油箱，动力

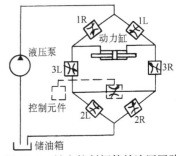

图 17-7 转向控制阀等效液压回路

缸活塞在左右液压腔压力差的作用下移动，使转向器获得转向动力。此时阀灵敏度高，具有轻便的转向特性。

当车辆行驶速度提高时，动力转向 ECU 输出的控制信号使电磁阀的开度增大。如果此时转向（设向右转动转向盘），转向液压泵的液压油经开启的小孔 1L、3R、旁通电磁阀及 2L 流回储油箱。经旁通电磁阀旁路的液流不仅降低了转向动力缸右腔的液压，还通过小孔 2L 的节流作用使转向动力缸左腔的液压上升，因而使得转向动力缸左右液压腔压差减小，转向器获得的转向动力相应减小。车速高时，电磁阀的开度大，旁路流量大，动力转向控制阀的灵敏度低，转向器获得的助力作用小，其转向特性可使驾驶人操纵转向盘有良好的路感。

二、液力式电子控制动力转向系统的组成部件

液力式电子控制动力转向系统是在传统的液压动力转向系统的基础上增设了可调节转向

助力大小的电子控制装置，其基本组成如图 17-8 所示。动力转向控制系统的主要组成部件有动力转向液压泵、转向助力装置、电磁阀、车速传感器、电子控制器等。

1. 动力转向液压泵

动力转向液压泵是液力式动力转向系统的动力源，液压泵由发动机驱动，工作时，吸入动力转向储油罐中的液压油并产生液压能，通过液压软管将液压油输入转向助力装置。动力转向液压泵有齿轮泵、柱塞泵、叶片泵等不同的类型。

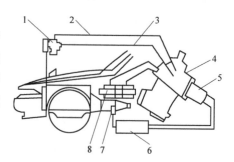

图 17-8　液力式电子控制动力
转向系统的基本组成
1—动力转向液压泵　2—压力油管
3—回油管　4—转向器　5—电磁阀
6—动力转向 ECU　7—车速传感器
8—转向动力液压缸

2. 转向助力装置

转向助力装置的作用是将转向盘的操控力放大，利用源自液压泵的液力驱动转向车轮。转向助力装置一般由液压缸、液压控制阀等组成，不同类型的转向助力装置其具体的组成部件与工作原理均不相同。

3. 电磁阀

电磁阀的作用是在电子控制器的控制下动作，适时地调节控制液压或液流量，以使转向助力装置产生适宜的转向动力。

4. 车速传感器

汽车行驶的速度是动力转向 ECU 确定转向助力大小的重要参数。车速传感器通常与防抱死电子控制系统、自动变速器电子控制系统等其他汽车电子控制系统共用。

5. 电子控制器

动力转向 ECU 主要根据车速传感器的信号作出最佳转向助力判断，并输出控制信号，由电磁阀驱动电路控制电磁阀的开度，以使转向助力装置产生适当的转向驱动力，使动力转向系统始终保持与车速相适宜的动力转向放大倍率。

三、电动式电子控制动力转向系统工作原理

1. 电动式动力转向基本控制原理

电动式动力转向电子控制系统的基本组成与原理如图 17-9 所示。

电动式 EPS 的 ECU 根据车速、转向盘转矩及转向角等参数计算得到最佳的转向助力转矩，并向转向助力机构输出控制信号，以控制电动机和电磁离合器的工作。电动机的转矩通过电磁离合器和减速机构施加于转向器，使转向器得到一个与汽车行驶工况相适应的转向作用力。转向助力的控制，既保证了低速时转向的轻便性，又使高速时有良好的转向操纵稳定性。

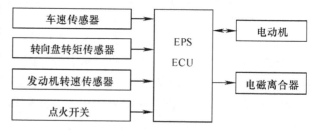

图 17-9　电动式动力转向电子控制系统的基本组成与原理

低速助力型 EPS 当车辆行驶速度高于设定的最高助力车速（切换车速）时，ECU 就会

中断电动机和电磁离合器的电流，电动助力转向机构停止工作，转入手动转向。

2. 电动式动力转向系统工作过程

当驾驶人操纵转向盘时，装在转向轴上的转矩传感器将驾驶人作用于转向盘转向力矩的大小及转动的方向转变为相应的电信号，并输入动力转向 ECU。ECU 根据转矩传感器的信号和车速传感器信号确定所需的转向助力的大小和方向，并输出控制信号，经 D/A 转换接口送入电动机和电磁离合器的驱动放大电路，以控制电动机电流的大小和方向以及离合器的接合与分离。

工作时，ECU 实时地引入电动机的电流反馈信号，经 A/D 转换后使微处理器获得电动机实际工作电流，并与计算得到的最佳电流相比较，若有差值，则立刻输出调整电动机电流控制信号，使电动机的实际工作电流与最佳值趋于一致。

3. 电动式动力转向系统其他控制功能

为确保行车安全和避免蓄电池亏电，一些汽车的电动式动力转向系统还设有如下功能。

（1）发动机不工作停止电动转向助力控制　当发动机不工作时，电动助力转向将消耗蓄电池电能。一些电动式 EPS 为避免在发动机不工作时电动转向助力工作而造成蓄电池电能不足，便设置了"发动机不工作停止电动转向助力控制"功能。在发动机不工作时，ECU 将会中断电磁离合器和电动机的电流，使电动助力机构停止工作。ECU 可根据发动机转速信号、发电机电压信号或点火开关信号在发动机不工作时中断电动转向助力控制。

（2）电子控制系统故障中止电动转向助力控制　当电动 EPS 出现了故障，将使电动转向助力不能正常工作时，ECU 会在存储故障码的同时，中断电磁离合器和电动机的电流，使电动助力机构停止工作，确保转向器手动转向功能不受影响，使行车安全得到保障。

（3）转向助力高怠速控制　当发动机处于怠速工况时，为确保由发电机提供动力转向所需电能，一些电动式 EPS 的 ECU 向发动机 ECU 输出高怠速控制信号，使发动机处于高怠速状态下运转。在转向时，动力转向 ECU 可根据发电机的输出端子电压、发动机转速传感器或节气门位置传感器等信号作出高怠速控制判断，并向发动机 ECU 输出相关的信息。

四、电动式电子控制动力转向系统的组成部件

电动式 EPS 由机械转向机构、电动式助力机构及转向助力控制系统组成，其主要组成部件有转向盘转矩传感器、车速传感器、电动机、电磁离合器、减速机构和电子控制器等，如图 17-10 所示。

1. 传感器与开关

（1）车速传感器　车速传感器用于向 ECU 提供车速信号，是 ECU 确定转向助力大小的主要参数。车速传感器有电磁式、光电式、霍尔效应式、舌簧式等多种形式，电动式电子控制动力转向系统通常与汽车上其他电子控制系统共用车速传感器信号。

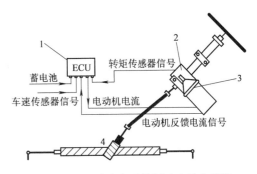

图 17-10　电动式电子控制动力转向系统
1— EPS ECU　2—减速机构
3—电动机与电磁离合器　4—转向器齿轮与齿条

（2）转矩传感器　转向盘转矩传感器用于测定驾驶人作用于转向盘的转矩大小和方向，并将信号输入 ECU。ECU 根据转矩传感器及车速传感器的信号选定电动机的电流和转向，以控制转向助力的大小和方向。转向盘转矩传感器有电感式和电位器式两种类型，其结构原理参见第八章有关内容。

（3）发动机转速传感器　用于向 ECU 提供发动机是否运转和转速高低信号，ECU 可根据发动机转速传感器的信号作出发动机停转中止电动转向助力控制和电动转向助力高怠速控制等。

（4）点火开关　用于向 ECU 提供发动机是否工作信号，当点火开关关断时，ECU 使电动转向助力系统停止工作，以避免蓄电池电能消耗过快。

2. 电动转向助力装置

（1）直流电动机　电动式 EPS 的直流电动机通常采用永磁式电动机，通过控制电动机电流控制其输出转矩，电动机的正转和反转则是由 ECU 通过其输出正反转触发脉冲控制，其控制原理如图 7-11 所示。

a_1、a_2 为电动机正反转信号触发端，当 a_1 端有触发信号输入时，VT_3 导通，VT_2 得到基极电流也导通，电源向电动机提供的电流经 VT_2、电动机 M、VT_3 到搭铁，电动机正转。当 a_2 端有触发信号输入时，VT_4 导通，VT_1 得到基极电流也导通，电流经 VT_1、电动机 M、VT_4 到搭铁，电动机反转。电动机的电流大小可由触发信号电流的大小或信号电压的占空比控制。

（2）电磁离合器　在需要用电动机进行动力转向时，电磁离合器通电接合，使电动机所产生的电磁转矩经传动机构驱动转向车轮。在不进行动力转向时，电磁离合器则不通电而分离，使电动助力转向机构不影响手动转向。

电动式动力转向系统通常采用干式单片式电磁离合器，如图 17-12 所示。装在电动机输出轴上的主动轮内装有电磁线圈，通过集电环引入电流。当离合器通电时，电磁线圈产生的电磁力使压板与主动轮端面压紧，使电动机的动力经主动轮、压板、花键、从动轴传递给减速机构。

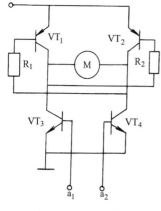

图 17-11　电动机正反转
控制电路一例

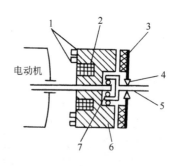

图 17-12　电磁离合器原理
1—集电环　2—线圈　3—压板　4—花键　5—从动轴
6—主动轮　7—轴承

（3）减速机构　电动式 EPS 减速机构的作用是增矩减速，一般采用蜗轮蜗杆传动与转向轴驱动组合方式，也有采用双级行星齿轮传动与传动齿轮驱动组合方式（图 17-13）。为了抑制噪声和提高耐久性，减速机构中的齿轮有的采用特殊齿形，有的采用树脂材料制成。

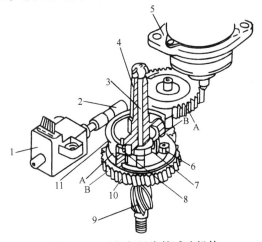

图 17-13　双级行星齿轮减速机构
1—转矩传感器　2—转轴　3—扭力杆　4—输入轴　5—电动机与离合器　6—小行星轮 A
7—太阳轮　8—小行星轮 B　9—驱动小齿轮　10—齿圈 B　11—齿圈 A

3. 电子控制器

电子控制器根据转矩传感器信号、车速传感器信号以及电动机反馈的电流信号等进行转向助力控制。工作中，通过对输入信号的计算、分析与比较后，输出控制信号，控制电动机和电磁离合器的工作，以实现理想的动力转向控制。典型的电动式动力转向 ECU 的组成如图 17-14 所示。

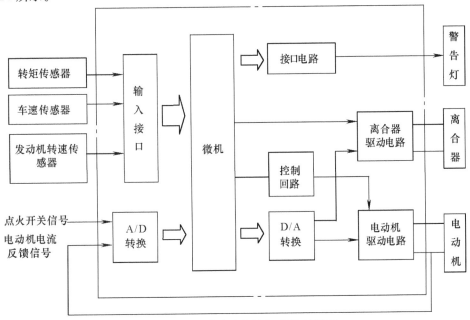

图 17-14　电动式动力转向 ECU 的组成

思 考 题

1. 为什么要采用动力转向？电子控制动力转向作用是什么？由哪些部分组成？
2. 液压式 EPS 由哪几部分组成？各组成部件起何作用？
3. 液压式 EPS 有哪几种类型？各种液压式 EPS 是如何工作的？
4. 电动式 EPS 由哪些组成部件？各部件起何作用？
5. 电动式 EPS 有哪些类型？电动式 EPS 具有哪些优点？
6. 电动式 EPS 是如何进行转向助力控制的？通常还有哪些控制功能？
7. 电动式 EPS 转向助力的大小和助力的方向控制是如何实现的？

第十八章　电子控制悬架系统

第一节　概　　述

一、电子控制悬架系统的作用

1. 汽车对悬架的要求

汽车悬架的作用是承受和传递车轮与车架之间的各种力和力矩，吸收和减缓汽车运行过程中的冲击和振动，使汽车具有良好的平顺性和稳定性。

行驶车辆的平顺性和稳定性是衡量其悬架性能好坏的主要指标，但二者对悬架的刚度和阻尼的要求具有互相排斥性。比如，降低悬架刚度可使车身振动时的加速度减小，车辆的平顺性得以改善，但这会导致车身位移增加，给操纵稳定性带来不良影响；增加弹簧刚度可提高车辆的操纵稳定性，但刚度大的悬架对路面不平度很敏感，会使平顺性下降。汽车最理想的悬架应该是在不同的载质量、不同行驶条件和行驶工况下，悬架弹簧的刚度和减振器阻尼也不同，以便能最大限度地满足车辆平顺性和稳定性的需要。

2. 传统悬架的不足

传统的汽车悬架刚度和阻尼是根据一定的载荷、某种路面情况和车速，兼顾平顺性和稳定性的要求进行优化设计而选定的，而汽车在行驶过程中其载质量、路面情况及车速均变化不定。可见，这种刚度和阻尼不能根据实际需要进行及时调整的悬架（称为被动悬架）就不可能使车辆的平顺性和操纵稳定性始终保持在比较良好的状态。也就是说，传统悬架不可能适应现代汽车对乘坐舒适性和操纵稳定性的更高要求。

3. 电子控制悬架的作用

电子控制悬架系统由传感器、控制器和执行机构组成。电子控制悬架系统除了传统悬架具有吸收、缓和车身的振动冲击等基本功能外，还能根据汽车载荷、路面、行驶车速、行驶工况等的变化情况，自动地调整悬架的刚度和阻尼及车身高度（称其为主动悬架），使汽车在瞬息变化的运行条件下，均能获得最好的平顺性和最佳的操纵稳定性。刚度、阻尼及车身高度可变的主动式悬架所起的作用主要体现在如下几点。

1）汽车载荷变化时，电子控制悬架系统能自动维持车身高度，使其变化较小，从而可保证汽车在各种不同路面行驶的车身平稳。

2）悬架刚度可以设计小些，使车身的固有振动频率在 70 次/min 左右（在人感到乘坐非常舒适的范围内）。由于各个悬架的刚度可自动独立地调整，可有效地防止和减缓汽车转弯时出现的车身侧倾和起步、加速、制动时所引起车身的纵向摆动。

3）一般的悬架系统，在汽车制动时，尤其是紧急制动时，车头向下俯冲，使后轴载荷剧减，造成后轮与地面的附着条件严重恶化，容易引起制动失灵。电子控制悬架系统能有效防止这一不良后果，可保证应有的附着条件和制动距离。

4）电子控制悬架系统可使车轮与地面一直保持良好接触，可使附着力稳定，提高了牵引力、制动力、抗侧滑力,因而提高了汽车的动力性、安全性和经济性。

5)由于能很好地控制与调整悬架的刚度和阻尼,消除了车身的恶性振动冲击,提高了车辆的使用寿命。

可见,电子控制悬架可根据汽车载质量、路面情况及行驶工况的变化,自动调整悬架的刚度、阻尼及车身的高度,使汽车始终保持有良好的操控性和平顺性,从而提高了汽车行驶的稳定性和乘坐的舒适性。

二、电子控制悬架系统的分类

1. 按有源和无源分

(1) 半主动悬架　半主动悬架为无源控制,在汽车转向、起步及制动等工况时,不能对悬架的刚度和阻尼进行有效的控制,但可以根据汽车运行时的振动及行驶工况变化情况,对悬架减振器的阻尼参数进行自动调整。半主动悬架不能达到现代汽车对悬架调节特性更高的要求,因而在汽车上已很少使用。

(2) 全主动悬架　全主动悬架简称主动悬架,是一种有源控制悬架,它有提供能量和可控制作用力的附加装置。全主动悬架可根据汽车载荷、路面状况(振动情况)、行驶速度、行驶工况等的变化,自动调整悬架的刚度和阻尼及车身高度,从而能最大限度地满足汽车行驶平顺性和稳定性等各方面的要求。

2. 按悬架介质的不同分

(1) 油气式主动悬架　油气式主动悬架其悬架的介质为油和气,通常是以油液为媒体,将车身与车轮之间的力和力矩传送至气室中的气体,按照气体 $p-V$ 状态方程规律,实现悬架的刚度控制,并通过改变油路小孔的节流作用实现减振器阻尼控制。

(2) 空气式主动悬架　空气式主动悬架的介质为空气,通常是用改变主、副空气室的通气孔的截面积来改变气室压力,以实现悬架刚度控制,并通过对气室充气或排气实现汽车高度控制。

3. 按悬架调节的方式不同分

(1) 分级调整式悬架　分级调整式悬架系统将通常悬架的阻尼和刚度分为 2~3 级,根据汽车载荷和行驶工况的变化,由驾驶人手动选择或由 ECU 根据各传感器的信号自动选择。

(2) 无级调整式悬架　无级调整式悬架系统的阻尼和刚度从最小到最大可实现连续调整。

第二节　电子控制悬架的结构与工作原理

一、半主动悬架系统简介

1. 半主动悬架的控制原理

半主动悬架系统用调节悬架减振器阻尼的方法将汽车的振动频率控制在理想的范围内,其控制模型如图 18-1 所示。

半主动悬架系统通常以车身振动加速度的均方根值作为控制目标参数,其控制过程如图 18-2 所示。

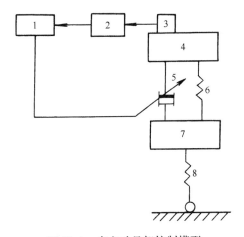

图 18-1 半主动悬架控制模型
1—控制器 2—整形放大电路 3—加速度传感器
4—悬架质量 5—阻尼可调减振器 6—悬架弹簧
7—非悬架质量 8—轮胎的当量质量

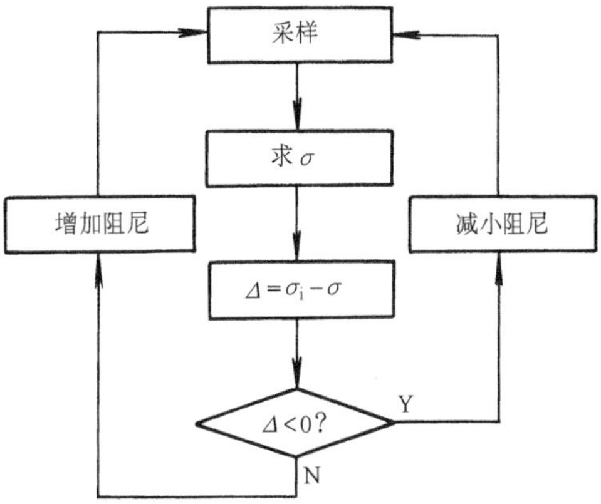

图 18-2 半主动悬架阻尼控制过程

半主动悬架的控制程序中，事先设定了一个以汽车行驶平顺性最优化为控制目标的控制参数 σ。在汽车行驶中，加速度传感器将车身振动情况转换为相应的电信号输入悬架 ECU。ECU 根据输入的车身振动电信号计算当前车身振动加速度的均方根值 σ_i，并与设定的目标参数进行比较，根据比较结果输出悬架减振器阻尼控制信号。如果 $\sigma_i = \sigma$，悬架 ECU 不输出调整悬架阻尼控制信号，减振器保持原阻尼；如果 $\sigma_i < \sigma$，ECU 则输出增大悬架阻尼控制信号，使悬架的阻尼增大；如果 $\sigma_i > \sigma$，ECU 则输出减小悬架阻尼控制信号，使悬架的阻尼适当减小。

2. 有级调整式半主动悬架减振器的结构

半主动悬架具有三级硬度的减振器其内部结构如图 18-3 所示。在 A、B、C 三个不同截面上，回转阀与活塞杆均设有阻尼孔。在 $A-A$ 截面处回转阀有两个阻尼孔，当回转阀逆时

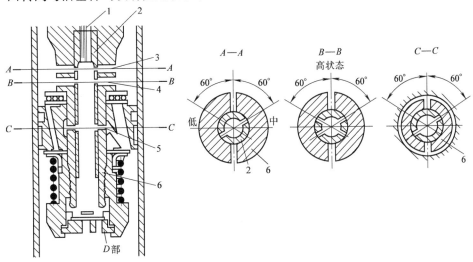

图 18-3 有级式（三级）半主动悬架减振器的结构示意图
1—阻尼调节杆（回转阀控制杆） 2—回转阀 3、4、5—阻尼孔 6—活塞杆

针转60°时与活塞杆上的阻尼孔相通；在 B—B 截面处回转阀有四个阻尼孔，回转阀顺时针转60°或逆时针转60°均会有两个阻尼孔与活塞杆上的阻尼孔相通；C—C 截面处回转阀也有两个阻尼孔，是在回转阀顺时针转60°时与活塞杆上的阻尼孔相通。执行器通过阻尼调节杆来转动回转阀，以实现减振器阻尼的调节。

执行器通过阻尼调节杆将回转阀转至阻尼高（图 18-3 所示的位置）时，回转阀处于 A—A、B—B、C—C 三个截面上的所有阻尼孔全部封闭的位置，只有减振器底部的阻尼孔开通工作，所以此时减振器阻尼最大，处于"硬状态"，这是汽车载荷大，或运行在不良路面以及制动等工况下选用的阻尼。

当执行器通过阻尼调节杆将回转阀从"硬状态"位置沿逆时针方向转过60°时，回转阀 A—A、B—B、C—C 三个阻尼孔所在位置的截面上的阻尼孔全部打开，所以减振器阻尼最小，处于"软状态"，是汽车载荷较小和在好路面运行时所选用的阻尼。

当执行器通过阻尼调节杆将回转阀从"硬状态"位置沿顺时针方向转过60°时，只有减振器 B—B 截面上的阻尼孔打开，而 A—A、C—C 截面上的阻尼孔仍被关闭，所以此时减振器的阻尼较"硬状态"时小，较"软状态"时大，称之为"运动状态"。

3. 无级调整式半主动悬架减振器的结构

无级调整式半主动悬架减振器原理示意图如图 18-4 所示。

减振器中的驱动杆和空心活塞一同上下运动，减振器油液可通过驱动杆和空心活塞的小孔流通，利用小孔节流作用形成阻尼。步进电动机通过转动驱动杆来改变驱动杆与空心活塞的相对角度，以使阻尼小孔实际通过的截面大小改变，从而实现减振器阻尼的调节。

4. 可调阻尼悬架执行机构

对可调阻尼悬架执行机构的要求是，能适应汽车运行时工况频繁的变化，可准确快速地实现控制目标，而其驱动电流不大，部件质量要小。

可调阻尼悬架执行机构的结构一例如图 18-5 所示，它装在减振器的上部，由悬架 ECU

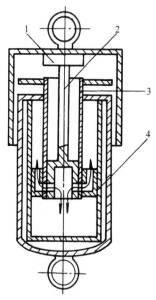

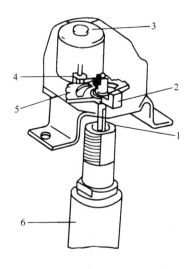

图 18-4　无级调整半主动悬架减振器原理示意图
1—步进电动机　2—驱动杆
3—活塞杆　4—空心活塞

图 18-5　减振器执行机构的结构
1—控制杆　2—止动块　3—步进电动机
4—小齿轮　5—扇形齿轮　6—减振器

控制其转动，带动减振器中回转阀转动，用以改变减振器的阻尼。步进电动机通过小齿轮驱动扇形齿轮转动，与扇形齿轮同轴的控制杆带动减振器内回转阀转动，使阻尼孔开闭的数量（有级式）或阻尼孔截面积（无级式）变化，从而实现减振器阻尼的控制。

二、主动式悬架系统的工作原理

1. 主动空气悬架系统的基本原理

主动式空气悬架系统基本组成与工作原理如图18-6所示。

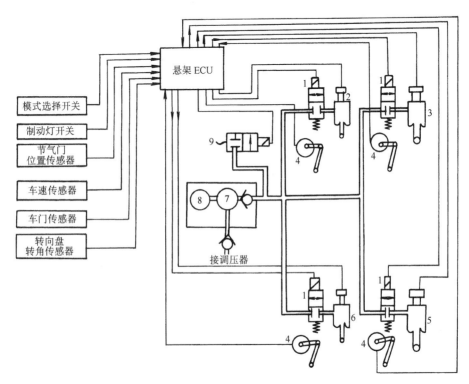

图18-6 主动空气悬架系统的组成与工作原理
1—空气控制电磁阀 2—右前空气悬架 3—左前空气悬架 4—车身高度传感器 5—左后空气悬架
6—右后空气悬架 7—干燥器 8—空气压缩机 9—排气电磁阀

在汽车行驶中，悬架ECU采集各个传感器信号，经过分析运算后，向各执行器发出指令，通过改变空气弹簧的刚度、减振器的阻尼及车身高度的方式，使车辆在行驶过程中车身的姿态改变尽可能小，并在保持良好的操纵稳定性的同时，将车身振动频率控制在最理想的范围之内。

由直流电动机驱动的空气压缩机产生压缩空气作为主动式空气悬架系统的动力源。压缩空气经干燥器干燥后，由空气管道经空气控制电磁阀送至各空气弹簧的主气室。

当汽车载荷减小，需减小悬架刚度和降低车身高度时，悬架ECU控制排气电磁阀打开，使空气悬架主气室中部分压缩空气排到大气中去，以使空气悬架压缩变形适当，保持车身高度及振动频率在优选值范围内。

当汽车载荷加大，需要增加悬架刚度和车身高度时，悬架 ECU 控制空气控制电磁阀打开，使压缩空气进入空气悬架主气室，以减小空气弹簧的压缩变形量，并保持车身高度及振动频率仍在优选值范围内。

此外，空气悬架上部的执行器控制着空气弹簧主辅气室之间的连通阀。悬架 ECU 根据各传感器输入的信号分析计算后，输出控制信号，控制执行器动作，使空气悬架主、辅气室之间的连通阀改变主、辅气室的通路情况，以改变空气弹簧的刚度。

2. 主动式油气悬架系统基本原理

主动式油气弹簧悬架系统基本工作原理如图 18-7 所示。油气悬架是以油液为媒体将车身与车轮之间所受的力和力矩传送给气室中的气体，按照气体 $p—V$ 状态方程规律，实现悬架的刚度特性调整，并通过电磁阀控制油液管路中的小孔节流改变阻尼特性。

当汽车在平直的好路面中、低速行驶时，悬架 ECU 经信号采集、计算后，发出使电磁阀活塞向右移的指令，如图 18-7a 所示，从而接通了压力油管，促使辅助油气阀中的阀芯向右移动，使刚度调节器中的气室与前后油气弹簧的气室相通，因而使总气室容积增大，气室中压力减小，达到了使前后油气弹簧刚度减小的效果，此时也称"系统软状态"。系统气路中增设了节流孔 a、b，起到阻尼器的作用，以提高汽车的平顺性。

当汽车处于满载、高速、转向、起步、制动运行工况，或在不平路面上行驶时，悬架 ECU 经信号采集和计算后发出中断电磁阀电流指令，电磁阀内阀芯在回位弹簧作用下左移，如图 18-7b 所示，使压力油道关闭，原来用于推动油气阀

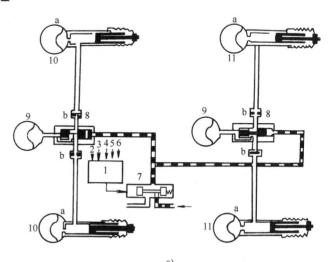

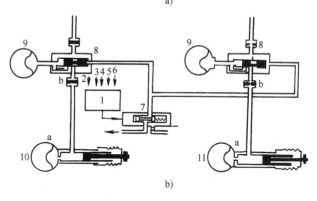

图 18-7 主动式油气弹簧悬架系统工作原理
a) 软状态 b) 硬状态
1—悬架 ECU 2—转向盘转角传感器信号 3—加速度传感器信号
4—制动压力传感器信号 5—车速传感器信号
6—车身高度传感器信号 7—电磁阀 8—辅助油气阀
9—刚度调节器 10—前油气悬架 11—后油气悬架

阀芯的压力油通过电磁阀左边的泄油道排出，使辅助油气阀容积减小，压力、刚度增大，既提高车辆的操纵稳定性，又保证了悬架的振幅在允许范围内，从而提高车辆的平顺性和舒适性。此时系统处于"硬状态"。

3. 主动悬架电子控制系统的控制内容与控制过程

主动悬架电子控制系统按其控制功用的不同，可分为车速路面感应控制、车身姿态控制、车身高度控制。

(1) 车速路面感应控制　该项控制是使汽车悬架的刚度和阻尼随着车速和路面的变化而改变。悬架的刚度和阻尼可以有"软"或"硬"两种控制模式，在油气悬架系统中它是由悬架 ECU 自动控制的，而空气悬架系统可以由驾驶人通过模式选择开关手动控制。悬架的刚度和阻尼按大小分为低、中、高三种状态。在"软"模式时，悬架经常处于低刚度、低阻尼状态；在"硬"模式时，悬架经常保持在中间状态。车速感应控制包括高速感应控制、前后轮关联控制和坏路面感应控制。

1) 高速感应控制。当车速高于 100km/h 时，悬架 ECU 根据车速传感器输入信号发出改变悬架刚度和阻尼的指令。若原来处于"软"模式，则刚度和阻尼自动从"低"状态进入"中"状态；若原来处于"硬"模式，则刚度和阻尼仍稳定于"中"状态，当车速降低后则又回到原来的状态。

2) 前后车轮关联感应控制。当车速在 30～80km/h 运行，前轮偶尔遇到障碍时，安装在汽车前部的车身高度传感器就会有脉冲信号输入悬架 ECU，悬架 ECU 经过分析计算后，发出改变悬架刚度和阻尼的指令，使后车轮的悬架无论原来选用"软"或"硬"的哪个模式，都保持或转入"低"状态，以提高乘坐的舒适性，当越过障碍后，则恢复原状态。

当车速超过 80km/h 时，如果悬架刚度过低，偶尔冲击也会影响操纵稳定性，所以，无论原来选用什么模式，悬架的刚度和阻尼都将自动保持在"中"的状态。

3) 坏路面感应控制。当汽车以 40～100km/h 的速度突然驶入坏路面时，为了控制突然产生的车身纵向角振动，悬架 ECU 在接收到车身高度传感器输入的车身高度变化周期小于 0.5s 的信号后，发出调整悬架刚度和阻尼指令，如果原来处于"软"模式，则悬架立即从"低"状态转入"中"状态。如果原来处于"硬"模式，则悬架刚度、阻尼保持"中"状态不变。如果汽车以大于 100km/h 速度驶入坏路面，悬架 ECU 发出的指令是：如果原为"软"模式，则直接进入"高"状态；如果原处于"硬"模式，则从"中"状态入"高"状态。

(2) 车身姿态控制　该项控制是在汽车的车速急剧变化和转向时，通过对悬架刚度和阻尼进行控制，以抑制车身的过度摆动，从而确保车辆的乘坐舒适性和操纵的稳定性。车身姿态控制包括转向时的车身侧倾控制、制动时的车身点头控制和起步或加速时的车身后仰控制。

1) 转向车身侧倾控制。在汽车急转弯而转向盘转速较快时，悬架 ECU 根据转向盘传感器的转向盘转角信号、车速传感器的车速信号进行分析计算，然后发出调整悬架刚度和阻尼的指令，不管原来处于"软"模式还是"硬"模式，都将外侧悬架的刚度和阻尼调整到"高"状态，以避免车身产生过度的侧倾。

2) 制动车身"点头"控制。在紧急制动时，会引起载荷前移，使车身产生"点头"，因此，必须适时增加前悬架刚度和阻尼。当车辆在高于 60km/h 的车速下紧急制动时，车速传感器的信号和制动开关发出的阶跃信号同时输入悬架 ECU，悬架 ECU 经分析计算后发出调整前悬架刚度和阻尼指令，无论原来处于"硬"还是"软"模式，都使前悬架的刚度和阻尼转入"高"状态。

3）起步或急加速车身后仰控制。当汽车起步过快或在车速较低的情况下加速过猛时，会引起后桥载荷增加，使车身产生后仰现象，此时应增加后悬架的刚度和阻尼，以控制车身后仰。当汽车起步速度过大，或在车速小于20km/h猛踩加速踏板时，悬架ECU对节气门开度和车速传感器的信号进行分析计算后，发出调整后悬架刚度和阻尼指令。如果悬架处于"软"模式，则从"中"状态或"低"状态直接进入"高"状态；如果悬架处于"硬"模式，则从"中"状态转入"高"状态。

（3）车身高度控制　车身高度直接影响汽车行驶稳定性，尤其在不平路面上高速行驶，车身高度控制尤为重要。车身高度控制分"标准""高"两种模式。由驾驶人根据运行工况选择。车身高度从低到高分为"低""中""高"三个状态，通常在"标准"模式中，车身高度处于"中"状态，在"高"模式中车身高度处于"高"状态。当工况变化时，悬架ECU根据传感器输入的信号，发出指令选择状态。当汽车上乘员人数和载荷变化时，悬架ECU能根据传感器输入的信号发出指令，在已选择的模式下自动选择合理的车身高度状态。车身高度控制主要包括高速感应控制和连续坏路面行驶控制两种功能。

1）高速感应控制。当车速超过 90~100km/h 时，为减小风阻、提高行驶稳定性，悬架ECU根据车速传感器的信号发出调整车身高度控制指令，如果此时车身高度处于"标准"模式，则车高从"中"状态降到"低"状态；如果处于"高"模式则车高从"高"状态降到"中"状态。当车速低于 60 km/h 时，车高又恢复到原来的高度状态。

2）连续坏路面行驶控制。汽车在坏路面上连续运行时，为避免悬架被压变形过大而造成车身受地面撞击，提高汽车的通过性，应适当提高车身高度。

当悬架ECU接收到车速为 40~90km/h，车身高度连续2.5s以上都是大幅度变化这两个信号时，如果悬架在"标准"模式下，则车高从"中"状态转入"高"状态；如果是"高"模式，则车高维持"高"状态不变。

当汽车在连续不平的路面行驶的车速高于90km/h时，应优先考虑汽车的行驶稳定性，因此，如果选择为"标准"模式，车高将保持"中"状态；如果是"高"模式，则使车高转入"中"状态。

当车速小于40km/h时，车身高度只能由驾驶人选择，若是"标准"模式，则车高为"中"状态；若选了"高"模式，则车高为"高"状态。

此外，悬架控制系统还具有驻车车高控制功能。在汽车停驶并使用驻车制动时，当关闭点火开关后，悬架ECU接收到这两个开关信号后，就会发出指令使车身高度处于"低"状态，以保证车身外观平衡，有良好的驻车姿态。

三、主动式悬架系统的组成部件

主动悬架系统主要由相关的传感器、电子控制器、悬架刚度和阻尼及高度调整执行机构等组成。不同类型的主动悬架其组成部件不尽相同，典型的空气式主动悬架系统的组成部件及布置如图18-8所示。

1. 主动悬架系统传感器

不同类型、不同车型的主动悬架其控制系统的控制程序不尽相同，因而所用的传感器也不相同，应用于主动悬架电子控制系统的传感器见表18-1。

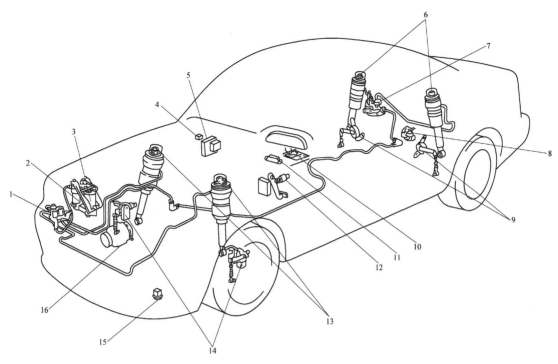

图 18-8 空气式主动悬架系统的基本组成与布置

1—车前高度控制阀 2—干燥器与排气阀 3—高度控制压缩机 4—高度控制插接器 5—悬架控制器 6—后空气悬架执行器 7—车后高度控制阀 8—后加速度传感器 9—车后高度传感器 10—高度控制开关 11—转向传感器 12—停车灯开关 13—前空气悬架执行器 14—前加速度及高度传感器 15—空气悬架继电器 16—集成电路调压器

表 18-1 用于主动悬架控制系统的传感器

传感器名称	主 要 用 途
车身加速度传感器	检测车身的加速度,用于判断车辆的行驶工况 检测车身的振动,用于判断汽车行驶的路面情况
车身位移传感器	检测车身相对车桥的位移,反映车身的平顺性和车身的高度
车速传感器	检测车轮的转速以获得车速信息,用于路面感应、车身姿态和高度控制
转向盘转角传感器	检测转向盘的转角,用于计算车身可能的侧倾程度
制动灯开关	提供车辆制动信号,用于车身姿态控制
制动压力开关	检测制动管路的压力,提供车辆制动信号,用于车身姿态控制
节气门位置传感器	检测节气门的开度,提供汽车加速信号,用于车身姿态控制
加速踏板传感器	检测加速踏板的位置,提供汽车加速信号,用于车身姿态控制
模式选择开关	用于手动选择悬架"软"、"硬"控制模式

(1) 车身加速度传感器 车身加速度传感器按工作原理分,有压电式、压阻式、差动变压器式等不同的类型;根据检测参数不同分,车身加速度传感器有检测惯性力和检测车身振动两种。

1) 测车身惯性力加速度传感器。传感器安装在车身的前后,当汽车在行驶中加速、制动或转向时,加速度传感器将车辆所产生的纵向或横向惯性力转变为相应的电信号,悬架电子控制器根据此信号来判断汽车的行驶工况,用于对相应悬架的刚度及时进行调整,以使车身姿态的改变最小。

2）测车身振动加速度传感器。传感器安装在车身与车桥之间，将汽车行驶中车身的振动情况转变为相应的电信号，悬架控制器根据此信号判断汽车行驶路面情况，以便对悬架的刚度、阻尼及车身的高度进行调整。

（2）车身位移传感器　车身位移传感器也称为车身高度传感器，传感器安装与车身与车桥之间，用于检测车身相对于车桥的位移，不仅可提供车身相对于车桥的高度信息，其高度变化的频率和幅度参数也反映了车身的振动情况。

汽车上广泛采用光电式车身位移传感器，其结构与工作原理参见第八章相关内容。

（3）转向盘转角传感器　转向盘转角传感器用于监测转向盘的转动角度和转动方向，是悬架控制器判断车辆侧倾程度的重要参数，主要有光电式和磁感应式两种。

（4）车速传感器　通过检测变速器输出轴转速或车轮转速，向电子控制器提供汽车行驶速度电信号，悬架电子控制器进行车速与路面感应控制、车身姿态控制及车身高度控制均需要车速传感器所提供的车速信号。按产生信号的原理不同分，车速传感器有磁感应式、光电式、霍尔效应式、舌簧开关式、磁阻式等多种类型。

（5）节气门位置传感器　用于检测节气门的开度变化，悬架电子控制器根据此信号判断汽车的加速行驶工况，并适时地调整后悬架的刚度，以控制车身的姿态（车身"仰头"）。悬架 ECU 可直接从节气门位置传感器获得节气门开度变化电信号，也可通过发动机 ECU 得到节气门位置信息。

（6）加速踏板传感器　有些电子控制悬架系统装用加速踏板传感器，它的作用与节气门位置传感器相似，用于向悬架 ECU 提供汽车加速信息。

（7）制动开关　用于向悬架电子控制器提供制动信息，控制器根据制动开关所提供的阶跃信号，并参考车速信号对前悬架的刚度进行调整，以抑制车身"点头"。制动开关有制动灯开关和制动液压开关两种形式。

（8）模式选择开关　一些电子控制悬架系统设有模式选择开关，可供驾驶人手动选择悬架的"软"和"硬"模式。有的电子控制悬架系统无模式选择开关，由悬架电子控制器根据相关传感器的信号自动选择悬架的模式。

2. 空气悬架刚度调节装置

（1）空气悬架的结构　空气悬架系统的结构如图 18-9 所示，上部为空气弹簧，下部为减振器。上端与车身相连，下端与车轮相连。空气弹簧的主、辅气室是一个整体结构形式，其中主气室外壁为柔性材料制成，在汽车运行时随着车轮与车身相对运动，主气室容积会不断地变化，其内部气体压力也会相应改变；辅气室外壁为刚性材料，汽车运行时，辅气室内的空气不会被压缩。主、辅气室之间设有空气阀，空气阀打开时可使主、辅气室的气体相互流动，通过改变主、辅气室空气流通能力（流通截面大小），可使主气室内被压缩空气的压力发生变化，也即改变了空气弹簧的刚度。

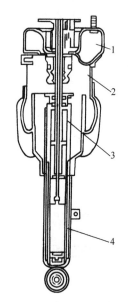

图 18-9　空气悬架系统结构
1—辅助气室　2—主气室
3—低压惰性气体　4—减振器

空气悬架下部减振器的结构形式与半主动悬架的相似，也有无级的和无级的两种，阻尼系数的调节方法也与半主动悬架的相似。

(2) 空气悬架刚度的调节过程　空气弹簧刚度调整过程如图 18-10 所示，主、辅气室间的空气阀体上有大、小两个通路，由悬架电子控制器控制的步进电动机可带动空气阀控制杆转动，使空气阀阀芯转过一个角度，以改变气体通路的截面积的大小，也即改变主、辅气室之间的气体流量，使空气弹簧刚度发生变化。空气弹簧的刚度可在低、中、高三种状态下变化。

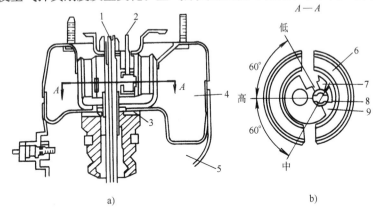

图 18-10　空气悬架刚度调节原理
1—阻尼调节器　2—气阀控制杆　3—主、辅气室通路　4—辅助气室　5—主气室　6—气阀体
7—气体小通路孔　8—阀体　9—气体大通路孔

阀芯的开口转到图 18-10b 所示较低的位置时，气体通路的大孔被打开，主气室的气体经过阀芯的中间孔，阀体的侧面通道与辅助气室的气体相通，两气室之间空气流量大，相当于辅助气室的空气也参与工作，可压缩的气体容积增大，空气弹簧刚度处于低状态。

阀芯的开口转到图 18-10b 所示中间位置时，气体通路的小孔被打开，主、辅两气室之间流量小，相当于辅助气室的部分空气参与工作，悬架刚度处于中状态。

阀芯的开口转到图 18-10b 所示较高的位置时，主、辅两气室之间的通路全部被封住，两气室之间的气体互相隔离，悬架在振动时，只能由主气室单独承受缓冲任务，空气弹簧的刚度处于高状态。

3. 车身高度调节装置

(1) 车身高度调节装置的组成　空气悬架车身高度调节装置由空气压缩机、直流电动机、高度控制阀、排气阀、调压阀、空气干燥器等组成，如图 18-11 所示。

(2) 车身高度的调节过程　车身高度调节装置通过对空气悬架主气室充气或排气实现对车身高度的调节，其车身高度调节过程如下。

当需要增高车身高度时，悬架 ECU 输出控制信号使直流电动机带动压缩机工作，并使高度控制电磁阀通电打开。压缩空气经空气干燥器、高度控制电磁阀进入空气弹簧的主气室，使车身升高。当车身达到规定的高度时，悬架 ECU 使高度控制电磁阀断电，空气弹簧主气室与外界封闭，车身的高度维持不变。

当需要降低车身高度时，悬架 ECU 输出控制信号使高度控制电磁阀和排气阀同时通电打开，空气弹簧主空气室空气被排出，车身的高度随之降低。

调压器的作用是控制悬架主气室的气压。

4. 悬架电子控制器

悬架电子控制器由微处理器、传感器电源、执行器驱动电路及监控电路等组成。典型悬架 ECU 内部的功能电路如图 18-12 所示。

悬架 ECU 根据各传感器输入的信号，经过运算分析后输出控制信号，控制各执行器动

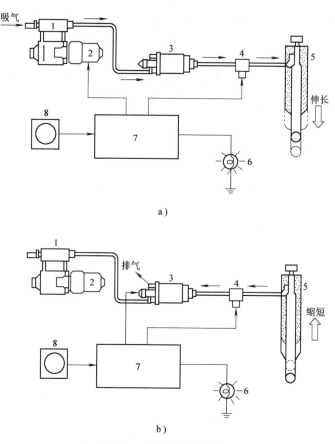

图 18-11 车身高度调节装置
1—空气压缩机及调压器 2—电动机 3—干燥器及排气阀 4—高度控制电磁阀 5—空气悬架
6—指示灯 7—悬架电子控制器 8—车身高度传感器

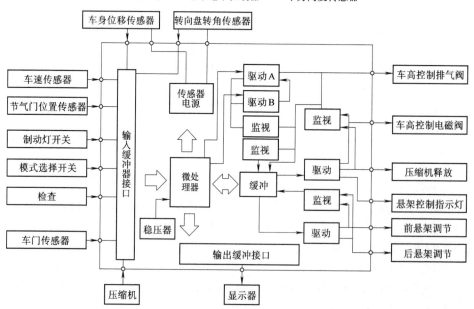

图 18-12 悬架电子控制器的组成

作,及时调整悬架的刚度、阻尼及车身的高度,以确保汽车行驶过程中的平顺性和操纵稳定性。悬架 ECU 可根据有关传感器的信号自行选定"软"模式或"硬"模式进行控制,有些悬架电子控制系统设置模式选择开关,悬架 ECU 可按照驾驶人通过模式选择开关选定的"软"模式或"硬"模式进行控制。

5. 悬架电子控制系统电路

悬架电子控制系统电路一例如图 18-13 所示。

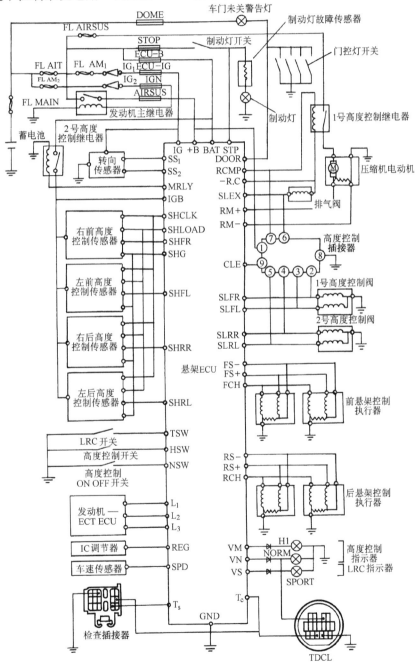

图 18-13　丰田雷克萨斯 LS400 轿车悬架电子控制系统电路

思 考 题

1. 汽车对悬架有什么要求？传统悬架有什么不足？
2. 电子控制悬架起何作用？采用电子控制悬架的汽车的优点主要体现在哪几方面？
3. 半主动悬架主要控制悬架的什么参数？如何进行控制？
4. 有级式和无级式悬架减振器阻尼如何调整？
5. 什么是主动悬架系统？主动悬架系统有哪些控制内容？
6. 空气主动悬架系统由哪些部件组成？空气主动悬架是如何工作的？
7. 油气主动悬架系统由哪些部件组成？油气主动悬架是如何工作的？
8. 空气主动悬架的结构是什么样的？如何实现刚度控制？
9. 空气主动悬架高度调整系统主要组成部件有哪些，如何实现车身高度控制？

第十九章　汽车巡航控制系统

第一节　概　　述

一、汽车巡航控制系统的作用

1. 汽车巡航控制系统的功用

巡航控制系统（Cruise Control System，CCS）也称为定速巡航系统、定速巡航行驶装置、速度控制系统、自动驾驶系统等，其作用是自动控制汽车在驾驶人设定的车速下稳定行驶，以减轻驾驶人在高速公路上驾车的劳动强度，提高行驶舒适性，并可使发动机在理想的转速范围内运转。现代汽车巡航控制系统采用微处理器控制，通常设有如下的功能。

（1）车速设定功能　当行驶在高速公路上，路面质量好，没有人流，分道行车，无逆向车流，适宜较长时间稳定行驶时，可通过巡航操控开关设定一个稳定行驶的车速，巡航控制系统就会自动控制汽车在设定车速下稳定运行。

（2）巡航消除功能　当驾驶人根据汽车运行情况需要踩下制动踏板时，巡航控制系统可立即取消巡航功能，由驾驶人操控车辆行驶速度，以确保行车安全。巡航控制功能消除后，如果行驶速度未低于巡航低限车速（40km/h），原设定的车速仍将保留于巡航控制系统中，可随时恢复原巡航车速。

（3）恢复巡航功能　巡航控制功能被取消后，驾驶人根据路面及车流情况又要求汽车在原巡航控制车速下稳速行驶时，可通过"恢复"功能开关立刻恢复原设定车速的巡航控制。如果巡航控制功能被取消期间车速曾降到巡航低限车速以下，则需通过巡航控制系统操控开关重新设定巡航车速。

（4）巡航滑行功能　在巡航行驶中，驾驶人可通过"滑行"功能开关使汽车在原设定的巡航车速的基础上减速行驶，不松开"滑行"开关，车速就会连续不断地降低，直到放松"滑行"开关为止。巡航控制系统自动控制汽车在松开"滑行"开关瞬间的车速下稳定行驶。

（5）巡航加速功能　在巡航行驶中，驾驶人可通过"加速"功能开关使汽车在原设定的巡航车速的基础上加速行驶，不松开"加速"开关，车速就会连续不断地增加，直到放松"加速"开关为止。巡航控制系统自动控制汽车在放松"加速"开关瞬间的车速下稳定行驶。

（6）低速自动消除功能　当车速低于巡航控制车速低限时（40km/h），巡航控制功能自动取消，并不再保留设定的车速信息。

（7）有关开关消除功能　除了踩制动踏板有自动取消巡航功能外，巡航控制系统还接受驻车制动开关、离合器开关（手动变速器）、空档起动开关（自动变速器）等信号，当驾驶人拉驻车制动器操纵杆、踩离合器踏板或置变速器于空档时，也立即自动取消巡航控制功能。

装备巡航控制系统的汽车，其优点体现在如下几方面。

1）巡航控制系统可保证汽车在有利车速下等速行驶，大大提高了其稳定性和舒适性。

2）巡航控制系统实现了部分自动驾驶，尤其是在上坡、下坡或平路行驶，驾驶人只要掌握好转向盘，不用脚踩加速踏板和换档，减轻了驾驶人劳动强度，可使驾驶人精力集中，从而提高了行车安全性。

3）巡航控制系统选择在最有利的车速和发动机转速下运行，有助于发动机燃烧完全，热效率提高，可使油耗降低，排气中 CO、NO_X、HC 大量减少，有利于节能和环保。

4）稳定的等速行驶可使额外惯性力减小，可减小机件损伤，使汽车故障减少、使用寿命延长。

可见，与具有自动驾驶功能的飞机巡航控制系统不同，汽车巡航控制系统只具有速度自动控制功能。

2. 汽车巡航控制系统发展概况

巡航控制系统在飞机上应用，显示出其无可比拟的优点。20 世纪 50 年代末开始在汽车上引用后很快就受美、日、德、法、意等汽车大国的青睐，尤其是近几年来世界各国高速公路的通车里程增多，扩大了汽车巡航控制系统大显身手的空间，因此，巡航控制系统在汽车上的应用也逐渐增多。

汽车巡航控制系统经历了机械控制系统、晶体管控制系统、模拟集成电路控制系统和微处理器控制系统等几个发展过程。微处理器控制的汽车巡航控制系统工作稳定、可靠性高，自 1981 年开始应用于汽车后，发展迅速，现代汽车基本上都采用了微处理器控制的汽车巡航控制系统。目前，中高级轿车装备汽车巡航系统已十分普遍。

二、汽车巡航控制系统的分类

汽车巡航控制系统从开始在汽车上应用到现在，已有过多种结构形式，现以不同的分类方法予以概括。

1. 按巡航控制装置的组成与控制方式分

（1）机电式巡航控制系统　实现车速设定、车速稳定和消除等巡航控制功能的是一个机械与电气混合装置，通常由控制开关、电释放开关、真空调节器、真空度控制的弹簧式伺服机构、真空释放阀、线束及真空管路等组成。汽车上早期使用的就是这种机电式巡航控制系统。

（2）电子式巡航控制系统　由电子控制器根据控制开关、各传感器和开关的信号进行车速的设定、稳定和消除等自动控制。随着电子技术的迅速发展和对巡航控制功能要求的进一步提高，电子式巡航控制系统已逐渐取代了机电式巡航控制系统。

2. 按巡航控制系统电子控制器结构原理分

（1）模拟式电子巡航控制系统　由模拟电子电路构成电子控制器，控制器内部对输入信号的处理过程均为模拟电参量。模拟式巡航电子控制器经历了从晶体管分立元件到集成电路的发展过程。

（2）数字式电子巡航控制系统　数字式巡航控制系统电子控制器的核心是微处理器，现代汽车巡航控制系统基本上都采用这种微处理器控制系统。

3. 按巡航控制装置执行机构的结构原理分

(1) 真空驱动型巡航控制系统　用于车速稳定、升速和减速控制的执行器为真空式节气门驱动装置，其驱动力来自进气歧管的真空度或由真空泵产生的真空度，控制器通过调节节气门驱动装置的真空度来实现节气门开度的控制。

(2) 电动驱动型巡航控制系统　节气门驱动装置的动力来源于电动机，控制器通过控制电动机的转动来调节节气门的开度，以实现车速稳定、增速和减速控制。

第二节　巡航控制系统的结构和工作原理

一、巡航控制系统工作原理

1. 巡航控制系统基本控制原理

电子巡航控制系统的基本控制原理如图19-1所示。

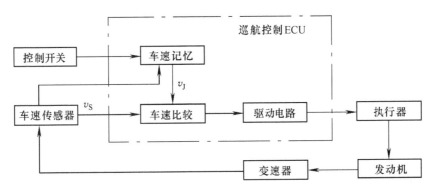

图19-1　巡航控制系统基本控制原理

v_S—实际车速　v_J—设定（记忆）车速

驾驶人通过控制开关设定的车速被巡航控制ECU中的存储器记忆，ECU将车速传感器输入的实际车速与存储器中的设定车速进行比较。当两车速有误差时，ECU就输出控制信号，通过驱动电路使执行器动作，调节节气门开度，以使汽车在设定的车速下稳定行驶。

2. 电子巡航控制系统工作过程

(1) 巡航车速的设定　当接通主开关后，汽车的行驶速度在巡航控制车速的范围内（一般为40～200km/h），将"设定"开关接通后断开，巡航控制ECU就会记忆开关断开时的车速，并控制汽车在此车速稳定行驶。在巡航控制状态下，增加、降低或恢复巡航车速过程如下。

1) 增加设定车速。当驾驶人希望车速提高时，接通"加速"开关，并使其保持在接通位置，巡航控制ECU就会通过执行器加大节气门的开度，使汽车加速行驶。汽车当前车速参数送入RAM存储器，不断地刷新此前的车速参数。断开"加速"开关，RAM所记忆的车速参数不再被刷新，巡航控制ECU便会控制汽车在"加速"开关断开瞬间RAM所记忆的车速下稳定行驶。

2) 降低设定车速。当驾驶人希望车速降低时，接通"滑行"开关，并使开关保持在接通位置，巡航控制 ECU 就会通过执行器使节气门开度关小，汽车减速滑行。当前车速参数也不断地送入 RAM，刷新此前存储的车速参数。断开"滑行"开关，存储器记忆"滑行"开关断开瞬间的车速，巡航控制 ECU 便会控制汽车在此车速下稳定行驶。

3）恢复设定车速。巡航控制被各种取消开关取消后，如果车辆行驶速度未降至可设定车速（40km/h）以下，车速参数仍保留在 RAM 存储器中，这时，接通"恢复"开关即可恢复设定车速。如果车辆行驶速度已降至可设定车速以下，存储器中车速记忆参数已被消除，此时已不能恢复设定车速，需通过巡航控制系统操控开关重新设定巡航车速。

(2) 巡航功能的消除　巡航功能消除有驾驶操作取消和自动取消两种情况。

1）驾驶操作取消。车辆处于巡航控制状态时，当驾驶人作了踩下制动踏板、拉驻车制动器操纵杆、踩离合器踏板（手动变速器）、变速器挂入 N 位（自动变速器）或按下巡航控制取消开关的某一个操作时，相应的开关接通，将信号送入巡航控制 ECU，巡航控制 ECU 立即将系统的巡航控制功能取消，以确保驾驶人的操作不受干扰。

2）自动取消。车辆在巡航控制状态下行驶时，如果巡航控制系统出现异常，巡航控制 ECU 将自动取消巡航控制功能。这时，RAM 存储器中的车速参数会被清除，因而不能通过"恢复/加速"开关恢复巡航控制功能。车辆在巡航控制状态下行驶时，如果车速下降到巡航控制车速的下限（40km/h）、车速降到比设定巡航车速低 16 km/h、巡航控制系统电源暂时中断超过 5s，也将自动取消巡航车速。

(3) 巡航控制系统的其他控制　电子巡航控制系统通常还设有如下控制功能。

1）车速下限控制。设定巡航控制车速的最低限，当车速低于此限定值时，巡航控制将被取消，RAM 存储器中的设定车速也会被清除。

2）车速上限控制。设定巡航控制车速的最高限，当车速已达到此限定值时，操作"加速"开关也不能使巡航车速再提高。

3）自动变速器控制。当车辆以超速档上坡行驶时，如果车速降至超速档切断速度（设定车速减去 4km/h 左右）以下，巡航控制 ECU 将自动取消超速档以增加驱动力，阻止车速进一步下降。当车速上升至超速档恢复速度（设定车速减去 2km/h 左右）以上时，约 6s 后，巡航控制 ECU 恢复超速档。

4）迅速降速和迅速升速。当实际车速与设定车速相差不足约 5km/h 时，每次迅速操纵"设定/滑行"开关（在 0.6s 内），可将设定车速降低约 1.65km/h；当实际车速与设定车速相差不足约 5km/h 时，每次迅速操纵"恢复/加速"开关（在 0.6s 内），可将设定车速升高约 1.65km/h。

5）自诊断功能。当巡航控制 ECU 在工作中监测到传感器和开关信号异常、执行器工作不正常时，在自动取消巡航控制的同时，使仪表板上的巡航（CRUISE）警告灯闪烁，以示报警，并将相应的故障码储存于 RAM 存储器，以备读取。

二、巡航控制系统的组成部件

电子巡航控制系统主要由传感器和取消巡航开关、巡航操控开关、控制器及巡航控制执行器等组成。典型的巡航电子控制系统组成及在车上的布置如图 19-2、图 19-3 所示。

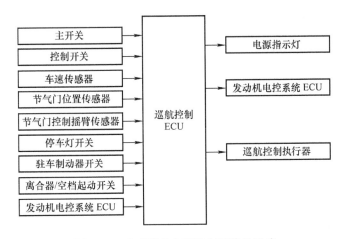

图 19-2 典型巡航电子控制系统的组成

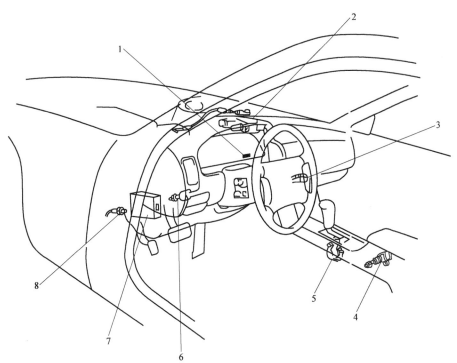

图 19-3 典型巡航电子控制系统部件及在车上的布置
1—巡航系统电源开关 2—巡航控制执行器 3—巡航操控开关 4—车速传感器 5—空档起动开关
6—制动灯开关 7—巡航控制 ECU 8—驻车制动开关

1. 巡航控制传感器

汽车在巡航行驶时，巡航控制 ECU 通过车速传感器和节气门位置传感器获得车速和节气门位置信号，进行车速稳定控制。

（1）车速传感器 用于向巡航控制 ECU 提供车速信号，通常与自动变速器电子控制系统、发动机电子控制系统共用车速传感器。车速传感器有光电式、霍尔感应式、磁感应式等。

（2）节气门位置传感器　向巡航控制 ECU 提供节气门开度信号，通常与自动变速器电子控制系统、发动机电子控制系统共用节气门位置传感器，有的车型其巡航控制系统则由发动机 ECU 提供节气门位置信号。

（3）节气门控制摇臂传感器　一些巡航控制系统的执行器中装有一个滑片随节气门摇臂一起转动的电位器，用于检测节气门控制摇臂的位置。可向巡航控制 ECU 输出一个与节气门摇臂位置成比例且连续变化的电信号。

2. 取消巡航设定开关

在汽车制动、换档和停车时，巡航控制功能将自动取消。巡航控制 ECU 通过相应的开关取得取消巡航设定信号。

1）制动灯开关。驾驶人踩制动踏板时此开关接通，将汽车制动信号送入巡航控制 ECU，ECU 根据此信号中止巡航控制程序。

2）空档起动开关。自动变速器车型使用，自动变速器变速杆置于 P 位或 N 位时此开关接通，将信号送入巡航控制 ECU，ECU 得到此信号便会取消巡航控制。

3）离合器开关。手动变速器车型使用，驾驶人踩下离合器踏板时此开关接通，将信号送入巡航控制 ECU，巡航控制 ECU 得到此信号便会取消巡航控制。

4）驻车制动器开关。当驾驶人拉起驻车制动器操纵杆时，驻车制动器开关接通，此信号送入巡航控制 ECU 时，巡航控制 ECU 也将取消巡航控制。

3. 巡航操控开关

驾驶人通过巡航操控开关进行巡航系统的开闭和巡航车速的设定，巡航操控开关一般可分为主开关和控制开关两部分。

（1）主开关　主开关是巡航控制系统的主电源开关，通常采用按键方式，每按下一次，开关接通或关断。在主开关接通状态下关断点火开关，主开关也关断，再接通点火开关时，主开关仍保持关闭状态，需再按一下主开关才能接通巡航控制系统电源。

（2）操控开关　操控开关用于设定（SET）、滑行（COAST）、恢复（RES）、加速（ACC）、取消（CANCEL）等操作，不同汽车上巡航控制系统的操控开关形式和布置方式会有所不同。一种推杆式组合式巡航操控开关如图 19-4 所示。

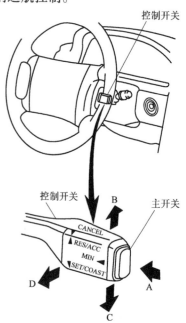

图 19-4　汽车巡航操控开关
A—主开关
B—恢复（RES）/加速（ACC）开关
C—设定（SET）/滑行（COAST）开关
D—取消开关（CANCEL）

该组合式巡航操控开关设定（SET）与滑行（COAST）共用一个开关，将开关操纵杆向下拨后立刻断开，就完成了巡航车速的设定操作，巡航的车速就是当前汽车行驶的车速；将开关操纵杆向下拨后保持不动，则为滑行，这时汽车行驶速度会逐渐下降，待车速下降至想要的车速时，再使开关操纵杆回位即可。该组合式巡航操控开关的恢复（RES）与加速（ACC）也共用一个开关，将开关操纵杆向上拨后立刻断开，就恢复原设定的车速；开关操纵杆向上拨后按着不动，则为加速，待车速上升至想要的车速后再断开即可。

4. 巡航控制执行器

巡航控制 ECU 通过巡航控制执行器调节节气门的开度，实现车速稳定控制。电子控制巡航控制系统执行器有电动和气动两种形式。

（1）电动式执行器　电动式执行器用电动机来驱动节气门动作，电动机有直流电动机（励磁式、永磁式）或步进电动机两种。图 19-5 所示的电动式巡航控制执行器由直流电动机、传动机构、电位器等组成。

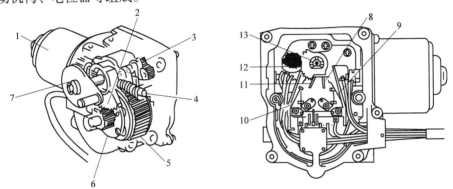

图 19-5　电动式巡航控制执行器
1—电动机　2—主减速器　3、13—电位器主动齿轮　4—涡轮　5—电磁离合器　6—离合器片
7—控制摇臂　8—杆 B　9、10—限位开关　11—杆 A　12—电位器

巡航控制 ECU 输出增加或减小节气门开度控制信号时，通过驱动电路使电动机顺时针转动或逆时针转动，经蜗轮（电磁离合器壳外圆）蜗杆（电动机输出轴）、主减速器传动使控制臂转动，再通过拉索带动节气门。

电磁离合器用于电动机与节气门拉索之间的接合与分离。在巡航控制起作用时，电磁离合器通电接合，使电动机通过传动机构和拉索驱动节气门；在未设定巡航控制或巡航控制被取消时，电磁离合器断电分离，以避免电动式执行器成为驾驶人操纵节气门的阻力。

设置限位开关的作用是避免电动机在节气门已处于全开或全关位置时继续转动而损坏。电位器产生一个与控制摇臂成比例的电压参数，用于向巡航控制 ECU 提供节气门控制摇臂位置信号。

（2）气动式执行器　气动式巡航控制执行器利用进气歧管真空度或真空泵产生的真空度作为操纵节气门的动力，一般由压力控制阀、气缸、传动机构及空气管路等组成，其工作原理如图 19-6 所示。

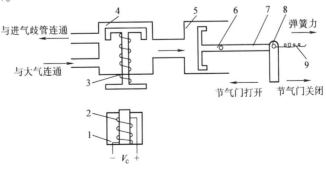

图 19-6　气动式执行器工作原理
1—电磁铁　2—电磁线圈　3—阀弹簧　4—压力控制阀　5—气缸　6—活塞　7—连杆　8—节气门拉杆　9—弹簧

执行器气缸活塞连杆与节气门拉杆相连,在巡航控制系统不起作用时,节气门拉杆在弹簧力作用下使节气门关闭。当巡航控制系统起作用时,控制信号 V_c 输入到执行器使电磁线圈通电而产生电磁吸力,在此电磁力作用下,使压力控制阀的阀芯克服阀弹簧力下移,将进气歧管和气缸连通,在进气歧管内真空度的作用下使活塞向左移动,并通过连杆带动节气门拉杆使节气门打开。巡航控制 ECU 通过改变控制信号 V_c 的大小来调整压力控制阀阀芯的下移量,使作用在活塞上的真空吸力发生变化,从而改变了节气门的开度,实现车速稳定控制。

5. 巡航电子控制器

电子控制器主要由微处理器、输入输出电路、执行器驱动电路及保护电路等组成。采用步进电动机执行器的巡航控制 ECU 一例如图 19-7 所示。

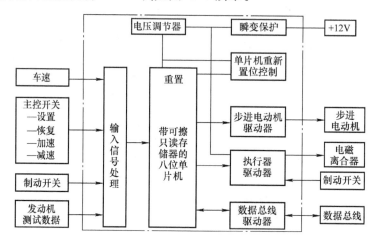

图 19-7 巡航控制系统 ECU

巡航控制 ECU 各功能模块的作用如下。

1)输入信号处理模块:其作用是将输入的传感器及开关信号进行预处理,把它们都转换为计算机可以接受的数字信号。

2)单片微型计算机:该芯片集成了中央微处理器(CPU)、可擦只读存储器(EPROM)、随机存储器(RAM)、输入/输出接口(I/O)等计算机的基本部件,可按储存在只读存储器中的控制程序对输入的信号进行处理,并产生相应的输出信号,控制步进电动机转动,以改变节气门开度,实现车速的稳定控制。

3)电动机驱动模块:根据计算机输出的控制信号产生能驱动电动机的控制脉冲,使步进电动机按计算机的指令转动相应的角度。

4)执行器驱动模块:根据计算机的指令使节气门联动器通电接合,步进电动机与节气门连接,汽车进入巡航控制状态。与执行器驱动模块连接的制动开关为常闭触点,当汽车制动,巡航控制 ECU 停止巡航控制程序的同时,此制动开关断开,将执行器驱动电源切断,以确保节气门完全关闭。

6. 巡航电子控制系统电路

汽车巡航电子控制系统电路一例如图 19-8 所示。

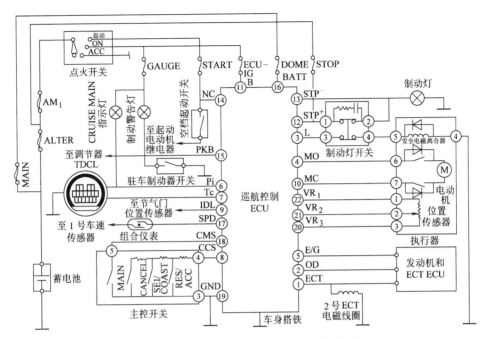

图 19-8　丰田雷克萨斯 LS400 轿车巡航电子控制系统电路

思 考 题

1. 巡航控制系统的作用是什么？电子控制巡航控制系统通常设有哪些控制功能？
2. 与无巡航控制系统的汽车相比，装备巡航控制系统的汽车具有哪些优点？
3. 巡航电子控制系统由哪些组成部件？它是如何进行巡航控制的？
4. 巡航控制主开关和操控开关各起什么作用？如何进行巡航车速的设定？
5. 汽车巡航控制系统有哪些取消巡航设定开关？为什么要有这些开关？
6. 电子巡航控制系统执行器有哪些类型？它们是如何完成控制动作的？

第二十章 汽车空调与空调控制系统

第一节 概 述

一、汽车空调的作用与发展概况

1. 现代汽车空调的作用

现代汽车普遍装备空调系统,用于提高车内驾乘人员的舒适性。汽车空调给人带来的舒适性主要体现在车内空气的温度与湿度、空气清新度等参数指标,汽车可将车内环境调整到对人体最适宜的状态。现代汽车空调系统的组成及其作用如下。

1)制冷系统。用于对车内空气或车外进入车内的新鲜空气进行冷却、除湿,使车内达到凉爽舒适程度。

2)采暖系统。用于对车内空气或车外进入车内的新鲜空气进行加热、除湿,使车内达到温暖、舒适程度。

3)通风系统。用于将车外的新鲜空气引进车内,达到通风、换气的目的。

4)空气净化装置。用于除去车内空气中的尘埃、异味,使车内空气变得清洁,目前只用于高级轿车。

5)控制系统。用于将制冷、采暖、新鲜空气有机地组合,形成冷暖适宜的气流,并自动对车内环境进行全季节、全方位、多功能的最佳控制。

2. 汽车空调技术的发展概况

汽车空调技术是随汽车的普及而发展起来的,可以概括为五个阶段。

(1)单一采暖阶段 1925 年,首先在美国出现利用汽车发动机冷却液通过加热器取暖的方法。1927 年发展到由加热器、鼓风机和空气滤清器等组成较为完整的供热系统。目前,在寒冷的北欧、亚洲北部地区仍在使用此种取暖系统。

(2)单一冷气阶段 1939 年,美国首先在轿车上安装了机械制冷降温的空调器,特别是在 1950 年,美国石油产地的炎热天气使单一降温空调汽车得以迅速发展,单一降温的方法目前仍然在热带、亚热带地区使用。

(3)冷暖一体化阶段 1954 年,美国通用汽车公司率先在轿车上安装了冷暖一体化空调器,使汽车空调具有了调控车内温度与湿度的功能。目前,这种具有调温、除湿、通风、过滤、除霜等功能的冷暖一体化空调已在汽车上得到了广泛的使用。

(4)自动控制阶段 1964 年,通用公司率先在轿车上安装了由模拟电子控制器进行自动控制的汽车空调,这种空调系统可预先设置温度,空调能自动地在设定的温度范围内工作。

(5)微处理器控制阶段 1973 年,美国和日本联合研究由微处理器控制的汽车空调系统,并在 1977 年安装于汽车。由微处理器控制的自动空调系统不仅有更多的控制功能,还实现了空调运行与汽车运行的相关统一,提高了汽车的整体性能并达到了最佳的舒适性。

二、汽车空调的分类

1. 按空调器驱动方式分

（1）独立式空调　独立式汽车空调由专用空调发动机来驱动制冷压缩机。独立式空调系统的制冷量大，工作稳定，但成本高，体积及质量较大。独立式汽车空调多用于大、中型客车。

（2）非独立式空调　非独立式汽车空调由汽车发动机直接驱动制冷压缩机。这种汽车空调的缺点是制冷性能受汽车发动机工作的影响，工作稳定性较差。非独立式汽车空调多用于小型客车和轿车。

2. 按空调的功能分

（1）单一功能型空调　单一功能型汽车空调是将制冷系统、取暖系统、强制通风系统各自安装，单独操作，互不干涉，多用于大型客车和载货汽车。

（2）冷暖一体型空调　冷暖一体型汽车空调的制冷、取暖和通风共用一台鼓风机及一个风道，冷风、暖风和通风在同一控制板上进行控制。冷暖一体型汽车空调结构紧凑，操作方便，多用于轿车。

3. 按空调系统的调节方式分

（1）手动调节空调　手动调节汽车空调由驾驶人拨动控制板的功能键和转动调节旋钮完成对温度、通风机构和风向、风速的调节。

（2）自动控制空调　自动控制空调可由电子控制器根据各相关传感器的电信号，自动对温度、风量及风向等进行调节，能够对车内空气环境进行全季节、全方位、多功能的最佳调节和控制。

第二节　汽车空调制冷系统

一、汽车空调制冷系统的工作原理

汽车空调制冷系统通过制冷剂的循环流动实现制冷功能，制冷原理如图20-1所示。

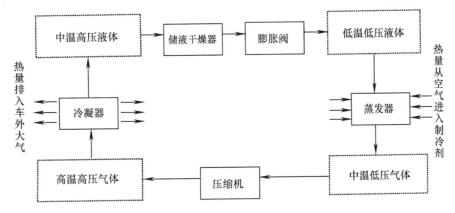

图20-1　空调制冷系统的工作原理

压缩机吸入蒸发器中的低压、中温制冷剂气体，并把其压缩成高压、高温的气体后送入冷凝器；高压、高温的气态制冷剂在冷凝器中与车外空气进行热交换（散热），变成高压液态制冷剂；从冷凝器流出的高压液态制冷剂经储液干燥器除湿、过滤后输入膨胀阀，经膨胀阀节流降压后，其压力和温度降低，并送入蒸发器；低压、低温的液态制冷剂在蒸发器中与车内空气进行热交换（吸热），变成低压、中温气态制冷剂；蒸发器周围的冷空气被鼓风机吹入车内，降低了车内空气的温度；蒸发器中制冷剂蒸气又被压缩机吸走。如此循环，将车内空气中的热量散发到了车外空气中，从而降低了车内的温度和湿度。

二、汽车空调制冷系统的组成部件

汽车空调制冷系统由压缩机、冷凝器、膨胀阀、储液干燥器、蒸发器等组成，如图20-2所示。

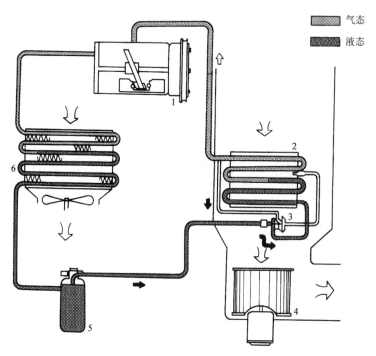

图 20-2　制冷系统的组成
1—压缩机　2—蒸发器　3—膨胀阀　4—鼓风机　5—储液干燥器　6—冷凝器

1. 压缩机

压缩机是制冷系统的心脏部件，起抽吸、压缩制冷剂并使其不断循环的作用。

1）抽吸作用：压缩机的抽吸与膨胀阀节流作用相配合，使蒸发器管内的制冷剂压力下降，实现制冷剂从液态向气态的转化，通过吸热，带走车厢内的热量。

2）压缩作用：压缩机将低压气态制冷剂压缩，使其压力和温度升高，并送入冷凝器，在冷凝器管内实现制冷剂从气态向液态的转化，通过释放热量，将热量排放到车外。

3）循环泵作用：压缩机的不断抽吸和压缩，实现了制冷剂的循环流动，因此压缩机也是制冷剂循环流动的动力源。

压缩机的种类繁多，形式各异，可分为往复式压缩机和回转式压缩机两大类。由于回转式压缩机具有较多的优点，在汽车空调中将会有更多的应用。

2. 冷凝器

冷凝器是使气态制冷剂完成液化过程的热交换器。从压缩机排出的高温、高压气态制冷剂的热量由冷凝器吸收并散发到车外，并通过风扇和汽车迎面来风对其进行强制冷却，使气态制冷剂变为高温、高压的液态制冷剂，其冷凝过程可分为三个阶段。

（1）高温高压制冷剂蒸气转变为饱和蒸气过程　温度高于饱和温度的"过热"制冷剂蒸气进入冷凝管后，通过冷凝管的散热作用，很快就降为饱和温度。

（2）饱和制冷剂蒸气转化为饱和液态过程　此过程制冷剂温度不发生变化，但制冷剂蒸气的液化过程释放出大量的热。制冷剂循环过程的大部分热量就是通过此阶段散发出去的。

（3）饱和液态制冷剂冷却为过冷液体过程　在饱和温度下转化为液态的制冷剂，其温度要比环境温度高，因而在冷凝管中会进一步冷却，其温度下降到比饱和温度更低的"过冷"液体。

冷凝器主要由冷凝管的翅片组成，有管片式、管带式、鳍片式及平流式等多种形式。

3. 膨胀阀

膨胀阀安装在蒸发器的入口上，是一种感温或感压自动阀，通过其节流作用将高压液态制冷剂的压力降低，它可根据流向压缩机的制冷剂温度变化自动调节制冷剂的流量，以确保流入压缩机的制冷剂为气态。

汽车空调中所使用的膨胀阀有内平衡式、外平衡式及H形等不同的结构形式

4. 储液干燥器

储液干燥器的功用是过滤、除湿、气液分离及临时性地储存一些制冷剂。储液干燥器的罐内有滤网、干燥剂，一些储液干燥器还装有压力开关、检视孔等附件。压力开关用于系统的压力异常保护，检视孔则是用来检查制冷剂是否充足、有无空气或水等情况。

5. 蒸发器

蒸发器是使液态制冷剂完成汽化过程的热交换器。液态制冷剂汽化时吸热，使蒸发器表面空气温度降低，并通过鼓风机将冷空气吹入车厢，以实现对车厢内空气的降温和除湿。

蒸发器的工作过程：经膨胀阀节流后的液态制冷剂变为湿蒸气（含有饱和液态制冷剂），湿蒸气进入蒸发器后，吸收热量而沸腾，并成为饱和蒸气。这一过程中蒸发压力和蒸发温度始终保持不变，通过汽化过程大量吸收蒸发器外表面空气的热量，并由鼓风机不断地将蒸发器外表面的冷空气吹入车厢内，使车内的温度降低。

蒸发器的构造与冷凝器相似，目前采用的蒸发器有管片式、管带式和层叠式三种。

三、汽车空调制冷系统控制电路

1. 汽车空调制冷系统基本控制电路

为确保空调制冷系统安全可靠地工作，汽车空调制冷系统控制电路通常设有压力保护、温度控制、发动机怠速控制等功能。汽车空调制冷系统基本电路一例如图20-3所示，电路原理如下。

接通空调开关后，蒸发器鼓风机电动机和空调继电器线圈通电，蒸发器鼓风机转动，与此同时，空调继电器触点闭合，使压缩机电磁离合器通电接合，压缩机工作。

温控开关3串联在空调继电器线圈电路中，感受蒸发器处的温度。当蒸发器的温度高于设定温度时，温控开关处于通路状态；蒸发器温度一旦低于设定温度，温控开关触点就断开，切断空调继电器线圈电路，压缩机电磁离合器断电分离，压缩机停止工作。温控开关可将蒸发器的温度控制在设定的范围内，以确保制冷系统正常工作。

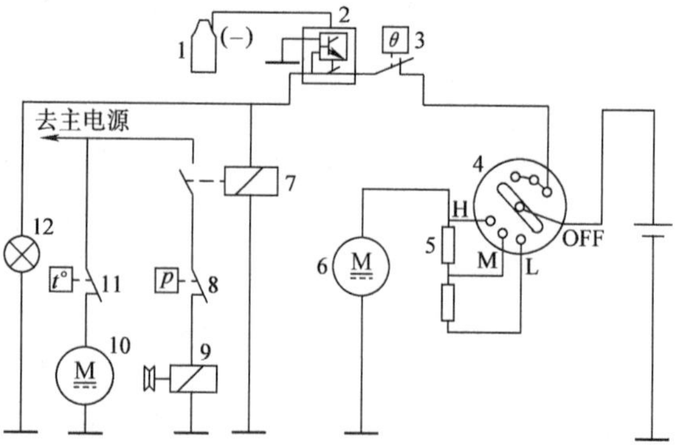

压力开关8也串联在空调继电器线圈电路中，当制冷系统压力异常时，压力开关触点断开，断开空调继电器线圈电路，压缩机停止工作，以确保系统安全。

图20-3所示的基本电路中，空调继电器线圈电路中还串联了发动机转速检测

图20-3 汽车空调制冷系统基本控制电路
1—点火线圈 2—发动机转速检测电路 3—温控开关
4—空调开关 5—调速电阻 6—蒸发器鼓风机电动机
7—空调继电器 8—压力开关 9—压缩机电磁离合器
10—冷凝器风扇电动机 11—温度开关 12—空调指示灯

电路，当发动机转速低于800~900r/min时，检测电路就会断开空调继电器线圈电路，使空调压缩机在发动机低转速时不工作，以使发动机急速时运转平稳。

冷凝器风扇用于加强冷凝器的冷却效果，冷凝器风扇电动机由温度开关11控制，当冷凝器表面温度高于设定值时，温度开关闭合，冷凝器风扇电动机通电工作，冷凝器风扇对冷凝器进行强制冷却。

调速电阻用于调节蒸发器鼓风机转速，由空调开关控制，当空调开关拨至L档时，调速电阻均串联于蒸发器鼓风机电动机电路，鼓风机低速运转；当空调开关拨至H档时，调速电阻均被短路，蒸发器鼓风机高速运转。

2. 空调制冷系统控制电路部件作用与原理

（1）电磁离合器 电磁离合器安装在压缩机前端，用于控制压缩机的工作。电磁离合器受温控开关、压力开关控制。它由压力板、弹簧片、引铁、带轮、固定铁心和线圈组成，如图20-4所示。

压力板用半圆键与压缩机轴相连，是电磁离合器的从动件。电磁离合器线圈通电时产生磁力，将引铁3吸贴在带轮端面上（离合器接合），使压缩机随带轮一起转动。当电磁离合器线圈断电时，铁心磁力消失，电磁离合器分离，压缩机停止转动。

（2）温控开关 温控开关用于控制空调在设定的温度范围内工作，所以也被称为恒温器。温控开关感受的温度有蒸发器表面温度、车内温度、大气温度等。通常所用的温控开关通过感受蒸发器表面温度来控制压缩机的运行与停止，它安装在蒸发器处。

汽车空调所用的温控开关有波纹管式、双金属片

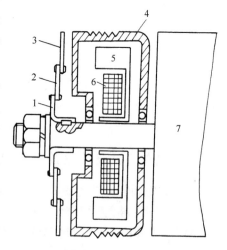

图20-4 电磁离合器
1—压力板 2—弹簧片 3—引铁 4—带轮
5—固定铁心 6—线圈 7—压缩机体

式和热敏电阻式等多种形式。现代汽车空调通常采用热敏电阻配以电子电路（称为温控器）的电子温控开关，电子式温控开关可更精确地控制蒸发器出口温度，并可通过电位器进行温度调节。热敏电阻式温控开关一例如图 20-5 所示。

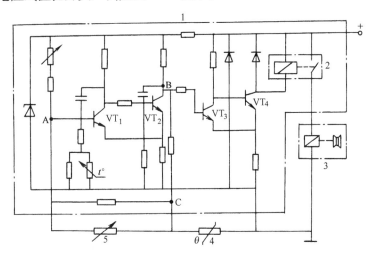

图 20-5　热敏电阻式温控开关电路
1—放大器　2—空调继电器　3—电磁离合器　4—热敏电阻　5—温度调整电位器

温控器电路中 B 点的电位高低随热敏电阻的阻值大小而变。热敏电阻的温度系数为负，其电阻值随温度的升高而下降，使 B 点电位随之降低。当蒸发器出口处温度高于设定温度时，B 点电位低于 VT_3 的导通电压，VT_3 截止，VT_4 导通，空调继电器线圈通电而吸合触点，使电磁离合器接合，压缩机工作；当蒸发器出口处温度低于设定温度时，热敏电阻阻值增大，B 点电位升高至 VT_3 导通电压，VT_3 导通，VT_4 截止，压缩机停止工作。电子温控开关如此控制压缩机的工作，将空调制冷温度控制在设定范围。

温度调整电位器用于调整温度设定值，调节电位器的阻值，可改变 A 点的静态工作点电位。减小温度调整电位器的阻值可降低 A 点电位，并使 B 点静态工作点电位降低，可使设定的温度降低；增大温度调整电位器的阻值则可使设定温度升高。

（3）压力开关　汽车空调电路中设有高压保护开关和低压保护开关。

1）高压保护开关。高压保护开关用来防止制冷系统压力过高而使压缩机过载及有关器件损坏，一般将其安装在高压管路上或储液干燥器上。高压保护开关有触点常闭型和常开型两种。

① 触点常闭型高压保护开关：其触点串联在电磁离合器线圈电路中，从压力导入口连接于高压管路。当制冷系统高压管路压力超过高限值时，高压制冷剂可使高压保护开关触点张开，使电磁离合器分离，压缩机立刻停止工作。

② 触点常开型高压保护开关：一般用来控制冷凝器风扇电动机的高速档电路，当制冷系统压力超过规定的上限值时，高压保护开关触点闭合，使冷凝器风扇高速运转，以加强冷凝器的冷却能力，降低系统的压力。

2）低压保护开关。低压保护开关的作用是防止压缩机在制冷系统严重缺少制冷剂的情况下继续工作而遭损坏。低压保护开关一般安装在冷凝器与膨胀阀之间的高压管路上或储液干燥器上，其结构与高压保护开关相似，触点为常开。制冷管路中的正常压力可使低压保护开关的触点闭合，当系统压力低于设定值（0.21MPa）时，低压保护开关触点就会在弹簧力的作用下断开，使电磁离合器分离，压缩机立刻停止工作。

现代汽车空调通常使用高低压组合式压力开关，在制冷系统高压管路的压力异常时，组合式压力开关相关的触点动作，接通或断开相应的空调电路，实现压力保护。

（4）冷却液过热开关 冷却液过热开关的功用是在发动机过热的情况下，停止压缩机运转。冷却液过热开关的触点常闭，一般安装在发动机散热器或冷却液管路上。当发动机冷却液温度超过规定值时，冷却液过热开关触点断开，使电磁离合器分离，压缩机停止工作。

第三节　汽车采暖与通风系统

汽车空调采暖系统的功用是为车内提供暖气及风窗除霜；通风系统则是用来提高车内空气的含氧量，并降低 CO_2、灰尘、烟气等有害气体的浓度，为车内驾乘人员提供健康和舒适的环境。

一、采暖装置

汽车采暖装置有多种类型，按热源形式的不同可分为水暖式、气暖式、燃烧式和混合式等。目前在汽车上使用最为广泛的是水暖式和燃烧式。

1. 水暖式采暖装置

水暖式采暖装置利用发动机冷却液的热量采暖，也称余热式采暖。水暖式采暖不消耗能量，但热容量小，适用于中小型汽车，通常由加热器、鼓风机、热水阀、通风道等组成，其工作原理如图 20-6 所示。

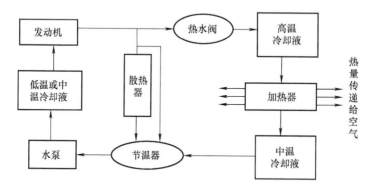

图 20-6　水暖式采暖系统的工作原理

当发动机的冷却液温度达 80℃时，节温器才分流一部分冷却液进入加热器并加热周围的空气，再由鼓风机将加热后的空气吹入车内。加热器中释放热量后的冷却液由水泵抽回发动机，如此循环进行采暖，进入加热器的热水量由热水阀来控制和调节。

2. 燃烧式采暖装置

水暖式采暖装置受发动机功率的影响，在汽车低速、下坡时其采暖效果不佳，为解决此问题，在一些大客车上采用独立燃烧式采暖装置，通过燃烧装置燃烧煤油或柴油加热空气进行采暖。燃烧式采暖装置通常由燃油泵、燃油雾化器、燃烧室、电热塞、风扇、鼓风机、电动机等组成。

一些豪华大客车上,装备了水暖和燃烧混合采暖装置。在发动机未工作或发动机刚起动,其冷却液还未达到正常工作温度时,可起动燃烧预热器独立采暖;当发动机温度正常时,则可利用发动机冷却液独立采暖;或用混合方式采暖。

二、通风与空气净化装置

1. 通风装置

冷暖一体化的汽车空调通风方式有半空调通风方式、冷暖空气混合式、并联式和全热式等不同形式,在汽车上使用最多的是冷暖空气混合式(图20-7)。

冷暖空气混合式通风系统主要由鼓风机、进出口风门、空气混合风门及通风管路等组成。空调通风系统的操控可分手动控制和自动控制两种。

(1) 手动式空调通风系统 手动控制式空调通风系统通过机械装置控制各风门,图20-8是手动式空调通风系统的控制开关及控制盒。手动式空调通风的风量、出风温度及送风的方式(各风门的位置)均由驾驶人直接通过操纵驾驶室内空调控制面板上相应的控制开关来调节。

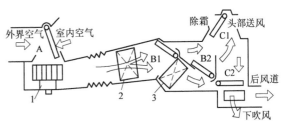

图20-7 空调通风系统的基本组成
1—风扇 2—蒸发器 3—加热器 A—进风口风门
B1、B2—冷暖空气混合风门 C1、C2—出风口风门

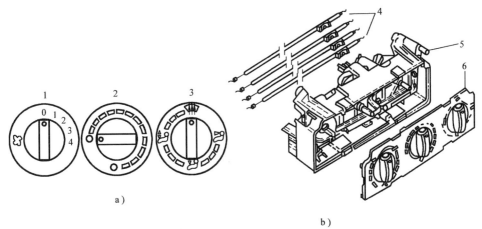

图20-8 手动式空调通风系统操纵机构
a) 通风控制开关 b) 通风控制开关内部结构
1—风量调节开关 2—出风温度调节开关 3—送风方式调节开关 4—控制拉索 5—控制盒 6—控制面板

(2) 自动式空调通风系统 自动控制式空调通风系统各个风门由电动机或真空马达驱动,典型的自动空调通风控制系统组成如图20-9所示。

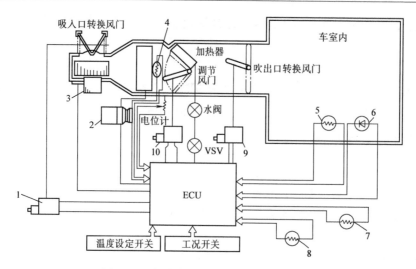

图 20-9 自动式空调通风控制系统的组成

1—进风口风门伺服电动机 2—压缩机 3—鼓风机电动机 4—蒸发器温度传感器 5—车内温度传感器
6—阳光传感器 7—车外温度传感器 8—冷却液温度传感器 9—出风口风门伺服电动机
10—冷暖空气混合风门伺服电动机

2. 空气净化装置

为了保持车内空气洁净新鲜，除了通过通风换气以外，还须采用净化装置，以除去车内粉尘和有害气体及气味。空气净化装置按净化原理分为静电式、过滤式、对冲黏附式、吸附式、吸收式等。现代汽车常采用的是静电式和过滤式。

第四节 汽车空调电子控制系统

一、汽车空调电子控制系统的控制原理

在中高档汽车上，越来越多地使用以微处理器为核心的全自动空调系统。这种全自动空调其电子控制系统基本组成由传感器、电子控制器和执行器组成。典型的汽车空调电子控制系统的组成与原理如图 20-10 所示。

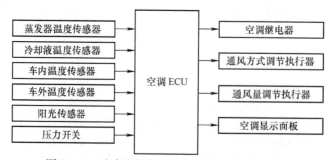

图 20-10 汽车空调电子控制系统的组成与原理

电子控制器将各温度传感器输入的电信号与操作控制板设定的信号进行比较，经计算处理后作出判断，然后输出相应的调节和控制信号，通过相应的执行机构，对压缩机的开与停、

送风温度、送风模式及风量、热水阀开度等进行调整，以实现对车内空气环境进行全季节、全方位、多功能的最佳调节和控制。

空调电子控制系统设置了经济运行方式。在此方式下运行，空调控制器会让压缩机在尽可能少的时间内工作，甚至不工作的情况下保持车内设置温度。如在车外温度与设定温度相差不大时，空调便可在此方式下工作，以达到节能的目的。

自动空调电子控制系统通常设有故障自诊断功能，当系统出现故障时，会及时采取相应的保护措施，并储存相应的故障码。

二、汽车空调电子控制系统的组成部件

1. 空调系统传感器及开关

空调系统传感器及开关用于向空调 ECU 提供车内外空气温度状态、空调系统的温度与压力、驾驶人对空调的使用要求等信息，以使空调 ECU 进行最佳的车内空气环境控制。

（1）车内温度传感器　车内温度传感器将车内温度转换为相应的电信号，送入空调 ECU，用于车内温度自动控制。车内温度传感器的温度敏感元件是温度系数为负的热敏电阻，通常安装在仪表板下端。

（2）车外温度传感器　车外温度传感器将车外温度转换为相应的电信号，送入空调 ECU，用于车内温度自动控制。车外温度传感器的温度敏感元件通常也是温度系数为负的热敏电阻，一般安装在前保险杠处。

（3）冷却液温度传感器　冷却液温度传感器将发动机冷却液温度转换为相应的电信号，送入空调 ECU，用于低温时的鼓风机转速控制。冷却液温度传感器的核心元件也是温度系数为负的热敏电阻，通常安装在加热器底部的水道中。

（4）蒸发器温度传感器　蒸发器温度传感器将蒸发器处的温度转换为相应的电信号，并送入空调 ECU，用于控制压缩机电磁离合器的工作，避免蒸发器结霜。蒸发器温度传感器的电阻随温度的下降而增大，安装在蒸发器的出口处。

（5）阳光传感器　阳光传感器将车外阳光照射量转换为相应的电流，并通过测量电路转换为电压信号，送入空调 ECU，用于控制空调通风量和出风温度。阳光传感器一般安装在驾驶室仪表板上方容易接受阳光之处。

（6）压力开关　向空调 ECU 提供制冷系统压力异常电信号，当制冷系统压力异常时，空调 ECU 根据压力开关输入的电信号立刻作出安全保护控制。

（7）空调操纵开关　在空调显示面板上设有多个空调操纵开关，由驾驶人手动操纵，用于开、关空调和选择空调的工作方式等。不同车型其空调显示面板上设置的空调操纵开关种类和数量会有所不同。空调显示面板空调操纵开关的布置一例如图 20-11 所示。

2. 汽车空调电子控制器

电子控制器根据空调控制面板设定的温度与工作状态及各传感器的电信号进行温度和通风的自动控制。电子控制器的输入信号主要有车内（外）温度、日照度、发动机冷却液温度、设定温度、空调运行模式、冷暖风门位置、压缩机制冷温度及压力等，电子控制器输出的控制信号主要是各个风门的位置、鼓风机运转状态、压缩机运转状态等。

工作时，电子控制器不断地监测各传感器输入的电信号，并与空调控制面板所设定的车内温度进行比较，根据分析比较结果输出控制信号，通过相关的执行器对送风温度和风量等

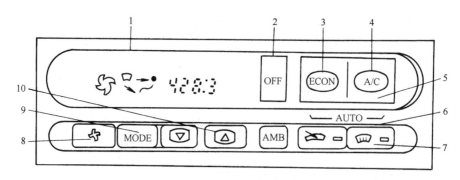

图 20-11 电子控制汽车空调显示面板操纵开关的布置

1—显示屏 2—停用开关 3—经济（ECON）运行开关 4—空调开关 5—车外温度显示按键 6—风向转换开关
7—风窗玻璃除霜开关 8—鼓风机开关 9—模式转换按键 10—车内温度调节按键

进行及时的调整，将车内的温度稳定在空调控制面板设定的温度。

3. 空调系统执行器

自动空调电子控制系统执行器主要有控制压缩机、鼓风机工作的继电器和控制通风方式（各风门）的驱动装置。各风门驱动装置主要有电动机驱动式和真空驱动式两种，现代汽车空调通常采用电动机驱动器。

（1）进风口风门伺服电动机 进风口风门伺服电动机用于控制进风方式，进风口风门伺服机构与内部电路一例如图 20-12 所示。

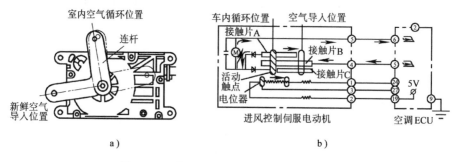

图 20-12 进风口风门伺服机构与内部电路
a）伺服机构结构简图 b）电路原理

电动机的电枢轴经连杆与进风口风门连接，当空调 ECU 输出"车内空气循环"或"车外空气导入"控制信号时，电动机带动连杆顺时针或逆时针转动，使进风口风门转至相应的位置，以实现改变进风方式的控制。

当按下"车外空气导入"按键时，空调 ECU 从 5 号端子输出电流，电流经伺服电动机 4 号端子→接触片 B→活动触点→接触片 A→电动机→伺服电动机 5 号端子→空调 ECU 6 号端子→空调 ECU 9 号端子到搭铁，电动机通电转动，带动进风口风门转动及活动触点移动。当进风口风门转至"车外空气导入"位置时，活动触点与接触片 A 脱离，电动机断电停转，进风口风门停在车外进气通道开启、车内进气通道关闭的位置。

当按下"车内空气循环"按键时，空调 ECU 从 6 号端子输出电流，电流经伺服电动机 5 号端子→电动机→接触片 C→活动触点→接触片 B→伺服电动机 4 号端子→空调 ECU 5 号端子→空调 ECU 9 号端子到搭铁,电动机通电转动,带动进风口风门及活动触点向相反的方向转动和移动。当进风口风门转至"车内空气循环"位置时,活动触点与接触片 C 脱离,电动机断电停转,进风口风门停在车内进气通道开启、车外进气通道关闭的位置。

当按下"自动控制"按键时,空调 ECU 则根据各相关传感器的信号计算所需的出风温度,并根据计算结果自动控制进风口风门伺服电动机的转动方向,实现进风方式的自动控制。

进风口风门伺服电动机内部的电位器活动触点随电动机转动而移动,用于向空调 ECU 反馈进风口风门的位置电信号。

(2) 冷暖空气混合风门伺服电动机　冷暖空气混合风门伺服电动机用于控制出风温度,其结构与工作原理与进风口风门伺服电动机相似。冷暖空气混合风门伺服机构与内部电路一例如图 20-13 所示。

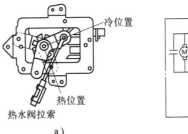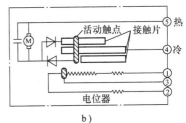

图 20-13　冷暖空气混合风门伺服机构与内部电路
a) 伺服机构结构简图　b) 电路原理

工作时,空调 ECU 根据驾驶人设置的温度高低及各传感器的电信号进行分析计算,得到所需的出风温度,当需要改变出风温度时,ECU 便输出控制信号,控制冷暖空气混合风门伺服电动机顺时针或逆时针转动,以改变冷暖空气混合风门的位置,通过改变冷、暖空气的混合比,调节出风温度。

冷暖空气混合风门伺服电动机内的电位器用于向 ECU 反馈冷暖空气混合风门的位置信息。

(3) 送风口风门伺服电动机　送风口风门伺服电动机用于控制送风方式,其结构与电路原理如图 20-14 所示。

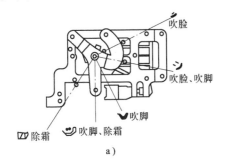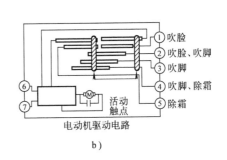

图 20-14　送风口风门伺服电动机
a) 伺服机构结构简图　b) 电路原理

当按下空调控制面板上的某个送风方式按键时,空调 ECU 就使送风口风门伺服电动机的某个端子搭铁,电动机便转动相应的角度,带动送风口风门转动到相应的位置,使相应的送风口打开。

当按下"自动控制"按键时,空调 ECU 则根据计算结果,自动控制电动机转动,送风方式自动改变。

(4) 鼓风机转速控制电路　鼓风机转速控制电路用于控制空调的风量,典型的鼓风机电动机控制电路如图 20-15 所示。

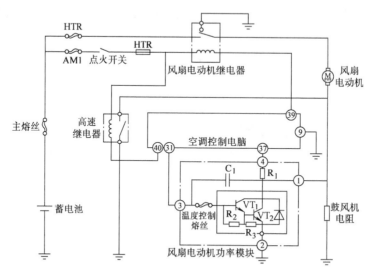

图 20-15　鼓风机电动机控制电路

当按下高速按键时,空调 ECU 输出高速控制信号(40 号端子搭铁),使高速继电器线圈通电而吸合触点,鼓风机电动机电路经高速继电器触点直接搭铁,其电流最大而高速旋转。

当按下低速按键时,空调 ECU 输出低速控制信号(31 号端子无电流输出),鼓风机控制模块大功率晶体管 VT_2 截止,鼓风机电动机电路经电阻搭铁,其电流最小而低速旋转。

当按下"自动控制"按键时,空调 ECU 根据计算结果输出相应的控制信号(31 端子输出占空比脉冲电压)使鼓风机控制模块大功率晶体管 VT_2 间歇性导通。VT_2 导通时,鼓风机电动机电路经 VT_2 搭铁,空调 ECU 使 VT_2 的导通时间增加,电动机的转速就提高。空调 ECU 通过 31 端子输出不同的占空比脉冲信号实现对鼓风机电动机转速(风量)的无级调节。

4. 空调电子控制系统电路

自动空调电子控制系统电路一例如图 20-16 所示。

本例空调控制系统电路除了有空调的温度、出风温度及送风方式等自动控制功能外,还设置了冷气最足送风控制功能,用于使车内迅速凉爽。空调 ECU 可通过冷气最足伺服电动机控制冷气最足风门在全开、中间和关闭三个位置。

空调压缩机设有锁止传感器,传感器为磁感应式转速传感器,压缩机转一圈,产生四个脉冲信号。空调系统工作时,空调 ECU 将锁止传感器的脉冲信号与发动机转速信号进行比较,如果两个转速信号的偏差率连续 3s 超过 80%,空调 ECU 就会判定压缩机被锁死,并立刻使压缩机电磁离合器断电分离,以避免压缩机进一步损坏;与此同时,ECU 使空调控制面板上的 A/C 开关指示灯闪烁,以示报警。

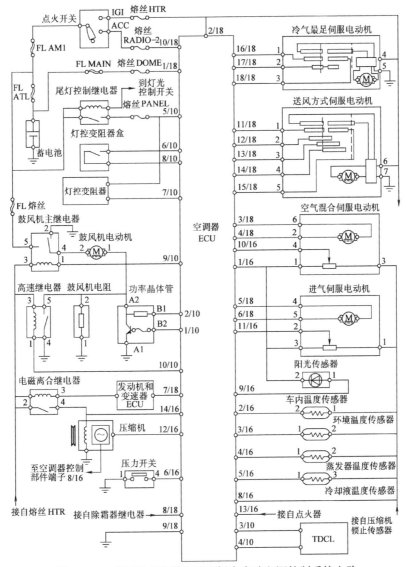

图 20-16 丰田雷克萨斯 LS400 轿车自动空调控制系统电路

思 考 题

1. 现代汽车空调的作用是什么？汽车空调有哪些类型？
2. 汽车空调制冷系统是如何制冷的？有哪些组成部件？各部件的作用是什么？
3. 汽车空调采暖方式有哪些？非独立式采暖方式如何实现采暖？
4. 汽车空调通风方式有哪些？混合式通风系统有哪些组成部件？各部件的作用是什么？
5. 汽车空调制冷系统控制电路通常设有哪些控制功能？这些控制功能是如何实现的？
6. 汽车空调系统电路中通常设有哪些保护功能？这些保护功能是如何实现的？
7. 空调电子控制系统有哪些组成部件？各部件的作用是什么？
8. 微处理器控制的自动空调系统如何进行自动控制的？
9. 自动空调伺服电动机的主要组成部件是什么，各风门如何实现定点驱动？
10. 鼓风机控制电路是如何实现电动机的转速控制的？

第二十一章　安全气囊装置

第一节　概　　述

一、安全气囊的作用

安全气囊也称辅助乘员保护系统（Supplemental Restraint System, SRS），是汽车上的一种被动安全保护装置。在汽车遭遇碰撞而急剧减速时，安全气囊便迅速膨胀，形成一个缓冲垫，以使车内乘员不致碰撞车内硬物而受伤。

随着汽车车速越来越快，其行车安全隐患也相应增多，人们对汽车安全装备的要求也越来越高。安全气囊顺应了人们对汽车安全性要求的提高，因而得到了迅速发展。实际检测和统计资料表明，在汽车相撞时，安全带和安全气囊正常发挥作用可使其头部受伤率减少30%~50%，面部受伤率减少70%~80%。目前，安全带加安全气囊的被动安全装置不仅在中高档轿车上使用，国内生产的普通中低档家用轿车上也将安全气囊作为必装的配置，而日本、美国、德国等汽车工业发达国家，早在2001年就已把安全带和安全气囊作为汽车上不可缺少的装备。

随着科技水平不断提高，高新技术不断发展，更安全、更可靠、多功能、智能型的安全气囊会不断地为保护人们的安全而推陈出新。

二、安全气囊的分类

应用于汽车的安全气囊已有多种结构形式，下面以不同的分类方法予以概括。

1. 按适用的碰撞类型分

（1）正面碰撞防护安全气囊　正面碰撞防护安全气囊对正面碰撞事故中的驾驶人和前排乘员起到了很好的安全保护作用，有较高的装车率。一些汽车为保护后排乘员免受汽车正面碰撞的伤害，在汽车前排座椅的背后也安装了正面碰撞防护安全气囊。

（2）侧面和顶部碰撞防护安全气囊　为避免或减少汽车侧面碰撞和翻车等事故对车内驾驶人和乘员的伤害，侧面碰撞防护安全气囊和顶部碰撞防护安全气囊也开始在一些中高档轿车上使用。

2. 按安全气囊触发形式分

（1）机械式安全气囊　这种气囊系统通过机械式传感器监测碰撞惯性力大小，并以机械方式触发气囊充气。机械式安全气囊在现代汽车上已很少使用。

（2）电子式安全气囊　电子式安全气囊系统由控制器根据碰撞传感器所提供的信号作出是否触发气囊的判断，当需要时，立即向引爆装置发出引爆指令，使气囊迅速充气。电子控制式安全气囊已在现代汽车上广泛使用。

如果按气囊的数量分，则有单气囊系统、双气囊系统和多气囊系统等。单气囊系统只有在驾驶人处有一个气囊；双气囊系统则是在前排乘员侧也有一个气囊；多气囊系统除了前排两个气囊外,通常在前排的侧面也安装气囊,有的则是在后排、顶部等多处均有气囊。

第二节　安全气囊的组成与工作原理

一、安全气囊的工作原理

1. 安全气囊的基本原理

安全气囊由电子控制系统和气囊组件构成。电子控制系统由产生碰撞强度信号的碰撞传感器和用于防止误爆的安全传感器、电子控制器、点火器等组成;气囊组件包括气体发生器(点火剂和气体发生剂)和气囊等。安全气囊的基本组成与工作原理如图21-1所示。

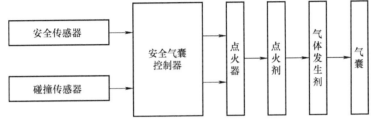

图21-1　安全气囊的基本组成与工作原理

当汽车发生较严重碰撞时,碰撞传感器将汽车碰撞信息(汽车减速度)转换成相应的电信号输入到电子控制器,与此同时,安全传感器内部的触点也在汽车减速惯性力的作用下闭合,接通点火器电源。电子控制器对碰撞传感器输入的信号进行分析处理后,迅速向点火器输出点火信号,点火器通电引燃点火剂并产生高温,使气体发生器产生大量气体,并经过滤与冷却后,充入安全气囊,使气囊在30ms内突破衬垫而快速膨胀展开。在车内人员还没触及前方硬物之前,抢先在二者之间形成弹性气垫,并及时由小孔排气收缩,吸收强大惯性冲击能量,以保护人体头部、胸部,减轻受伤程度。

2. 安全气囊电子控制系统的工作过程

安全气囊电子控制系统工作过程如图21-2所示。接通点火开关后,安全气囊系统便开始工作,CPU用自检子程序通过检测电路对安全气囊系统器件和电路逐个进行检查,如果有异常,SRS警告灯就闪亮不熄,提示安全气囊系统有故障,需要读取故障码,检查并排除故障;如果均正常,则运行信号采集子程序,对各个传感器进行巡回检测,并运行信号分析与比较程序。

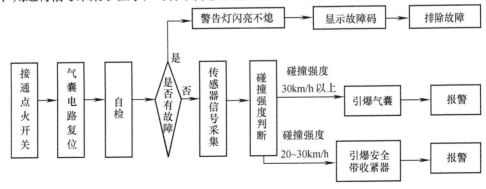

图21-2　安全气囊电子控制系统的工作过程

如果汽车运行中没有发生碰撞，CPU 在重复运行信号采集及分析比较程序的间隙，运行自检子程序，一旦检测到异常，便使 SRS 警告灯亮起，并在 RAM 中储存相应的故障码。

如果汽车运行中发生碰撞，但 CPU 分析比较其碰撞强度还不需要气囊膨胀时（大约碰撞时汽车速度 v 为 20~30km/h），CPU 就只发出引爆安全带收紧器的指令，使安全带拉紧，以保护驾驶人与乘员。当碰撞强度很大（大约碰撞时汽车速度 v 大于 30km/h），CPU 发出引爆气囊充气装置和安全带收紧器指令，使安全气囊膨胀展开，同时安全带收紧。

3. 安全气囊起安全保护作用的时间历程

从汽车发生碰撞的那一刻开始，到安全气囊迅速膨胀，再到所起到的保护作用结束，经历的时间很短，各时间历程大致如下。

1）汽车碰撞 0~3ms，传感器感知汽车减速度，并将其转变为电信号输入电子控制器。

2）汽车碰撞后 4~10ms，电子控制器根据传感器电信号判断碰撞的强度，若判断信号强度达到或超过气囊膨胀标准数值时，电子控制装置则发出指令，并通过点火电路使点火器通电，引爆点火剂和气体发生剂，产生高温和大量气体。此时乘员因惯性作用，与汽车之间还没产生相对位移。

3）汽车碰撞后 20ms，乘员在减速度惯性力的作用下，开始向前冲（与汽车开始产生相对位移），但还没有接触气囊。

4）汽车碰撞后 30ms，气囊充气装置产生的大量气体经冷却、过滤后充入气囊，使气囊迅速膨胀。

5）汽车碰撞后 40ms，安全气囊完全膨胀展开，乘员在向前移动中安全带被拉长而起一定的缓冲作用，乘员已紧贴安全气囊，安全气囊吸收了乘员的惯性冲击能量。

6）汽车碰撞后 60ms，安全气囊被压紧变形，进一步吸收乘员的惯性冲击能量。

7）汽车碰撞后 80ms，安全气囊上排气孔的排气使气囊变软，乘员进一步沉向气囊中，使气囊起到更好的缓冲作用。

8）汽车碰撞后 100ms，乘员惯性冲击能量已减弱，危险期已过。

9）汽车碰撞后 110ms，乘员惯性冲击能量消失，在安全带作用下将其拉回座椅上，气囊中气体也排出大部分，整个过程基本结束。

从汽车发生碰撞的那一刻，到乘员在强大惯性力的作用下身体前冲（与车身产生相对位移）而碰撞到硬物受伤的时间间隔大约为 50ms，安全气囊开始膨胀的时间是约 30ms，也就是说，安全气囊系统是抢在乘员碰到车内硬物以前，在乘员与车身之间形成一道柔软的弹性保护气囊，从而降低了乘员受伤的程度。

安全气囊起保护作用的时间历程中，安全带的缓冲作用，为气囊抢在人前冲碰到硬物之前膨胀展开赢得了宝贵的时间。因此，系好安全带对提高汽车被动安全性至关重要。

二、安全气囊的组成部件

不同车型其安全气囊的组成部件数量及在汽车上的布置不完全相同，图 21-3 所示的是某种单气囊系统的组成部件及布置。

1. 安全气囊传感器

安全气囊传感器通过汽车碰撞时的减速度感知汽车的碰撞强度，因此也被称为碰撞传感

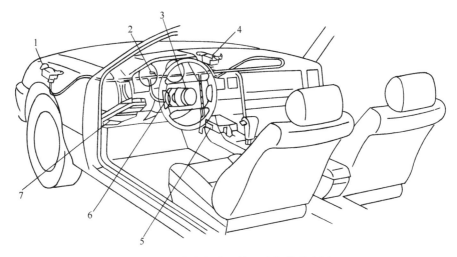

图 21-3 安全气囊系统组成部件及布置
1—左前碰撞传感器 2—安全气囊警告灯 3—安全气囊组件 4—右前碰撞传感器
5—安全气囊 ECU 6—螺旋电缆 7—接线盒

器。安全气囊传感器有机电式和电子式两种类型。

（1）机电式碰撞传感器　机电式安全气囊传感器的内部有一触点，利用车辆碰撞时惯性力的作用，使传感器内的机械装置运动而使触点闭合，发出汽车碰撞信号。根据机械装置的不同，机电式碰撞传感器可分为偏心锤式、滚球式、滚柱式、水银开关式等多种，其结构与工作原理参见第八章的相关内容。

触点式碰撞传感器也被用作安全开关（称为安全传感器），串联在气囊点火器的电源电路中，用以防止气囊误膨胀。当汽车发生碰撞时，用作安全开关的碰撞传感器触点在汽车减速度惯性力的作用下闭合，接通点火器电源电路，此时安全气囊充气装置才能在安全气囊控制器的气囊膨开指令下正常工作；而在汽车正常行驶或故障检修时，由于安全传感器触点常开，即使车前碰撞传感器或有关电路短路而造成电子控制器误判，气囊充气装置也会因为点火器未接通电源而不能被引爆。

（2）电子式碰撞传感器　电子式碰撞传感器将汽车碰撞时的减速度参数转变为相应的电信号，并输送给安全气囊 ECU，由 ECU 对信号进行处理后作出是否使气囊膨胀的判断。安全气囊系统所用的电子式碰撞传感器主要有压电式和压敏电阻式两种。

压电式碰撞传感器的敏感元件是压电晶体，在汽车发生碰撞时，传感器内的晶片受力变形而产生相应的电荷，经传感器内集成电路放大处理后输出与减速度相对应的电信号。压敏电阻式碰撞传感器的敏感元件是受力变形后其电阻值会相应改变的电阻应变片，其结构与工作原理参见第八章的相关内容。

一些汽车的安全气囊将电子式碰撞传感器和安全气囊控制器一起安装在汽车的中间位置，并将其称为中央安全气囊传感器。

2. 安全气囊组件

安全气囊组件包括充气装置、气囊、气囊衬垫、底板等。

（1）充气装置　安全气囊充气装置的作用是当安全气囊控制器发出引爆指令时，立刻产生气体并充入气囊，使气囊迅速膨胀。充气装置由气体发生剂、点火剂（火药）、点火器（电热丝）、过滤器等组成，如图 21-4 所示。

当电子控制器发出指令时，点火器通电引爆点火剂，点火剂燃烧产生的高温使气体发生剂迅速产生大量气体，经过滤除去烟尘后，充入气囊，使气囊在 30ms 内膨胀展开。

（2）气囊　气囊通常是用尼龙布制成的，在尼龙布上还有些排气用的小孔。气囊充气膨胀展开后，能吸收冲击能量，使乘员的头部和胸部降低受伤率及受伤程度。而气囊上设置小孔可在气囊充气后通过小孔排气，使气囊逐渐变软，以增强缓冲作用，并在气囊起作用后，不会有膨胀的体积而影响车内人员的适当活动。

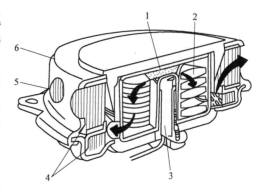

图 21-4　安全气囊充气装置
1—点火剂　2—气体发生剂　3—点火器
4—过滤器　5—充气孔　6—充气装置壳体

（3）衬垫　衬垫一般由聚氨酯制成，在制造过程中使用了极薄的水基发泡剂，使质量非常轻。平时衬垫粘附在转向盘的上表面，把气囊保护起来，同时又起到了装饰作用。在汽车发生碰撞时，在气囊强大的膨胀力作用下，衬垫迅速被掀开，对安全气囊的膨胀展开不会有任何阻碍作用。

（4）饰盖和底板　饰盖是气囊组件中的盖板，安全气囊及充气装置都安装在底板上，底板固定到转向盘或车身上，气囊膨胀展开时，底板承受安全气囊的爆发力。

3. 安全带收紧器

一些汽车安全气囊系统配有安全带收紧器，安设在前排座椅外侧，其作用是在汽车发生碰撞时，迅速将安全带收紧，将车内乘员拉向座椅靠背，防止乘员在惯性力的作用下前冲而造成伤害。

不同车型上使用的安全带收紧器其结构不尽相同，图 21-5 所示的是活塞式安全带收紧器，主要由点火器、汽化剂、气缸、活塞等组成。

当汽车发生碰撞时，安全气囊电子控制器根据碰撞传感器的信号判断汽车碰撞强度，如果需要收紧安全带，则向安全带收紧器的点火器发出指令，使汽化剂膨胀，推动活塞，促使安全带迅速收紧，将车内乘员拉向座椅靠背。

4. 安全气囊电子控制器

安全气囊电子控制器根据接收到的碰撞传感器信号判断汽车是否发生了碰撞及碰撞的强度，并确定是否输出点火信号引爆点火剂给气囊充气。安全气囊电子控制器内除了 SRS 微处理器外，还有点火电路、SRS 诊断电路等，有的还将

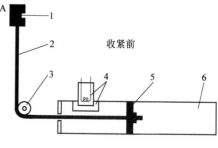
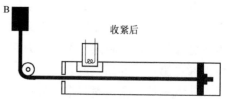

图 21-5　活塞式安全带收紧器
1—安全带锁扣　2—拉索　3—滚轮
4—点火器+汽化剂　5—单向移动活塞　6—气缸

安全传感器、SRS备用电源等都集装在一个控制盒中（图21-6）。某种安全气囊控制器的功能电路框图如图21-7所示。

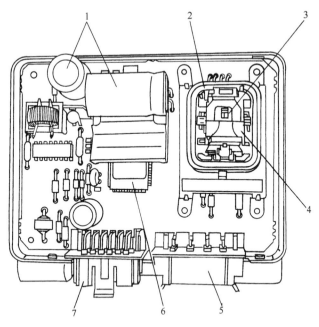

图21-6 典型SRS控制器内部结构示意图
1—备用电源（电容器） 2—安全传感器总成 3—传感器触点 4—传感器平衡块 5—四端子插接器
6—SRS微处理器模块 7—SRS控制器插接器

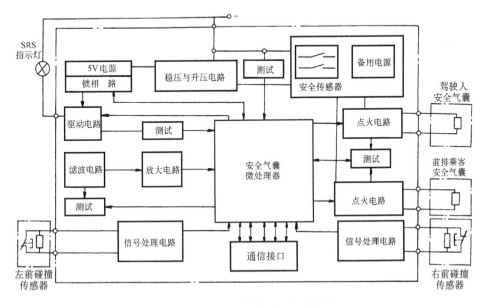

图21-7 SRS控制器功能电路框图

（1）备用电源 备用电源是在汽车发生碰撞而电源电路出现意外时，提供安全气囊系统正常工作所需的电能，以确保安全气囊能发挥安全保护作用。安全气囊系统的备用电源通常是一个容量较大的储能电容器。安全气囊备用电源电路与电子控制器组装在一个控制盒中，有的安全气囊系统则将备用电源单独安装。

在汽车正常运行时，发电机通过充电电路给电容器充电，使电容器始终存有电量。当汽车因碰撞而造成供电电路断路时，电容器可及时释放所存储的电能，确保点火器能正常通电工作，以引爆点火剂，使气囊迅速膨胀充气。

（2）点火电路　点火电路的作用是在 SRS 微处理器输出气囊膨开指令时，迅速使气囊点火器通电，引爆点火剂和气体发生剂，使气囊迅速充气。点火电路通过安全传感器与电源连接，因此，只有在汽车发生了碰撞，并使安全传感器触点通路时，电子控制器才有可能使点火器通电点火，从而避免了在汽车正常使用及维修中产生误点火的可能。

（3）安全气囊微处理器　安全气囊微处理器由中央微处理器 CPU、存储器 ROM/RAM、输入/输出接口等组成。CPU 根据输入的气囊传感器信号及只读存储器 ROM 中储存的标准参数判断汽车是否发生了碰撞及碰撞的强度，并通过输出接口向点火电路发出点火指令。

CPU 还通过对输入信号和测试信号的监测，进行系统的自检。当安全气囊电子控制系统部件或电路出现故障时，CPU 就使 SRS 警告灯亮起，并在随机存储器 RAM 中储存相应的故障码。

三、安全气囊使用注意事项

1. 安全气囊的正确使用

1）安全气囊与安全带配合使用才能获得满意的结果，所以驾驶人和乘员在汽车运行时必须系好安全带。

2）不能在装有安全气囊的部位粘贴饰物、胶条及摆放任何物品。

3）未成年儿童和身材矮小的乘员，乘坐有安全气囊的车辆时要坐后排，因气囊对他们的保护效果不如成年人。

4）当发现安全气囊系统故障时，必须立即排除故障，绝对不能带病运行，否则，就可能产生气囊不能膨开或气囊误爆这两种严重后果。

2. 安全操作规范

1）安全气囊系统元器件要保证原厂包装、单独恰当的运输、妥善保管。

2）非安全气囊专业维修人员不得进行安全气囊的检查和维修工作。

3）不能使安全气囊的元器件承受 85℃以上的高温。

4）不能任意改动安全气囊系统的电路和元器件结构。

5）对安全气囊进行所有的维修作业时都必须在断开蓄电池电源线 3min 后再进行，以免发生意外气囊膨开。

6）不要人为碰撞安全气囊传感器，以免安全气囊不必要的突然膨开。在对汽车进行维修作业有可能对传感器造成碰撞冲击时，应先将传感器拆下，待维修竣工后，再装好传感器。

思 考 题

1. 安全气囊的作用是什么？安全气囊有哪些种类？
2. 安全气囊系统的基本组成部件有哪些？当汽车发生碰撞时安全气囊是如何起作用的？

3. 在汽车行驶过程中，安全气囊电子控制系统是如何工作的？
4. 已有安全气囊作被动安全保护，为什么还要强调系安全带的重要性？
5. 安全气囊传感器有哪些种类？起何作用？安全气囊如何防止误膨开？
6. 安全气囊组件有哪些组成部件？各组成部件起何作用？
7. 安全带收紧器起何作用？活塞式安全带收紧器是如何工作的？
8. 安全气囊的备用电源起何作用？汽车安全气囊系统如何确保其可靠性？
9. 安全气囊在使用与检修过程中应注意些什么？

第二十二章　电子仪表与防盗系统

第一节　电子仪表

一、电子仪表概述

1. 汽车仪表的发展概况

传统的仪表采用机械—电气式或机械式结构，通过指针和刻度盘显示被测值。这种仪表的不足是信息量少、准确度低、可靠性及视觉特性较差、体积较大等，已不能满足人们对汽车安全性、舒适性等更高的要求。随着汽车技术与电子技术的发展及对汽车安全、环保及经济性、智能化等要求的不断提高，传统仪表的电子化已成了汽车技术发展的重要组成部分，电子仪表在汽车上的使用也逐渐增多。

目前汽车上所使用的仪表有如下三种类型。

（1）传统仪表　传统仪表是一种机械—电气式仪表，目前在一些汽车上还有大量的使用，但从发展的趋势看，将会逐渐被电子仪表所取代。

（2）单个电子仪表　单个电子仪表已在一些汽车上使用，比如由电子电路构成的发动机转速表、电压表、车速里程表、燃油表、温度表等。这些独立的电子仪表多采用模拟电子电路，用指针显示或发光二极管显示。

（3）电子仪表系统　电子仪表系统以微处理器为核心，其组成如图 22-1 所示。电子仪表系统满足了现代汽车对仪表更高性能的要求，因此，在汽车上的应用会逐步普及。

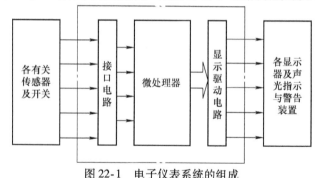

图 22-1　电子仪表系统的组成

2. 电子仪表系统的特点与发展趋势

电子仪表系统不仅能精确显示机油压力、冷却液温度、车速、燃油储量等这样一些直接参数，还具有记忆、运算处理功能，因而可显示经过计算后的间接参数。比如瞬时油耗量、平均油耗、平均车速、续驶里程、行驶时间等。电子仪表系统的显示形式可多样化，比如可数字化显示、条线图形显示、声光显示与报警等。因此，电子仪表系统可使驾驶人更加方便、全面地掌握汽车的运行状况。

电子仪表系统与无线传输设备结合，还可与车外进行信息交流，使仪表系统具有通信和导航等功能。比如，电子仪表储存电子地图并装备车载 GPS 系统，可随时了解车辆行驶的具体位置、到达目的地的行驶路线等信息；电子仪表及车载无线通信系统可通过交通管理中心、汽车救助中心等获得城市交通状况信息、选择最佳行驶路线、及时得到求助等。为使驾驶人观察仪表的显示更加方便省时，在汽车上已出现了能在较远处成像的虚像显示、风窗玻璃映像显示及风窗玻璃全息图像显示等显示技术。

随着汽车电子技术、车载无线通信技术及电子显示技术的进一步发展，指示准确、信息量大且高度智能化的电子仪表系统将在汽车上有越来越多的应用。

二、电子显示装置

目前电子仪表的显示装置主要有发光二极管显示装置（LED）、荧光屏显示器（VFD）及液晶显示器（LCD）等，目前汽车电子仪表系统广泛采用的是液晶显示器。

1. 发光二极管显示装置

发光二极管显示装置有直线排列式、七划数字式、光点阵式等多种结构形式，图22-2、图22-3所示的是七划数字式和光点阵式发光二极管显示装置原理。

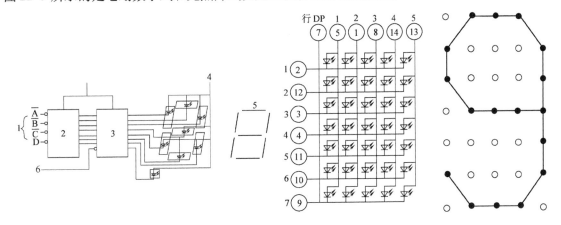

图22-2 七划数字式发光二极管显示装置原理 图22-3 光点阵式发光二极管显示装置原理
1—二进制编码输入　2—译码器　3—恒流源
4—发光二极管电源　5—七划数字　6—小数点

发光二极管是一种固态发光元件，具有体积小、结构简单和耐用等优点，因此应用较为广泛。发光二极管显示装置的缺点：通过调制二极管电流来调制其发光亮度，如果发光亮度较强，其电流较大，所需的电功率较大；如果发光亮度较弱，在阳光的直射下不容易辨识。发光二极管显示装置的另一个缺点是不容易实现大屏幕显示。

2. 真空荧光屏显示器

真空荧光屏显示器实际上是一种低压真空管，由真空玻璃盒、阴极（灯丝）、栅极、荧光屏组成，其组成与原理如图22-4所示。

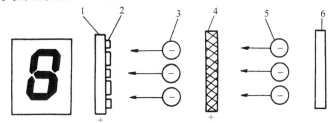

图22-4 真空荧光屏显示器
1—玻璃面板　2—阳极笔画段　3、5—电子　4—加速栅极　6—阴极（灯丝）

阴极（灯丝）施加一恒定电压而发射电子，由于栅极和阳极相对于阴极有较高的正电位，阴极发射的电子通过栅极加速后射向阳极，使阳极上的荧光物质在电子的冲击下发光。由于阳极是用不同的笔画段所组成的，通过数字开关电路的控制，就能显示不同的数字和字母。真空荧光屏有7笔画段和14笔画段两种，7笔画段只可显示数字，14笔画段则能显示全部字母和数字。

真空荧光屏显示器易于和控制电路连接，环境适应性强，不仅可显示数字，还可显示单词和柱状图表等。其缺点是容易振碎。

3. 液晶显示器

液晶是"液态晶体"的简称，它是一种有机化合物，在一定的温度范围内具有液体的流动性，同时又具有晶体的某些特性。液晶显示与发光二极管和真空荧光屏显示不同，它并不是自身发光，只是在其他光源的激发下，在阻止和允许光线通过这两种状态之间进行转换。

液晶显示利用偏振光的特性成像，液晶显示屏的基本结构如图22-5所示。液晶被封装在两块有透明电极膜的玻璃板之间，两玻璃板的外侧是两块偏光轴互相垂直的偏振滤波片。经特殊研磨处理的玻璃板表面可使液晶分子被强制性同方向配置，前后玻璃板中呈90°配置，液晶分子的方向则以90°螺旋状排列（图22-6a）。

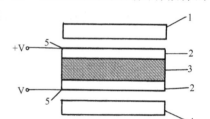

图22-5 液晶显示板
1、4—偏光板 2—玻璃板 3—液晶
5—玻璃板表面的透明导体（电极）

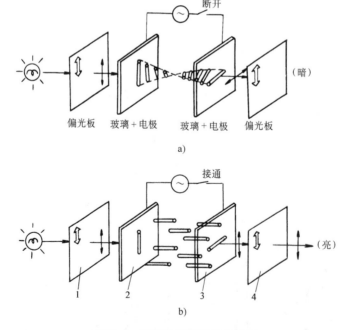

图22-6 液晶显示器的基本原理
a）玻璃板间不加电压 b）玻璃板间加电压
1、4—偏光板 2、3—玻璃板与透明电极

当光源的光线从一侧射入时,通过偏光板的光成为直线光进入液晶层,经液晶分子螺旋状90°的偏转后到达另一侧的玻璃板,偏光板使与其偏光轴垂直的光线不能通过而变暗。当两玻璃板之间加上一个电压时,在电场力的作用下,液晶分子的长轴方向转成与玻璃板表面互相垂直(图22-6b),此时,从一侧偏光板进入的光线就不会再引起旋转,光线通过另一侧的偏光板而呈明亮状态。这样,通过控制玻璃板上透明笔画电极的通断电,就可显示数字、字母或图形。

液晶显示器其显示面积大、能耗低、显示清晰且不受阳光直射的影响,通过滤光镜还可显示不同的颜色,因此,其应用极为广泛。

三、电子仪表板

电子仪表板通过数字、字母、数字加字母、曲线图或柱形图等多种显示方式向驾驶人发出汽车各种工况、状态等信息和各种警告信号。各种不同的显示方式,其仪表板的电路结构与原理基本相同。

1. 仪表板的信息传输

电子仪表板通常采用多路传输技术,以减少传输电路、节约空间、降低成本。图22-7所示的3位数字显示器,用多路传输方案只需10个电路接头和10根传输电路(不含搭铁线),而普通传输方案则需要21个电路接头和21根传输电路。仪表板控制微处理器以串行方式逐位输出数字信息,虽然每次只显示1个数字,但由于工作频率较高和人眼视觉暂留作用,驾驶人所见的是连续发亮的3位数字。

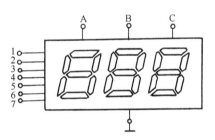

图22-7 3位数字显示器多路传输

2. 仪表板的信息选送

汽车在运行中各个仪表传感器将有关的信号同时传输给微处理器,微处理器在对这些信号进行处理时是逐个进行的,因此需采用多路信号转换开关选择信号源;信号经处理后则需要将该信息及时传送给相应的显示装置,因此也需要一个信息传送选择开关。图22-8所示的是电子仪表板多路信号选送开关的示意图。

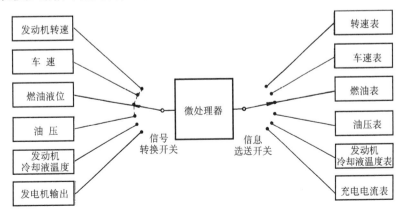

图22-8 多路信号选送开关的示意图

3. 仪表板显示系统的组成

仪表板显示系统的组成如图 22-9 所示。对于模拟式传感器，通过 A/D 转换成数字信号后经信号转换开关送入微处理器。对于模拟式显示器，则需经 D/A 转换。

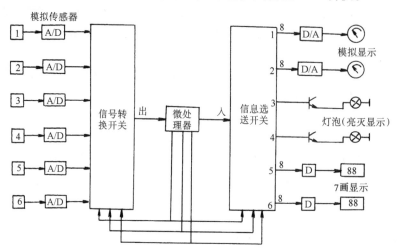

图 22-9　各种显示装置的多路传输系统

不同车型的电子仪表板其显示器的结构与布置形式等都有不同，电子仪表显示面板一例如图 22-10 所示。

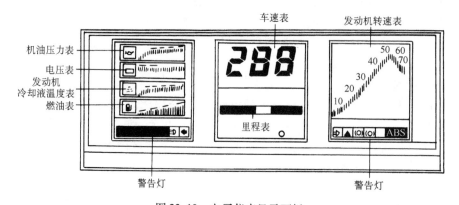

图 22-10　电子仪表显示面板

第二节　汽车防盗系统

一、汽车防盗系统概述

汽车的防盗一直是汽车生产厂商和广大汽车用户所关注的问题。伴随着汽车保有量的增加和车主的大众化，汽车被盗事件也相应增多。为减少车辆被盗，汽车的防盗技术也在不断地提高，已从单一的机械防盗发展到电子防盗及机械与电子相结合的防盗。防盗功能也不仅仅是防止盗贼非法进入车内起动发动机或驾驶车辆，还可通过声光报警或远距离遥控报警、

GPS定位跟踪等。

汽车防盗技术的提高，大大降低了汽车被盗的可能性。但是任何汽车防盗装置的隐秘性都不可能是绝对的，因此，电子防盗装置必须不断变化和发展，新的防盗技术还会不断涌现。

现代汽车防盗装置有多种类型，总体上可分为机械式防盗装置、电子防盗系统和机电综合式防盗系统三类。

1. 机械式防盗装置

机械式防盗装置主要是利用锁具将车门和车辆行驶起关键作用的总成上加锁的方式防盗。常见的机械防盗形式如下。

1）车门锁。在所有的车门和后行李箱门都加装门锁。
2）轮胎锁。用一套锁具将汽车其中一个轮胎锁定，使全车不能移动。
3）转向盘锁。将转向盘锁住，使其不能转向而限制汽车正常运行。
4）变速杆锁。将变速杆锁住，使其不能换档而限止汽车运行。

机械式防盗装置的成本低，但单独使用机械式防盗装置的安全可靠性低，因而已逐渐被电子防盗系统和机电综合式防盗系统所取代。

2. 电子式防盗系统

电子式防盗系统可通过声光报警，并可通过对发动机起动、点火、喷油等电路的关断控制，使非法闯入或非法使用者无法起动或驾驶汽车，使汽车的防盗安全可靠性大为提高。如果汽车装备了车载全球卫星定位跟踪系统（GPS），还可通过中央控制中心定位监控系统寻找和跟踪已被盗走的车辆，迅速将被盗车辆追回。

电子式防盗系统安装隐蔽，功能齐全，无线遥控操作简便，但对安全调试技术要求较高，有时也会受其他电波干扰。

3. 机电结合的防盗装置

机械式防盗装置坚固可靠，电子防盗装置编程密码难解，把二者的优点结合起来则构成了机电结合式的防盗装置。

"无人油路锁"和"强中强制动锁"是两个典型的机电结合的防盗装置。这种防盗装置用专用工具将其安装在汽车的底部既安全又隐蔽的部位，用机械方式锁住，用电子方式控制，除车主外其他人很难破解和拆除。

"无人油路锁"的作用是用机械方式将汽车供油油路锁止在断油状态；"强中强制动锁"的作用则是用机械方式将车轮锁止在制动状态。

二、电子防盗系统的组成与原理

现代汽车为提高汽车的防盗能力，在中央控制门锁系统的基础上，又装备了电子式防盗系统，其组成部件及其在汽车上的布置一例如图22-11所示。

1. 电子防盗系统的基本功能

电子式防盗系统通常包含如下功能。

1）服务功能。包括遥控车门，遥控起动，寻车等。
2）警惕提示功能。它也称为触发报警记录，提示车主汽车曾被人打开过车门。
3）报警提示功能。当有他人动车时，立即发出灯光闪烁和鸣笛，以示警报。

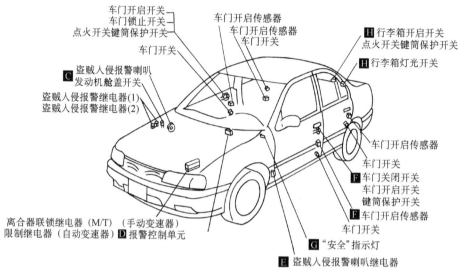

图 22-11 汽车防盗系统部件在轿车上的布置

4）防盗功能。如果有人非法移动汽车，开启车门、打开油箱盖、发动机舱盖、行李箱门，接点火电路时，防盗器将立刻发出警报并切断起动电路或断开点火电路、喷油电路、供油电路、自动变速器电路等，使汽车完全无法移动。

不同的车型，其电子防盗系统的功能并不完全一样，有的汽车防盗系统除了上述部分或全部功能外，还装备了电子跟踪定位监控防盗系统。

2. 电子防盗系统的构成

电子防盗系统一般由保险装置、报警装置及防汽车行驶控制三部分构成。

（1）防盗保险装置　防盗保险装置主要由各个门锁、发动机舱盖锁、行李箱门锁、车门开启传感器、转向盘锁止机构、变速杆锁止机构、安全指示灯、报警喇叭、报警蜂鸣器及有关电器元件等组成。当拔下点火钥匙，将各个车门锁好后，防盗保险装置就进入了预警状态，使在汽车外能看到的工作显示灯（前照灯、转向灯、尾灯等）一起闪亮 30s 后熄灭，以表示汽车已完全处于预警状态。

（2）防盗报警装置　当有盗贼破坏车门车窗非法进入汽车内时，防盗报警装置便会发出报警。通常的报警方式：喇叭或蜂鸣器断续发出鸣叫；前照灯、尾灯等忽明忽暗地反复闪亮。有的防盗系统还设有如下某种报警功能。

1）向车主发送警报电波，并与汽车内电路联通向车主发出汽车被盗报警信号。

2）控制粘贴在门窗玻璃上的专用报警胶纸显示醒目的汽车被盗信号。

3）发射电波，使公安局能在电子地图上看到被盗汽车的具体位置，便于警方追踪查找。

（3）防被盗车辆行驶控制装置　如果不用遥控器或开门钥匙打开车门，不用点火钥匙接通起动电路起动发动机，防盗系统就立刻起作用，在发出报警信号的同时，通过以下的一种或一种以上的控制使被盗车辆不能行驶。

1）断开起动电路，使发动机无法起动。

2）断开点火电路，使发动机无法起动。

3）断开燃油供给电路，使发动机无法起动。

4）锁止转向器，使汽车无法转向。

5) 锁止变速器操纵机构，使汽车无法挂档行驶。

3. 电子门锁的类型

电子防盗系统所用的门锁有多种类型，按输入密码的方式不同分，电子门锁有如下几种。

（1）按键式电子门锁　按键式电子门锁采用键盘或组合式按钮输入开锁密码，内部控制电路通常采用电子密码专用集成电路（ASIC），比如，具有四位密码的 LS7220 和 LS7225 等。此类产品也可用于按键式电子点火锁。

（2）电子钥匙式电子门锁　电子钥匙式电子门锁用电子钥匙输入作为开锁密码。电子钥匙由电子元器件组成控制电路，与门锁主控电路的联系有光、声、电或磁等多种形式。钥匙式电子锁也用于点火锁、转向锁等。

（3）触摸式电子门锁　触摸式电子门锁采用触摸方式输入密码，操作方式简单，相对于按键式电子门锁，其使用寿命长，并优化了电子锁控制电路。使用触摸式电子门锁的汽车门上可不设门把手，由触摸传感器和电子门锁替代。

（4）生物特征式电子门锁　生物特征式电子门锁将人的声音、指纹等生物特征作为密码输入，通过计算机的模式识别控制开锁。生物特征式电子门锁的开锁控制其智能化程度高，更加安全可靠。

4. 遥控车门上锁与解锁

电子防盗系统采用遥控车门锁方式，给车门的上锁与解锁提供了方便。

（1）遥控发射器　遥控车门由发射器向电子锁控制电路发射密码信号，发射器一例如图 22-12 所示。由于采用了单芯片集成电路，可使发射器的体积很小，其发射频率可根据有关情况选择使用 27MHz、40MHz、62MHz 频带。发射机内装有纽扣形锂电池，它所发射的电波为微弱电波，不需要任何部门批准。

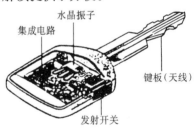

图 22-12　遥控门锁发射器

（2）遥控车门锁工作原理　图 22-13 所示的是遥控

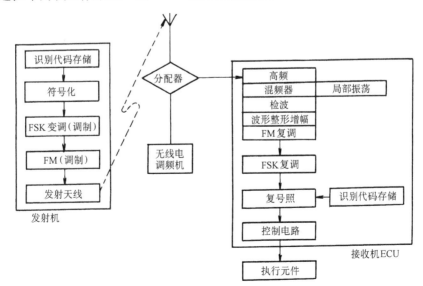

图 22-13　发射器与接收信号处理电路

车门发射器和接收器信号处理图。发射器利用次载体方式发出识别代码,把次载体的频率按照数字识别代码信号进行频率偏移后发射,因此不会受到外来干扰的影响。车辆天线接收到密码信号后,利用分配器进入接收机 ECU 的高频增幅处理部分进行放大,并和存储器中标准密码互相对比,如果代码是正确的,鉴别器就输出信号给控制电路使执行机构正常工作。

5. 电子防盗报警系统电路

汽车上使用的电子防盗系统功能不尽相同,电路结构形式也各不相同,但基本上都是由控制部分和执行机构两部分组成的。电子防盗报警系统电路一例如图 22-14 所示。

(1) 电子防盗报警系统组成

1) 控制机构。控制机构包括车门开启传感器、各控制开关和电子防盗 ECU 等。电子防盗 ECU 通常由输入器、存储器、鉴别器、编码器、报警驱动电路、驱动级抗干扰电路、显示装置、保险装置等组成,其中编码器、鉴别器是控制机构的核心部件。

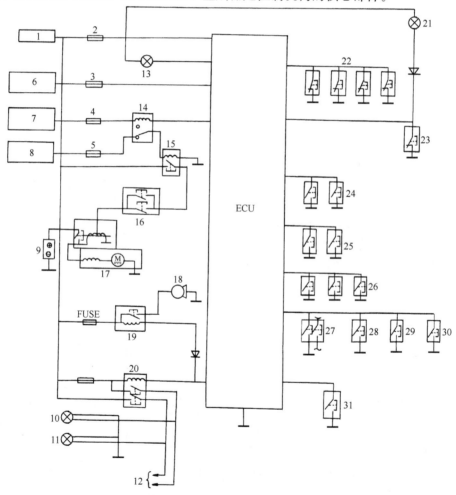

图 22-14 电子防盗报警系统电路

1、9—蓄电池 2、3、4、5—熔断器 6、7、8—点火开关 10—前照灯(右高主灯) 11—前照灯(左高主灯) 12—前照灯系统 13—安全指示灯 14—盗贼入侵继电器 15—起动继电器 16—保护开关 17—起动机 18—盗贼入侵报警喇叭 19—盗贼入侵报警喇叭继电器 20—盗贼入侵车灯继电器 21—行李箱灯 22—报警状态灯 23—行李箱灯开关 24—车门关闭开关 25—车门开启开关 26—点火系统保护开关 27—前左高主灯开关 28—前右高主灯开关 29—后左高主灯开关 30—后右高主灯开关 31—发动机开关

2）执行机构。电子防盗执行机构除了控制各车门锁的执行器外，用于防盗报警的执行机构主要有电喇叭控制继电器、灯光控制继电器、起动或点火锁止控制继电器等。

(2) 防盗报警系统电路原理　当发生非正常开车门和非本车钥匙起动时，电子防盗ECU判别为遇盗，并立即输出控制信号，控制喇叭报警继电器和灯光报警继电器工作，使电喇叭和车灯发出报警信号；与此同时，电子防盗ECU接通盗贼入侵继电器线圈电路，其常闭触点断开，切断起动继电器线圈电路，使起动机无法通电工作。

思 考 题

1. 传统仪表系统有何不足？电子仪表系统具有哪些特点？
2. 电子仪表系统有哪些组成部分？各组成部分起何作用？
3. 电子仪表显示器有哪些类型？各种显示器是如何工作的？
4. 电子仪表系统显示为什么要采用多路传输技术？如何采用多路传输进行信息的传送？
5. 电子仪表板为什么要采用信息选择？如何进行信息的选择？
6. 电子仪表系统仪表板显示系统有哪些组成部件？
7. 现代汽车所使用的防盗装置大致有哪几种类型？各种类型的防盗装置其防盗方式及特点是什么？
8. "无人油路锁"和"强中强制动锁"属于哪一类防盗装置？其特点是什么？
9. 汽车电子防盗系统通常有哪些基本功能？
10. 现代汽车电子门锁都有哪些形式？这些门锁有什么特点？
11. 电子防盗系统由哪几部分构成？各部分有何功用？
12. 电子防盗系统电路由哪几部分组成？各组成部分起何作用？

第二十三章 汽车网络技术简介

第一节 概 述

一、汽车网络信息传输系统的应用背景

随着对现代汽车性能要求的不断提高,汽车电器与电子控制装置在汽车上的应用也越来越多,传统的点到点的布线方式使汽车上的导线数量成倍增加,汽车的线束越来越庞大。一辆采用传统布线方法的高档汽车,其导线总长度可达2km,导线的质量可达整车质量的4%左右甚至更高,而电器电路的节点多达1500个或更多。粗大的线束不但占用了汽车上有限的空间资源,还使得汽车配线的设计和布线变得十分复杂,而复杂和凌乱的线束使电器电路的故障率增加,降低了汽车电器与电子控制装置的工作可靠性。当电路发生故障时,不仅故障查找相当麻烦,而且维修也很困难,这在一定程度上影响了电子控制技术在汽车上的应用。

除此之外,汽车电子控制装置的大量使用,一些数据信息需要在不同的控制系统中共享,大量的控制信号也需要实时交换,以提高系统资源利用率和工作可靠性。很显然,如果在大量采用电子控制装置的汽车上仍然用传统的点到点的连接方式,在信号传输的可靠性、信息传送速度方面均会显现不适应性,信息传输材料成本也较高。

为了简化电路,提高信息传输的速率和可靠性,降低汽车电路故障频率,在借鉴计算机网络和现场控制技术的基础上,汽车网络信息传输技术应运而生。

二、汽车网络信息传输系统的特点

汽车网络信息传输方式是用类似于计算机的数据总线,将汽车上各个功能模块(电子控制器或电器多路控制模块)连接起来,形成汽车信息传输网络系统,如图23-1所示。发送数据和控制信号的功能模块将数据和控制信号以编码的方式发送到同一根总线上,接收数据或控制信号的功能模块通过解码获得相应的数据和控制命令(或某个开关动作)。总线每次只传送一个信息,多个信息分时逐个(串行)传输。这种网络化信息传输方式有如下优点。

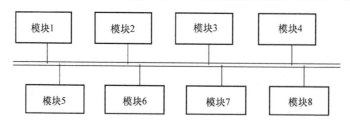

图23-1 汽车网络信息传输方式

1)由于用一根总线替代了多根导线,减少了导线的数量和线束的体积,简化了整车线束,使电路成本和重量都有所下降。

2) 由于减少了电路和节点,使信号传输的可靠性得以提高,并提高了整车电器电路的工作可靠性。

3) 改善了系统的灵活性,通过系统的软件即可实现控制系统功能变化和系统升级。

4) 网络结构将各控制系统紧密连接,实现数据共享,各控制系统的协调性可进一步提高。

5) 可为诊断提供通用的接口,可利用多功能测试仪对数据进行测试与诊断,大大方便了维修人员对电子系统的维护和故障检修。

三、汽车网络信息传输技术发展概况

早在 20 世纪 80 年代,世界各大汽车公司就积极致力于汽车电路网络化技术的研究及应用。1983 年,日本丰田公司在世纪牌汽车上采用光缆车门多路传输集中控制系统,车身 ECU 可对各车门锁、电动玻璃进行控制。但至此之后,光缆网线并没有在汽车上广泛使用。

在 1986~1989 年期间,汽车上采用铜网线,比如日产公司的车门多路传输集中控制系统、通用公司的车灯多路传输集中控制系统等。在此期间,这些汽车网线都已批量生产,一些汽车网络标准也纷纷推出。比如,德国博世公司的 CAN 网络标准,美国汽车工程师学会(SAE)提出的 JI850,及马自达的 PALMNET、德国大众的 ABUS 等。迄今为止,已有多种网络标准应用于汽车,较为典型的网络标准见表 23-1。

表 23-1 几种典型的网络标准

序 号	通信协议名称	推荐或实施单位
1	CAN	奔驰、英特尔、博世、JSAE、ISO/TC22/SC3/WGl
2	BASICCAN	飞利浦、博世
3	ABUS	大众
4	VAN	雷诺、标致、雪铁龙、ISO/TC22/SC3/WGl
5	HBCC	福特、SAEJl850
6	PALMENT	马自达、SAE
7	DLCS	通用
8	CCD	克莱斯勒、SAE

除表 23-1 所列的八种网络通信协议外,其他的还有宝马(BMW)公司 1994 年提出的 DAN 集中式网络协议、阿尔法·罗密欧公司的 DAN 集中式网络协议、卢卡斯(Lucas)公司的光学分布式星形耦合器系统、日立公司的集中式光学单纤维双向通信、飞利浦公司的 DDR 分布式网络协议等。

到目前为止,还没有一个可以兼容各大汽车公司通信协议的网络标准。因此,在汽车上就形成了多种类型的网络标准共存的局面。

根据数据的传输速率和特性,SAE 车辆网络委员会将汽车数据传输网划分为 A、B、C 三类,各类数据传输速率及应用情况见表 23-2。

表 23-2 汽车数据传输网络分类

类别	对象	传输速率	应用范围
A	面向传感器/执行器控制的低速网络	<10kbit/s	灯光照明、电动门窗、座椅调节等系统
B	面向独立模块间数据共享的中速网络	10~125kbit/s	车辆电子信息中心、安全气囊、故障诊断、仪表显示等系统
C	面向高速、实时闭环控制的多路传输网	250kbit/s~1Mbit/s	牵引控制、发动机集中控制、悬架控制、ABS等系统

A类允许节点间的同一总线进行多路信号的发送或接收，适用于低数据速率的汽车车身网络；B类为数据在节点间传输的多主总线系统，可取消多余的系统组件，特别适应于多功能的集中控制模块连接；C类的定义与B类相同，但面向高数据速率的信号传输。

B类网支持A类网的功能，C类网能同时实现A类和B类网功能。

从发展趋势来看，C类网将占据主导地位。SAE车辆网络委员会还将数据传输速率大于1Mbit/s的汽车数据传输网划为D类，D类网可用于车载多媒体系统的信息传输。

第二节　控制器局域网（CAN）技术在汽车上的应用

一、CAN总线系统概述

1. CAN总线的结构与性能特点

控制器局域网（Controller Area Network，CAN）是一种串行数据通信总线，在汽车上得到了广泛的应用。1993年，CAN成为国际标准：ISO11898（高速应用）和ISO11519（低速应用），为控制器局域网的标准化和规范化铺平了道路。CAN是一种多主总线，每个节点均可成为主机，且节点之间也可进行通信。通信介质可以是双绞线、同轴电缆或光导纤维，通信速率可达1Mbit/s，距离可达10km。CAN总线系统的一个最大特点是废除了传统的站地址编码，取而代之的是对通信数据块进行编码，使网络内的节点个数在理论上不受限制。由于采用了许多新技术及独特的设计，具有较强的纠错能力，支持差分收发，能适应高干扰环境，因而具有突出的可靠性和较远的传输距离。另外，CAN总线还具有实时性、灵活性和开放性等特点。因此，奔驰、宝马、大众、沃尔沃、丰田、本田等多家汽车公司都采用了CAN总线技术。

目前，汽车网络主要由两根CAN总线组成。其中一根是应用于各电子控制器和组合仪表信息传输的高速CAN总线（速率达500kbit/s），另一根是用于连接中控门锁、电动门窗、电动后视镜、车灯等电器的低速CAN（速率为100kbit/s）。有些高档车辆有第3条CAN总线，用于卫星导航及智能通信系统。

2. CAN总线的优点

与其他数据总线传输系统相比，汽车CAN总线数据传输系统具有以下突出的优点。

1）将传感器信号线减至最少，可使更多的传感器信号享有高速数据传递。
2）电控单元和电控单元插脚最小化应用，可节省电控单元的有限空间。
3）组网自由，扩展性强。如果系统需要增加新的功能，仅需升级软件即可。对复杂的汽车网络其优势更为明显。

4）各电控单元可对所连接的 CAN 总线进行实时监测，如果出现故障，该电控单元会存储故障码。

5）CAN 数据总线符合国际标准，以便于一辆车上不同厂家的电控单元间进行数据交换。

6）总线利用率高，数据传输距离较长（长达 10km），数据传输速率高（高达 1Mbit/s）。

7）成本相对较低。

二、CAN 总线系统的结构

1. CAN 总线接口

CAN 总线采用双线串行通信方式，具有优先权和仲裁功能，多个控制模块通过 CAN 接口挂到总线上，CAN 数据传输系统中，每个模块的内部都有一个 CAN 控制器和一个 CAN 收发器；每个模块的外部均连接两条 CAN 数据总线。在系统中作为终端的两个模块，其内部还装有一个数据传递终端（有时数据传递终端安装在模块外部）。典型的 CAN 总线接口如图 23-2 所示。

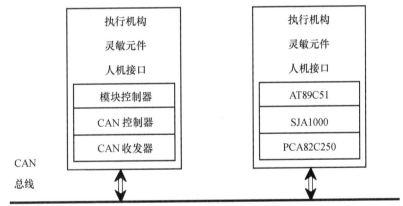

图 23-2 典型的 CAN 总线接口

CAN 控制器的作用是接收控制单元中微处理器发出的数据，对数据进行处理后传给 CAN 收发器。同时 CAN 控制器也接收收发器收到的数据，将数据处理后传给微处理器。

CAN 收发器是一个发送器和接收器的组合，它将 CAN 控制器提供的数据转化成电信号并通过数据总线发送出去，同时，它也接收总线数据，并将数据传到 CAN 控制器。

2. CAN 总线系统结构

CAN 数据总线是用以传输数据的双向数据线，分为 CAN 高位（CAN-high）和低位（CAN-low）数据线。汽车 CAN 数据总线的通信介质多采用双绞线，通常将两条线缠绕在一起，两条线上的电位是相反的，如果一条线的电压是 5V，另一条线就是 0V，两条线的电压和总等于常值。通过该种办法，CAN 总线得到保护而免受外界电磁场干扰，同时 CAN 总线向外辐射也保持中性，即无辐射。典型的 CAN 总线系统结构如图 23-3 所示。

数据传递终端实际是一个电阻器，其作用是避免数据传输终了反射回来，产生反射波而使数据遭到破坏。

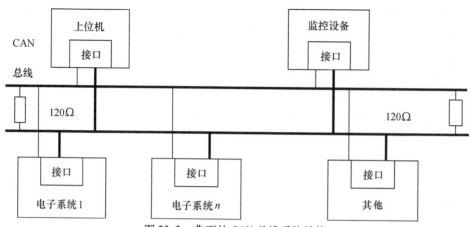

图 23-3 典型的 CAN 总线系统结构

三、CAN 总线的数据传输特点

与一般的通信总线相比，CAN 总线的信号传输有如下特点。

1）CAN 为多主方式工作，网络上任一节点均可在任意时刻主动地向网络上其他节点发送信息，而不分主从，通信方式灵活，且无需站地址等节点信息。利用这一点可方便地构成多机备份系统。

2）CAN 网络上的节点信息分成不同的优先级，可满足不同的实时要求，高优先级的数据最多可在 134μs 内得到传输。

3）CAN 采用非破坏性总线性仲裁技术，当多个节点同时向总线发送信息时，优先级较低的节点会主动地退出发送，而最高优先级的节点可不受影响地继续传输数据，从而大大节省了总线冲突仲裁时间。尤其是在网络负载很重的情况下也不会出现网络瘫痪情况。

4）CAN 只需通过帧滤波即可实现点对点、一点对多点及全局广播等几种方式传送接收数据，无需专门的"调度"。

5）CAN 采用 NRZ 编码，直接通信距离最远可达 10km（速率 5kbit/s）；通信速率最高可达 1Mbit/s（此时通信距离最长为 40m）。

6）CAN 上的节点数主要取决于总线驱动电路，目前可达 110 个；标示符可达 2032 种（CAN2.0A），而扩展标准（CAN2.0B）的标示符几乎不受限制。

7）采用短帧结构，传输时间短，受干扰概率低，具有极好的检错效果。

8）CAN 的每帧信息都有 CRC 效验及其他检错措施，保证数据出错率极低。

9）CAN 节点在错误严重的情况下具有自动关闭输出功能，以使总线上其他节点的操作不受影响。

四、CAN 总线应用示例

1. 广州本田雅阁轿车 CAN 多路集中控制系统的组成

2003 年新款广州本田雅阁轿车电气系统采用了车身电气控制器局域网（B-CAN）和快速控制器局域网（F-CAN）组成多路集中控制系统，如图 23-4 所示。

2. 广州本田雅阁轿车 CAN 多路集中控制系统的功能

车身电气控制器局域网（B-CAN）用传输速率较低（33.33kbit/s）的总线连接各控制模块，用于对响应速度要求不高的电气装置的控制。B-CAN 所连接的各功能模块的功能见表 23-3。

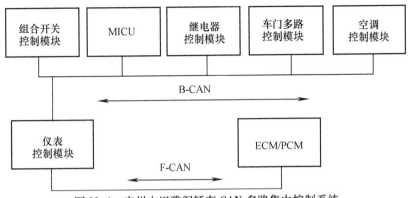

图 23-4　广州本田雅阁轿车 CAN 多路集中控制系统

表 23-3　多路集中控制系统各控制模块的功能

控制模块	连接开关/输入信号	控制器件/输出信号
组合开关控制模块	变光开关、会车灯开关 照明开关 转向开关 刮水器/洗涤器开关 间歇停止时间控制器	
继电器控制模块	A/C 压力开关 温度调节开关 发动机舱盖开关 电喇叭开关 刮水器电动机	前照灯、驻车灯 电喇叭 刮水器电动机 风窗玻璃喷液器
车门多路控制模块	驾驶人侧门锁芯开关 驾驶人侧门锁钮开关 驾驶人侧电动车窗开关 前乘客侧电动车窗开关 驾驶人侧电动车窗电动机脉冲器	驾驶人侧电动车窗电动机 前乘客侧电动车窗电动机 电动车窗继电器控制
多路集中控制模块 （MICU）	音响单元安全搭铁 制动开关 车门开关 点火锁芯开关 驻车锁销开关（A/T） 前乘客侧车门锁钮开关（开锁） 电动车窗电动机 座椅安全带开关 自动变速器档位开关 行李箱开关、行李箱锁芯开关	车门锁执行器 危险警告灯 车内照明灯 点火钥匙灯 钥匙联锁电磁线圈 行李箱锁止执行器 转向灯 天窗继电器 行李箱开启继电器 门控灯
仪表控制模块	仪表板灯光亮度控制器 机油压力开关信号 驻车制动开关 制动液面开关 燃油箱液位开关 选择/复位开关	燃油表 仪表板照明灯 仪表板指示器、LED 等 车速表、里程表、冷却液温度表 车外温度显示
空调控制模块	蒸发器温度传感器 车内温度传感器 车外温度传感器 日照强度传感器 空气混合电动机位置信号 模式电动机位置信号 鼓风机电动机控制反馈信号	空气混合控制电动机 鼓风机电动机晶体管 模式控制电动机 后窗除雾继电器 A/C 要求工作信号（向 PCM 要求循环电动机）

快速控制器局域网（F-CAN）连接仪表控制模块和发动机控制模块/动力控制模块（ECM/PCM），其总线的传输速率较高（500kbit/s），以适应对响应速度要求高的电子装置数据传输的需要。

仪表板控制模块与 B-CAN 和 F-CAN 都连接，用以实现两个局域网之间的数据双向传输，使各控制模块能共享信息。

B-CAN 通过各控制模块之间的互通信息，可实现对车身电气系统的优化控制。B-CAN 不仅可使各连接的控制模块实现信息共享，减少了配线，还可通过 PGM 检测仪来进行故障检测。为确保行车安全，B-CAN 中的前照灯、刮水器电路设有备用电路，以免在系统出现故障时影响到前照灯、刮水器的使用。

3. 广州本田雅阁轿车 CAN 多路集中控制系统的故障自诊断

广州本田雅阁轿车 CAN 多路集中控制系统可对系统进行故障监测，在有故障发生时，可以故障码的形式储存故障信息，并可用 PGM 检测仪直接进入各控制模块读取故障信息。

（1）故障码类型　CAN 多路集中控制系统的故障码（DTC）有三类。

1）内部错误 DTC。各控制模块 ECU 执行内部检查，如果其中一个发现内部 ECU 有问题，则会产生一个内部错误 DTC，提示该 ECU 需要更换。

2）失去通信 DTC。在各控制模块 ECU 之间的通信出现问题时，则会产生失去通信 DTC（总线关闭 DTC），故障可能出自连接、导线或 ECU 本身。

3）信号错误 DTC。各控制模块 ECU 对某些输入回路执行诊断测试，以确定此回路功能是否正常（有无断路或短路）。如果被测试回路不正常，则会产生一个信号错误 DTC。

（2）广州本田雅阁轿车 CAN 多路集中控制系统自诊断原理　B-CAN 和 F-CAN 系统会在一特定事件后发送一条特定的信息，网络中各控制模块 ECU 均会在一规定时间内等待这一信息，如果收到，则表明网络通信回路完好；如果未收到信息，则 ECU 就会发送一个 DTC，以报告本 ECU 没有收到该条信息。比如，通信回路在车门多路控制模块外有断路，其诊断测试原理如图 23-5 所示。

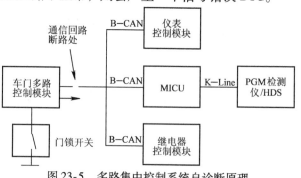

图 23-5　多路集中控制系统自诊断原理

诊断过程：接通点火开关（Ⅱ档），车门多路控制模块发送一条车门开关信息，MICU、继电器控制模块和仪表控制模块均期待收到车门锁开关信号，由于通信回路存在断路，车门锁开关信息不能被这些控制模块所接收，因此 MICU、继电器控制模块和仪表控制模块均向 PGM 检测仪发送"失去通信"DTC。

思 考 题

1. 汽车上为什么要采用总线技术？
2. 什么是汽车总线式信息传输方式？它有何特点？
3. 汽车上数据传输网络如何分类？各种类型的网络的适用范围如何？
4. 什么是 CAN 总线？CAN 总线的接口起何作用？
5. CAN 总线系统是如何构成的？其信号传输有何特点？
6. 广州本田雅阁轿车 CAN 总线系统是如何构成的？其主要功能有哪些？
7. 广州本田雅阁轿车 CAN 总线故障自诊断有哪些内容？如何进行故障自诊断？

参 考 文 献

[1] 舒华，姚国平．汽车电子控制技术［M］．2版．北京：人民交通出版社，2008．
[2] 古永棋，张伟．汽车电器及电子设备［M］．5版．重庆：重庆大学出版社，2004．
[3] 麻友良．汽车底盘电子控制系统原理与故障检修［M］．沈阳：辽宁科学技术出版社，1999．
[4] 寇国瑷，杨生辉，等．汽车电器与电子控制系统［M］．北京：人民交通出版社，1999．
[6] 葛仁礼．最新汽车电器与电控系统原理与维修［M］．沈阳：辽宁科学技术出版社，1999．
[7] 董辉．汽车用传感器［M］．北京：北京理工大学出版社，2000．
[8] 骞小平，麻友良．汽车电器与电子技术［M］．2版．北京：人民交通出版社，2018．
[9] 李宪民，等．桑塔纳和桑塔纳2000轿车的结构与维修［M］．北京：机械工业出版社，2000．
[10] 刘振闻，陈幼平．汽车电器与电子技术［M］．北京：人民交通出版社，1998．
[11] 李春明．汽车电器与电路［M］．北京：高等教育出版社，2003．
[12] 边焕鹤．汽车电器与电子设备［M］．北京：人民交通出版社，2000．
[13] 付百学．汽车电子控制技术（下）［M］．北京：机械工业出版社，2000．
[14] 冯崇毅．汽车电子控制技术（上）［M］．北京：机械工业出版社，2001．
[15] 麻友良．汽车电路构成与阅读理解［M］．北京：人民交通出版社，2005．
[16] 周建平．汽车电气设备构造与维修［M］．北京：人民交通出版社，2002．
[17] 陈志恒，胡宁．汽车电控技术［M］．北京：高等教育出版社，2003．
[18] 徐向阳．汽车电器与电子控制技术［M］．北京：机械工业出版社，1999．
[19] 陈渝光．汽车电器与电子设备［M］．北京：机械工业出版社，1999．
[20] 麻友良．电控自动变速器结构与故障检修［M］．北京：机械工业出版社，2000．
[21] 徐淼，汪立亮，等．现代汽车电子控制汽油喷射系统原理与检修［M］．北京：电子工业出版社，2000．
[22] 麻友良．轿车电控辅助系统检修培训教程［M］．北京：机械工业出版社，2004．
[23] 麻友良．汽车电路分析与故障检修［M］．北京：机械工业出版社，2006．